イエスは戦争について何を教えたか
暴力の時代に敵を愛するということ

IF JESUS IS LORD
Loving Our Enemies in an Age of Violence
Ronald J. Sider

ロナルド・J・サイダー［著］ 後藤敏夫［解説］ 御立英史［訳］

aozora

刊行によせて

現代の難問に挑む本

スタンリー・ハワーワス

ロン・サイダーは、ものごとを狭い範疇(カテゴリー)に押し込めることを拒否して生きてきた。彼自身、福音派(エヴァンジェリカル)という範疇に収まる存在ではない。彼はその生き方と著作によって、福音派は社会や政治に対する責任感が欠如しているという、よくある評価を否定した。貧しく、飢え、見捨てられた人びとに対する彼の深い共感こそ、いま私たちに強く求められている生き方だ。

ロンは私たちに、正義は人間の魂の試金石となる、ゆるがせにできない徳であることを思い起こさせる。だが、彼の魂にはやさしさと思いやりがある。貧しい人びとのために彼が成し遂げた多くの仕事を思えば、晩年もう少しゆっくりしてもよさそうなものだが、どうやらロン・サイダーにはそのような生き方はできないようだ。

彼は手をゆるめることなく、キリスト者の平和主義を擁護し発展させるためにこの本を書いた。これは彼が生涯をかけて書いた本だ。もちろん、すべての時間を執筆に充てたという意味ではなく、貧しい人びとに尽くした生涯で学んだ、非暴力の精神に貫かれた本という意味である。要するにこれは、敵を愛するという困難な人生と仕事を体験した人にしか書けない本だ。イエスの働きと教えをつぶさに読み解くことによって、非暴力はイエスの宣教の副次的テーマではなく、イエスが宣言した神の国の中心テーマだということをこの本は教えている。イエスの正義は非暴力の正義なのである。

本書でサイダーが擁護する平和主義は「聖書の平和主義」である。だが、この言葉は誤解を招くおそれがある。サイダーは聖書テキストをすみずみまで読み込んで綿密な議論を展開しているが、彼はそれを建設的、神学的、キリスト論［キリストはどのような存在かを扱う神学］的な広い観点から行っている。つまり、聖書の言葉をキリストの光に照らして読む方法を教えてくれているのである。

すべての平和がキリストによる平和とは限らないが、キリストによる平和には隔ての壁がない。それは、すべての人を恐れに支配されることのない人生に招く平和だ。サイダーが説く非暴力は、キリスト教徒だけの「倫理」ではなく、キリスト教徒と非キリスト教徒が平和のために手を携えることを可能にする「現実（リアリティ）」である。

サイダーは本書で、聖書テキストの詳細に分け入り、聖書が説く平和主義に突きつけられる難問に正面から取り組んでいる。とりわけ、神がイスラエルに「敵を殺せ」と命じている旧約聖書のテキストについての詳細な議論は重要だ。彼は決して、自説に都合のよい新約聖書のどこか一節を持ち出して、非暴力の主張を展開してはいない。しかし、復活のキリストを証言する書として聖書を読むなら、一国の民が他国の民を殺すことなく存続できる、非暴力の道をキリストが拓（ひら）いたという彼の結論を否定することは難しい。

特にサイダーによる旧約聖書の釈義は、「平和主義は現実の役に立たない」というおなじみの批判に対する反論となっており、重要な意味がある。平和主義者は、世界の仕組みを知らない愚かな理想主義者と思われているが、そのような批判は、何世紀も軍隊を持たず、イエスが望んだ生き方を貫き、殺害を逃れて世界を転々としたユダヤ人と呼ばれる民がかつて存在したという歴史的事実を見ていない。その点でも、キリストの十字架によってユダヤ人にも異邦人にも開かれた神との平和が、社会全体に大きな平和をもたらすことを指摘し（エペソ2・11－22）、クリスチャンの非暴力は神の守りに支えられていると説くサイダーの議論は妥当であり、示唆に富んでいる。

個人的なことを言わせていただくと、私には死ぬまでに成し遂げたい、ささやかな目標がある。米国に住むクリスチャンに、戦争に対するクリスチャンの態度には問題があると認識させることだ。クリスチャンの大多数が平和主義者になるとか、正戦の戦士になるといったことを期待しているわけではない。ただ、十字架につけられた救い主を礼拝（れいはい）することと戦争を支持することのあいだには強い緊張関係があることを知らせたいのだ。夢想家の企てかもしれないことは承知している。だが、この本は間違いなくその目標を後押ししてくれるだろう。ロン・サイダーがいてくれることを神に感謝したい。

（デューク神学大学名誉教授　神学および法学）

謝辞

この本は多くの人に、多くを負っている。名前を覚えている人もいれば、覚えていない人もいる。圧倒的多数はそもそも会ったこともなく、だれであるかも知らない人びとだ。したがって、ここに名前を挙げるのは感謝を捧げるべき人の中のごく一部とならざるを得ない。

私を育み、いまも生かしてくれているアナバプテストの伝統に深く感謝する。500年以上にわたって無数の先人が示した犠牲的な非暴力の勇気が、現在の私をかたちづくってくれた。家族の平和の模範を示してくれた敬虔な母アイダ・サイダーと父ジェームズ・サイダーに感謝する。ブレザレン・イン・クライストのE・J・スワルム牧師（若いころの私にとっての英雄の一人）は、第一次世界大戦中、投獄されながらも殺すことを拒否する生き方を貫いた。

クエーカー、メノナイト、チャーチ・オブ・ザ・ブレザレンが後援した「平和構築への新しい招き」（1978年）で講義をするよう依頼されたことに感謝する（当時私はまだ若かった）。そこで行った一連の講義から、人を殺すことについてのイエスの教えを論じた最初の小著『キリストと暴力』[1]が生まれた。

友にも恵まれた。平和の擁護者ジョン・ストーナーは、ほぼ半世紀にわたる親友だ。数十年来の友人で平和活動家であるリチャード・テイラーとは、核時代の平和に関する共著を発表した。

大学院時代からの良き友であるメロルド・ウェストファールとキャロル・ウェストファールは、頑固で高慢な私を説き伏せ、結婚カウンセリングを受けたいという妻の願いに私を従わせ、結婚生活の危機から救ってくれた。そのことへの感謝を忘れたことはない。（私が結婚生活についての悩みを彼らに話したのは1978年、平和構築についての講演を終えた帰り道だった！）

愛する妻、57年にわたる頼もしいパートナーであるアービュタス・リクティ・サイダー（結婚カウンセリングを受ける必要があると言った彼女は正しかった）は、痛み多い苦難の時期も、喜びと平和の日々も、心を寄り添わせて私とともに歩んでくれた。心からの感謝を捧げる。人となった神の御子（みこ）キリストを別にすれば、妻は私にとって神からの最高の贈りものだ。

イースタン大学パーマー神学校での私の学生、ベン・ピッツェンとメリック・コラハは、原稿を何度もタイプして執筆を助けてくれた。

平和構築に関する私の考えをかたちづくってくれた多くの学者や活動家については、その一部を本文の注に記載することで言及したが、挙げて然るべきなのに書き漏らした名前が多いことは間違いない。

ベイカー・パブリッシングのボブ・ホサックは、かれこれ20年以上、編集者として私を支えてくれている。私にとってベイカーは理想的な出版の本拠地である。

最後に、ジョン・ハワード・ヨーダーの著作が私の思索において重要な役割を果たしたことを、感謝と痛みと落胆とともに記しておきたい。切れ味鋭い彼の著述が、本書の主題に広範な影響を与えてくれたことに感謝する。それだけに、メノナイトの歴史を通じて最高の神学者であり倫理学者であるヨーダーが、性的虐待や権力の乱用で多くの女性を苦しめ、自身の名誉を汚したことを悲しまずにはいられない。[2] 長年にわたり豊かな洞察力で共同体のあり方を説いてきた自らの神学に反して、勧告と懲戒を頑なに拒むヨーダーには幻滅を覚える。弁解の余地のない罪の行為を何十年も続けてきたことを思えば、もはやヨーダーの著作を読むべきではないと多くの人が考えることも理解できる。

ヨーダーが自分の過ちを、詭弁とも言える神学的・解釈学的議論で正当化しようとしたことは事実で、そのような倒錯した議論を受け入れることはできない。レイチェル・ワルトナー・グーセンらが指摘するように、ヨーダーが非暴力を説きながら性暴力を続けてきたことはきわめて有害なことだ。私たちは今後、幻滅と警戒と疑念なくヨーダーの著作を読むことができなくなってしまった。

しかし、罪深い行為があったとしても、私はヨーダーの著作を読むのをやめるべきだとは思わない。糾弾されるべき罪や発言があったとしても、その人が論じることのすべてが誤謬というわけではない。アウグスティヌスは異端者を殺せと政府に迫り、性について聞くに堪えない発言をしている。マルティン・ルターは小作農民たちを殺すよう政府に働きかけ、ユダヤ人について残忍な発言をした。カール・バルトは何十年ものあいだ不倫関係を続けていた。アウグスティヌス、ルター、バルトは罪を犯したが、金輪際彼らの神学的著作を読むべきではないと考えられてはいない。それと同じことがヨーダーについても言える。そう考えて、私はヨーダーが犯した過ちを悲しく思いながらも、いまもその著作から学んでいる。

イエスは戦争について何を教えたか

目次

＊――本文および原注の［　］内は訳者による補足・説明。
＊――本文中の行間の数字は巻末の原注に対応。
＊――聖書の引用は、『聖書　新共同訳』（日本聖書協会）と『聖書　新改約２０１７』（新日本聖書刊行会）を使用した。引用に際して、文章のつながりや本書での表記統一のため、敬体・常体、漢字・ひらがなの使い分け、読点の位置などを変更した場合がある。

イエスは戦争について何を教えたか

暴力の時代に敵を愛するということ

序章　イエスは「殺すな」と教えたのか

知識においても心情においても、私は正戦論（just war theory）［戦争の惨禍を制限するための軍事面の倫理と論理。聖戦とは別］の良き伝統を理解し、価値を認めている。歴史をふり返れば、何百万何千万もの罪なき人びとを悲惨な境遇に追いやった暴虐の徒や、冷酷な独裁者は枚挙にいとまがない――たとえばヒトラー、スターリン、ポルポト、ＩＳＩＳ［いわゆるイスラム国］などの名前が思い浮かぶ。残虐や破壊を目の当たりにして、思慮深く情けもあるクリスチャンが（もちろんクリスチャンに限らないが）、そんな暴虐をやめさせる現実的手段は武力で彼らを抹殺するしかない、という決断を繰り返してきた。その立場からは、巨悪を前にしながら、「イエスに従う者は敵を愛し、殺してはならない」と説く平和主義（pacifism）は愚かで単純で非現実的に見える。

それどころか、根本的に不道徳とさえ思える。隣人を愛すると言いながら、隣人を危害から守るという基本的な道徳的責任を放棄しているように見える。隣人が殺されようとしているのに、何もせず黙って見ているのは、無責任であり不道徳ではないのか。

C・S・ルイスがその点を明瞭に述べている。「殺人鬼がだれかを殺そうとしているのを、あなたが目撃したとしよう。物陰に身を隠して殺人が終わるまで手出しせずにいなさい、とイエスが言っているなどと考える人がいるだろうか」[1]。正戦を擁護するクリスチャンは、平和主義者には迫害されている隣人への愛がないと告発している。平和主義者は歴史の責任を負おうとしない、という非難も聞こえてくる。正義より独裁者の側に立っているとさえ言わんばかりだ。

隣人を守るためにできることが、殺すか、何もせず黙って見ているか、二つに一つしかないのなら、正戦を支持するクリスチャンの主張は正しいと私も考える。もしそうなら、忠実なクリスチャンは敵を殺してでも隣人を救うべきだし、ルイスも間違いなく正しい――イエスは、私たちが隣人を見捨て、残虐な行為の犠牲になるのを黙って見ていることなど望まないだろう。

だが、平和主義を批判する議論には問題がある。選択肢は決して二つだけではないのだ。いつどんな場合でも、殺すのでもなく、黙認するのでもない、第三の選択肢がある。抑圧者に非暴力の手段で抵抗し、暴虐を食い止めるという選択肢である。非暴力で悪に抵抗することは、夢物語でもなければ、実効性のない無駄な行動でもない。

過去100年（特にここ50年）、不正や圧政、残忍な独裁に対する非暴力の抵抗は、何度もめざましい成功を収めている。ガンジーの非暴力行動は大英帝国を屈服させた。キング牧師の市民権運動は米国の歴史を変えた。ポーランドでは「連帯」の非暴力の抵抗が共産主義独裁を打倒した。フィリピンでは、100万人の非暴力デモが凶悪な独裁者フェルディナンド・マルコス大統領に勝利した[2]。

1900年から2006年にかけて発生した主要な反乱（知られている範囲で323件）――武装反乱と非武装反乱の両方を含む――を調べた結果、驚くべき事実が判明した。「非暴力抵抗は、暴力的抵抗の

2倍の確率で、完全または部分的な成功を収めている」という事実である。[3]

独裁や残虐行為に直面したとき、選択肢が二つしかない――殺すか黙認か――というのは歴史の事実に反する。安全な場所に逃げ込んで悪に抵抗せずにいるのは臆病で、無責任で、不道徳であって、隣人を愛せというイエスの命令に反する、という主張に私は同意する。しかし、常に第三の選択肢があることを歴史が証明している。積極的な非暴力抵抗という選択肢だ。しかも、それは成功する確率が高い。暴力的手段による抵抗より高い確率で成功を収めることが、すでに判明しているのである。

もちろん、常に成功するわけではない。ときには――少なくとも短期的には――非暴力行動は失敗することがある。では、そのときクリスチャンはどう行動すればよいのか？　それがこの本の中心的な問いだ。イエスは弟子たちに、悪に抵抗し平和と正義を促進するためなら敵を殺せ、と望んだのだろうか？　敵を愛せというイエスの命令は、殺してはならないという意味だったのだろうか？

現代のクリスチャンはイエスの教えに縛られる必要はないし、縛られるべきでもない、と主張する多くの議論があり、それについてはあとで詳しく検討する。だが、イエスが真の人であり同時に真の神であるなら、イエスが私たちの罪のために死に、私たちを生かすために人となられたのなら、イエスが自らをメシア［救世主］だと主張したのなら、イエスの福音［よき知らせ］の中心が赦しと平和が支配するメシアの国が弟子たちの共同体において歴史的事実となったという知らせにあるのなら、復活の主と聖霊の力によって弟子たちがイエスの王国の規範に従って生きることができるようになったのであれば、そして、これらが新約聖書の教えであるのなら（そうであることを本書で論じる）、人を殺すことについてのイエスの教えを無視するのは神学的に重大な錯誤である。

イエスとはだれかについて、歴史的正統性のある教えを受け入れるクリスチャンにとって、本書のテーマである「暴力」に関する最も重要な問いは次の問いだ――イエスは弟子たちに、どんなときでも例外なく殺してはならないと教えたのか？[4] この本で私はその問いに答える。

詳細な議論に入る前に、まず、「強制」(coercion) と「暴力」(violence) という言葉を定義しておく必要がある。本書では、他者に何らかの行動を取らせるために影響力を行使することを「強制」と呼ぶことにする。正当な強制は、隣人を愛せというイエスの呼びかけに反することなく他者に影響を与える行為である（あとで論じるが、殺すことはこれに含まれない）。一方、「暴力」とは、相手に危害を加えることを目的とするあらゆる行為のことで、それには殺すことも含まれる。[5]

人間は社会的存在なので、なにがしかの強制は避けられない。子を愛する親のしつけには心理的強制がともなう。愛をもって信者を指導する教会の行為にも、生徒に宿題の締め切りを守らせようとする教師の行為にも、何らかの強制がともなう。人間がコミュニティを形成して生きる社会的存在である以上、心理的強制は避けることができない。「強制は社会生活の本質的な一要素である」。[6] 強制は他者に対する力の行使を常にともなう。デュエイン・フリーセンは、そうした力の行使が道徳的な強制であるか不道徳な暴力であるかを判定するのに役立ついくつかの問いを列挙している。[7]「人間関係において、まったく強制のない状態を理想とする」ことは間違っている。[8]

経済制裁やボイコットは強制である。走る車の前に飛びだしかけた子どもを押しとどめるのも、高い橋の上から身投げしようとしている取り乱した人を思いとどまらせるのも強制だ。そのような強制は、相手にとっての最善を求める行為であり、将来別の選択をする自由を残すものであり、他者を愛するという教えに何ら抵触しない。だが殺すことは、愛に基づく行為ではなく、相手を守る行為でもなく、別の選択をうながす身体的拘束とも根本的に異なる。殺してしまえばその人が良い方向に変わる可能性は金輪際なくなってしまうからである。

暴力には、心理的な暴力、命までは奪わないが身体的な暴力、そして命を奪う暴力がある。人の尊厳や自尊心を傷つける行為、そしてそれを意図した行為は暴力である。身体や財産を傷つける行為や、それを意図した行為も暴力だ。精神を病んだ人を一時的に拘束したり、不公正な企業に対して不買運動を行うことは、身体や財産に損害を与えるとしても暴力ではない。だれも殺さないし、状況の改善を目的としているからである。[9]

人になんらかの危害や損害を与えた行為が、道徳に反さない強制なのか不道徳な暴力なのかを判断するうえで、動機が重要な鍵を握っている。相手に対する愛と幸福を願う気持ちから出た行為であって、将来もっと良い別の選択をする自由を残すものであれば、強制は暴力ではない。[10]

だが、身体的危害や経済的損失がわずかであっても、相手の幸福を促進するのが目的ではなく、危害や損失を加えることそのもののために行われるなら、それは暴力である（経済制裁やボイコットの場合は、対象とする個人や企業や国に対する影響だけでなく、それらに抑圧されている多数の人びとに及ぶ間接的影響も含めて道徳性を判断しなくてはならない）。

強制は、心理的・身体的・経済的のいずれであれ、すべての人の境遇改善を意図したものであって、結果としても改善を促し、だれも殺さないのであれば、道徳的に適切な行為と言える。他方、暴力は、心理的・身体的・経済的のいずれであっても、間違った行為である。なぜなら、愛から出た行為ではなく、相手の状況を良くするものでもないからだ。人を殺すことは例外なく暴力である。

定義を明確にしておきたい言葉がもう一つある。私は自分の立場を「平和主義」という言葉で表明している。だがそれは、悪と不公正に対して受け身でいることではなく、ましてや無抵抗のことではない。私が支持する聖書の平和主義は、悪に対して非暴力の手段で抵抗することをただ容認するだけでなく、そのような抵抗のために立ち上がれと命じるものである。[11]

第1章　イエスが告げた「良き知らせ」とは

イエスの教えの核心

リベラルも保守も、カトリックもプロテスタントも、事実上すべての新約聖書学者が、イエスが語った福音とは「神の国」の到来の知らせであったという点で一致している。

「神の国」という言葉は最初の三つの福音書〔マタイ、マルコ、ルカ〕に122回登場する。マタイの福音書では「天の国」という言葉が使われているが意味は同じだ。そしてその大半（92回）はイエスの口から発せられている。イエスは自分が来たのは神の国の福音を伝えるためだと言った（ルカ4・43）。彼の教えも奇跡的な癒しも神の国のしるしである（同7・18－28）。そして、イエスは神の国の到来を伝えるために、弟子たちを世界に派遣した（マタイ10・7－8、ルカ10・9）。

イエスの教えの核心にあるのは、人びとが待望するメシアの時代がイエスの存在とその働きを通じて歴史に突入したという宣言だ。平和、正義、罪の赦し、そしてイスラエルの回復が実現するのがメシアの時代である。

だが、人びとはイエスに困惑し、驚いた。イエスがその教えと行動によって伝えたメシアの性質と働きが、期待とかけ離れていたからだ。武力で敵を制圧する英雄という、当時広く共有されていたメシア像をイエスは否定した。自らをメシアであると宣言したエルサレム入城の際、イエスがまたがっていたのは勇ましい軍馬ではなく、みすぼらしいロバの背中だった。そして彼は、敵を蹴散らす英雄を待望する人びとに向かって敵を愛せと教えたのである。

イエスが示したメシア像が、本書のテーマである「暴力」について何を語っているかを理解するためには、まず、当時の人びとがメシアに何を期待していたかを知り、次に、武力的メシアを待望する人びとが行使した暴力の広がりを調べ、最後に、神の国の到来についてのイエスの教えを吟味しなくてはならない。そうしてはじめて、「暴力」についてのイエスの言葉と行動を理解する準備が整うことになる。

人びとが待望していたメシアの姿

紀元前587年、バビロンはユダ王国を征服し、首都エルサレムとその神殿を破壊して、ユダヤ人とその指導者たちをバビロンに連行した(バビロン捕囚)。この出来事は当時のユダヤ人の信仰を根底から揺るがした。揺らいだのは、神はイスラエルの地をアブラハム〔ユダヤ人の祖とされる神に選ばれた人物〕の子孫に永遠に与えたという信仰、宇宙を統べ治める唯一の神がエルサレムの神殿に住まわれているという信仰である。

預言者たちは、神の律法に背いたイスラエルの罪が国家の滅亡とバビロン捕囚を招いたと説いた。だが、預言者たちは同時に、やがて国に帰れる日が来る希望、神殿が再建されて神がふたたび臨在する希望も語った。

紀元前5世紀後半、祭司エズラやネヘミヤ［ペルシャから派遣された総督］の指導の下、ユダヤ人たちのあいだで捕囚からの帰還をめざす動きがあったが、いずれも力及ばず、国の独立には至らなかった。当時、古代イスラエル人の子孫の多くは近東の各地に散って住んでいたが、祖国に住み続ける人びとはさまざまな帝国の支配に苦しんでいた。

紀元前167年にも民族独立をめざす蜂起があり、その後およそ1世紀間、ハスモン朝というユダヤ人の小王国が独立を保ったことがある。だが、紀元前63年にはローマ人がパレスチナ地方を平定した。ローマ統治下で過酷な生活を強いられたユダヤ人たちには、待ちに待った捕囚からの帰還が実現したという実感はなかった。

紀元前587年のエルサレム崩壊とバビロン捕囚からの数百年間、ユダヤ人たちのあいだには、自由を取り戻してくれるダビデ［エルサレムに都を置いた古代イスラエルの王］のような存在への希望はほとんど見られなかった。しかし、ハスモン朝の時代には、初期の聖書テキストに根ざした国家復興のメシアに対する希望が浮上した。エール神学大学の聖書学者ジョン・J・コリンズは、紀元前1世紀の終わりには、ダビデのような戦うメシアが敵を倒して永続的平和をもたらしてくれるという考えが、「時代の転換期にあったユダヤ人のメシア信仰に共通する核となっていた」と論じている。[1]「ダビデ的メシアへの期待は聖書に明確な根拠があり、紀元前の最後の1世紀にはユダヤ教各派に広く行きわたっていた」。[2]

とは言え、当時、確立したメシア理解があったわけではなく、さまざまなメシア観が存在した。[3] ユダヤ人歴史家のヨセフスは、ユダヤ戦争（西暦66－70年）へとつながる当時のさまざまな武装蜂起（そのうちのいくつかはメシアを標榜する指導者が率いた）について記録している（ヨセフスは、新約聖書を別にすれば、西暦1世紀のパレスチナの出来事についての最高の情報源である）。ヨセフスは、そうした暴動がユダヤ戦争につながったと見ている。ユダヤの宗教上のさまざまな文書に、ユダヤから現れるひとりの人が世界の支配者になると読める「あいまいな神託」が存在すると書いている。[4]

イエス誕生の前後200年間に書かれたユダヤ教の文書によれば、メシアの中心的な仕事はイスラエルを解放すること（軍事的手段を用いると書かれていることが多い）とエルサレム神殿を清める（あるいは再建する）ことである。苦難を背負うメシアを予期させるような記述はなく、[5]軍事的征服者への期待が確かに存在していた。「ユダの家から出る王、メシアのいかに麗しいことか。腰に剣を帯び、隊列を率い、敵の王と領主を殺す。いかなる王も領主も彼の前に立つことはできない」[6]。新約聖書学者のクレイグ・キーナーは、「ほとんどのユダヤ人は、異邦人との最後の戦いが起こってこの時代が終わり、抑圧から逃れられると期待していた」と述べている。[7]

古い時代の終わりと新たなメシア時代の到来を告げる当時の文書は、強烈な黙示（もくし）文学的表現や宇宙論的イメージを駆使して書かれていることが多い。残念なことに、20世紀初頭のアルベルト・シュヴァイツァー［医師として有名な神学者・哲学者］以来、多くの学者が、それらのテキストが物理的世界の終わりを描写していると考えてきた。だが最近の研究によって、そのような見方が根本的に間違っていることが明らかになった。

N・T・ライトは次のよう書いている。

> **ユダヤ人が時間と空間から成る世界が終わると考えていた証拠はどこにもない**。逆に、自分が目撃した社会や政治の重大事の神学的意味を語るとき、エレミヤやその他の先人がしたように、宇宙的イメージを比喩的表現として使ったことについてはたくさんの証拠がある。彼らがストア派のように世界が終わると考えていたことを示す証拠は、ほぼ皆無である。彼らが信じていたのは、**現在**

の世界の秩序——異教徒が権力を握り、神と契約を結んだユダヤ人が排除されている世界秩序——が終わるということだった。ユダヤ人は時空間の秩序がまもなく消滅するなどとは考えていなかったのである。[8]

黙示文学的な言葉が使われていても、「時空の秩序が終わるとか、イスラエルの歴史が頂点（クライマックス）に達するとか、異教徒の敵からイスラエルが最終的に解放されるといったこととは何の関係もない」[9]のである。黙示文学的表現を駆使した文書に触れたユダヤの人びとは、異教徒の支配から脱するための戦争のあとで平和が実現することを期待した。旧約聖書にも、やがて登場する指導者が世界に平和をもたらすという記述は多い。特に印象的なのはイザヤ書の次の三つの箇所だ。

まず、平和と正義をもたらす王の到来を告げる箇所。

> ひとりのみどりごが私たちのために生まれる。ひとりの男の子が私たちに与えられる。主権はその肩にあり、その名は「不思議な助言者、力ある神、永遠の父、平和の君」と呼ばれる。その主権は増し加わり、その平和は限りなく、ダビデの王座に就いて、その王国を治め、さばきと正義によってこれを堅く立て、これを支える。今よりとこしえまで。万軍の主の熱心がこれを成し遂げる。
> （イザヤ９・６－７）

次に、ダビデの子孫が平和と正義をもたらすと告げる箇所。

エッサイ（ダビデの父）の根株から新芽が生え、その根から若枝が出て実を結ぶ。その上に主の霊がとどまる。それは知恵と悟りの霊、思慮と力の霊、主を畏れる、知識の霊である。

この方は主を恐れることを喜びとし、その目の見るところによってさばかず、その耳の聞くところによって判決を下さず、正義をもって弱い者をさばき、公正をもって地の貧しい者のために判決を下す。口のむちで地を打ち、唇の息で悪しき者を殺す。正義がその腰の帯となり、真実がその胴の帯となる。

狼は子羊とともに宿り、豹は子やぎとともに伏し、子牛、若獅子、肥えた家畜がともにいて、小さな子どもがこれを追って行く。雌牛と熊は草をはみ、その子たちはともに伏し、獅子も牛のように藁を食う。乳飲み子はコブラの穴の上で戯れ、乳離れした子は、まむしの巣に手を伸ばす。

わたしの聖なる山のどこにおいても、これらは害を加えず、滅ぼさない。主を知ることが、海をおおう水のように地に満ちるからである。[10]

（イザヤ11・1－9）

最も驚くべき箇所は、終わりの日について告げている箇所だ。


終わりの日に、主の神殿の山は、山々の頭として堅く立ち、どの峰よりも高くそびえる。国々はこぞって大河のようにそこに向かい、多くの民が来て言う。「主の山に登り、ヤコブの神の家に行こう。主はわたしたちに道を示される。わたしたちはその道を歩もう」と。主の教えはシオンから、御言葉はエルサレムから出る。

主は国々の争いを裁き、多くの民を戒められる。彼らは剣を打ち直して鋤とし、槍を打ち直して

一鎌(かま)とする。国は国に向かって剣を上げず、もはや戦うことを学ばない。（イザヤ2・2－4）

イエスの時代の多くのユダヤ人が、この三つの箇所をメシアの到来を告げる預言と考えていたことが、死海文書［旧約聖書の最古の写本を含む約2千年前の古文書。1947年以降に死海周辺で発見された写本群の総称］やその他の文書から判明している。「イザヤ書11章は、死海文書の時代に人びとがメシアを待望していたことを示す重要な証拠文書である」[11]

新約聖書もまた、イザヤ書にある平和と正義の表現を使ってイエスを描写している。マタイの福音書4章15－16節は、イザヤ書9章1－2節を引用しながら、イエスがメシアの国の到来を告げはじめたことを記している。パウロはローマの信徒たちに宛てた手紙の中で、イザヤ書11章の1節と10節に言及している（ローマ15・12）。預言者ザカリヤは、イザヤ書9章2節を暗に示す表現で、「私たちの足を平和の道に導く」メシアへの熱い期待を表明している（ルカ1・79）。そして、最初の3世紀のキリスト教著述家たちが残した文書には、イザヤ書2章4節（およびミカ4・3）のメシア預言はイエスが人を殺すことを禁じたことによって成就した、という記述が多く見られる。[12]

イエスが生きた時代、ユダヤ人がメシアを待望していたことは以上で明らかになった。だが、その期待の中で「暴力」はどのような部分を占めていたのだろう。

イエスの時代のメシア思想と暴力的抵抗

イエスが生きた当時の数十年間に展開された、メシア思想による暴力的抵抗の性質とその広がりについては、研究者のあいだで見解が大きく分かれている。

マルティン・ヘンゲルは、影響力のある学術書『熱心党』の中で、熱心党がユダヤ教の中でメシアを待望する主要な民族主義的集団であったと述べている。これにリチャード・A・ホースリーは強く異議を唱えている。[13] ホースリーは、現代人が抱く平和主義者イエスの典型的イメージは、「基本的に、イエスの立場の引き立て役になっている熱心党の存在と、マタイ5章38―48節の記述［本書第3章参照］」に依拠していると指摘したうえで、「西暦1世紀にはローマに対する継続的な暴力的抵抗はなく」、そのようなイエス像は間違っていると指摘している。[14] ホースリーは、ヨセフス（西暦37-100年頃）が「熱心党」を西暦67年から68年にかけての冬のあいだだけ組織された集団であると書いていることを正しく指摘している。[15] 今日入手できる証拠からは、熱心党による組織的抵抗が1世紀を通じて継続していたと論じることはできない。

しかし、ユダヤ戦争以前の3世紀間、征服者による圧政に苦しむパレスチナのユダヤ人が暴力的抵抗を何度も繰り返していたことは各種資料から明らかだ。宗教的に動機づけられた抵抗も多かった。メシア出現の期待は、ユダヤ人のあいだで相当な広がりを見せていたのである。

紀元前167年、ヘレニズム世界の支配者たちは、パレスチナのユダヤ人に対し、重税に加えて宗教的迫害を行った。ある支配欲旺盛なシリアの王は、エルサレムのユダヤ人の神殿を冒瀆し、ユダヤ人の宗教儀式を王である自分への崇拝の儀式に変え、それを拒んだユダヤ人を殺した。

それに対してユダ・マカバイ率いるユダヤ人組織が、聖戦（holy war）［宗教的に神聖とみなされる正義のための戦争］の伝統に従い、旧約聖書に記された祭司ピネハスの宗教的熱心（神に従わなかった者たちを殺した）にも触発されて、ゲリラ活動を展開した。[16] こうした流血の抗争を繰り返した末に、ユダヤ人はヘレニストの支配者をパレスチナから追い出し、ついに宗教的・政治的自由を獲得したのだった。

だが、それは長続きせず、１００年で終わってしまった。紀元前63年、執政官ポンペイウスのローマ軍がパレスチナを征服し、以後何世紀も続くローマの支配が始まった。その支配は、傀儡（かいらい）君主による間接統治のこともあれば、ピラトのようなローマに任命された総督による直接統治のこともあった。いずれにせよ税は重く、ユダヤ人が大切にしていた宗教的信念はたびたび脅かされた（ポンペイウスは、ユダヤ教の大祭司だけが年に1度入ることを許されている神殿の至聖所にずかずかと足を踏み入れた）。

選ばれた民を救うために神が介入するという宗教的信念から（ときにはメシアを標榜する者に率いられて）、ユダヤ人の暴力的反抗が一定の頻度で発生した。革命家の多くは、神だけが自分たちの主なのだから、ユダヤ人はローマに服従してはならず、税を払ってもいけないと考えた。[17]

エッセネ派（イエスの前後２００年間、主要なユダヤ人修道院共同体だった）が残した「戦争巻物」を読むと、マカバイが復活させた聖戦の思想によって、当時、少なくとも一部のユダヤ人のあいだにはローマと戦うことでメシアの時代が到来するという期待があったことがわかる。

「戦争巻物」には、エッセネ派の共同体全体が「キッティム」（ローマ人）といかに戦うかが書かれている。彼らは自分たちがローマの支配を打倒し、メシアの王国を建てるために戦うなら、神が介入してくれると信じていた。[18]

ヘロデ大王［息子や孫と区別するために「大王」と呼ばれる］は、ローマの後押しを得て、紀元前37年頃から紀元前4年頃までパレスチナを統治した傀儡君主である。エルサレムに豪華な神殿を建て、重税を課し、敵対する者を容赦なく殺害した。ローマ皇帝カエサルが自らを「神の子」と称したときには、皇帝を神と称えるローマの神殿を建設して、皇帝崇拝をヘレニズム世界に広げた。敬虔な一神教ユダヤ人にとって、それは神を冒瀆する行為以外の何ものでもなかった。

したがって、ヘロデの死後、広範な反乱が起こったのは当然の成り行きだった。反乱はヘロデが死の床にあったときに始まった。ユダヤ人のあいだでは偶像崇拝が禁じられていたが、ヘロデは再建した神殿の門に巨大な黄金の鷲（ローマによる支配の象徴）を置いた。ヘロデが死の床にあるとき、エルサレムの書記官2人が、ユダヤ人反乱勢力に鷲の像を破壊するよう促した。しかし、まだ絶命していなかったヘロデは、軍を出動させて反逆者たちを殺害した。

それは、ヘロデのあとを継いだ息子のアルケラウスに対する、さらに激しい反乱を招いた。律法の教師たちが反乱を指導し、アルケラウスがそれを鎮圧して3000人のユダヤ人を殺害した。50日後、さらに数を増やしたユダヤ人群衆がエルサレムのローマ軍駐屯地を攻撃した。ヨセフスによれば、ユダヤ人たちは「かつて自分たちの国に存在した自由を取り戻すための好機」と考えた（『ユダヤ古代誌』17.269）［以下「古代誌」と略記］。宗教的熱意が反逆の動機の大きな部分を占めていたことは間違いない。激しい戦いがいくつもエルサレムで起こり、ローマ軍兵士にもユダヤ人反乱勢力にも多数の死者が出た。最終的には、シリアを管轄するローマの将軍が挙兵して反乱を鎮圧し、ユダヤ人2000人が十字架刑に処された（『ユダヤ戦記』2.75［以下「戦記」と略記］、古代誌 17. 295）。[19]

その時点で「ユダヤでは1万の暴動」（古代誌 17.269）が起こり、ユダヤ全体が「ゲリラ戦で埋め尽くされた」（戦記 2.65）とヨセフスは書いている。かつてヘロデの奴隷であったシモンは、反乱勢力を率いて自らを王と宣言した。アスロンゲスという羊飼いも同様の行動を起こしている。これら二つの反抗的蜂起を、N・T・ライトは「自称メシア運動」であったと考えている。[20]

反乱はガリラヤのセフォリス（イエスが生まれたナザレからそれほど遠くない場所にある）という町でも起こった。その指導者はヒゼキヤの子ユダで、エルサレムでかなりの支持者を集めた略奪者集団のリーダーであった（父ヒゼキヤはその反乱の数十年前にヘロデに殺されていた）。ユダは大人数を率いてヘロデの武器庫に侵入し、奪った武器を手に戦った。ヨセフスはユダの動機の一部は「王家の尊厳を取り戻したいという大望」であったと記している（古代誌 17.272）。かなりメシア的な主張と言えるだろう。だがローマ軍に鎮圧され、街は燃やされ、全住民が奴隷となった（戦記 2.56, 68）。

そのおよそ10年後、知事キリニウスがユダヤで行った国勢調査と課税に反対して、パリサイ派〔律法に厳格に従うユダヤ教の正統派〕のサドクがローマに対して別の反乱を起こした。「ローマの体制に組み込まれるということは、土地も民もイスラエルの神にとって神聖なものではなかったことを認めることを意味した[21]」ユダもサドクも、「この課税は奴隷制の導入にほかならない、自由のために立ち上がろう」と訴えた（古代誌 18.4）。聞いた者がメシア的主張を読み取ることが容易に想像できるメッセージを発することで、力を合わせて抵抗すれば神の助けがあると訴えたのである（古代誌 18.5）。

エッセネ派の「戦争巻物」を読むと、この時代を通じて、その他のユダヤ人たちも、時代の終わりに神が介入して、信仰篤いすべての民が聖戦に馳せ参じ、邪（よこしま）な者たちを根絶やしにすると信じていたことがわかる[22]。ヨセフスは、多くの人びとがユダとサドクに従い、「彼らの教義はユダヤの国に信じられないほど浸透していた」と書いている（古代誌 18.6。使徒5・37も参照）。

ヨセフスは、ガリラヤのユダとサドクの2人を、エッセネ派、サドカイ派、そしてパリサイ派と並ぶ、ユダヤ第四の「思想（フィロソフィー）」の創始者と位置づけている。ヨセフスによれば、彼らの思想は「自由に対する不可侵の愛着と、神のみを支配者であり主とする」こと以外はパリサイ派とほぼ同じだ。死の恐怖さえ、「彼らに何者かを主と呼ばせることはできない」（古代誌 18.23）。ヨセフスは、この宗教性とメシア思想を帯びた第四の思想こそがローマの支配と課税を拒否する運動を生み、それが破壊的なユダヤ戦争（西暦66—70年）へと拡大して、ついには国を滅ぼした、とはっきり書いている（古代誌 18.9-10）。

ガリラヤのユダが率いた課税反対闘争ののちも、ローマへの敵意と反抗は60年続いた。ピラトがユダヤの総督の座にあった10年間（西暦26-36年）に限っても、少なくとも7回の大規模な反乱があった。[23] 40年代には、チウダが自らを預言者だと主張して相当数の信者を集めた。彼はヨルダン川を二分して川を横断できるようにすると言い、歴史的な出エジプト［奴隷状態にあったユダヤ人がモーセに率いられてエジプトから脱出した］を再現するというわかりやすい主張をした。しかしローマ軍に斬首され、信奉者の多くも殺された（古代誌 20.97-99）。46年から48年にかけて、ガリラヤのユダの2人の息子がローマに対する反逆罪で十字架にかけられた。さらにヨセフスによれば、48年から52年までのいずれかの年、過越（すぎこし）の祭り［神がイスラエルの民を救うためにエジプトの家族の長子を殺す災厄をもたらした際、イスラエルの家には危害を加えず過ぎ越したことを起源とする重要な祭日］の時期にローマ軍が2万人のユダヤ人を殺害したと書いている（古代誌 20.105-12）。

その次の10年、神の霊を受けたと言って革命を煽動する人びとが民衆を引きつけたことをヨセフスが記録している。シカリ派［名称は短剣（シカリ）に由来。暗殺者・刺客の意］と呼ばれる人びとだが、ヨセフスは無法者と書いている。たとえば、エジプトから来た何者かが、自分は預言者だと主張して3万人のユダヤ人を信じ込ませたが、反乱の試みは失敗した（戦記 2.259-63）。「詐欺師と盗賊が手を結んで民衆を扇動し、独立を主張しようと説き、ローマの支配に屈する者は殺すと脅迫した」とヨセフスは書いている（戦記 2.264）。

これだけ挙げれば明らかだろう。ヘロデ大王が死んだ紀元前4年以後、パレスチナではローマの支配に対する暴力的反抗が繰り返された。ガリラヤでも、そして特にエルサレムでも、「常になんらかの暴動のうわさがささやかれ、しばしば実際に勃発した」[24]。

文献には、抵抗運動の根底にはしばしば宗教的動機があったと書かれている。N・T・ライトは、そうした抵抗運動は「メシア的人物、もしくはメシアを僭称する人物によって率いられた」と指摘している[25]。多くの場合、ローマは反乱に加担した者たちを磔刑にして鎮圧した。ユダヤ人が反乱に立ち上がれば神が介入して王国を確立してくれるという信念に根ざした暴力的なメシアの反乱は、明らかにこの期間のユダヤ人の日常に根を下ろしていたのである[26]。

西暦1世紀にはローマに対する継続的な暴力的抵抗はなかったと言うホースリーでさえ、イエスが登場する前にメシア思想による反乱が複数回勃発して人びとの期待を集めたことを認めている。ヘロデが死んだ紀元前4年の反乱については、「ガリラヤ、ペレア、ユダヤという三つの主要地域すべてで、三つの大きな反乱が勃発したが、いずれも大衆的メシア思想という社会宗教的な形態をとっていた」と述べている[27]。

ヘンゲルは、帝国主義的暴力、外国勢力による抑圧、そして加熱した宗教的ナショナリズムに覆われたこの時期を、次のように要約している。「純朴なユダヤ人にとって、歴史は抑圧的搾取、残虐な戦争、そして失望の連続だった。ヘロデとその息子たちによる抑圧的統治、皇帝の代理人たちによる腐敗した政治——特にピラトが怨嗟の対象だった——は、パレスチナのユダヤ人にとって耐え難いものであり、彼らには三つの選択肢しかなかった。武力による抵抗、日和見主義的な体制順応（それでなんとか精神状態を維持する）、そして忍従の三つである」[28]。

イエスが告げた神の国の福音を正しく理解するためには、以上のような時代背景をふまえておくことが不可欠である。

イエスが告げた神の国の福音

本章冒頭で述べたように、新約聖書の最初の三つの福音書には、イエスが伝えた福音の中心はイエスという人とその働きによって神の国が到来したという知らせであると明確に書かれている。マルコの福音書はイエスのメッセージの全体を簡潔に要約している。「時が満ち、神の国が近づいた。悔い改めて福音を信じなさい」(マルコ1・15)。ルカは、イエスの公生涯〔荒野でサタンの誘惑に勝利してから十字架にかけられるまでの約3年半〕の記録を、イエスがシナゴーグ〔ユダヤ教の会堂〕でイザヤ書61章1－2節を朗読する場面から始めているが、この箇所は当時、メシアの国の到来について書かれていると考えられていた。[29] イエスは朗読の最後に「あなたたが耳にしたとおり、今日、この聖書のことばが実現した」と言っている(ルカ4・21)。

バプテスマのヨハネが弟子たちをイエスのもとに差し向け、あなたは長く待ち望まれていたメシアなのかとたずねさせた。そのときイエスは、視覚・聴覚・身体の障害やハンセン病で苦しむ人びとを奇跡的に癒したことを、自分がメシアであることの十分な証拠として挙げた(ルカ7・18－23)。イエスは、自分の行動がメシアの要件を満たしていると伝えたのである。

バプテスマのヨハネの問いに対するイエスの回答の意味は、死海文書の断片にある記載と突き合わせると特にはっきりする。そこには、メシアは目の見えない人を見えるようにし、耳の聞こえない人を聞こえるようにし、貧しい人に良き知らせを伝え、死者をよみがえらせることを期待されていたことが記されている。[30]

敵対勢力がイエスはサタンの力で悪霊を追い出していると非難したとき、イエスは「わたしが神の霊で悪霊を追い出しているのであれば、神の国はあなたたちのところに来ているのだ」（マタイ12・28）と応じている。この言葉はすでに起こったこととして過去形で語られている！　待ち望まれていた神の国がイエスの働きによって到来した――間接的表現ではあるが、イエスが自分はメシアだと主張していることは明らかである。

イエスが自らをメシアだと主張したことを疑問視する学者もいる。しかし、イエスが自らをメシアと言ったと考えられる理由は少なくない。特に明白なのが、イエスが十字架刑に処せられた理由だ。ローマの司法と政治がナザレのイエスについて知っていた一つのことは、イエスが自らをユダヤ人の王、ユダヤ人のメシアと主張したという事実だ。だからこそイエスは政治的脅威とみなされ、十字架刑に処せられたのである。もしイエスが自らをメシアだと主張していなかったなら、弟子たちもイエスの死後、イエスを語る際に、メシアなどという政治的に危険な称号を使わなかったはずだ。イエスをメシアだと言うことは、反逆罪で有罪とされた者の弟子という危険な立場に自分を置くことにほかならない[31]。

神の国が到来するというイエスの宣言は、当時の人びとをさぞ興奮させたことだろう。N・T・ライトが言うように、「神の王国は、片田舎に住む1世紀のユダヤ人にとって、イスラエルの勝利、異教徒に対する勝利、平和、正義、繁栄という贈りものを意味した[32]」。

しかしイエスは、人びとがメシアに抱いていた希望を根底から覆した。武器を取ってローマに抵抗する暴力革命を拒否したことほど、人びとの期待との違いがあらわになった点はない。ローマへの納税に反対する革命家たちは、被征服民はローマ兵の荷物を1ミリオン［約1500メートル。ヤード・ポンド法のマイル（約1600メートル）に相当］運ばなくてはならないという法律にも抗議して声を挙げた。だがイエスは、その抗議に同意するどころか、さらに

1ミリオン先まで荷物を運べと言ったのである。イエスは、神を冒瀆する征服者である敵を殺せとは言わず、愛せと促した。

ルカは、イエスが軍馬ではなくロバの背に乗ってエルサレムに入城したことを伝えているが、それは暴力による救済という戦略をイエスが拒否したことを雄弁に物語っている。そのくだりの直後には、暴力的な革命を求める声がエルサレムの破壊につながることを予見してイエスが涙を流したと書かれている（その悲劇は西暦70年に現実となった）。イエスは「もしこの日に、お前も平和への道をわきまえていたなら……。しかし今は、それがお前には見えない」（ルカ19・42）と言って悲しんだ。[33]

イエスの時代のユダヤ人の多くは、大々的にローマに反旗をひるがえせばメシアが王国の樹立を宣言してくれると考えていた。[34] だが、イエスはこの暴力的な救世主という選択肢を拒み、弟子たちに敵を愛するよう呼びかけた。N・T・ライトはこう記している。「イエスは神の国は軍事的勝利によってではなく、それに倍する革命的方法によって到来すると教えた。すなわち、頰を打たれたらもう一方の頰を差し出すこと、1ミリオン行けと言われたら2ミリオン行くこと、そして己の十字架を背負うという深いレベルで支配を覆す知恵によってもたらされると教えたのだ」[35]

イエスの教えは、赦しという点でも、メシアを担いだ抵抗の戦略とは対照的だった。パリサイ人［パリサイ派に同じ］の中には、人びとが忠実に律法を守ればメシアの到来が早まると教える者がいたが、イエスは、神の国の中心にあるのは赦しだと教えた。神の国は、しもべが抱え込んだ巨額の借金の返済を免除する情け深い王のようなものだとイエスは言った（マタイ18・23−35）。

パリサイ人がとりわけ嫌悪したイエスのふるまいは、反律法の筆頭のような売春婦、姦淫の現場で取り押さえられた女性、そして異国の抑圧者と結託して利益を得ている嫌われ者の徴税人にまで、進んで赦しの手を差し伸べていることだった。社会的に排除されている人びとを分けへだてなく受け入れることを強調するために、イエスは彼らの招きに応じて食事を共にしている。義人を自認する人物が憤慨して抗議したとき、イエスは、自分が来たのは正しい人を招くためではなく罪人（つみびと）を招くためだと反論した（マルコ２・17）。

イエスが過激とさえ思える惜しみない方法で罪人を赦したのは、神が放蕩息子のたとえ話［強引に得た生前分与を使い果たした息子が、父の元に戻って赦しを得る話。ルカ15・11-32］に出てくる寛容な父親のような存在であることを知っていたからだ。イエスは多くのたとえ話によって、神は自ら歩み寄って罪人を許してくれる方だと教えている。

「すべてのたとえ話を通して、イエスは寛容な神のさまざまな姿を伝えている。寛大で慈悲深い王、借金を帳消しにする気前のよい金貸し、迷い出た一匹の羊を探し続ける羊飼い、なくしたコインを探す女性、帰ってきた息子に駆け寄る父親、徴税人の祈りを聞く裁判官。どこまでも憐れみ深い存在として、神はイエスの話の中に繰り返し登場する」[36]

そしてイエスは私たちに、他者を赦そうとしない召使いというわかりやすいたとえ話を使って、神の根源的な赦しにならって他者を赦すことを求めている（マタイ18・23-35）。

イエスは寛容な神について教えるだけでなく、自分には罪を赦す権威が与えられていると主張した。ユダヤの諸文献のどこにも、メシアが自らの権威によって罪を赦すとは書かれていない。しかし、イエスは大胆にもその権威を主張した。イエスは癒しを求めてきた身体麻痺の病人の罪を赦した。宗教指導者たちが、罪を赦す権威は神のみにあり、罪を赦すというイエスは神を冒瀆していると抗議したとき、イエスは「人の子は地上で罪を赦す権威を持っている」（マルコ２・10）と反論した。

ここでイエスが自分自身を「人の子」と呼んでいることは重要だ。当時、多くのユダヤ人が、ダニエル書7章に登場する「人の子」をメシアのことだと考えていた。ユダヤの文書の中には、ダニエル書7章を「ユダヤの獅子がローマの鷲に勝利する」ことを告げるメシア預言と解釈しているものがある。[37] ヨセフスは、このメシア預言が「ほかの何よりもユダヤ人を反乱へと導いた」と述べている(戦記6.312–15)。メシアである人の子として、イエスは自分の使命を、暴力によってではなく赦すことによって神の国を実現させることだと理解していた。自分が与える赦しが、神の国の根幹を成す要素だと理解していた。暴力や復讐ではなく、赦しこそがイエスが伝えたメシアの国のしるしだった。

イエスの教えの全体、特に山上の説教〔本書第3章参照〕は、イエスが新しいメシアの共同体をどのようなものにしたかったかを詳しく伝えている。新約聖書学のリチャード・ヘイズは、マタイはイエスの山上の説教を実現不可能な理想とは考えておらず、「神の国と、弟子たちの共同体が招かれている生活についての計画の開示」と考えていると指摘した。[38]

実際、イエスは弟子たちのことを、社会から切り離された非主流の小集団とは考えておらず、地の塩、世の光になれと言った(マタイ5・13–14)。12人の弟子を任命することで、自分のメッセージがイスラエルの12部族、すなわちイスラエルのすべての民に対するものであることを示した。自分はすべての人のメシアだと言った。イエスの教えは「イスラエルに対してイスラエルになれと迫る」強い促しだったのである。[39]

イエスは、多くの点で当時の状況に根本的な挑戦を突きつけた。彼の教えは、ささいな理由で夫が妻を去らせることができる離婚に関する法律をよしとしていた男性たちを怒らせた。イエスは、一人の男と一人の女が生涯連れ添って暮らすのが神の意図だと主張した(マタイ19・3–9、マルコ10・2–12)。

イエスは女性を劣った存在として扱う社会にも異議を唱えた。当時のユダヤでは、女性の証言は法廷で立証能力を認められていなかった。[40]男性が公の場に女性をともなって現れるのは恥ずべきことであった。ユダヤ人男性に推奨されていた日々の祈りには、自分が異邦人でもなく、奴隷でもなく、また女性でもないことを神に感謝する、という文言が含まれていた[41]（ルカ10・38－42）。

そんな社会にあって、イエスは、女性と共に公の場に出ていき（ヨハネ4・27）、女性に神学を教え（ルカ10・38－42）、復活後に最初に女性の前に現れて敬意を示した（ヨハネ20・11－18）。

イエスは、権威を振りかざして民を支配する政治的支配者を狼狽させた。来たるべきメシアの時代には、しもべが主人にとって代わる。[42]神の国で最も偉大な存在は、すべての者のしもべたるメシアである。だからイエスの国で人の上に立ちたいと思うなら、上に立って支配するのではなく、謙虚なしもべとならなければならないと教えた。

イエスの教えは、経済的地位を築いていた人びとを震えあがらせた。金持ちが神の国に入るのはラクダが針の穴を通るより難しいと言いきった（マタイ19・24）。資産家には、返済される見込みがなくても経済的困窮者にお金を貸し与えることを求めた（ルカ6・30、34。マタイ5・42も参照[43]）。裕福な青年の中に、金持ちを悩ませる偶像崇拝的な物質至上主義があることを指摘し、その若者に——そして富の偶像を崇拝する者たちに——すべての富を貧しい人びとに与えよと迫った（マタイ19・21）。そして、貧しい未亡人を虐げる者たちを非難した（マルコ12・42－44）。

イエスは、神殿で横行していた経済的抑圧と宗教的冒瀆を、逮捕されることも辞さない大胆さで激しく非難した。このイエスの行動については、神殿を清めるという宗教的側面だけを見る人が多いが、神に対する冒瀆と経済的不法行為の両方への抗議であったことが、聖書にはっきり書かれている。『わたしの家は祈りの家でなければならない』と書いてある。それなのに、おまえたちはそれを『強盗の巣』にした」（ルカ19・46）。

ローマと結託した祭司長たちとその仲間は、いけにえのための動物の販売を独占しており、各地から神殿を訪れるユダヤ人礼拝者は、いけにえの動物を彼らから買うしかなかった。神殿の一角にある異邦人の庭［神殿中央の聖所を囲む庭のうち異邦人にも立入りが許されていた庭］が、高値で売って儲けるための家畜置き場として使われていた。異邦人の祈りの場を経済的抑圧のための場に変えて神を冒瀆する人びとを、イエスは糾弾したのである[44]。

驚くには当たらないが、そんなイエスを処分するための当局の動きは素早かった（ルカ19・47）。権力者と富裕層にこれほど根本的な変革を迫る人物は、危険な革命家にほかならないからだ。イエスはあらゆる現状に対し、それが間違ったことであるなら、いっさい妥協せず攻撃した。現状への根源的挑戦は、イエスが十字架につけられた理由の一つであった。

だが、それは処刑理由の一部にすぎない。ピラトがイエスの十字架の上に掲げた「ユダヤ人の王」という罪状書きは、ローマがイエスを国家反逆罪で十字架にかけたことを示している（ヨハネ19・19、マタイ27・37、マルコ15・26、ルカ23・38）そして、サンヘドリン［ローマ支配下のユダヤにおける宗教と政治の最高機関］のユダヤ人指導者たちは、イエスが自らを「誉むべき方の子」と自称し、「あなたがたは、人の子が力ある方の右の座に着くのを見る」と主張したことによって、冒瀆の罪で彼を告訴した（マルコ14・61－64）[45]。

しかし、イエスが十字架についた理由はそれだけではない。福音書は、イエスが自らの死を使命の中心に位置づけていたと伝えている。人の子（イエスが好んで使った自称）が来たのは「多くの人のための贖いの代価として、自分の命を与えるためである」とイエスは言った（マタイ20・28）。マタイとマルコの両福音書には、イエスをメシアと認めたペテロの信仰告白を聞いたイエスが、それを肯定したすぐあとで、それをだれにも話すなと命じ、これから自分は死ぬのだと話したことが記されている（マタイ16・13－23、マルコ8・27－33）。弟子たちと共にした最後の晩餐で、イエスは自分の血を、「多くの人のために、罪の赦しのために流される、わたしの契約の血」と言っている（マタイ26・28）。

N・T・ライトは、イエスは神の国が自分の存在を通して現実になるという信仰の中心に自らの死を置いていた、と指摘する。当時の人びとは、メシアが敵を倒し、神殿を清めてくれる（あるいは再建してくれる）と期待していたが、イエスは、自分が死ぬことで、ユダヤ人が期待する神殿の再建が実現すると考えていた（神殿のこととは別に、イエスはすでに、自分には罪を許す権威があるという主張も行っている）。N・T・ライトは「言い換えれば、イエスは自らの死によって、ある意味、いけにえとしての役割を果たすことを意図していた」と書いている。[46]

イエスの死によって征服されるべき敵は、ローマ人ではなく、「ヤハウェ［ヘブライ語の四つの子音文字で構成された神の名］の民をだまして異教の道を歩ませ、武力と軍事の反乱によってヤハウェの王国を実現しようとさせているサタン」という真の敵であった。[47] ライトはさらに続けて言う。「これこそイエスが思い描いた、真の敵に対するメシアの勝利だった。サタンはローマだけでなくエルサレムにも根を下ろし、選ばれた民と聖地を自分たちに都合のよい変形版（パロディ）に変え、世界を世俗的な手段で打ち負かそうとする偽（にせ）選民へと引きずり下ろそうとしていた。イエスは、かくあれと神に召し出された国になれずにいたイスラエルに代わって、イスラエルのために行動したのである[48]」

イエスが理解する神の国の中心には十字架がある。復活もまた、イエスが理解し、私たちが理解する神の国の中心にある。もしイエスが死んだままなら、ユダヤ人にとって唯一の結論は、イエスが神の国について語ったことは嘘であり、イエスは失敗した偽メシアだったということになる。キリスト教の歴史において、クリスチャンは偏（ひとえ）に（それが言い過ぎなら概（おおむ）ね）イエスの人生と教えにだけ、あるいは死だけに目を向けてきた。使徒信条［キリスト教の基本信条。礼拝やミサで会衆はこれを唱える］やニカイア信条［西暦325年にまとめられたキリスト教の基本信条］でさえ、イエスの生涯は誕生からいきなり死へと直行し、そのあいだには大切なことが何もなかったかのように扱われている[49]。

そのような扱いは、イエスの教えを軽視あるいは無視することであり、弟子としての生き方（ディサイプルシップ）や、倫理面でキリストに従うことをおろそかにする生き方につながる。福音派の多くのサークルの中に、イエスが現れた理由はただ人間の罪のために死ぬことであったという考え（異端的と言える）が広がっているが、そのような理解は聖書が伝えるキリストの全体像からはっきり逸脱している。

逆に、悲しいことだが、最終的に重要なのはイエスの教え（特に敵を愛せという教え）だけだと考えるクリスチャンもいる（やはり異端的と言える）。二千年の歴史をもつキリストの教会と共に、ナザレ出身の教師を受肉［神の子が人の肉体の姿をとって現れたこと］した神であると告白するのであれば、私たちは聖書が伝えるキリストを丸ごと受け入れなくてはならない。

この章ではイエスが伝えた福音を、その時代背景とともに駆け足で概観した。福音とは神の国の到来の告知、神の国についての教え、そして神の国の樹立を告げるイエスの生と死と復活である。それを理解することによって、イエスの行動（本書第2章）と教え（第3章と第4章）が、暴力ついて、現代に生きる私たちに何を伝えようとしているかを理解することができる。

第2章　イエスの行動が教えていること

イエスは暴力についてどう考えていたのだろう？　それについて、イエスの行動から何がわかるだろう？　そのことを考えるために、この章では、サタンの誘惑に直面したときのイエスの対応、王になってほしいという民衆の願いを拒否したイエスの姿勢、エルサレムへの凱旋に際してイエスが選択した方法、そして逮捕される直前、天の軍勢による援護を求めなかったイエスの覚悟という四つについて検証する。

サタンの誘惑を拒絶したイエス

イエスは荒野でサタンの誘惑を受けた（マタイ4・1－11、ルカ4・1－13）。イエスが拒絶した誘惑の一つもしくは複数が、イエスが考えるメシアの性質と関係があると考える研究者がいる。イエスが拒絶したのは、間違ったメシア像を選ばせようとする誘惑、おそらくは暴力的メシアを選択させようとする誘惑だったのではないかというのだ。[1]

石をパンに変えるという誘惑は、食べ物を与えることができればメシアとして人びとを従わせることができるという誘惑なのだろうか。実際、ヨハネが伝えるところによると、5千人に食べ物を与えた奇跡のあとで、民衆はイエスに自分たちの王になってほしいと迫っている（ヨハネ6・1－15）。

神殿の頂（いただき）から飛び降るという誘惑は、派手な奇跡的脱出を見せつければメシアとして人びとを従わせられるという誘惑なのだろうか。

この世のすべての王国をサタンから与えられるという誘惑は、暴力による軍事的征服者になるという誘惑だったのだろうか。イエスの時代、やがて登場するメシアの姿について人びとはさまざまな憶測をしていたが、暴力的なメシアは特に人気があった。

多くの聖書注解者は以上のような解釈には否定的だ。[2] ジョエル・B・グリーンは、石をパンに変える誘惑の場面で使われている「パン」（ルカ4・3）という言葉が単数形であることに注目し、単数だから「大勢に食糧を与えて福祉の王になるようイエスを誘っているとは考えにくい」と論じている。[3] イエスがひとり荒野で誘惑と戦うという状況も、群衆に食べさせることで人気を集めてメシアになるという誘惑とは考えにくい、というわけだ。

神殿の頂からイエスを飛び降りさせようとする誘惑については、そこにメシアに関連する意味を認めるアラン・ストーキーが興味深い主張をしている。ヘロデ大王がエルサレムの神殿を再建したとき、彼は旧約聖書に記された神殿の高さについて従来と異なる解釈を採用し、元の神殿の4倍の高さの神殿を建てた。その高さと荘厳さ（ユダヤ人にとって神のみが支配する場所であることの象徴）がローマに政治的脅威と受けとめられることを恐れて、ヘロデは神殿正面にローマを象徴する黄金の鷲の像を設置した。これにユダヤ人は怒り、前章で見たように、ヘロデが死んだと思ったエルサレムの指導者たちはローマの占領を象徴するこの像を引き倒した。ところがヘロデはまだ死んでおらず、数十人の反政府勢力を処刑した（これも前章で見た）。いずれにせよ一般民衆の考えでは、神殿は「神が支配する場所か、ローマ人が支配する場所かのいずれかであった」[4]。イエスが高い神殿の頂から飛び降り、祭りに集まった大勢の群衆の前に無事に立つことができれば、ユダヤをローマ人から救い出してくれる、神が約束したメシアだと示すことができる。

イエスを神殿から飛び降りさせようとする誘惑について、このストーキーの理解にはなるほどと思わせるものがある。だが確実なものではない。同じ程度にありそうに思える別の見解も存在する。サタンにひれ伏しさえすれば世界のすべての王国を与えようという誘惑は、政治的メシアとの結びつきが最もはっきりしている。マタイの福音書の注解の中で、クレイグ・Ａ・エヴァンスは「異邦人による支配の軛（くびき）から脱したいメシア候補にとって、これは夢の提案である」と述べている[5]。イエスの時代のユダヤ人のメシア願望には、ローマを叩き、エルサレムから世界に号令をかける軍事的メシアの姿が確かに存在していた。

以上すべての誘惑に対し、イエスはサタンを叱りつけ、誘惑を拒絶した。だが、イエスが暴力を行使するメシアを否定したかどうか（あるいはマタイとルカが否定したかどうか）は、聖書のこの箇所からだけでは確実なことは言えない。確かに、地上の王国を与えようという誘惑を拒絶したケースでは特に、イエスが暴力的メシアを否定したという解釈が成り立ちそうに思える。神殿の上から飛び降りるという誘惑も、その解釈が成り立ちそうな内容だ。だが、いずれも確実とは言えない。物理的暴力に頼るメシアに対するイエスの考えについて、サタンの誘惑のストーリーに基づいて断定的なことは言えない。

王になることを拒否したイエス

四つの福音書はすべて、イエスが5千人以上の群衆に食べ物を与えた奇跡について記している（マタイ14・13－21、マルコ6・30－44、ルカ9・10－17、ヨハネ6・1－15）。どれを読んでも、この一件でイエスの人気が大いに高まったことは明らかだ。彼の癒しのわざと教えは大衆を魅了した。本当のところイエスは何者だろうと人びとは推測しはじめた。エリヤ［旧約時代の偉大な預言者］だろうか？　新顔の預言者か？　それともバプテスマのヨハネが死人の中からよみがえったのだろうか？（マルコ6・14－16）

イエスは群衆から離れ、弟子たちと一緒に舟でガリラヤ湖の向こう岸に渡った。しかし、何千人もの人が湖の北端に押しかけ、到着したイエスを迎えた。人びとをあわれに思ったイエスは、5千人の男たちに――それに加えて女たちと子どもたちに――食べ物を与えた（マルコ6・30－44）。四つの福音書すべてが、この部分について伝えている。

しかし、ヨハネの福音書には、ほかの福音書にはない一言が書かれている。「人びとはイエスがなさったしるしを見て、『まことにこの方こそ、世に来られるはずの預言者だ』と言った。イエスは、人々がやって来て、自分を王にするために連れて行こうとしているのを知り、再びただ一人で山に退かれた」（ヨハネ6・14－15）。

この出来事の数十年前のガリラヤとユダヤ、そしてイエスの公生涯の前後数十年間に勃発した暴力的なメシア運動のことを考え合わせると、ヨハネが書いていることの持つ意味は明らかだ[6]（第1章で見たように、西暦6年に反ローマ革命を指揮したガリラヤのユダは、民衆が革命に加わるなら神の介入があると約束した）。

ヨハネの短い記述の背景には、イエスを待望久しいメシアだと信じ、ローマとローマの息のかかった支配者を倒す戦いを率いてくれると期待する何千人もの動きがあったことが想像できる。人びとはイエスに暴力革命を指揮させようとしたのだ。

だが、イエスはそれを拒否した。それは彼が理解するメシアの姿ではなかったからだ。新約聖書学のリチャード・ヘイズは、イエスが王になることを拒んだこの場面に言及し、「イエスはいかなる場合でも、神の国を実現するための戦略として暴力を使うことを拒否した」と書いている。[7]

ここで目をひくのは、群衆に食べ物を与える奇跡を行い、群衆から身を引いたあとで、イエスが弟子たちに自分をだれだと思うかとたずねていることである。「メシアです」というペテロの答えをイエスは受け入れている（ルカ９・18－20）。それに続く節で、弟子たちに、自分は苦しみ、死ななければならないと告げていることも重要だ（同９・22）。マルコの福音書には、メシアの死を想像できないペテロがイエスを諫めたと書かれている。それに対して、イエスはペテロを叱りつけて言った。「下がれ、サタン」（マルコ８・33）。

この時点でのペテロは、明らかに、イエスに王になってほしいと願う大衆と同様、敵を征服する軍事的メシアを求めていた。だがイエスは、そういう方法で王となることをサタンの誘惑と見なしたのだ。ヘイズは、イエスは弟子たちに、「自分が十字架につくことによってメシアの称号を定義しなおすまで、イエスがメシアであることを口外してはならないと箝口令を敷いた」と述べている。[8]

ロバに乗ってエルサレムに入ったイエス

エルサレム入城の場面を見てみよう。これはイエスにとってエルサレムへの最後の旅だ。過越の祭りが近づき、イエスと弟子たちや他の巡礼者の群れがエルサレムをめざしていた。イエスの一行がエリコを出てエルサレムに向かっているとき、盲人の物乞いがイエスに癒しを願った。彼が発した「ダビデの子のイエス様、私をあわれんでください」(マルコ10・47)という言葉は、それを聞いた相手がメシアへの呼びかけと解釈することを意図したものだ。

マルコの福音書に、弟子のヤコブとヨハネが思い上がった要求をイエスにぶつけたエピソードが書かれている。「あなたが栄光をお受けになるとき、一人があなたの右に、もう一人が左に座るようにしてください」(マルコ10・37)。ペテロと同様、2人の頭の中にあったのも強力な政治的メシアだった。ここでもイエスは、この先自分も彼らも苦しむことになるという警告を発している。

過越の祭りの時期、メシア待望と憶測が激しくなるのは自然なことだった。「過越の祭りのときは、世界中からエルサレム巡礼に訪れる人びとのあいだで、神による解放への期待が常に熱を帯びる」[9]。G・B・ケアードは「人びとは過越の祭りの時期にエルサレムにメシアが現れることを期待していた」と指摘している[10]。イエスが自分がメシアであることを公(おおやけ)にしたのは、このときが最初だった。この時点までは、自分がメシアであることを公言することを避けていたように見える。長年にわたりケンブリッジ大学で新約聖書を研究したC・F・D・モールによれば、この時点でイエスは人びとに自分をメシアと呼ばせ、王のように群衆を従えてエルサレムに入ったのである[11]。

だが、エルサレムに入るイエスの姿は、馬上から軍隊を率いる闘うメシアとはほど遠いものだった。四つの福音書はすべて、イエス自身がおとなしい動物に乗ってエルサレムに入ることを選んだと書いている。マタイとヨハネにはそれがロバであったと明記されており、ゼカリヤ書を引用して、イエスがロバを選んだ理由にも触れている（マタイ21・5、ヨハネ12・15）。引用されたゼカリヤ書の箇所は当時、来るべきメシアについての預言と考える人もいた箇所で、[12] 柔和で平和な人物の姿を生き生きと伝えている。

娘シオンよ、大いに喜べ。娘エルサレムよ、喜び叫べ。
見よ、あなたの王があなたのところに来る。
義なる者で、勝利を得、柔和な者で、ろばに乗って。雌ろばの子である、ろばに乗って。
わたしは戦車をエフライムから、軍馬をエルサレムから絶えさせる。戦いの弓も絶たれる。
彼は諸国の民に平和を告げ、その支配は海から海へ、大河から地の果てに至る。

（ゼカリヤ９・９–10）

マタイもヨハネも、平和的な人物を描写するゼカリヤ書の一部を引用している。イエスは重要な事実をきわめて鮮明に伝えている。すなわち、自分はメシアである、しかし反乱者が期待する軍事力による暴力的征服者ではない、という事実である。

ここでの要点をモールが明確に述べている。「イエスと親しい人びとは、イエスの姿を思い起こし、あのときイエスはメシアあるいは解放者として、戦士としてではなく平和のメシアとして、エルサレムに入ったのだと思い当たったことだろう。イエスは、『わたしはメシアである。だが、あなた方が探している戦闘を率いるメシアではない』と言っているようだ」[13]。クレイグ・キーナーも同じことを指摘する。「イエスは自分は確かに王であると告げているが、戦う王だとは告げていない」[14]。イエスはこの行動を通して、自分の計画を「ローマと戦って国威発揚を図る革命家の計画」と混同してはならない、と告げているのだ[15]。

ヴィンセント・テイラーはイエスのエルサレム入城と、それに続く群衆の失望を次のように要約している。

> イエスはメシアに対する期待が弟子たちのあいだでも高まっていることに気づき、苦難のメシアの姿が理解されていないと思ったに違いない。事前に決めていた段取りに従い、2人の弟子を遣わして子ロバを調達し、ゼカリヤの預言を成就させようとしている。自分が神に約束されたメシアであることは否定せず、イエスは弟子や群衆に対し、自分は戦いを率いるメシアではなく、ロバにまたがる柔和なメシアであると示そうとした。群衆は困惑したものの、イエスが自分たちの願うようなメシアでないことがわかったので、イエスを見限った[16]。

天の軍勢の派遣を拒否したイエス

庭で逮捕されるとき、剣を取って師を守ろうとしたペテロをイエスは叱責し(これについては第4章参照)、「わたしが父にお願いして、十二軍団よりも多くの御使(みつか)いを、今すぐわたしの配下に置いていただくことが、できないと思うのか」と言っている(マタイ26・53)。ローマ軍の編成において軍団(レギオン)は6千人の兵から成る。12軍団なら7万2千人であり、逮捕に抵抗するだけでなく、ローマ人を追い出せるほどの強大な勢力だ。

当時のユダヤ人は、自分たちが武装抵抗に立ち上がれば神が奇跡的介入で敵を打ち負かしてくれると信じていた。ペテロを叱責してイエスが語った言葉は、そのような歴史的文脈の中で解釈しなくてはならない。[17] 逮捕されるとき、イエスは再び暴力革命の誘惑に直面したかもしれない。もちろん確かなことは言えないが、そうであっても不思議ではない。[18] だが、イエスは暴力によるメシアという選択肢を拒絶し、十字架を選んだ。

以上のイエスの行動は、それだけでは、イエスが間違いなくあらゆる暴力を拒絶したという確実な根拠にはならないかもしれない。だが、イエスの行動が暴力を肯定するものでないことも明らかだ。イエスは何を私たちに教えようとしていたのか？　本書のテーマである「暴力」について、イエスの考えをさらに明確にするために、次の二つの章でイエスの教えを詳しく見ていこう。

第3章　山上の説教でイエスが語ったこと

イエスが求めた根本的な方向転換

イエスの教えを正しく理解するためには、それが語られた状況をふまえることが大切だ。イエスが伝えた福音――待望久しいメシアの王国がイエスとその働きによって歴史に突入したという知らせ――の全体の中で考えなければ、イエスの教えを正しく理解することはできない。

第1章で、イエスの時代には多くのユダヤ人がメシアを待望していたことを説明した。ローマ人を追い出し、エルサレムを世界の中心に据え、平和と正義の時代をもたらしてくれるようなメシアである。メシア到来の希望は、決して時空の歴史の終焉を意味するものではなかった。新しい天と新しい地が終末論的イメージで描写されているのは、来るべきメシアが世界を劇的に変容させることを鮮明に伝えるためであった。

そんな状況の中で、イエスは自分はメシアだと宣言した。彼の行動からうかがえるのは、当時の人びとの期待とまったく異なる非暴力のメシアだが、イエスは確かに自分はメシアであると主張したし、初期のクリスチャンも周囲の人びとにそう教えている。イエスはすべてのユダヤ人に、メシアたる自分のメッセージと働きを受け入れることを求めたのである。

イエスには、ナザレという小さな町で小さな私的サークルを立ち上げたという意識はなく、イスラエルのすべての民に、自分をメシアとして受け入れることを求めた。N・T・ライトが述べているように、イエスの教えは「イスラエルに対してイスラエルになれと迫る」挑戦だった。[1] イエスは彼に従う者に、地の塩、世の光になることを望んだ（マタイ5・13－14）。

メシアとしてイエスを受け入れるということは、彼の教えに従うということだ。山上の説教の最後で、イエスは「わたしのこれらのことばを聞いて、それを行う者はみな、岩の上に自分の家を建てた賢い人にたとえることができる」と強調している（マタイ7・24）。そして、自身が伝えた福音の最後に、信じる者たちに洗礼（バプテスマ）を授けるためだけでなく、「わたしが命じたすべてのこと」（マタイ28・20）を教えるために弟子たちを全世界に派遣している。ヨハネの福音書も、「もしわたしを愛しているなら、あなたがたはわたしの戒めを守るはずだ」（ヨハネ14・15）というイエスの言葉で同じことを述べている。

悔い改めと神の国の到来のあいだの密接な関係をイエスが強調していることも、それを補強している。福音書は何度もこの関係を再確認する。マルコはイエスの生涯を伝える物語の冒頭で、イエスが伝えた福音を要約している。「時が満ち、神の国が近づいた。悔い改めて（*metanoeite*（メタノエイテ））福音を信じなさい」（マルコ1・15）。ルカの福音書5章32節によると、イエスが来たのは私たちを悔い改め（*metanoia*（メタノイア））へと導くためだった。『新約聖書神学辞典』によると、名詞の「メタノイア」とその派生動詞は、「神に向かう無条件の転向」と「神に反するものすべてからの無条件の転向」を意味する。[2]

イエスが伝えた神の国の福音を受け入れるためには、思考と行動の根本的な方向転換が求められるということだ。[3] イエスの教えは、イエスという存在とその働きによって到来したメシアの時代に生きるために、思考と行動をどう変えるべきかを示している。

マタイの福音書5-7章に記されている山上の説教は、四つの福音書全体の中でも、イエスの教えが最も集中的に紹介されている箇所だ。まずここを手がかりに、本書の中心的な問い――イエスは時と場合によっては人を殺すことも是としたのか？――について考えていこう。

イエスはいかに「律法を成就」したか

人を殺すことについてのイエスの教えを考えるうえで特に重要なのは、マタイ5章21-48節に記された一連の教え、とりわけ最後の二つの教えだ。いずれも、イエスは「あなたがたはこう聞いている……しかしわたしは言う……」という語り方をしている。旧約聖書の教えに言及したうえで、それを修正あるいは変更しているように見える場合もある。

ところが、この一連の教えの直前でイエスは、「わたしが律法や預言者を廃棄するために来た、と思ってはならない。廃棄するためではなく成就するために来たのだ」と宣言している（マタイ5・17）。「天地が消え去るまで、律法の一点一画も決して消え去ることはない。すべてが実現する」とも言っている（マタイ5・18）。そして、律法を守らない者については「これらの戒めの最も小さいものを一つでも破り、また破るように人びとに教える者は、天の御国（みくに）で最も小さい者と呼ばれます」（マタイ5・19）とさえ言っている。

イエスが旧約聖書［イエスの時代に「新約聖書」はなく、聖書が「旧約聖書」と呼ばれていたわけではないが、議論の便宜と明確化のために本書では「旧約聖書」とする］をどのように「成就」させたかについて、二つのまったく異なる解釈が存在することは驚くに値しない。一つの解釈は、イエスは旧約聖書の律法や教えを破棄したのではなく、当時の人びとが共有していた誤った理解を修正しようとしただけだというもの。もう一つの解釈は、イエスは旧約の律法の一部を破棄し、それとは異なるより高い次元の規範を弟子たちに求めることによって、その律法を成就させたのだというものだ。両方の見解を手短かに見ておこう。

最初の見解――ジャン・カルヴァンなどを含む長い伝統がある――は「旧約聖書の時代と神の国のあいだに倫理面での不連続性はない」と主張する。[4] ジョン・ストットは、イエスはモーセに逆らったのではなく、当時の律法学者やパリサイ派によるこじつけに否を突きつけているだけだと論じている。ストットは、イエスが「あなたがたも聞いているとおり」（マタイ5・21、27、33、38、43。また5・31）という語りかけの中で使っている動詞は、彼が聖書を引用するときに普通に使っていたものではないと指摘している。[5] また、「律法の一点一画も決して消え去ることはない」（マタイ5・17－20）と言ったばかりのイエスが、旧約聖書の教えを否定したと解釈するのはどう考えても矛盾していると論じた。[6]

しかし、多くの新約聖書学者によるマタイ5章17－20節の解釈はそれと異なる。たとえばクレイグ・ブロムバーグは、マタイの福音書の注解書の中で、5章2－48節でイエスは六つのアンチテーゼを提示し、「旧約聖書の文言のいくつかに異議を唱えている」と書いている。[7]

ロバート・ゲーリックは山上の説教についての詳細な注解書で、イエスが律法を成就したということの意味について、現代の聖書学者たちのあいだで「最も一般的な見解」は、「イエスは律法について自分自身の教えを提示することで『律法の究極の意図』を明らかにし、それによって『律法を成就』したというものである」と書いている。[8]

ゲーリックはまた、マタイの福音書についての最近の研究は、イエスが天と地が滅びるまで有効であり続けると言った律法は「イエス自身が教えた律法」であるという点で一致している、と述べている。[9] イエスが自分は律法と預言者たちを「成就する」（マタイ5・17）ために来たと言った箇所で、マタイが使った言葉は plērōō（プレーロオー）である。これはマタイが好んで使った言葉で、全部で16回使っており、そのうち12回はイエスが旧約聖書を成就したことを記述するときに使っている。[10]

ゲーリックは、イエスが自分は神と新しい関係――エレミヤ（31・31-34）、エゼキエル（36・25-27）、イザヤ（2・2-4）が預言したような関係――を確立したと考えたのだと指摘する。こうしてイエスは、旧約聖書で約束された終末論的な贖いの時をもたらすことによって、律法を成就させた。「律法学者やパリサイ人の義にまさる」（マタイ5・20）新しいメシアの時代の義の内容が、マタイ5章21-48節で詳しく述べられている。[11]

当時の人びとが理解していた律法の要請に対して、イエスが自分には異議を申し立てる権威があると主張していることは明らかだ。初期のクリスチャンは、旧約聖書の律法の中心にある要請はもはや拘束力を失った、とはっきり教えている。割礼［生後間もない男子の性器の包皮切除］、食事規程、罪の赦しのために神殿で捧げられるいけにえ、そして安息日（あんそくにち）の定めなどがそれに該当する。パウロは、律法はキリストが来るまでは神が定めた後見人ないし保護者として有効だったが、「私たちはもはや養育係の下（もと）にはいません」（ガラテヤ3・25）と述べている。

R・T・フランスが指摘するように、もしマタイ5章17-20節が、旧約の律法は「イエスが来る前と同じように」守られなければならないと言っているのだとすれば、たとえば、いけにえや食物に関する規定がいまもイエスの弟子たちを拘束していることになり、新約聖書全体の主張と矛盾してしまう。[12]

旧約聖書には、特定の食べ物（たとえばブタ、ラクダ、ウサギなどの肉）を不浄とする律法が存在し、イスラエルの民はそれを食べてはならないと命じられている（レビ記11・1－47、申命記14・3－19）。しかし、マルコの福音書には、イエスがそのような食事規程を明確に否定したと書かれている。「『分からないのか。外から人に入って来るどんなものも、人を汚すことはできない……』。こうしてイエスは、すべての食物をきよいとされた」（マルコ7・18－19）。ペテロの幻視（ビジョン）（使徒10・9－16）とパウロの教え（Ⅱテモテ4・3－5）も、最初期の教会［キリスト教が公認される4世紀初めまでの教会。初代教会とも］が旧約の食事規定を放棄していたことを強調している。

安息日をめぐっては、イエスとパリサイ人のあいだで頻繁な対立があった。十戒［出エジプトの際にモーセが神から授かった10の戒律］の一つは安息日の遵守を求めており（出エジプト記20・8）、安息日の定めを厳密に守ることは、当時のユダヤ人の生活で最も重要な部分を占めていた。福音書には、イエスと弟子たちは安息日の律法を破っていると考えるパリサイ人と何度も激しくぶつかったことが記されている（マルコ2・23－3・6、ルカ13・10－17、ヨハネ5・16－18）。

しかし、イエスは安息日についても、あえて自らの権威を主張した。「安息日は人のためにあるもので、人が安息日のためにあるのではない。それだから、人の子は、安息日にもまた主なのである」（マルコ2・27－28）。十戒に含まれる教えに対してさえ主権を主張したということは、イエスが言う律法の「成就」には、旧約の教えの大きな修正が含まれる可能性があることを示唆している。

バプテスマのヨハネについてイエスが言ったことも、イエスが自分の働きは律法と預言者［旧約聖書は律法と預言者と諸書の三つの主要部分から成る］を超え、それらを成就させることだと考えていた事実を示している。イエスは「およそ女から生まれた者のうち、洗礼者ヨハネより偉大な者は現れなかった。しかし、天の国で最も小さな者でも、彼よりは偉大である」（マタイ11・11）と言い、「すべての預言者と律法が預言したのは、ヨハネの時までである」(同11・13)と言っている。言い換えれば、イエスによって歴史に突入したメシアの国は、旧約聖書の教えに新たな理解をもたらし、ある意味それを超越するということである。

イエスは律法と預言者が神の言葉であることを否定していない。自身の登場によって預言されていたとおりのことが起こった、と言っているのだ。「そのことによって、弟子たちは律法をイエスの教えに照らして理解でき、イエスがもたらした新しい状況の中で正しく適用して実践できるようになった」[13]

それは重要な意味を持つとフランスは言う。「何らかの現実的な理由で律法のある要素が「廃止」されたように見えたとしても、それは律法が神の言葉としての地位を失ったからではなく、律法が成就した新しい時代において、その役割が変わったからである。新しい時代の究極の権威は、イエスの登場を指し示す律法ではなく、律法を成就したイエスそのものにこそ存在する」。この見解は「ここ数十年でかなりの賛同を得るようになっている」とフランスは言う。[14]

このように、マタイの福音書5章20節——「あなたがたの義が律法学者やパリサイ人の義にまさっていなければ、決して天国に入ることはできない」——は、イエスの弟子は律法の詳細を注意深く守ることによってではなく、マタイ5章21-48節を含むイエスの教えに従って行動しなくてはならないということを意味している。[15]

以上で明らかなように、現代の学者たちは、マタイ5章21-48節にある一連の重要なイエスの教えを考察するうえで、異なる二つの枠組みを提示している。一つは、イエスは律法に対する当時の誤解を正しはしたが、その倫理的要求を無視したのではない、とするもの。もう一つは、イエスはときには律法を修正したり、もはや規範たり得ないと宣言さえすることで律法を成就した、とするものだ。どちらの枠組みが記録されている事実によりよく立脚しているか、聖書のテキストを注意深く掘り下げてみよう。

イエスが古い律法に突きつけた異議

殺人と姦淫

山上の説教でイエスは、最初に殺人と姦淫について語った。

あなたがたも聞いているとおり、昔の人は「殺すな。人を殺した者は裁きを受ける」と命じられている。しかし、わたしは言っておく。兄弟に腹を立てる者はだれでも裁きを受ける。兄弟に「ばか」と言う者は、最高法院に引き渡され、「愚か者」と言う者は、火の地獄に投げ込まれる。だから、あなたが祭壇に供え物を献げようとし、兄弟が自分に反感を持っているのをそこで思い出したなら、その供え物を祭壇の前に置き、まず行って兄弟と仲直りをし、それから帰って来て、供え物を献げなさい。あなたを訴える人と一緒に道を行く場合、途中で早く和解しなさい。さもないと、その人はあなたを裁判官に引き渡し、裁判官は下役に引き渡し、あなたは牢に投げ込まれるにちがいない。はっきり言っておく。最後の一コドラントを返すまで、決してそこから出ることはできない。（マタイ５・21－26）

あなたがたも聞いているとおり、「姦淫するな」と命じられている。しかし、わたしは言っておく。みだらな思いで他人の妻を見る者はだれでも、すでに心の中でその女を犯したのである。もし、右の目があなたをつまずかせるなら、えぐり出して捨ててしまいなさい。体の一部がなくなっても、全身が地獄に投げ込まれない方がましである。もし、右の手があなたをつまずかせるなら、切り取って捨ててしまいなさい。体の一部がなくなっても、全身が地獄に落ちない方がましである。
（マタイ5・27－30）

この二つについて、イエスは旧約聖書の教えを強調こそすれ、無視などしていないことは明らかだ。イエスに従う者は殺してはならないだけでなく、姉妹や兄弟〔信者仲間の意味。血縁関係とは関係ない〕に腹を立てることさえあってはならず、和解を求めなくてはならないとされた。姦淫を犯してはならないのはもちろんのこと、情欲をいだくことさえあってはならないとイエスは教えた。

離婚

離婚については少し趣（おもむき）が異なる。

「妻を離縁する者は、離縁状を渡せ」と命じられている。しかし、わたしは言っておく。不品行以外の理由で妻を離縁する者はだれでも、その女に姦通の罪を犯させることになる。離縁された女を妻にする者も、姦通の罪を犯すことになる。
（マタイ5・31－32）

マタイの福音書5章31節で、イエスは申命記24章1節を引用している。そこに記されたモーセの律法は、妻を離縁した夫に、離縁後に別の男性と結婚した元の妻を連れ戻すことを禁じている（申命記24・4）。離縁した元の妻の扱いを定めているということは、それに先立つ離縁を申命記のテキストが認めていることにほかならない。

マタイの福音書の後半で（19・3－12）、パリサイ人はイエスに、モーセはなぜ夫に対し、離縁するときには妻に離縁状を渡せと命じたのかとたずねている（19・7）。イエスは、モーセは「あなたがたの心が頑(かたく)ななので」離婚を認めたが、離婚は決して神の意思ではなかったと答えた（19・8）。そしてイエスは、弟子たちに創造主の最初の意図に従うよう命じ、「性的不品行があった場合を別にして」離婚してはならないと言い渡している（19・9）。

このイエスの教えは、旧約聖書に明記されている命令を否定するものではない。しかし、モーセの律法が容認していることを禁じている。ドイツの学者ヨアヒム・エレミアスは、広く読まれている著書『イエスの時代のエルサレム』で、イエスは「離婚を許すトーラー〔旧約聖書の「律法」のこと。創世記、出エジプト記、レビ記、民数記、申命記から成る。モーセ五書とも〕を躊躇(ちゅうちょ)も恐れもなく批判した」と述べている。[16]

誓い

イエスはあらゆる誓いを非難した。

> また、あなたがたも聞いているとおり、昔の人は、「偽りの誓いを立てるな。主に対して誓ったことは、必ず果たせ」と命じられている。しかし、わたしは言っておく。一切誓いを立ててはならない。天にかけて誓ってはならない。そこは神の玉座である。地にかけて誓ってはならない。そこは神の足台である。エルサレムにかけて誓ってはならない。そこは大王の都である。また、あなたの頭にかけて誓ってはならない。髪の毛一本すら、あなたは白くも黒くもできないからである。あ

――なたがたは、「然(しか)り」は「然り」、「否(いな)」は「否」と言いなさい。それ以上のことは、悪い者から出るのである。（マタイ5・33－37）

多くの資料から、イエスの時代に誓いが濫用されていたことがわかっている。神に誓わない限り、神殿であれ天であれ自分の頭であれ、何にかけて誓っても最終的な拘束力はないと教師が教え、人びとはそれを信じていた。イエスはそのような理屈を明らかに否定している。[17]

しかしイエスの教えはそこでとどまらない。旧約聖書は誓いを破ることを禁じているだけではなく（たとえば申命記23・21－23）、誓うことを命じている。民数記5章19－22節は、女性に誓わせることを祭司に指示している。申命記6・13には「あなたの神、主を畏れ、主にのみ仕え、その御名(みな)によって誓いなさい」とある。出エジプト記22章10－11節は、言い争いが起こったら「両者のあいだで主に誓いがなされねばならない」と明確に定めている。[18]

フランスが述べているように、旧約の律法は誓いを要求することもあるので、誓ってはならないと教えたイエスが「律法の一つの側面に異を唱えたことには一応の証拠(プリマ・ファキエ)〔反証が提示されない限り事実立証に足る証拠〕がある[19]」。ブロムバーグが言うように、「離婚についての教えと同様、イエスはここでも旧約聖書が許していることを禁じている[20]」。

これに対し、イエス自身が自分の裁判で宣誓をしているという指摘がある。[21] しかしそういうことは聖書に明記されていない。大祭司は確かにイエスに神に誓わせようとしたが、イエスは誓わず、ただ簡潔に尋問に答えている（マタイ26・63－64）。[22] イエスは「正式な誓いを回避した」とクレイグ・キーナーが書いているとおりだ。[23]

ヤコブの手紙5章12節には、「わたしの兄弟たちよ。何はともあれ、誓いをしてはならない。天をさしても、地をさしても、あるいは、そのほかのどんな誓いによっても、いっさい誓ってはならない。むしろ、『然り』を『然り』とし、『否』を『否』としなさい。そうしないと、あなたがたは、さばきを受けることになる」と書かれている。

最初の数世紀、最初期の教会（特に東方教会）が、誓うことを禁じたイエスの教えを字句通り受け入れたことは興味深い。それは殉教者ユスティノス、エイレナイオス、テルトゥリアヌス、オリゲネスなど多くの著名なキリスト教著述家が書いていることから明らかである。しかし、コンスタンティヌス帝〔ローマ皇帝として初めてキリスト教を信仰し、その後のキリスト教の発展と拡大に重大な影響を与えた〕以後、その伝統は消滅した。[24]

イエスが説いた非暴力抵抗

「目には目を」の否定

マタイ5章38-42節は私たちの問いにとって非常に重要なテキストだ。

> あなたがたも聞いているとおり、「目には目を、歯には歯を」と命じられている。しかし、わたしは言っておく。悪人に手向かってはならない。だれかがあなたの右の頬を打つなら、左の頬をも向けなさい。あなたを訴えて下着を取ろうとする者には、上着をも取らせなさい。だれかが、一ミリオン行くように強いるなら、一緒に二ミリオン行きなさい。求める者には与えなさい。あなたから借りようとする者に、背を向けてはならない。[25]
>
> （マタイ5章38-42節）

「目には目を」というのは、有名なハンムラビ法典(紀元前18世紀)以来、近東地域の法体系における中心的原則だった。それは確かに「ユダヤの律法の刑法の基調でもあって、旧約聖書にも表れている」[26]。そのことを出エジプト記がはっきり記している「命には命、目には目、歯には歯、手には手、足には足、火傷(やけど)には火傷、生傷には生傷、打ち傷には打ち傷をもって償(つぐな)わなければならない」(出エジプト記21・23-25)。レビ記も同様の規準を言明している。「人に傷害を加えた者は、それと同一の傷害を受けねばならない。骨折には骨折を、目には目を、歯には歯をもって人に与えたと同じ傷害を受けねばならない」(レビ記24・19-20)。

申命記は法廷で偽りの証言をした者を罰する方法を定めている。裁判所が証人が嘘をついたと判断した場合は、「彼が兄弟にしようとしたことを彼に行い、こうしてあなたがたのうちから悪を除き去らなければならない。……あわれんではならない。命には命、目には目、歯には歯、手には手、足には足をもって償わせなければならない」(申命記19・19-21)。

だが、この旧約聖書の基本原則に対してイエスはこう言っている。「しかし、わたしは言っておく。悪人に手向かってはならない」(マタイ5・39)。ここで「手向かう」など訳されている動詞が実際のところ何を意味するのかはあとで吟味するとして、この命令をごく素直に読めば、イエスは旧約聖書の教えを無視しているわけではないという一部に見られる主張は[27]、テキストの明らかな意味を無視しているように思える。

この箇所についてブロムバーグは、「イエスは旧約聖書の命令を正式に破棄した」と解釈しているが、聖書のこの箇所は確かにそう読める[28]。ジョン・パイパーも明確に述べている。「悪に抵抗するなというイエスの命令(マタイ5・39-42)は、旧約聖書の律法の反対の命令である。両者は矛盾しており、同時に成り立つことはない」[29]

この箇所を理解するうえで鍵を握っているのは、*antistēnai*（アンティステーナイ）というギリシャ語動詞の適切な訳だ。新国際訳聖書（ＮＩＶ）は「抵抗する」（resist）という訳語を当て、それを否定したイエスの命令を「抵抗してはならない」と訳している（マタイ5・39）。そこから多くの人は、イエスは悪に直面したときに純粋な受動性、完全な無抵抗を奨励していると結論づけている。キリスト教倫理学者のポール・ラムジーもラインホールド・ニーバー［1892－1971年。米国の神学者、倫理学者］も、「キリストにならう愛は無抵抗の愛であり、非暴力抵抗ではない」と述べている。[30] メノナイトの初期の世代の思想家もこれに同意し、イエスの姿勢を表現するのに「無抵抗」という言葉を使った。[31]

しかし、マタイ5章39節が、悪に直面しても受動性を保てという教えだとすれば、イエスは何度も自分の教えと矛盾した行動をしていることになる。

イエスはパリサイ人を痛烈に非難し、道が見えていない案内人、愚か者、偽善者、蝮（まむし）の子と非難した（マタイ23・13－33）。教会のメンバーが罪を犯したら毅然と対処することを勧めている（同18・15－17）。両替商のテーブルを押し倒し、いけにえの動物を追い立てて神殿を清めた行動も、およそ受動的とはほど遠い（マタイ21・12－17、マルコ11・15－19、ルカ19・45－48、ヨハネ2・13－25）。裁判でローマ兵に頬を打たれたとき、イエスは反対の頬を向けず、抗議した（ヨハネ18・22－23）。

ここで使われている動詞を注意深く調べると、イエスが無抵抗を奨励したのではないことが明らかになる。マタイ5章39節で使われている *antistēnai* の変化形である *anthistēmi*（アンティステーミ）は、ギリシャ語の旧約聖書ではおもに軍事用語として使われている。登場する74回のうち44回で、軍事的衝突における武装抵抗を意味する言葉として使われている（たとえばレビ記26・37、申命記7・24、25・18、ヨシュア記7・13、23・9、士師（しし）記2・14）。[32]

1世紀のユダヤ人歴史家ヨセフスがこの語を使った17回のうち15回は、暴力的抗争を意味している。『リデルとスコットのギリシア語辞書（レキシコン）』は、この語を「特に軍事的戦闘における抵抗」と定義している。[33]エペソ人（びと）への手紙6章13節は *antistēnai* を、神の武具で身を固めたクリスチャンとサタンの霊的な闘いを記述するときに使っている。「要するに、マタイ5章39節前半で使われている *antistēnai* は、単に『立ち向かう』とか『抵抗する』という意味ではなく、暴力をともなう抵抗、反乱や反逆、暴動を起こすことを意味している」[34]

N・T・ライトはこの単語の意味を次のように要約している。「『抵抗する』と訳されている *antistēnai* という単語は、革命的抵抗を意味する、すぐれて軍事的な専門用語だ。その意味で、それを禁じるイエスの命令は、ここまでの教えのかなりの部分の含意を明らかにする。イスラエルが進むべき道は暴力的な抵抗の道ではなく……創造的な非暴力抵抗による、回り道のようにも思える道だ。……イエスに従う人びとは暴力的な抵抗運動に加わってはならないということである」[35]。N・T・ライトによるマタイ5章39節の新たな訳は、「悪に抵抗するために暴力を使用してはならない」というものだ。[36]

悪に暴力で抵抗することを禁止したあとで、イエスは四つの具体的状況を挙げて、適切な対応方法を説明している。いずれの場合も、イエスが教える対応は暴力的でもなければ受動的でもない。イエスは弟子たちに、身を隠して何もしないのではなく、暴力で抵抗するのでもなく、非暴力の手段で悪と対峙することを要請している。[37]「抑圧者が要求する以上のことをすることによって、イエスの弟子たちは別の現実（神の国）があることを証言するのだ」[38]

ウォルター・ウィンクはマタイ5章39節後半-41節について、これらの声明から、イエスは悪と不正に対して積極的に対応する（ただし非暴力の手法で）ことを奨励していると論じている。[39] ウィンクの見解に同意する学者もいれば、同意しない学者もいるが、[40] 慎重な検討に値する説であることは確かだ。以下に、イエスが挙げた四つの具体的状況を見てみよう。

右の頰を打たれたら左の頰を向ける

――だれかがあなたの右の頰を打つなら、左の頰をも向けなさい。
（マタイ5・39後半）

この箇所に関して、多くの聖書注解者が受け入れている説をヘイズが紹介している。右手で相手の右頰を打とうと思えば手の甲で打つしかないが（右利きの人が相手の右頰を打つとすれば、甲で打つほうが拳で殴るより簡単なことがわかる）、それは当時のユダヤ社会では相手への侮辱であって、優越的立場の者が劣位の者に対してする行為であった。[41]

当時の文書によると、右頰を逆手で打つのは相手への重大な侮辱であり、「公衆の面前で相手の尊厳を貶める行為であった」[42]。手の甲で叩いた場合に科される罰は、拳で殴ったときの2倍であったことも記されている。[43] ただし、奴隷を叩いた場合には罰則はなかった。つまり、逆手で頰を打つのは、劣位の奴隷や妻に対する行為だったのである。[44]

それを念頭にイエスの教えを考えると、右頰を打たれたら左頰を向けよというイエスの勧めは驚くべき提案であることがわかる。通常、劣位にある人はただ侮辱を受け入れるしかない（たまに反撃に出るかもしれないが）。だが、そこで左頰を向ければ、侮辱する者がもう一度攻撃しようとすれば、左頰を右手の甲で打つのは難しいので拳を使わざるを得なくなる。

ウィンクによると、イエスが勧める方法には、頬を打った者を驚かせる劇的効果がある。左頬を向ければ、殴るのをやめるか、拳で殴るか、いずれかを相手に強いることになる。それは自分を同格の人間として扱わさせることであり、自分の尊厳を主張することだというのである。イエスは非暴力的だが活動家の対応をもって悪に抵抗することを求めているのだ。これがイエスの意図だと断定はできないが[45]、十分にありえる議論だ。

服を奪われたら外套も与える

——あなたを訴えて下着を取ろうとする者には、上着をも取らせなさい[46]。（マタイ5・40）

これは借金に苦しむ貧困層が増えてきた1世紀の典型的な状況を反映する教えだ。ガリラヤを治めたローマの傀儡王ヘロデ・アンティパス［ヘロデ大王の息子］が、ローマに貢ぐために重税を課したため、貧しい人びとは借金を抱え込んで苦しんだ[47]。そのような中で、イエスは多くのたとえ話をしている。

5章40節でイエスが言及しているのは、借金が返せなくて裁判にかけられた、きわめて貧しい人だ。返済に使える値打ちのあるものは、いま着ている物しかない。貧しい人が金持ちに裁判で勝てる見込みはなく、借金の形（かた）に下着［英語聖書では「シャツ」］を没収されるのがお決まりの決着だった。上着［同「コート」］が没収されなかったのは、上着は貧しい人が寝るときに毛布代わりにするものであり、差し押さえても日没までに返さなくてはならないと旧約聖書が命じていたからだ[48]。

ではなぜイエスは、すでに下着を奪われた貧しい人に、上着まで与えなさいと言ったのだろう？　貧しい人は上着を1着しか持っていなかったので、それも取らせるということは、その場で着ているものを脱いで法廷で裸になることを意味した。裸を人目にさらすというのは、パレスチナのユダヤ人社会ではひどく不名誉なことだった。[49]

裸体の屈辱はそれをさらす者にだけではなく、それを見る者にも降りかかる、というウィンクの説明には説得力がある。[50]貧者は自分の裸体をさらすことで、貸し手の酷薄さだけでなく、貸し手に代表される抑圧的な社会システムの非人間性を人びとに印象づけることができる。「このとき債務者を抑圧するシステム全体が可視化される」[51]。不公正に直面したとき、イエスは受け身の対応を勧めているのではなく、心に訴える非暴力による抗議を促しているのである。

もう１ミリオン先まで荷物を運ぶ

——だれかが一ミリオン行くように強いるなら、一緒に二ミリオン行きなさい。（マタイ５・41）

この教えの背後には間違いなくローマの帝国主義が存在する。「ミリオン」というのは、ユダヤの言葉ではなくローマの言葉だ。[52]「強いる」と訳されている言葉は、ローマ法で広く知られている専門用語（*angareia*／アンガレイア）を話し言葉にしたもので、ここでの意味は、人に命じて荷物を1ミリオン運ばせることができるローマ兵の法的権利のことだ。[53]クレネ人シオンが、十字架をかついで刑場に向かうイエスを手助けすることを強要される場面で使われているのが、まさにこの言葉である（マタイ27・32）。

ローマ兵がしばしばこの権利を濫用したことと、植民地支配下にあったユダヤの人びとがこの厄介な義務を嫌悪していたことを物語る文献が多数存在する。

第1章で、イエスの時代のユダヤ人のあいだでは、ローマの統治とその協力者に対する怒りから暴力的な反乱がたびたび勃発していたことを見た。暴力的な革命家たちは、ユダヤ人の同胞に、抑圧的なローマ兵の荷物を運ぶことを拒むよう呼びかけていた。[54] つまり、イエスが推奨したのは「反ローマ革命を扇動する熱心党の主張とは正反対のことであった」。[55] イエスがここで使った言葉と社会状況から、イエスが、抑圧的なローマ帝国主義者に対する態度としてユダヤ人のあいだで広がっていた暴力的抵抗の態度を否定していることは明らかである。

だが、イエスは受け身でいることを勧めているのだろうか？　ユダヤ人同胞に、ローマによる抑圧を受容することを促しているのだろうか？　これについてもウィンクの解釈は興味深く、説得力がある。ローマ兵は、自分が命じたらユダヤ人は荷物を1ミリオン運ばなくてはならない法律があることを知っている。だが、その法律は1ミリオン以上運ばせることを禁じてもいた。その規定に反したら厳しく罰せられた。だから1ミリオン進んだところで、兵士は荷物を返してもらわなくてはならない。「荷物を引き取ろうとしたとき、もう1ミリオン運ばせてくれ、と言われたときの兵士の驚きを想像してほしい」。兵士は困った状況に置かれることになる。上官から処罰されるかもしれない。仕方なくユダヤ人に荷物を返してくれと頼む羽目になる。「ローマの歩兵がユダヤ人に荷物を返してくれと懇願している図を想像してほしい。私たちにはその滑稽(こっけい)さがわからないかもしれないが、イエスの話を聞いていた人びとがそれに気づかないとは考えにくい。憎い抑圧者がまごつく様を想像して溜飲を下げたことだろう」[56]

これは抑圧されたユダヤ人が主導権を握り、人としての尊厳を主張できる行動だ。抑圧的構造を拒否しながら抑圧者に愛を示すことができる、非暴力抵抗の方法である。

経済的に分かち合い助けあう

——求める者には与え、借りようとする者を断るな。（マタイ５・42）

これは、求められたら何でも与えよという教えではなく、経済的に困窮している人に愛をもって接することを命じているという点が重要だ。相手にとっての最善を考えるとき、場合によっては、頼みを断るほうが適切なこともある。

イエスは現実を無視して、理想は立派でも非実用的で空想的（ユートピアン）な行動を奨励したわけではない。[57] イエスが随所で弟子たちに呼びかけているのは、メシアの国がすでに始まったという事実を反映する、犠牲をともなうが実行可能な経済面での分かち合いである。この新しい国では、人びとは経済の領域でも目には目をという冷たい規範を捨て去るのである［経済的分かち合いについてはサイダー著『聖書の経済学』が詳しく論じている］。

「あなたの敵を愛しなさい」

——あなたがたも聞いているとおり、「隣人を愛し、敵を憎め」と命じられている。しかし、わたしは言っておく。敵を愛し、自分を迫害する者のために祈りなさい。あなたがたの天の父の子となるためである。父は悪人にも善人にも太陽を昇らせ、正しい者にも正しくない者にも雨を降らせてくださるからである。自分を愛してくれる人を愛したところで、あなたがたにどんな報いがあろうか。徴税人でも、同じことをしているではないか。自分の兄弟にだけ挨拶したところで、どんな優れたことをしたことになろうか。異邦人でさえ、同じことをしているではないか。だから、あなたがたの天の父が完全であられるように、あなたがたも完全な者となりなさい。

（マタイ5・43－48）

イエスが言及した、人びとが以前から聞いていた「隣人を愛せ」という命令の由来については学者たちのあいだに異論はない。レビ記19章18節のギリシャ語訳からの逐語的な引用である。ジョン・パイパーは、ユダヤ人クリスチャンが登場する前のユダヤでの隣人愛について学術的に分析し、愛すべき対象とされた隣人は通常、ユダヤ人同胞と理解されていたことを示した。[58] つまり、異邦人への愛は期待されていなかったということだ。

しかし、「敵を憎め」という命令は何に由来しているのだろう？　イエスはこの命令がだれを念頭に置いた命令だと考えたうえで否定したのだろう？　いったい、「敵」とはだれのことなのだろう？

イエスの念頭にあったもの

イエスと同時代のエッセネ派（死海文書によってその存在が知られている）の『共同体の規律』〔別名『宗規要覧』〕に、「すべての光の子を愛し……すべての闇の子を憎め」と書かれていることが知られている。[59] イエスの時代のユダヤ人革命家たちにとって、「神への熱心ゆえに神を持たない敵を殺すことは基本的な命令であった。ラビの教えに『神を知らない者の血を流す者は、いけにえを捧げる者のようだ』とあるとおりである」[60]。

しかし、「敵を憎めと命じられている」（マタイ５・43）と語ったとき、イエスも旧約聖書の言葉を念頭に置いていたのだろうか。だが、敵を憎めと明確に命じている旧約聖書のテキストはない。それどころか、敵への親切を求めている箇所がある。敵のロバが迷い出ているのを見つけたらそれを連れて行って帰さなければならない（出エジプト記23・４－５）。敵が飢えていたらパンを与えて食べさせなくてはならない（箴言25・21）[61]。

しかし多くの学者が、旧約聖書には、神の敵や神の民に敵対する者を憎めと教えている箇所があると論じている[62]。神を憎む人びとについて、詩篇の作者は「主よ、あなたを憎む者をわたしも憎み……彼らをわたしの敵とします」と言っている（詩篇139・21－22）。神の民に敵対する者については、「幸いなことよ、おまえが私たちにしたことに仕返しする人は。幸いなことよ、おまえの幼子たちを捕らえ岩に打ちつける人は」（同137・８後半－９）とある。

そこでゲーリックはこう結論づける。「マタイ５章43節には、ある意味、旧約聖書の教えとの継続性がある。……この節の前提には、旧約聖書の律法について人びとのあいだに共通の理解が存在したという事実がある」[63]

現代の読者である私たちには、イエスがこの教えを語ったとき、自分の同時代に書かれた文書を念頭に置いていたのか、旧約聖書のテキストを念頭に置いていたのか、確実なことは言えない。おそらくイエスは両方のことを考えていたのだろう。いずれにせよ、彼の命令は事実上あらゆる人と文化に対する根本的な挑戦である。それは、目には目をという規範に埋め込まれた同害報復の論理とは正反対のことを求めている。

イエスが愛せと言った「敵」とはだれか

では、イエスが弟子たちに愛せよと求めた敵とはだれのことだろう？　マタイ5章43節（「隣人を愛し、敵を憎め」）で、「隣人」と「敵」が単数形であることは興味深い。しかし、44節で愛せよと命じられている「敵」は複数形だ。あらゆる種類の敵が含まれていると思われる。[64]

リチャード・ホースリーは、ここでイエスが使っている「敵」（*echthroi*〔エクトロイ〕）という言葉は、外国や軍隊の敵ではなく、パレスチナの小さな村で生じるいざこざがもたらす個人レベルの敵を指すと論じている。したがって、敵を愛せという教えは、暴力的な敵を殺すことについてのイエスの考えとは関係がないというのである。[65]

しかし、デューク神学大学の新約聖書学者であるリチャード・ヘイズは、説得力のある議論でホースリーの間違いを指摘している。マタイのテキストには、ホースリーが想定しているような小さな村の社会状況を示唆するものはない。

さらに、辞書学的観点からもホースリーの説を裏づける材料は見いだせない。「*echthroi* という語は一般的なものである。聖書のギリシャ語では国家や軍隊の敵を表す言葉としてしばしば使われている」[66]。たとえば申命記20章1節には、「あなたが敵（*echthroi*）と戦うために出る時、馬と戦車と、あなたよりも大ぜいの軍隊を見ても、彼らを恐れてはならない」（七十人訳聖書）［現存する最古の旧約聖書のギリシャ語翻訳の一つ］とある（この言葉が、イエスが明確に否定した「目には目を」の原則を説いている申命記19章21節の直後にあることも興味深い）。

「敵」の範囲について、最近の学術文献を集中的にレビューしたハインツ・ウォルフガング・クーンは、イエスが弟子たちに愛せよと呼びかけている敵にはすべての人が含まれるという結論を述べている。「イエスの命令には境界がない。宗教的、政治的、そして個人的なすべての敵が含まれ、あらゆる敵が含意されている」[67]

マルティン・ヘンゲルは、イエスの時代の民族革命的ユダヤ人抵抗運動を研究する学者の代表格だが、敵を愛せというイエスの命令について、「敵を憎むことを良き働きとみなしていた神権主義的・民族主義的な解放運動を念頭に置いて述べられたもの」と考えている。[68]

ヘンゲルの見解が絶対に正しいと証明することはできないが、この直前の箇所でイエスが、ローマ兵の荷物を法的強制力のある1ミリオンを超えて2ミリオンまで運ぶことを奨励したという事実は、イエスの頭の中に、暴力的なユダヤ革命家が憎んだ占領下の抑圧的状況があったことをうかがわせる。イエスが41節で奨励している「もう1ミリオン余分に行く」というのが、ローマの帝国主義者への対応の仕方を説いているなら、敵を愛せという命令には、革命家が殺そうとしている敵が含まれている可能性がきわめて高い。

敵を愛する理由

イエスが挙げた、敵を愛すべき理由は重要だ。それは「天にいますあなたがたの父の子となるため」（マタイ5・45）である。神は「悪い者の上にも良い者の上にも、太陽をのぼらせ、正しい者にも正しくない者にも、雨を降らして下さる」のだから、イエスの弟子は友に対しても敵に対しても、すべての人に対して愛をもって行動しなくてはならない。八福の教え［山上の説教の最初にある、幸いな人となるための八つの生き方］の一つは、「平和をつくり出す人たちは、さいわいである、彼らは神の子と呼ばれるであろう」（マタイ5・9）と教えている。

山上の説教の最後の部分――「あなたがたの天の父が完全であられるように、あなたがたも完全な者となりなさい」（マタイ5・48）――については、弟子として生きることを促しているというより、不可能な理想を要求して悔い改めに導こうとする教えだと考える人もいる。

しかし、「完全」と訳されている *teleios*（テレイオス）という言葉はパウロも使っている言葉で、しばしば「成熟した」と訳されている（たとえばⅠコリント2・6、ピリピ3・15）［日本語聖書では「円熟した」「全き」などと訳されている］。コリント書第一14章20節で、パウロはこの言葉を用いて、クリスチャンは子どもであることをやめて「大人」（*teleioi*（テレイオイ））のように考えなさいと呼びかけている。[69]「イエスは達成不可能な理想を語って相手を苛立（いらだ）たせているのではなく、神の意思に従って成長するようにと促しているのである」[70]

しかし、私たちはイエスが求めている犠牲をともなう生き方を水で薄めてはならない。彼の言葉は、旧約聖書の「あなたがたの神、主なるわたしは、聖であるから、あなたがたも聖でなければならない」（レビ記19・2）という命令を反映している。「イエスの弟子たちの共同体には、神の意思に従うことによって神の聖（きよ）さを反映することが求められた。その神の意思を明らかにしたのが、モーセに代わって律法の決定的解釈を行ったイエスだった」[71]

メシアの王国が到来し、イエスの弟子たちにとって神の性質を示すことが――たとえ不完全でも力強く示すことが――可能となり、必須となった。そして、そこには敵を愛することが含まれているとイエスは教えたのである。

敵を愛せという教えは、ルカの福音書にも出てくるが、マタイの場合と同様、そこでもイエスが教える論理の主要な部分を占めている。[72]

類い希なる教え

敵を愛せというイエスの命令の独自性や重要性は、いくら強調しても強調しすぎることはない。歴史に記録が残っているあらゆる社会を見わたしても、そんなことを実践した社会はない。厳密な意味でイエスの言葉と並列しうるものは存在しない。新約聖書学者は、この言葉はイエスの言葉を伝える最も初期の伝承（研究者が「Q資料」と呼ぶもの）〔Q料は、マタイとルカの両福音書にとって共通の源泉になったと考えられている仮説上の資料〕にも、そしてマタイにもルカ（6・27、35）にも登場することを指摘している。そのことからヘンゲルは、この「神の愛（アガペー）の大憲章（マグナカルタ）」こそ「イエスのメッセージの中でも真に革命的なものだ」と言っている。[73] ジョン・ハワード・ヨーダーは、新約聖書の中でイエスが弟子たちに何らかの倫理的行動を促す際、天の父にならってそのようにしなさいという理由を挙げたのは、「敵を愛せ」という教えだけだと指摘している。[74]

さらに印象深いのは、コンスタンティヌス帝以前の初期のキリスト教著述家たちが人を殺すことについて書いた文書を見ると、最も頻繁に引用される聖書のテキストがおそらくマタイ5章38－48節であるという事実だ。異なる場所で活動した28人の著述家のうち、少なくとも10人が、この箇所を引用するか、この箇所に言及して、クリスチャンは敵を愛し、頬を打たれたら反対の頬を向ける人びとだと書いている。また、９人がこのイエスの命令を紹介しながら、クリスチャンは争いを好まず、戦争のことを知らず、人を攻撃することに反対していると書いている。[75]

コンスタンチヌス以前のキリスト教著述家が殺人に言及しているすべてのケースで、クリスチャンは人を殺さない――中絶でも、死刑でも、戦争でも――と書かれている。[76] クリスチャンがだれも殺さない理由として挙げられていることの一つが、敵を愛せというイエスの命令である。

イエスの「過激」な教えを薄める論理

クリスチャンは何世紀にもわたって、敵を愛せというイエスの呼びかけを、水で薄めたり脇に追いやったりする方法をたくさん生み出してきた。イエスの教えは私たちの自然な本能と真っ向からぶつかるし、あらゆる文明の実践に挑戦状を突きつけるからだ。

イエスの過激な教えを退けるために捻り出された議論のうち、おもなものをいくつか検討しておこう。[77]

「イエスが来たのは死ぬためであった」

多くのクリスチャンが、イエスが来た唯一の重要な理由は、人間が受けるべき罪の罰の身代わりとして死ぬことだと考えている。そう考える人にとって、福音とは、人間はイエスの十字架を信じることによって罪を赦され、死後に天国へ行けるという良き知らせのことである。イエスの倫理的な教えはさほど重視されず、場合によっては的外れでさえあるかのような扱いを受ける。

この考え方の問題は、イエスの福音の全体をふまえていないという単純な事実にある。第1章で見たように、イエスが伝えた福音は、待望久しいメシアの王国が歴史に入り込んできたという良き知らせである。確かに、神が人の罪を赦すこと、イエスの十字架の死によって人と神が和解したことは、その良き知らせの基本的な部分であることは間違いない。しかし、イエスの福音の中心にあってそれと同じぐらい重要なのは、メシアが支配する平和と正義の新たな時代がすでに始まったことと、イエスに従う者はイエスの教えに従って生きることを求められているという事実である。

「霊的な教えであって社会的な教えではない」

最初の考えとやや似ているが、イエスのメッセージは、社会の中でいかに生きるかを説いたものではなく、個人の内面における霊的（スピリチュアル）な生き方を説いたものだとする立場である。

しかし前項でも述べたように、イエスの王国の福音は、弟子たちの内にある霊的側面と、メシアの国における新しい社会経済的な現実の両方に関わるものである。

「世界が終わるまでの暫定的な倫理である」

20世紀初頭のアルベルト・シュヴァイツァー以来、多くの学者が、イエスはこの時空世界がすぐにでも終わると想定していたと考えている。世界の終わりが迫っていたからこそ、そのときまでの短い暫定期間のために過激な倫理――ずっと世界が続くとすれば非現実的というしかない倫理――を提示することができたというのである[78]。

この立場の問題は、N・T・ライトが明瞭に論じているように、イエスの時代のユダヤ人がメシアの王国の到来によって時空世界が終わると考えていた証拠がどこにもない、ということだ[79]。メシアの王国の到来が終末論的な表現で描かれているのは、メシアがもたらすであろう広範な社会的変化を強調するための比喩的な表現なのである[80]。イエスは決して、この世界が間もなく終わるとは考えていなかった。したがって、イエスが説いた倫理は世界が終わるまでの短い時間に適用される暫定的倫理であったという主張は歴史的事実に反する。この考えは現代の学者が生み出したフィクションである。

「特別なクリスチャンのためのものである」

中世のカトリック思想家たちは、敵を愛せというような厳しい教え――「完徳の勧告」〔貞潔、清貧、従順〕――は、修道僧や修道女など、特に宗教的な人びとにだけ当てはまるという考えを発展させた。一般のクリスチャンはそれほど厳しくない規準で生活できると考えたのである。

この考え方の問題は、イエスの言動や新約聖書の記述のどこを見ても、そのような二重規準(ダブルスタンダード)をうかがわせるものがないことである。イエスは自分をすべてのイスラエルのメシアと理解していた。イエスが教える倫理は、福音――神の国が到来したこと、イエスに従う者はその教えに従って生きることが重要であり可能であること――を受け入れるすべての人のためのものであった。実際、イエスは従う者たちに向けて、「あらゆる国の人びとを弟子としなさい。……わたしがあなたがたに命じておいた、すべてのことを守るように教えなさい」と明確に命じている(マタイ28・19-20)。

「生き方の教えではなく悔い改めを促している」

イエスの過激とも言える倫理に従って生きるのは不可能だと考えるクリスチャンの中には、イエスの教えは、実際にそれに従って生きることを求めているというより、従えない自分の罪深さを知らしめて悔い改めさせることにある、と考える人がいる(マルティン・ルターもその一人)。

イエスの高度な要求が私たちを悔い改めに導くことは事実だ。しかし、イエスの言動から、彼が人びとの悔い改めだけを意図していたと言うことはできない。実際、前項でも触れたように、イエスは弟子たちに、自分が命じたすべてのことに従うよう繰り返し求めている。[81]

「終末の倫理であって現在には当てはまらない」

かつてディスペンセーション神学［神が人間を取り扱う歴史（救済史）が、七つの時期に分割されるとする神学。dispensation は神の摂理・規則・制度］は、ユダヤ人がイエスをメシアと認めなかったために、メシアの王国は至福千年期［悪が征服されて敵が存在しない時期］まで先送りされたと教えていた。そのため、山上の説教をはじめとするイエスの倫理的な教えは、現在の教会時代［ディスペンセーション神学における時代区分で、キリストの死と復活から始まる。同神学の理解では現在はこの区分に入る］には当てはまらないと考えるわけである。

この立場は、イエスが福音をどう捉えていたかが理解できていない。何度も繰り返しているが、イエスの福音は、神の国がいま歴史に突入し、イエスの弟子たちはいま彼の教えに従って生きるべきであり、そう生きることがいま可能となった、という知らせである。

しかも、「敵を愛せ」という教えが、現在（敵が存在する時期）のためではなく、至福千年期のためのものだというのも奇妙な話だ。

「公的役割には適用されない命令である」

この議論にはさまざまなバリエーションがあるが、敵を愛せという命令は必ずしも殺してはならないということを意味しないとする議論の中では、最も一般的なものだと思われる。

たとえば、軍人や、犯罪者に死刑を言い渡す法執行官として、クリスチャンは正当に人を殺すことができるという議論である。頬を打たれたときや衣服を奪われそうになったときの対処方法としてイエスが語ったことは、個人に危害が及んだときの対処法であって、公的領域についての教えではない、と考えるのがこの立場だ。[82]ポール・ラムジーは、イエスは個人が誰かから攻撃されたときの対処法を教えているのであって、複数の隣人が悪者に攻撃されているという複雑な社会的状況を念頭においた教えではない、と論じている。[83]

この見解を支持する人びとは、ローマ書12章9－21節（悪をもって悪に報いず、復讐は神に委ねよ）に書かれているのは、教会におけるクリスチャンの個人的生活のことだと主張することが多い。ローマ書13章1－7節（上に立つ権威に従うべきである）については、クリスチャンが市民として果たすべき責任（兵役を含む）を定めているのだと考える。

十戒の一つは殺害を禁じているが、旧約聖書には明らかに死刑や戦争の遂行を命じている箇所があるのだから、そこから導かれる妥当な結論は、個人としては殺してはならないが、公的な役割を果たすうえでは殺すことが正しいこともある、と考えるわけである。個人の次元と公的な次元があることが、ローマ書の12章と13章の背景にある前提ということになる。[84]

世界を私と公の二つに分けるこの考え方の一つのバリエーションが、マルティン・ルターの「二つの王国論」である。[85] すべてのクリスチャンは二つの国に住んでいる、とルターは言う。個々のクリスチャンは「キリストの王国」（教会に最もよく代表される）にあっては敵を愛し、悪に抵抗しない。しかし、その同じクリスチャンが、「地上の王国」では公職に就き、剣の力で邪な者の行いを抑止する（おそらく裁判官や兵士として）正当な務めを果たすのである。

ルターは、戦場に赴いて「迫り来る敵を打ち殺す」ことにおいて、「クリスチャンでも異教徒でも違いはない」と書いている。敵を殺すクリスチャン兵士は、「教え（マタイ5章38－39節）に反することは何もしていない。クリスチャンとして殺したのではなく、世俗の権威に対して負う義務に従い、組織の忠実な一員あるいは臣民として殺したからである[86]」。

イエスの教えを個人の領域に限定することの問題

以上の広く行きわたっている議論は、慎重に検討しなくてはならない。私はこれらの議論には次の五つの問題があると考えている。

①イエスの教えの歴史的文脈を無視している。
②テキストの最も明白な意味と思われるものと矛盾する。
③実用主義（プラグマティズム）に偏して、イエスの教えを脇に追いやってしまっている。
④歴史的に非常に悪い結果をもたらしたことがある。
⑤人を殺すことについての最初の３世紀のクリスチャンの教えを無視している。

イエスの教えの歴史的文脈を無視している

第一に、イエスは歴史的文脈の中で、自分はユダヤ人全体のメシアであると主張した。N・T・ライトが指摘しているように、イエスは全イスラエルに対して、いかに生きるべきかを教えようとした。あらゆる種類のユダヤ人――一般庶民、宗教指導者、サンヘドリンのメンバーなど――がイエスの教えを聞いた。

イエスは、暴力革命に専心した当時のユダヤ人革命家たちとは明らかに見解を異にした。革命家たちは、ヨセフスが記しているように、ローマ帝国主義者とそのユダヤ人協力者に抵抗することをユダヤ人に呼びかけた。だが、軍事的メシアに対する人びとの期待を退けて、イエスは平和的メシアの道を選んだ。そして敵を愛せと教えたが、その敵の中には、ローマ兵の荷物を1ミリオン余分に運ぶという奨励からわかるように、ユダヤ人の憎悪の対象であったローマ人も含まれていた。

外国の抑圧者に対して数世紀にわたって暴力的抵抗を試みてきたユダヤ社会の中で、イエスは政治的な敵をも愛せと教えた。イエスが暴力的革命に反対したのは、革命参加者がサンヘドリンの宗教・政治指導者から公的承認を得ていないからではないし、剣の使用が認められない個人の集団だからでもない。そんなことをうかがわせる記述は存在しない。そうではなく、イエスは敵に対する革命家たちのアプローチ全体が間違っていると訴えたのである。革命家たちはメシアの国を実現させるために、彼らなりの戦略を提案した。イエスは別の戦略を提案した。両者とも、自分のビジョンと教えに従うことをユダヤ民族全体に訴えたのである。

イエスは教えの中で国難の予兆に言及しているが、そこからわかるのは、イエスが、ユダヤの崩壊を避ける唯一の方法は、革命派が呼びかける武装反乱を拒否することだと考えていたということだ。イエスのエルサレム入城（軍馬ではなくロバに乗って行われた）の直後、イエスはエルサレムの滅亡を思い、「平和をもたらす道」を理解できないエルサレムを嘆き、エルサレムのために泣いた（ルカ19・41－44）。イエスは神殿が崩壊することにも言及している（マルコ13・1－2）[87]。革命的な暴力は国家の破滅につながることをイエスは知っていた。実際、イエスの死の数十年後、ユダヤ戦争（西暦66－70年）が起こり、ユダヤは滅亡した。

イエスのメシアのビジョンは、暴力的戦略とは全く異なる方法をイエスに選択させた。イエスはユダヤ人に、敵を殺すのではなく、敵を愛する平和的なメシアの王国のビジョンを受け入れるように呼びかけた。その王国が歴史に突入しようとしているとイエスは告げ、すべてのユダヤ人にその王国を受け入れるよう呼びかけた。イエスの教えを歴史的状況の中で理解するなら、敵を愛せという教えが個人のプライベートな領域に限定されるものでないことは明らかである。

テキストの自然かつ明白な意味と矛盾する

第二に、個人生活と公的生活を区別する読み方は、聖書テキストの文字通りの自然な意味と矛盾するように思える。テキスト自体に、そのような区別をうかがわせるものはない。

イエスが語った具体例のうちの一つ二つが私的な生活に関するものであることは事実だ。頬を逆手で打つというのは私的な領域の話だ。金を借りた者の対処法を述べた箇所も、ある程度までは個人的な生活の問題だが、その舞台は法が支配する裁判所だ。ローマ兵に押しつけられた荷物を2ミリオン運ぶという奨励は、抑圧的な要求をするローマの帝国主義者に法的権利を与えていた公的な政治状況の中で語られている。

そして、「目には目を」の原則を放棄するというイエスの招きは、すべての近東法理論の基本原則にかかわるものであって、個人の私的領域にとどまらない。いや、それどころか、公的領域の中心テーマである。

「聖書のどこにも、弟子たちの生活の中にイエスの言葉に縛られない領域があるなどとは書かれていない」と述べたスイスの新約聖書学者エドワルド・シュヴァイツァーは正しい。[88]

サンヘドリンのメンバーや他の高官たちも、確かにイエスの教えを聞いた。そこから導ける最も自然な結論は、イエスは個人の領域だけでなく、公的な領域においても、自分の言葉を人びとに規範として受け入れさせようとしていたということだ。敵を愛するという命令はプライベートな話に限定されると考えたい人は、そうである証拠を提示する必要がある。

実用的観点からイエスの教えを判断している

第三に、倫理的プラグマティズムの立場から、イエスが致死的暴力を行使してはならないなどと教えたはずがない、という議論がしばしば行われる。暴力を否定する人が踏みにじられることの多い罪深い世界では、自分自身や他者を守るために暴力は必要である、という主張だ。

ニーバーは、イエスの愛の倫理は現実世界では通用しない「不可能な理想」だと述べた。それは当たっているかもしれないし、当たっていないかもしれない。[89] しかし、キリスト者にとって間違いなくいちばん問題なのは、この議論が帯びているプラグマティズムそのものである。

イエスが説いた倫理が短期的に機能するかどうかという実用的な問い——「イエスの倫理に従えば自分や他者が苦難を避けられるのか」という問い——は、イエスが実際のところ何を意味して語ったのかを決定するものではない。教会は二千年にわたって、イエスは受肉した真(まこと)の神だと告白している。そうであるなら、イエスの教えは現実の世界では役に立たないから脇にどけておく、などという態度は間違っている。

悪い結果をもたらした歴史がある

第四に、私と公の二元的な区別は、歴史的に見て、しばしば悲惨な結末を招いている。公的権威に異議を申し立てるのは正しいことではないという口実で、クリスチャンは恐ろしい悪に加担することを正当化してきた。

ほとんどのドイツのプロテスタント教会がヒトラーの残虐行為に反対しなかったのは、ルターの二つの王国論に原因の一部があるとされる。[90] １９３３年、ドイツのクリスチャンは「教会はあらゆる地上の問題について国家に従う義務がある」と主張した。そして、ナチス国家への「無条件の忠誠」とキリストへの忠誠はまったく矛盾しないという結論を表明している。[91]

初期の文献的記録と矛盾する

最後に、最初の３世紀にキリスト教著述家が著した文書は、明らかに個人と公の区別を支持していない。殺すことについてのあらゆる考察において、クリスチャンは殺さないし、殺すべきではないと書かれている。私的な領域（中絶と幼児殺害）についても公的領域（死刑と戦争）についても、そう記されている。[92]クリスチャンの雄弁家ラクタンティウスは、４世紀の最初の10年に次のように書いている。

> 殺してはならないと私たちに命じた神は……殺人を合法とする国の任務に就いてもならないと警告した。それゆえ、義人（クリスチャン）が兵役に就くことも、人を死刑に処するのも法に適うことではない。神は人を死に至らしめることを禁じたのであって、剣によって殺すか言葉によって殺すかは関係がない。[93]

初期のクリスチャンの著述家は、兵士や死刑執行人という公的な役割であればクリスチャンであっても殺してかまわないという見解を、繰り返し否定している。

殺人・死刑・戦争に関して、旧約聖書は個人的な役割と公的な役割のあいだに何らかの区別を要求しているという議論がしばしばなされる。もしそうなら、無許可の個人による私的な殺人だけでなく、あらゆる種類の殺害は間違っているとする初期のキリスト教著述家の主張は、旧約聖書の内容と異なることになる。彼らの考え方を変えた、なんらかの普通ではない出来事があったはずだ。著述家たちが挙げるその出来事こそ、イエスがあらゆる種類の殺害を禁じたということだ。

3世紀半ば、おそらく最も広く著作が読まれていた教父［初期キリスト教における教会の指導者で、聖書の解釈などで重要な著作を行ったキリスト教著述家］であるオリゲネスは、戦争での殺害が許されていたイスラエルの「かつての国家運営（エコノミー）」とキリストの教えの違いを明確に記している。「モーセは敵を殺し、火あぶりや石打の刑に処せと命じたが、クリスチャンにはそれができなかった[94]」

この大きな変化をもたらした理由として、いちばん可能性の高い説明は、イエス自身が弟子たちに、公私ともに、生活のあらゆる分野で、人を殺すことを拒否するよう命じたということだ。これこそ、確かに初期のキリスト教著述家たちが考えていたことである。

山上の説教を虚心坦懐に読めば、最初の3世紀のクリスチャンと同様、イエスは決して殺してはならないと教えたと考えるのが自然だ。次の章では、山上の説教以外のイエスの教えについて考えてみよう。

第4章　暴力を拒否したイエス

前章で取り上げた山上の説教のほかにも、イエスの言葉には、暴力を否定していると解せるものが多くある。そのいくつかについて考えてみよう。

復讐するメシアの否定

ルカの福音書4章16－30節は、イエスが故郷の会堂で聖書（イザヤ書61・1－2）を朗読する様子を伝えている。先に見たように、イエスの時代、ユダヤ人のあいだでは、この箇所はメシアの時代について語っていると考えられていた。[1] 本書のテーマとの関連では、イエスが2節の途中で読むのをやめたことに驚かされる。彼は「われわれの神の報復の日」という言葉を読まなかった。

強いメシア願望を抱く民衆はイスラエルの敵に対する神の復讐を強く望んでいたはずだが、そこに触れる箇所をイエスがあえて朗読しなかった理由について、ルカは具体的には何も説明していない。だが、この出来事の中心は、ユダヤ人が抱いていた敵への復讐をイエスが否定し、神の契約の対象がすべての人に広げられたことを伝えようとした点にある、と考える学者たちがいる。[2]

次に続くテキストがその解釈に説得力を与えている。イエスの町の人びとが、「この人はヨセフの子ではないか」とたずねたというのである（ルカ4・22）。イエスが自分自身について行った暗黙の主張を、人びとは怪しんだのである。それに対してイエスは、預言者は自分の故郷では受け入れられないという事実を指摘し、よく知られている2人の預言者に言及した。

はっきり言っておく。預言者は、自分の故郷では歓迎されないものだ。確かに言っておく。エリヤの時代に三年六か月の間、雨が降らず、その地方一帯に大飢饉が起こったとき、イスラエルには多くのやもめがいたが、エリヤはその中のだれのもとにも遣わされないで、シドン地方のサレプタのやもめのもとにだけ遣わされた。また、預言者エリシャの時代に、イスラエルには重い皮膚病を患っている人が多くいたが、シリア人ナアマンのほかはだれも清くされなかった。

（ルカ4・24－27）

エリヤもエリシャも、イスラエルの国の敵に奉仕し、その病を癒しさえした預言者である。まずエリヤ。エリヤの時代にはイスラエルに多くの未亡人がいたにもかかわらず、彼は異教徒の街シドンに住むバアル神を崇拝する未亡人のもとに派遣された（ルカ4・26。列王記上17・8－24参照）。

次にエリシャ。彼の時代にはイスラエルにハンセン病の患者がたくさんいたのに、彼は敵国シリアのナアマンのハンセン病を癒した（ルカ4・27）。ナアマンは異教徒であっただけでなく、イスラエルを破ったシリア軍の司令官という国家の敵であった（列王記下5・1－19）。

この2人にイエスが言及したことは、著名な旧約聖書の預言者たちが国の敵に対して愛をもって行動したことを、人びとに改めて思い起こさせた。それが意味するのは、イエスのメシアの王国は国の敵さえも歓迎し愛するということだ。

驚くには値しないが、ナザレの敬虔なユダヤ人たちはそのことに激怒し、町の端の高い崖からイエスを突き落とそうとした（ルカ4・28-29）。

民族的憎悪の克服

サマリア人に対するイエスの態度、関わっていこうとする姿勢は、敵を愛することの顕著な模範である。

イエスの時代、ユダヤ人とサマリア人は憎みあっていた。サマリア人というのは、おそらく複数の民族が混ざった集団で、征服者とともにこの地域に移住した異邦人とユダヤ人のあいだに生まれた子孫である。[3] 遅くとも紀元前4世紀には、エルサレムの神殿に対抗して自分たちの神殿をゲリジム山に建てている。サマリア版の「モーセ五書」［創世記、出エジプト記、レビ記、民数記、申命記］もあって、神を礼拝すべき場所はエルサレムではなくゲリジム山であると宣言していた。[4]

紀元前129年頃には、ハスモン朝（ユダヤ人）の支配者がゲリジム山にあるサマリア人の神殿を破壊するという出来事もあった。西暦6-9年頃、ユダヤ人にとって神聖な過越の祭りの期間中のある夜、何人かのサマリア人がエルサレムの神殿の入り口に人骨をぶちまけ、聖所にまき散らしたこともあった（『ユダヤ古代誌』13.255-56; 18.29-30）。宗教的祭儀のためにガリラヤからエルサレムに向かうユダヤ人巡礼者がサマリアを通過するとき、しばしば衝突が生じ、流血沙汰になることもあった(たとえば『ユダヤ戦記』2.231, 234)。

ユダヤとサマリアのあいだに存在していた苦々しい敵意は、エルサレムをめざしていたことを理由にイエスの一行が宿を断られたことや(ルカ9・52-53)、井戸の水を飲ませてほしいと頼んだイエスがサマリアの女に断られたことなど(ヨハネ4・9)、福音書の中にも見ることができる。ユダヤ人がイエスを「悪霊に憑かれたサマリア人」(ヨハネ8・48)という言葉で非難したとき、それはサマリア人に対する強い憎しみを反映していた。ユダヤ人はサマリア人との結婚を禁じ、彼らを異邦人とみなした。

この文脈をふまえると、サマリア人に対するイエスの接し方が、国家の敵を愛することにも等しい、驚くべき実践であることがわかる。彼はサマリア人の信仰を称え、イエスを侮辱したサマリア人を天からの火で焼き払おうとした弟子たちの欲求を拒絶し、サマリアの女を早々と〝伝道者〟の一人として受け入れた。そして、「善きサマリア人」という有名なたとえ話で、サマリア人の行為を英雄のように扱った。

イエスが10人のハンセン病患者を癒したとき、ただ一人、サマリア人だけが彼に感謝するために戻ってきた。イエスはこの「外国人」だけが感謝を伝えるために戻ってきたことを指摘し、その信仰を称えた(ルカ17・18-19)。

エルサレムに向かう途上でサマリアを通ったイエスは、村で宿を求めた。しかしサマリア人は、イエスの一行がエルサレム巡礼をしていたので、そういうときには常にそうするように、部屋を提供しなかった(ルカ9・51-56)。怒った弟子たちは、天から火を呼んで敵を焼き払うことを提案する――それは旧約の時代にエリヤが敵を殺した方法だった（列王記下1・9－16）。イエスは暴力的な対応を拒否し、黙って別の村に行った。この出来事に触れて、リチャード・ヘイズは、「イエスは事あるごとに、暴力に訴えて神の国を前進させるという考えを否定している」と指摘している。[5]

G・B・ケアードはこの箇所の注解で、ルカがこの箇所の少し前に、エリヤとモーセがイエスとともに現れ、そして姿を消してしまった出来事（イエスの変容）を報告していることに注目した。そして、「敵を愛するという新しい方法を説いたイエスに場所をゆずるために、エリヤは山から姿を消さなければならなかったのである」と指摘している。[6]

井戸のそばでイエスが示した、サマリアの女への関わり方も際立っている。「ユダヤ人はサマリア人と交際していなかった」ので、女はイエスに井戸の水を飲ませなかった（ヨハネ4・9）。しかし、イエスはその女を相手に話を続け、自分は彼女が待ち望んでいるメシアであると明かしている。それに応えて、女はすべての村人にイエスを見に来るように勧めた。そして、イエスは村人の招きを喜んで受け入れて、その村に2日間滞在した（同4・21－42）。

エルサレム巡礼に向かうユダヤ人とサマリア人のあいだで頻発していた血なまぐさい対立は消え、敵対していた者たちのあいだに信頼が生まれた。

イエスが「善きサマリア人」のたとえ話でサマリア人を英雄のように描いたときには、サマリア人を憎んでいたユダヤ人は怒り心頭に発したに違いない。そのたとえ話の中で、2人のユダヤ人指導者（祭司とレビ人）は、強盗に半殺しの目に遭って道端に裸で倒れていた犠牲者を助けようとしなかった。だが、サマリア人の旅人は立ち止まり、男を介抱し、ロバに乗せて最寄りの宿に連れて行き、宿の主人に世話を頼んで代金を支払った。たとえ話の最後でイエスは、ユダヤの律法について知識のある専門家に、強盗に襲われた男の隣人になったのは、彼が憎んでいるサマリア人だと認めさせた。そのうえでさらに、このサマリア人のように行動するようにと告げたのだった(ルカ10・25－37)。

その話を聞いたユダヤ人たちは、間違いなくイエスが国の敵を英雄視したことに気づいたはずだ。敵を愛するということが、このたとえ話の中心的なメッセージである。[7] サマリア人とイエスが出会うすべてのケースで、同じ教えが述べられているように見受けられる。

征服軍の隊長の願いに応える

マタイの福音書8章5－13節は、病気になったしもべを癒してほしいとイエスに頼み込んだローマ軍の百人隊長のストーリーだ。[8] 彼は100人のローマ兵の指揮官であり、ユダヤ人の土地を支配する憎むべきローマの帝国主義を体現している。暴力に訴えるユダヤ人革命家にとっては、倒すべき外国の征服者の象徴、唾棄すべき植民地支配者の一員である。[9]

しかしイエスは、しもべを癒すために百人隊長の家を訪問しようと申し出た(マタイ8・7)。それに対して隊長は、自分はイエスに訪問してもらうほどの者ではない、ただ言葉をもらえれば病は癒える、と謙虚に答えた。彼の信仰に驚いたイエスは、「イスラエルのうちのだれにも、これほどの信仰を見たことがない」と称賛した(同8・10)。

もっと驚かされるのはイエスの次の言葉だ。「多くの人が東からも西からも来て、天の御国でアブラハム、イサク、ヤコブと一緒に食卓に着く」(同8・11)。つまり、イエスは百人隊長に、彼のメシアの王国はユダヤ人だけのものではなく、すべての国の人のためのものだと告げたのだ。

このストーリーがはっきりと伝えているのは、イエスが国家の敵を象徴するような人物に関わり、そのしもべを癒したということだけでなく、イエスの王国は敵さえも歓迎するという事実である。[10]

「カエサルのものはカエサルに返せ」

神に従うユダヤ人はローマに税を払うべきか？――これはイエスの時代に激しく議論された問題であった。紀元６年、ガリラヤのユダは激しい反乱を起こし、ローマに税を払うことを鋭く非難した。[11] ピラトの前で行われたイエスの裁判で、ユダヤ人指導者たちは、イエスがカエサルに税金を払うことに反対したと告発した（ルカ23・2）。もし事実なら、間違いなく死刑を言い渡される罪である。

共観福音書［共通する記述が多いマタイ、マルコ、ルカの三つの福音書］はすべて、ヘロデの家来たちとパリサイ派のグループが、「カエサルに税金を払うのは正しいことか？」という問いでイエスを罠にかけようとしたことを書いている。[12]

トーラー［律法］に従って生きる敬虔なユダヤ人にとって、異教の征服者に税を払うことは正しいことなのか？　イエスを陥れようとする者たちは、イエスが「払うべきでない」と答えれば、ローマへの反逆罪でただちに処刑されることを知っていた。「払うべき」と答えれば、ローマの帝国主義を憎みローマに勝利するメシアを待望するユダヤ人からの信頼を失うことも知っていた。ローマに税を払うと言うなら、イエスがメシアではないことを多くのユダヤ人が知るだろう。[13]

イエスは質問してきた者たちに、ローマのデナリ硬貨を見せるように求めた。イエスは、このカエサルの硬貨（特にローマに納税するために鋳造された）に、「ティベリウス・カエサル、神君アウグストゥスの息子にして皇帝」という言葉が刻印されていることを知っていた。[14] コインの裏には、神々の玉座に座る皇帝の母親の像が描かれている。[15]ユダヤの神学は、人間を神とみなすことを否定するだけでなく、人の姿を象(かたど)ったイメージを作ることも禁じている。イエスの巧みな対応は、ユダヤ人支配者たちが冒瀆的な硬貨を持っていること、それも聖なる神殿の中で持っていることを認めさせる効果があった(ルカ20・1)。イエスは彼らの偽善をあばいたのである。

そしてイエスはこう言い放つ。「カエサルのものはカエサルに、神のものは神に返しなさい」(ルカ20・25)。この答えは敵の罠を巧みに避けている。ユダヤ人はローマに税を払うことを拒否すべきだとは言っておらず、暴力的なユダヤ人革命家と自分のあいだに一線を引いている。[16]

では、ローマに税を払えと促しているのだろうか?「カエサルのものはカエサルに返せ」という言葉は、すでにカエサルの冒瀆的な硬貨を財布に入れてユダヤの価値観に反する妥協をしているのだから、納税拒否を正当化する理屈は成り立たない、という消極的な容認なのだろうか?

多くの注解者は、イエスはこの言葉で、カエサルではなく神のみに全面的に従う限りにおいて、ユダヤ人がローマに税を払うことを支持している、と解釈している。[17]しかし、この言葉でイエスが何を伝えようとしたのかは明らかではない。

このストーリーの最後に、自分たちが仕掛けた回答不可能なジレンマの罠をイエスが巧妙に回避したことに質問者が驚いたと書かれている。「彼らは民衆の前でイエスの言葉じりをとらえることができず、その答えに驚いて黙ってしまった」(ルカ20・26)

イエスの言葉を聞いた人びとが、ローマに税を払うことについて、イエスの回答の真意をどう理解したかは不明だが、いずれにせよこの出来事の記録の中に、イエスがローマに対する暴力的反乱を支持していたことを示唆するものは何もない。

対立を平和的に解消する方法

マタイ18章でイエスは、教会の中で罪を扱うためのプロセスを示している（18・15-20）。まず、罪を犯している人のところに1人で行き、どこか2人だけになれる場所で行動を改めるよう忠告する。それがうまくいかなければ、次に、別の2人か3人を話に加える。それでもうまくいかなかったら、はじめて教会全体で取り扱う問題にするというのである。

このテキストは人を殺すことについては何も語っていないが、紛争を解決するための非暴力的な方法を提示している。人間の集団には対立や紛争、罪がつきものだ。典型的な対応は、問題解決のために暴力を使うことだが、ここでイエスが教えている方法は非暴力的な手順である。[18]

マタイの福音書についての注解書で、フレデリック・D・ブルーナーは、悪に正面から立ち向かう姿勢と山上の説教の非暴力を結びつけたこの方法を「対立解消のための大原則」と呼んでいる。[19] この箇所は暴力を否定するイエスの全般的な姿勢とよく合致している。

十字架の上で敵を赦す

ローマ兵が打つ釘（くぎ）によって十字架に付けられたとき、イエスは「父よ、彼らをお赦しください。彼らは、自分が何をしているのかが分かっていないのです」という驚くべき言葉を発している（ルカ23・34）。[20]

普通の解釈では、自分を十字架に釘づけにする相手は敵だ。だが、イエスはそんな悪者たちにも愛と赦しを与えた。十字架の上でのイエスの行動と言葉は、敵を愛せという彼の教えの力強い実践である。旧約聖書に登場するレメクから、ホメロスの手になるアキレスの復讐譚まで、人間の自然な傾向は赦しではなく復讐だ。自分を殴った相手を殺したあとで、レメクは「カインのための復讐が七倍なら、レメクのためには七十七倍」（創世記4・24）と言った。ペテロが兄弟姉妹を何回許すべきかたずねたとき（マタイ18・21）、イエスは暗にレメクの話を引き合いに出す。ペテロが「七回までですか」とたずねると、イエスは「七回ではなく七十七回赦しなさい」と答えた（マタイ18・21-22）[21]〔この聖書の訳は日本語訳聖書の引用ではなく英語聖書からの訳。原注21を参照のこと〕。赦すこと――敵をも赦すこと――は、イエスがイエスに従う者に示す模範であり、命令である。それは、神学者ミロスラフ・ヴォルフが指摘するように、復讐の連鎖を断つ唯一の方法である。[22]

「苦難のしもべ」としてのメシア

イエスが自分自身をイザヤが描いた苦難のしもべになぞらえていたかどうかについては、学者たちの見解は二つに分かれている。[23] N・T・ライトは、イザヤ書40-55章、特に52章13節-53章12節の「主のしもべの歌」が、イエスが自らの使命を理解する上で中心的な役割を果たしたという、説得力のある議論を展開している。

イエスの時代のユダヤ人にとって、イザヤ書40-55章は、神が間もなく彼らの捕囚を終わらせ、彼らを捕らえた異教徒どもを罰し、王としてシオン〔エルサレムの歴史的地名〕に帰って来ることを期待させてくれる、きわめて重要なテキストだった。そこに描かれたしもべの姿をメシアの姿と重ねていた人びとがいたことについては、明確な証拠がある。[24] しかし、苦しむメシアの姿についてはだれも何も語っていない。[25] メシアが苦しんで死ぬなどという考えは、「ユダヤ教には前例がなかった」[26]。

イザヤ書のしもべの歌（52章13節-53章12節）は、捕囚が終わり、いまの時の苦しみが取りのぞかれ、神の怒りが「イスラエルを抑圧した異教徒の国に」下るという、当時のユダヤ人が共有していた考えの中心に存在していた[27]。イエスはその基本的な考えの大部分を共有していたが、「人びとが敵に対するイスラエルの軍事的勝利を期待していた点」については異議を唱えた[28]。

イエスはメシアの王国の訪れを告げた。「しかし、ガリラヤのユダやシメオン・ベン・コシバ（ユダヤ戦争での自称メシア）など、王国の到来を告げた他の革命指導者とは異なり、イエスは王国への道は平和の道であり、愛の道であり、十字架の道であると宣言した[29]」

マカバイ戦争［紀元前１６７年に勃発した、ユダ・マカバイ率いる反乱とそれに続く戦争］の殉教者たちやその後の宗教的反逆者とは異なり、イエスは「異教と闘おうとする欲求そのものの中に異教がもたらす腐敗を見た。イスラエルでは民族革命が次々と勃発し、それが新たな苦しみをもたらした。ローマ兵が振るう剣、建物の破壊、そして何よりもエルサレムの外に林立する十字架群となって人びとを苦しめた[30]」。

イエスの預言は、数十年後、西暦66-70年のユダヤ戦争でローマ人がエルサレムを破壊したことで現実になった。イザヤ書に描かれた苦難のしもべの姿を使って、イエスは、十字架につけられても敵を愛するという、世の理解とは異なる平和的なメシアの姿を提示したのである。

剣を取ったペテロを叱る

四つの福音書はすべて、イエスが逮捕されそうになったとき、だれかが剣を取って、イエスを逮捕しようとした者に反撃したと伝えている（ヨハネ18・10－11には剣を取ったのはペテロだと書かれている）。どの福音書でも、イエスは剣を取ってイエスを守ろうとした者を叱り、剣を鞘に収めるように命じている。この命令について、ヨハネの福音書には、イエスは天の父から与えられた杯を飲まなくてはならない［十字架にかけられて死ぬことを意味する］と言ったことが記されている（ヨハネ18・11）。マルコとルカにはその説明はないが、マタイには「あなたの剣をもとの所におさめなさい。剣を取る者はみな、剣で滅びる」（マタイ26・52）というイエスの言葉が記されている。

イエスは「剣を捨てよ」とは言っておらず、「しかるべき場所に収めよ」と言っているので、剣には剣の適切な使い方がある――つまり政府に承認されたとき――と言っているのだと論じる注解者もいる。[31]しかし、明確にそう書いている聖書の箇所はない。しかもマタイには、イエスがペテロを叱った理由として「剣を取る者は剣で滅びる」という一般的な理由が記されている。その言葉から、剣の使い方について何が言えるかを理解するのは難しくない。

R・T・フランスは、「『剣を取る者』というイエスの言葉は特定のだれかや条件について限定したものではなく一般的なものだ。身体への暴力、特に報復のための暴力は、イエスに従う生き方ではないことを明らかに教えている」と指摘している。[32] ヘイズは、「マタイの福音書が伝えるイエス逮捕の場面は、山上の説教の中の『悪人に手向かうな』（マタイ5・39）という教えの真正な解釈である」というウルリッヒ・マウザーの言葉を引用している。[33]

このテキストは、イエスの弟子たちにあらゆる暴力を拒絶すべきであるとは明確に言っていない。しかし、ここから読み取れるイエスの一般的な声明の意味は、そのほかの彼の行動や教えと一致している。

暴力ではなく十字架を選んだイエス

ここまで私たちは、イエスが理解していたメシアの姿が、当時広く共有されていたメシア理解と大きく異なることを見てきた。多くのユダヤ人は、ローマに対する戦争を指揮してくれる軍事的メシアを期待していた。自分たちが剣を取って立ち上がれば、神はメシアを送り込んで勝利をもたらしてくれると考えていたのだ。[34]

だが、イエスの行動も教えも、彼が暴力を拒んだことを示している。彼は十字架の道を選んだ。そして、イエスに従う者は自分の十字架を負わなくてはならないと繰り返し語った。

三つの共観福音書に、同じように展開する一つの出来事が記録されている。その出来事とは、まずペテロが、イエスは救世主であると告白する。[35] それを聞いたイエスは即座に、自分はユダヤ人指導者に拒絶され、死に至らしめられると話す。[36] 平和的メシアというイエスの自己認識が理解できていなかったペテロは、拒絶や死について語るイエスを諫（いさ）めた。するとイエスはペテロをサタンと呼んで叱りつけ、暴力に恃（たの）もうとする姿勢を非難した。[37]

そして三つの福音書すべてで、このあとすぐ、弟子たちも自分の十字架を負うべきであるというイエスの要求が続く。いずれの福音書記者も、イエスの弟子になりたい者は、暴力に訴えるのではなく、十字架を選ぶことでイエスに従わなくてはならないと教えている。

イエスは弟子たちに、自分の十字架を背負うことを何度も要求している。[38]「自分の十字架を負ってわたしに従って来ない者は、わたしにふさわしい者ではない」（マタイ10・38）。「だれでもわたしについて来たいと思うなら、自分を捨て、自分の十字架を負って、わたしに従って来なさい」（マタイ16・24）。自分が受けたのと同じ苦難が弟子たちを待ち受けていることを言うために、「あなたがたは、わたしが飲む杯を飲み、わたしが受けるバプテスマを受けるであろう」（マルコ10・39）と告げている。イエスの行動と教えは暴力を拒否している。そして弟子たちにも、暴力を否定することを期待しているように見受けられる。

　福音書を通して、イエスは弟子たちに、自分の教えに従って生きてほしいと願っていることは明らかだ。山上の説教の終わりに、イエスは2人の男――1人は愚か者、もう1人は賢い人――のことを話した。「わたしのこれらの言葉を聞いて行う者は皆、岩の上に自分の家を建てた賢い人に似ている」（マタイ7・24）。天国には「わたしの天の父の御心を行う者だけが入るのである」（マタイ7・21）。

　マタイの福音書の最後の場面で、弟子たちの元から去るとき、イエスはすべての国の人びとを弟子とすることを命じただけでなく、「あなたがたに命じておいた、すべてのことを守るように教えなさい」と告げている（マタイ28・20）。ヨハネの福音書では、「もしわたしを愛しているなら、あなたがたはわたしの戒めを守るはずだ」（ヨハネ14・15）と言っている。

　ヘイズの次の言葉は正しい。「マタイは、イエスが山上の説教で説いた弟子としての生き方を、実行不可能な理想とは考えていない。それは『天でも地でもあらゆる権威をもっている』イエスが直々に命じた生き方なのである[39]」

第5章　最初期の教会におけるキリストの平和

最初期の教会が引き継いだことと変えたこと

ここまでイエス自身の教えと行動を見てきたが、この章では、初期のキリスト者がイエスの教えと行動から何を学び、何を継承したかを、新約聖書の記述から掘り下げていこう。

初期のキリスト教は、ユダヤ人の信仰と神への期待の基本的枠組みを、劇的ともいえる大きな変更を加えたうえで引き継いだ。まず、神がすべての国を祝福するためにアブラハムとその子孫を特別な民として選んだという、ユダヤ人の信仰を受け入れた（創世記12・1－3）。悪を倒して世界を回復させる神の国が到来するという、終末論的なメシアに対するユダヤ人の期待も受け入れた。

しかしその一方で、イエスが待望久しいメシアであり、その生と死と復活を通して神の国が到来した（完成はしていないにせよ）という信仰によって、クリスチャンはそれまでのユダヤ人の考え方を大きく変えた。彼らはもはや、律法（トーラー）が定める食事規定、神殿のいけにえ、あるいはアブラハムの子孫との独占的な約束といった観点から神の国について語ることはなくなった。イエスの新しいメシアの国には、すべての国の人が等しく歓迎されるからだ。

「イエスを信じる者たちが起こした新しい運動（ムーブメント）のストーリーは、イスラエルの国や民族や地理的な解放と関係なく語られるようになった。神の国の実践（聖さ（きよ））が語られるとき、律法が引き合いに出されることもなくなった。……初期のキリストの王国では、イスラエル民族の擁護、パレスチナを支配するローマの打倒、シオンでの新しい神殿の建設、律法遵守、すべての国の民がシオンの山に集められるといったことも、ほとんど語られなくなった」[1]

以上が、新約聖書の記述から初期のクリスチャンが平和というものをどう理解していたかを読み取るために、把握しておかなくてはならない背景である。

新約聖書における「平和」

最初期の教会にとって平和の概念が重要であったことは、「平和」（*eirēnē*（エイレーネー））という言葉が広く使われていたという端的な事実からも明らかだ。この言葉は新約聖書で少なくとも99回使われている。それはヨハネ第一の手紙以外のすべての書に少なくとも1回以上（名詞または動詞として）使われている。半分はパウロ書簡［新約聖書の27文書中、パウロが執筆した書簡形式の13文書］に登場する。[2]

天の使いが歌った「地の上では、御心にかなう人びとに平和があるように」（ルカ2・14）という言葉が、新約聖書全体に響いている。平和が初期のクリスチャンの中心的な主題（モチーフ）になったことは驚くには当たらない。彼らは終末論的平和が現在という時間に突入したことを信じていた。イエスは平和（シャローム）のメシアという預言的ビジョンを現実のものとした。クリスチャンたちは、キリストにあって、神との平和、新しいメシアの共同体における兄弟姉妹との平和、そして心の平安を経験した。「平和」という言葉がいたるところで使われた。

特に注意を引くのは、初期のクリスチャンが福音のメッセージの全体を「平和の福音」という言葉で表現していることだ。パウロは神のことを何度も「平和の神」と表現している。繰り返し、事あるごとに、主の平和が語られている。「どうか、平和の主ご自身が、いついかなる場合にも、あなたがたに平和を与えて下さるように」（Ⅱテサロニケ３・16）。

平和の神、平和の福音、書簡の冒頭のあいさつに使われる平和という言葉、教会の中の平和、そしてすべての人あいだの平和――新約聖書では平和が繰り返し語られている。

平和の神

新約聖書の著者たちは、少なくとも６回、神を「平和の神」と呼んでいる。[3] コリント書第二の終わりで、パウロは、コリントに住むクリスチャンに平和に過ごすことを勧め、「そうすれば、愛と平和の神があなたがたと共にいて下さるであろう」と書いている（Ⅱコリント13・11）。ヘブル書では、イエスを死からよみがえらせた神を「平和の神」と呼んでいる（ヘブル13・20）。「平和の神」という言葉のほとんどはパウロの書簡にある。この言葉は、イエス以前とイエスのころのユダヤ人が書いたものの中にはきわめて稀にしか登場しないが、使徒［イエスの12人の弟子］たちはこれを好んで使っている。[4]

平和の福音

エペソ書６章15節で「平和の福音」という言葉が使われている。百人隊長コルネリオのストーリーの中で、ペテロは自分が告げるメッセージの全体を「イエス・キリストを通して伝えられた良き知らせ」（使徒10・36）と表現している。そこで使われているギリシャ語は *euangelizomenos eirēnēn*（エウァンゲリゾメノス エイレーネン）である。最初の単語は、「福音（ゴスペル）」を表すギリシャ語の動詞形だ。文字通り訳せば「福音化」「福音宣言」となり、その福音化の目的（または内容）が「平和（エイレーネン）」ということになる。つまり、使徒たちは平和の福音を宣言しているのである。[5]

キリストがユダヤ人と異邦人のあいだの激しい敵意をどのように克服したかを説明するのに、エペソ書2章は「平和」という言葉を4回使っている。ユダヤ人も異邦人も、まったく同じ根拠で――キリストの十字架の死によって――神に受け入れられる。その結果、キリストは「私たちの平和」（14節）となり、「平和を実現する」（15節）。「キリストは来て、遠くにいたあなたがたに平和を、また近くにいた人びとにも平和を、福音として伝えられました」（17節）。この箇所では、「平和」という言葉が、本質的にキリストがもたらす救いのわざのすべてを表している。

ルカの福音書に書かれている、キリストの誕生を告げる天の使いのメッセージにも同様の含意がある。ルカは「いと高きところでは、神に栄光があるように、地の上では、御心にかなう人びとに平和があるように」（ルカ2・14）という言葉で、キリストについてのメッセージ全体を示唆している。テサロニケ書第二3章16節（「平和の主ご自身が、いついかなる場合にも、あなたがたに平和を与えて下さるように」）も、「平和」という言葉がキリストによる救いの全体を要約しているかのようだ。

書簡の冒頭で使われる「平和」

ギリシャ語の手紙の冒頭では「恵み」という言葉が使われるのが普通であり、ユダヤ人の手紙では

「平和」という言葉が使われる。したがって、「恵みと平和」という言葉がパウロの書簡のほとんど、そして新約聖書の他の多くの書簡の冒頭で使われているのは自然なことだ。[6] だが、ウルリッヒ・マウザーは、この言葉には、この手紙は神からの恵みと平安のメッセージであるという使徒たちの強い思いが込められていると指摘する。手紙の冒頭だけでなく、パウロはしばしば平和への言及で手紙を終わらせている。「パウロの手紙は常に平和で始まり、しばしば平和で締めくくられている。この言葉には、その手紙の本質的な内容を要約する威厳と価値が備わっている」[7]

教会における平和

教会における人びとの調和を表現するとき、新約聖書はしばしば「平和」という言葉を使っている。食べ物や宗教上の特別な日についての意識が薄い人を傷つけてはならないと諭したうえで、パウロは「神の国は、飲み食いではなく、聖霊によって与えられる義と平和と喜びなのです。……平和や互いの向上に役立つことを追い求めようではありませんか」（ローマ14・17-19）と奨励している。同様に、異言［宗教的忘我状態で語られる異国の言語もしくは意味が了解できない言葉］で話すことをめぐって混乱を生じさせないようにコリント人を戒めたうえで、パウロは「神は無秩序の神ではなく、平和の神である」と告げている（１コリント14・33）。[8]

「すべての人と平和に過ごしなさい」

新約聖書では、より一般的な意味で「平和」という言葉が使われている場合もある。ローマ書12章18節の「できる限りすべての人と平和に過ごしなさい」という勧めは、他のクリスチャンとのあいだの平和だけを説いたものではない。[9] 未信者の配偶者との関係のあり方をコリントのクリスチャンに語ったのち、パウロは、「平和な生活を送るようにと、神はあなたがたを召されたのです」と締めくくっている（Ⅰコリント7・15）。ヤコブ書は、人間の強欲が戦いや諍い、殺人を生むと指摘し、「しかし上からの知恵は、第一に清く、次に平和、寛容、温順であり……義の実を結ばせる種は、平和をつくる人びとによって、平和のうちに蒔かれる」（ヤコブ3・17－18）と説いている。

福音は「平和の福音」、神は「平和の神」、そしてイエスは「平和の主」だ。そして、神の意思は「聖霊にある平和」である。クリスチャンは教会の中でも、教会の外の広い世界でも、平和に生きることを求められている。

引用したどの聖書テキストも、いったいクリスチャンは人を殺してもよいのかという問いに明示的には答えていない。[10] しかし、すべてのテキストが、「平和」が新約聖書全体の中心的な関心事であることを示している。その「平和」とは、神との平和、他のクリスチャンとの平和、そしてすべての人との平和である。

国家の敵に伝えられた福音——ペテロとコルネリオ

使徒言行録10章は、敬虔なユダヤ人が重要な宗教的規範を破ってローマの百人隊長——憎悪すべき国家の敵の代表者——に福音を伝えたという、驚くべきストーリーである。

百人隊長のコルネリオはカイザリアに住んでいる。ローマ兵が住む、ローマの軍事力を象徴する町だ。彼はユダヤ人にローマの支配を強制する占領軍の指揮官である。また、ペテロのような敬虔なユダヤ人が食事をともにしたり、家に入ったりすることなど考えられない異邦人でもある。[11]しかしコルネリオは「神を畏(おそ)れる」人であったと書かれている（その意味は、ユダヤ人の信仰に深い共感を抱いていたということだ）。神はコルネリオに、ペテロを家に招くようにと告げた。

その一方で神は、きわめて非正統的な企てにペテロを備えさせるため、清浄な動物と穢(けが)れた動物が現れる幻視体験(ビジョン)を与える。旧約聖書の律法は不浄の動物の肉を食べてはならないと命じているので、ペテロは、食べられませんと訴えた。「私は今までに、清くないもの、汚れたものは、何一つ食べたことがありません」（使徒10・14）[12]

しかし、その幻視体験を通じて、ペテロはユダヤ人の厳格な食事規定に対する考えを改め、その認識を異邦人に対する考えにまで広げた。そこで、厳格なユダヤの慣習に反して、ペテロはコルネリオの使いの者たちを自分が泊まっていたユダヤ人の家に一晩滞在させ、翌日には彼らと一緒に異邦人コルネリオの家に行き、中に入ることに同意したのだった。

憎み続けてきた敵への福音宣言

コルネリオの家に入ったペテロは、「ローマを代表する人物と対面した。典型的なユダヤ人であり、ガリラヤの人間であるペテロにとって、その人物は占領支配の代表者であった」[13]。

ペテロは、コルネリオとの会話を、ユダヤ人が異邦人に対して抱いていた敵意に言及することから始めた。「あなたがたが知っているとおり、ユダヤ人が他国の人と交際したり、出入りしたりすることは、禁じられています」（使徒10・28）[14]。そして、どんな人間に対しても清くないとか汚れているなどと言ってはならないと神に言われたことを話し、その結果、いままでは神があらゆる国の人びとを受け入れることを理解していると認めた。

ペテロは話を進め、コルネリオにイエスのことを語った。その際、彼はイエスのメッセージを「平和の福音」という言葉で要約した。「あなたがたは、神がすべての者の主なるイエス・キリストによって平和の福音を宣べ伝えて、イスラエルの子らにお送り下さった御言葉をご存じでしょう」（使徒10・36）

この部分は、前述したギリシャ語の構成で書かれている。神（そしてペテロ）は平和の「福音化」、あるいは平和の「福音宣言」を行ったのである。ペテロはコルネリオに伝えるメッセージの全体を「平和の福音」という一言で表現することができた。ユダヤ人と異邦人のあいだの敵対関係に加え、コルネリオが国家の敵を体現するローマの百人隊長であることを思えば、ここでこの言葉が持つ深い意味が明らかになる。[15] そうすることでペテロは、クレイグ・キーナーが指摘するように、「憎み続けてきた敵に平和の良き知らせを宣べ伝えている」のである。[16]

二つの福音・二つの平和の対峙

もう一つ重要なことがある。それは、異教のローマ皇帝も、自分は世界に平和の良き知らせを告げる存在だと主張していたことと関係がある。

プリエネ遺跡（現在のトルコ）で発見された古代の碑文（紀元前9年）から、多くの人びとがアウグストゥス（皇帝在位紀元前27年－西暦14年）を「神の子、宇宙の救世主」「戦を終わらせ、カエサルの平和で統治する」と称えていたことがわかっている。ローマの人びとは、パクス・ロマーナ［ローマ帝国全域におよぶ平和の時代］をもたらしたこの人物の誕生の知らせを、ギリシャ語の「福音」という言葉で呼んだ。[17] アウグストゥスは「世界平和」をもたらし――もちろん武力で――女神パクス（平和）への崇拝を確立した。[18]

そのようなローマの百人隊長に、ペテロは、平和の福音をもたらすのはローマ皇帝ではなくイエスである、イエスこそが主であると語ったのだ！

アウグストゥスは軍事力によって〝平和〟をもたらしたが、イエスは十字架と復活によって平和をもたらす。イエスもアウグストゥスも「平和の福音」を告げた。どちらも個人的な領域だけにはとどまらない福音だ。もちろん、イエスの福音には個人的な罪の赦しが含まれる（使徒10・43）。だが、キリストがもたらす平和は「すべての者の主」から来るということも明確に書かれている（同10・36）。主の平和は、個人の内面だけではなく、すべての現実に関わる平和なのである。

民族的憎悪を乗り越える平和――ユダヤ人と異邦人

エペソ２章11‐22節は、キリストの十字架によってユダヤ人にも異邦人にも開かれた神との平和が、社会全体にも大きな平和をもたらすことを説明している。この箇所を理解する手がかりとして、１世紀のユダヤ人と異邦人のあいだにあった敵意の根深さを理解しなければならない。それはユダヤ人が書いたものの中にも、異邦人が書いたものの中にも、はっきり記録されている。

激しい民族的敵意

おそらく紀元前１世紀のものと思われるユダヤのある文書によると、モーセは「われわれがほかのいかなる人びととも、いかなるかたちでも混じりあわないように、鉄の掟の壁で」ユダヤ人を閉じ込めた。モーセの教えは、「肉と飲み物と触れる物に関して」厳格な規定を定めてユダヤ人を囲い込んだ。[19] しかしその結果、ユダヤ人の側に異教徒の隣人に対する敵意が生まれた。

そんなユダヤ人に対し、異邦人の隣人から仕返しがあった。ローマの著述家の多くがユダヤ人への強い憤りを表明しているが、その理由の一端は、一神教のユダヤ人がローマの神々を拒絶したことにあった。紀元前1世紀の異邦人著者、アポロニオス・モロンは、「ユダヤ人は無神論者で、厭世的で、すべての野蛮人の中で最も愚かな者たちだ」と切り捨てている。[20]

エペソ書が書かれたころに執筆活動をしていたタキトゥスは、概して公平な見方をしたローマ人の歴史家だが、ユダヤ人の習慣を「卑劣で不愉快」と評し、ユダヤ人については、非ユダヤ人に対して「憎しみと敵意しか持っていない」と書いている。[21]

そういうわけで、1世紀の諸都市（特にローマ帝国の東部）で、ユダヤ人と非ユダヤ人のあいだで憎悪による対立が多く見られた。ヨセフスは、エジプトのアレクサンドリアで頻発したユダヤ人社会とその隣人たちの争いを記録している。

あるケースでは、3人のユダヤ人が生きたまま焼き殺され、怒ったユダヤ人社会が異邦人を全員焼き殺すといきり立った。ローマの地方総督はユダヤ人暴徒に鎮まるよう要請したが、ユダヤ人たちが拒んだために軍を派遣した。武力鎮圧の結果、「ユダヤ人が住む地域一帯が血と死骸で覆われ、死者は5万人に達した」（『ユダヤ戦記』2.487-98）。[22]

ヨセフスは、いくつかのシリアの都市で、「ユダヤ人に対する憎悪や恐怖」が何千人ものユダヤ人の奴隷化や虐殺をもたらしたことも記している（『ユダヤ戦記』2.477-80）。[23]

エペソ書に書かれているユダヤ人と異邦人のあいだの敵意が、神学上のものだけではなかったことがわかる。二つの集団はしばしばお互いを軽蔑し、結果として、死傷者を出す深刻な社会的暴力を引き起こしたのである。

二つのものを一つにした十字架

これが、エペソ書2章に書かれている、キリストは二つの戦うコミュニティのあいだに平和をもたらす、というパウロの教えの文脈である。

あなたがたは、このように以前は遠く離れていたが、今ではキリスト・イエスにあって、キリストの血によって近いものとなったのである。

（エペソ２・13）

これに続く五つの節で、「平和」という言葉が何度も使われている。

キリストは私たちの平和であって、二つのものを一つにし、敵意という隔ての壁を取り除き、ご自分の肉によって、数々の規定から成っている戒めの律法を廃棄したのである。それは、彼にあって、二つのものをひとりの新しい人に造りかえて平和をきたらせ、十字架によって、二つのものを一つのからだとして神と和解させ、敵意を十字架にかけて滅ぼしてしまったのである。それから彼は、こられた上で、遠く離れているあなたがたに平和を宣べ伝え、また近くにいる者たちにも平和を宣べ伝えられたのである。というのは、彼によって、私たち両方の者が一つの御霊（みたま）の中にあって、父のみもとに近づくことができるからである。

（エペソ２・14‐18）

イエスは、ユダヤ人と異邦人の両方を、イエスの十字架という、まったく同じ根拠で神と和解させた。パウロがローマ書で言っているように、キリストの十字架を通して罪の赦しを受けた人は「神とのあいだに平和を得ている」(ローマ5・1)。

ユダヤ人も異邦人も十字架を通して神と和解したので(同5・10)、両者は十字架の下に等しく立つことができる。その結果が教会の中の平和であり、パウロの時代の最も敵対的な二つの共同体のあいだの平和である。キリストの十字架が「二つのものをひとりの新しい人に造りかえて平和をきたらせ……敵意を十字架にかけて滅ぼしてしまったのである」(エペソ2・15－16)。

社会的敵対関係を乗り越える平和

エペソ書2章14節の「敵意という隔ての壁」が、正確には何を指すのか明らかではない。先に、紀元前1世紀のユダヤ人著述家がユダヤ人と異邦人が混ざることを防ぐ「鉄の壁の掟」に言及していることを紹介した。[24] N・T・ライトは、「隔ての壁というイメージは、ほぼ間違いなく、エルサレムの神殿にあった、異邦人にそこから先は立入禁止だと警告する標識に由来している」と述べている。[25]

この箇所で、パウロがキリストの救いは罪の赦しや神に受け入れられることだけにとどまらないと考えているのは明らかだ(もちろんそれはきわめて重要なことだが)。[26] 救いには、かつての敵意を克服したユダヤ人と異邦人から成る教会における、劇的な新しい社会的現実も含まれる。

実際、エペソ書3章で、パウロは「神の奥義(ミステリー)」――創世記12章1－3節で神がアブラハムに約束した、すべての国民を祝福するという約束――について論じ、奥義(パウロはそれを福音の一部として語っている)とは、異邦人がイスラエルを通して神の救いのわざに含まれたということである、と語っている。「異邦人が、福音によりキリスト・イエスにあって、私たちと共に神の国をつぐ者となり、共に一つのからだとなり、共に約束にあずかる者となることである」（エペソ3・6）[27]

この新しい平和、すなわち敵対していた集団のあいだで成立する社会的和解はきわめて重要で、教会がそれを具現化することができたら、地上の人びとがそれを知るだけでなく、「天上にあるもろもろの支配や権威」（エペソ3・10）――世界の歪んだ社会・経済・文化の構造と結びついている堕落した天使のようなものとパウロが考えていた存在――もそれを知ることになる。[28]

さらに、エペソ書でパウロは、ガラテヤ書3章28節で簡潔に述べたことを発展させて論じている。ガラテヤ書でパウロが念頭に置き、改めさせようとしたのは、当時のユダヤ人男性の祈り（自分が異邦人でも奴隷でも女性でもないことを神に感謝する祈り）に含まれていた考え方だったと思われる。

キリストはこれらの社会集団にも新たな平和をもたらした。「もはや、ユダヤ人もギリシヤ人もなく、奴隷も自由人もなく、男も女もない。あなたがたは皆、キリスト・イエスにあって一つだからである」（ガラテヤ3・28）

パウロの時代、ユダヤ人と異邦人は明らかに不倶戴天の敵同士であった。同じく明らかなのは、キリストが両者のあいだに驚くべき社会的平和をもたらした事実こそが福音の中心である、とパウロが宣言したことだ。エペソ書は、敵を愛せというイエスの命令に直接の言及はしていない。しかし、イエスの新しい共同体が実際に敵を愛したことの驚くべき実例を提示している。

宇宙の平和

キリストがもたらす平和は、神との平和やクリスチャンのあいだの平和だけに限定されない。新約聖書には、その明確な証拠がある。

コロサイ書には、神がキリストを通してすべてのものを創造したこと、そしてキリストを通してすべてのものを和解させることが書かれている。

> 神は、御旨（みむね）によって、御子（みこ）のうちにすべての満ちみちた徳を宿らせ、そして、その十字架の血によって平和をつくり、万物、すなわち、地にあるもの、天にあるものを、ことごとく、彼によってご自分と和解させて下さったのである。
>
> （コロサイ1・19－20）

その和解には「王座も主権も支配も権威も」含まれている（コロサイ1・16）。ここで列挙されているものは、もともとは良き存在としてつくられながら堕落した反抗的な天使たちを指しており、この世界の社会経済的・文化的構造に関与し、影響を与えている。そしてコロサイ書2章15節には、キリストが十字架でその「支配と権威」を「武装解除」したと書かれている。[29]

ただし、「すでに」と「いまだ」のあいだにあるキリストの王国において、それらが完全に打ち負かされたという意味ではない。「支配と権威」には依然として力があり、クリスチャンはそれと戦わなければならないとはっきり記されている（たとえばエペソ6・12）。しかし、勝利は始まっており、キリストの再臨［キリストが裁きと救いの成就のために再びこの世に現れること］のときに完成する。それまでのあいだ、「支配と権威」に対するキリストの十字架の勝利が、天においても地においても宇宙論的平和をもたらしはじめているのである。[30]

ローマの市民は、クリスチャンがイエスを表すときに使った「救い主」、「主」、「神の子」という言葉で彼らの皇帝を表し、パクス・ロマーナへの道を開く軍事的勝利の知らせを「福音」（すなわち「良き知らせ」）と呼んだ。[31] ローマ人は平和の女神を崇拝した。[32] マウザーの表現を借りれば、「使徒言行録に書かれている平和の概念は、表立ってそう書かれていなくても、ローマの平和の概念とのあいだで暗黙の対話を行っているのである[33]」。

パウロが説いた平和の福音には、神との個人的な平和や教会の平和を超える、多くのものが含まれていた。それをふまえると、パウロが福音を説いたときにテサロニケで発生した暴動が理解できる。暴徒はパウロの支持者たちを市の役人の前に引きずり出して、「この連中は、みなカイザルの詔勅にそむいて行動し、イエスという別の王がいるなどと言っています」（使徒17・7）と訴えた。ローマ皇帝とイエスの競合関係を考えると、この訴えの意味がわかる。

テサロニケの怒れる暴徒は、クリスチャンはカエサルに対抗して別の王の名を叫んでいると訴えているわけだが、それは間違ってはいない（使徒17・5-8）。ペテロはコルネリオ（ローマ軍の百人隊長）に、クリスチャンは「すべての者の主なるイエス・キリスト」（同10・36）による平和の福音を宣べ伝えていると語ったが、それは暗に、世を治める真の主はイエスであると言っているのと同じことだ。明らかに、イエスの平和は神と人のあいだの個人的な平和以上のものであることを意味している。つまり、暗黙のうちに、イエスは社会に平和をもたらす道でもあると言っているのである。

それはだれもが救われるという意味ではない。新約聖書はしばしば、最後の裁きと、神との永遠の分離について語っている。しかしそれは、キリストがもたらす平和が、創造された秩序全体に及ぶことを意味している。ローマ書でパウロは、被造物（川、木、空気など）が罪によって歪められていると言っている。しかし最後の時に人が肉体の復活を経験するとき、「被造物も滅びへの隷属から解放されて、神の子どもたちの栄光の自由に入る」のである（ローマ8・21）。

そしてヨハネの黙示録は、終わりの時に、地上の王たちが「自分たちの栄光を携えて」新しいエルサレムに入ると書いている。悪しき人類の文明は追放され、「諸国民の栄光と名誉がもたらされる」（黙示録21・24－26）[34]。明らかに、キリストが宇宙の平和をもたらすと書かれている。

新約聖書に響くイエスの教え

福音書を別にすると、新約聖書の中に、山上の説教でのイエスの教えに明示的に言及している箇所はない。しかし、イエスの教えの響き（エコー）が感じられる箇所はたくさんある。

「悪をもって悪に報いてはならない」

パウロはクリスチャンに、どのように生きるべきかについて簡潔な指示を与えている。「だれも悪をもって悪に報いることのないように気をつけなさい。お互いのあいだでも、すべての人に対しても、いつも善を行うよう努めなさい」（Ⅰテサロニケ5・15）。イエスの言葉をそのまま使ってはいないが、目には目をという律法の基本原則を否定したイエスと同じことを言っているようだ（マタイ5・38－42）。パウロは、クリスチャンに対し、そのような生き方を教会の中でも（「お互いに」）、より広い社会の中でも

（「すべての人に対して」）実践すべきであると言っているのである。

「侮辱されたら祝福を返しなさい」

クリスチャンは「侮辱されては祝福し、迫害されては耐え忍び、ののしられては優しい言葉を返している」（Ⅰコリント４・12－13）。この言葉から感じられるイエスの言葉の響きはかすかかもしれないが、その内容は、自分を虐げる者に敵対的な方法で対応してはならないというイエスの命令（マタイ５・38－42）とよく合致している。

「悪と悪口に祝福で報いなさい」

ペテロの手紙第一の次の言葉も、イエスの教えを響かせている。「悪をもって悪に報いず、悪口をもって悪口に報いず、かえって、祝福をもって報いなさい」（Ⅰペテロ３・９）。ここでペテロが、イエスの「目には目を」の拒絶を意識して要約しているかどうかはわからない。しかし、この言葉は確かに、悪に対する対応についてイエスが命じた通りのことを奨励している。クリスチャンは悪に報復するのではなく、愛をもって行動すべきである。

「復讐してはならない」

ローマ書12章14－21節は、イエスの言葉を特に強く響かせている。

――あなたがたを迫害する者を祝福しなさい。祝福して、のろってはならない。……だれに対しても悪をもって悪に報いず、すべての人に対して善を図りなさい。あなたがたは、できる限りすべての人と平和に過ごしなさい。愛する者たちよ。自分で復讐をしないで、むしろ、神の怒りに任せなさい。なぜなら、「主が言われる。復讐はわたしのすることである。わたし自身が報復する」と書いてあるからである。むしろ、「もしあなたの敵が飢えるなら彼に食わせ、渇くなら彼に飲ませなさい。そうすることによって、あなたは彼の頭に燃えさかる炭火を積むことになるのである」。悪に負けてはいけない。かえって、善をもって悪に勝ちなさい。

（ローマ12・14－21）

山上の説教との類似点が非常に印象的なので、パウロは教会が受け継いできた「イエス伝承」を知っていて、ここでそれを使っていると論じる学者も多い。[35] それを裏づける証拠を慎重に評価したイギリスの新約聖書学者ジェームズ・ダンは、「この言葉には山上の説教の精神が息づいている」と指摘し、「パウロの勧めがイエスの勧めを反映している可能性はきわめて高い」と結論づけている。[36]

パウロは、敵への対応方法を説いている（「あなたがたを迫害する者たちを祝福しなさい」ローマ12・14）。「だれに対しても悪をもって悪に報いず」（ローマ12・17）というのは、「目には目を」を拒否したイエスの言葉の言い換えで、先に述べたテサロニケ書第一やペテロの手紙第一の場合と同じだ。復讐を明示的に禁止する言葉（ローマ12・19）は、それらとは表現が少し違うが、要点は同じである。

パウロは、クリスチャンが復讐を放棄したからといって、悪が永遠に罰せられないままになるのではない、と主張してる。無限の神は有限の人間とは異なり、悪に正しく罰を下す（愛と正義の完璧な組み合わせによる罰を下す）。ミロスラフ・ヴォルフは、「歴史の終わりに神の正しい裁きがあるからこそ、暴力を放棄することができる」と述べている。[37]

ローマ書12章20節（箴言25・21-22節を引用している）は、パウロがここで語っているのは敵の扱い方であるという事実を改めて強調している。敵に食べ物と水を与えなさいという勧めは、羊と山羊（やぎ）（マタイ25・35、42）のたとえ話でイエスが語った言葉を思い起こさせる（マタイで餓えや渇きを覚えているのは敵ではないが）。敵の頭の上に積まれる「燃えさかる炭火」（ローマ12・20）とは何か、研究者たちは戸惑っている。神に愛された敵が感じることになる恥と後悔の痛みや、和解に向けた摸索を意味すると考える学者もいる。あるいは、神の愛をさらに拒むことで、最後の裁きのときに責められるべき材料がいや増すという意味なのかもしれない。[38]

パウロの意図を確信をもって読み取ることはできない。だとしても、ローマ書12章の、敵を愛せ、目には目をという報復を拒絶せよ、復讐を放棄せよ、という明白な命令の重要性はいささかも損なわれることはない。その響きは、山上の説教のイエスの教えとよく似ている。

キリストにならって生きる

新約聖書全体を通して、著者たちは何度も、クリスチャンはキリストにならって生き、忠実な弟子として彼に従うべきであると書いている。[39] 新約聖書のどこにも、クリスチャンは人を殺してもいいとか悪いとか、具体的には何も書かれていない。しかし、イエスの教えについての私たちの解釈が正しければ、福音書以外の新約聖書にも、キリストにならって生きることをクリスチャンに求める多数のテキストがあり、敵を愛せというイエスの呼びかけをさらに強めていることがわかる。

クリスチャンは「主が赦してくださったように」赦し合わなくてはならない（コロサイ３・13、エペソ４・

32）。「イエスが歩んだように」歩むことは、その人がクリスチャンであることの証明である（Ⅰヨハネ2・6）。「私たちが神の掟を守るなら、それによって私たちが神を知っていることが分かる」（同2・3）。クリスチャンは、罪深い自己をキリストとともに死なせ、復活したキリストの命を分かち合い、キリストのように生きる。[40] クリスチャンは、キリストがクリスチャンに仕えたように、他のクリスチャンに仕えるべきである。[41] 経済的な分かち合いにおいては、「富んでいたのに、あなたがたのために貧しくなった」キリストにならって、惜しみなく与える者にならなくてはならない（Ⅱコリント8・9）。キリストが謙虚であったように、クリスチャンは謙虚でなければならない（ピリピ2・3－14）。

このような例は挙げればきりがない。「キリストが私たちを愛して、ご自分を香りのよい供え物、つまり、いけにえとして私たちのために神に献げてくださったように、あなたがたも愛によって歩みなさい」（エペソ5・2）。クリスチャンは、たとえ罪を犯していなくても、「キリストもあなたがたのために苦しみを受け、その足跡に続くようにと、模範を残された」のだから、苦しむべきである（Ⅰペテロ2・21）。

キリストにならって生きよという呼びかけは、家庭の中で、教会の中で、そして社会と経済の中でキリストにならって生きることを求めている箇所で特にはっきり表れている。

家庭の中でキリストにならう

エペソ書は、男性優位のヘレニズム社会に住むクリスチャンに向けて書かれた書簡だ。しかし、そのような社会通念に怯（ひる）むことなく、著者パウロは夫たちに、イエスが十字架で模範を示したように、自己犠牲的な愛をもって妻に接するように促している。「夫たちよ、キリストが教会を愛し、教会のためにご自分をお与えになったように、妻を愛しなさい」（エペソ５・25）。

女性は男性より大いに劣っていると考えられていた社会において、これはかなり過激な教えであった。しかし、クリスチャンの夫が結婚生活においても十字架の道に従うなら、苦しみや痛みを取り去ることができる。十字架の道は、非暴力で不正を正す道であるだけではなく、結婚関係を壊す根深い争いに平和をもたらす道でもある。

教会の中で平和の道を歩む

クリスチャン同士が互いに示すべき謙虚さと他者への思いやりを説明するために、パウロはすばらしい賛美の言葉をピリピ書に書いている。

> キリスト・イエスのうちにあるこの思いを、あなたがたのあいだでも抱きなさい。キリストは、神の御姿（みすがた）であられるのに、神としてのあり方を捨てられないとは考えず、ご自分を空しくして、しもべの姿をとり、人間と同じようになられました。人としての姿をもって現れ、自らを低くして、死にまで、それも十字架の死にまで従われました。
>
> （ピリピ２・５－８）

パウロの命令は明らかだ。教会において平和の道を歩むということは、イエスが十字架で示した模範にならって他のクリスチャンに接するということだ。ヨハネ第一の手紙は、同じことを同じ力強さで教えている。「イエスは、私たちのために、命を捨ててくださいました。そのことによって、私たちは愛を知りました。だから、私たちも兄弟のために命を捨てるべきです」（１ヨハネ３・16）。この言葉は、十字架へと歩みゆくイエスが弟子たちに命じたことを完全に反映している。「互いに愛し合いなさい。わたしがあなたがたを愛したように、あなたがたも互いに愛し合いなさい」(ヨハネ13・34、同15・12)。十字架のキリストにならうことは、教会に平和をもたらす道である。

社会の中で十字架の道を歩む

ペテロの手紙第一の2章は、クリスチャンの奴隷たちに、親切な主人にだけでなく、気難しい主人にも従うように求めている(Iペテロ2・18)[42]。そして、不当な苦しみを受けたときのキリストの態度が、ならうべき模範として示されている。

> このためにこそ、あなたがたは召されました。キリストも、あなたがたのために苦しみを受け、その足跡に従うようにと、あなたがたに模範を残された。キリストは罪を犯したことがなく、その口には欺きもなかった。ののしられても、ののしり返さず、苦しめられても、脅すことをせず、正しくさばかれる方にお任せになった。キリストは自ら十字架の上で私たちの罪をその身に負われた。それは、私たちが罪を離れ、義のために生きるため。その打ち傷のゆえに、あなたがたは癒やされた。(Iペテロ2・21-24)

イエスが十字架で示した模範について深く考えることによって、クリスチャンは、クリスチャンではない人びととの社会経済関係の中でいかに生きるかを学ぶ。そこには不当な抑圧者との関係も含まれる。もちろん、奴隷や制度的不公正の犠牲者は抑圧を忍従すべきだということではない。ここまでの議論で明らかなように、模範とすべきイエス自身が非暴力の抵抗と糾弾を行っている[43]。ペテロの手紙第一のこの箇所が明らかに示していることは、キリストに従うクリスチャンは、抑圧者を侮辱し、憎み、滅ぼすべき敵とみなすことを拒否すべきだということである。私たちがまだ神の敵であったとき、キリストが私たちの罪のために死んでくださったことを思い、十字架のキリストが示した敵を愛する生き方にならうべきだと言っているのである。

新約聖書には、クリスチャンはキリストにならうべきだと繰り返し書かれているが、キリストの生涯のすべてをまねることが求められているわけではない。キリストが世界の罪のために犠牲になったのは一度限りのことで、決して繰り返されることではない。「キリストの贖罪（しょくざい）の死は、世界の創造と同じぐらい、私たちがまねるべき対象ではない」とローレン・ベットナーが言っているとおりである[44]（贖罪については本書12章参照）。

実際、新約聖書がキリストにならうことを求めているのは、ただ一点、十字架のみである。パウロは好んで独身を通したが、イエスが結婚しなかったから自分も結婚しないと言ったことはない。新約聖書のどこにも、クリスチャンはイエスと同じ大工になれとは書かれていない。数年かけて少数の弟子たちを訓練したイエスの方法についても、それにならえとは書かれていない。

「キリストをまねる生き方が意味を持つ領域はただ一つだけだ。だが、新約聖書のすべての言葉がそれによって支えられる。その領域は唯一無二であるからこそ際立つ。それは、敵意と権力（ドミニオン）が支配するこの世界にあって十字架が堅持する社会的意味の領域である。そこでは、仕える（サーバントフード）ことが上に立つことに取って代わり、赦しが敵意を包み込む[45]」

神は敵であった私たちを愛した

本書第3章で、マタイ5章の敵を愛せというイエスの呼びかけは、そうすれば愛が返ってくるという愚かな期待から出たものではなく、神の性質に立脚した勧めであることを論じた。「敵を愛し、自分を迫害する者のために祈りなさい。あなたがたの天の父の子となるためである」(マタイ5・44‐45。同5・9も参照)。

敵を愛するというイエスの教えを神学的に最も明快に表しているのは、パウロが書いた次の言葉だ。

> しかし、私たちがまだ罪人であったとき、キリストが私たちのために死んでくださったことにより、神は私たちに対する愛を示されました。……敵であったときでさえ、御子の死によって神と和解させていただいたのであれば、和解させていただいた今は、御子の命によって救われるのはなおさらです。(ローマ5・8‐10)

このパウロの言葉は、イエスの十字架上の死は神が神の敵を愛していることを、はっきりと教えている。そのことをリチャード・ヘイズは次のように言っている。

> 神は敵をどう扱ったか？　殺すのではなく、敵のために御子を死なせた、とパウロは宣言しているのだ。この神の行為は、イエスの死によって神と和解した人びとのその後の行動に深い意味を持

つ。……他者のために自己を犠牲にして奉仕するキリストにならうことは、パウロの倫理の中心的なモチーフだ（たとえばピリピ２・１－13）。だから、キリストによって生き方を形成した人は、キリストの神が敵を扱ったのと同じ方法で敵を扱わなければならないことは明らかである。[46]

この章では、新約聖書に記されている最初期の教会が、イエスの平和のメッセージを忘れたり無視したりしていなかったことの証拠を多く取り上げた。パウロの書簡には、平和への強い思い――家や教会の中の平和だけでなく、世界全体の平和への思い――が満ちている（コロサイ１・20）。ヘイズは、「パウロの手紙の中には、クリスチャンは暴力を使ってもよいという論拠のために引用できる言葉は、ただの一音節も存在しない」と議論を結んでいる。[47]

キリストは１世紀における最悪の民族的敵対、すなわちユダヤ人と異邦人のあいだに平和をもたらした。新約聖書の随所に、イエスの山上の説教の言葉がこだましている。新約聖書は何度も繰り返し、クリスチャンにキリストにならうよう――正確には十字架のキリストにならうよう――呼びかけている。「マタイの福音書から黙示録まで、新約聖書の全編を通じて、暴力に反対する一貫した証言と、暴力を行使せず苦しみを受け入れたイエスの模範に従う共同体への招きを読み取ることができる[48]」

第6章　聖書は暴力を肯定しているのか

避けて通れない疑問

新約聖書には暴力の使用を肯定していると思える箇所もあるのに、この本はそれを無視している、という批判があるかもしれない。自分は剣をもたらすために来た、というイエスの言葉をどう考えるのだ？　聖書には敬虔な兵士が登場するが、だれも兵士を辞めるようにとは言われていないではないか。イエスは神殿を清めるときに鞭（むち）を使ったではないか。弟子たちに剣を買い求めることさえ命じているではないか。

さらに、新約聖書は随所で、イスラエルの戦うリーダーを称賛し、カナン征服の際の破壊的行為を支持しているように見受けられる。理想的な信仰の姿を武器や戦闘になぞらえている箇所もあるが、それは武力の行使を支持しているのと同じことではないのか？　イエスは戦争や戦争のうわさについて警告している。マタイ15章4節は、イエスが死刑を認めているという意味なのか？　ローマ書13章は、政府は悪に対して神の復讐を実行するために剣を使うと言っている。事実、新約聖書には、神は悪を罰すると書いてあるし、黙示録は暴力的で血なまぐさいイメージを用いて悪に対する最後の勝利を描いている。

これらはすべて、新約聖書も時と場合によっては、悪を克服するために人を殺すことを正当な手段と認めている証拠ではないのか？　ポール・コパンとマシュー・フラナガンが、その点について率直に述べている。「絶対的な平和主義を主張しようとすると……イエス自身の権威ある声明、神の裁きに関する聖書の無数の記述……黙示録を無視することになってしまう」[1]

暴力について何かを語ろうとするなら、右に挙げたような聖書のテキストを注意深く検討することを避けて通ることはできない。以下、順に見ていこう。

「剣をもたらすために来た」とイエスは言った

マタイの福音書10章34節で、イエスは「わたしが来たのは地上に平和をもたらすためだ、と思ってはならない。平和ではなく、剣をもたらすために来たのだ」と言っている。[2]大多数の解説者は、このイエスの宣言は比喩的な表現で、イエスに従うことは家族内での対立、あるいは命の危険さえある迫害の可能性について警告しているのだと考えている。[3]

マタイが記したイエスの言葉の背景を分析すると、そう解釈するのが妥当だと思える。リチャード・ヘイズは、マタイの福音書10章5－42節のすべてが「マタイの宣教論（ミッション・ディスコース）」だと指摘している。[4]5－15節には、神の国を宣べ伝えて人びとを癒すために、12人の弟子を派遣するイエスの言葉が記されている。16－33節は、イエスに従う者は激しい迫害に遭（あ）うと警告している。エドワルド・シュヴァイツァーは、「剣は弟子の手の中にあるのではなく、彼らの反対者の手の中にある」と指摘している。[5]34節に続いて、イエスは、イエスの福音を受け入れる者は家族からも厳しい迫害を受けると警告して、弟子たちに心の準備をさせている(35－40節)。正確には、ここでは「わたしは息子を父親に反対させるために、娘を母親に反対させるために来た」と書かれている(35節)。

だが、イエスが文字どおり家庭を崩壊させるために来たと考える人はいない。イエスが言っているのは、イエスの弟子は、自分の父、母、息子、娘よりもイエスを愛さなくてはならないという意味である(35－36節)。ヘイズは、34節の「剣」は、神の国の良い知らせを伝える者とそれを受け取ることを拒む者とのあいだに生じる分裂のメタファーである、と結論づけている。

ルカもイエスの言葉をそのように理解していることは明らかだ。イエスが家族に分裂をもたらすことを記した別の箇所で、ルカは「剣」ではなく「分裂」という言葉を使っている。「あなたがたは、わたしが平和をこの地上にもたらすために来たと思っているのか。あなたがたに言っておく。そうではない。むしろ分裂である」(ルカ12・51)[6]

そのような文脈でマタイ10章34節を読めば、イエスの言葉が、弟子たちが実際に剣を使うことと何の関係もないことは明らかだ。[7] 比喩的表現で、自分に従う者は家族に拒絶され、敵対する者から厳しい迫害を受けると警告しているのである。ヘイズが単刀直入に書いているように、「マタイ10章34節をクリスチャンによる暴力の肯定と解釈するのは、きわめて暴力的な聖書解釈である」[8]。

兵士という職業は否定されなかった

新約聖書は四つの重要な箇所で、直接的または間接的に、兵士について肯定の口調で言及しており、いずれの場合でも、兵士を辞めるべきだとは書いていない。

バプテスマのヨハネが悔い改めを迫ったとき、それでは自分たちはどうすればよいのか、とたずねた兵士がいた。ヨハネは彼らに「だれからも金をゆすり取ったり、だまし取ったりするな。自分の給料で満足せよ」（ルカ３・14）と答えている。兵士を辞めよとは言っていない。

マタイ（８・５‐13）とルカ（７・１‐10）は、ローマの百人隊長のケースを報告している。この百人隊長は、自分のしもべの一人を癒してほしいとイエスに願ったが、そのためにわざわざ家まで足を運んでもらう必要はなく、言葉だけもらえれば十分だと言った。イエスは驚いて、「イスラエル人の中にも、これほどの信仰を見たことがない」（マタイ８・10）と言って彼を褒めた。イエスも百人隊長の職業については何も言っていない。

マルコの福音書には、イエスの磔刑を監督するローマの百人隊長が、イエスを神の子であると言った最初の人物として登場する（マルコ15・39）。使徒言行録では、ペテロがローマの百人隊長に福音を分かち合う場面で、聖霊が百人隊長の家族にくだり、バプテスマをさずけている（使徒10・１‐11・18）。ここでもやはり、ペテロがクリスチャンになった百人隊長にローマ軍から去れと言ったとは書かれていない。

肯定する議論

少なくとも１５００年間、著名なクリスチャンたちが、右に挙げた兵士のストーリーを、イエスも新約聖書の著者たちも兵士という職業を完全に受容していた証拠だと考えていた。５世紀のアウグスティヌスは、これらの話を使って、自分が職業軍人であることを心配するクリスチャンの兵士に、兵士として神を喜ばせることは十分可能だと説得した。[9] 16世紀のマルティン・ルターもジャン・カルヴァンも同様の議論を展開している。[10]

最近ではオックスフォードの学者ナイジェル・ビガーが、その著書『戦争の擁護』で、新約聖書は軍事に従事することとキリスト教信仰が両立しないとは考えていない、と論じている。ビガーは、新約聖書に記された顕著なケースを取り上げて、キリストを受け入れた罪人が過去の罪深い行いを断ち切ったケースを取り上げている。たとえば、使徒言行録19章18-20節では、クリスチャンになった魔術師たちが魔術の本を燃やしている。しかし、新約聖書に登場する兵士については、だれ一人その種の変化があったとは記されていない。そこでビガーは次のように結論づける。「もし新約聖書が軍事的専門職に就くことを本質的に罪と見なすのであれば、聖書の著者たちは、クリスチャンになった兵士たちが軍の任務から身を退いたことを忘れず書き記したはずだ」[11]

だが、その議論に実質的な意味はあるのだろうか?

肯定する議論の間違い

まず第一に、バプテスマのヨハネと兵士たちのケースを見てみよう。兵士たちは、悔い改めるために何をすべきかとヨハネにたずねている。ヨハネはいくつか挙げているが、兵士を辞めよとは言っていない。ヨハネはイエスのために道を備えた人ではあるが、イエスと同格の権威はない。だが、ルターはヨハネのことを「クリスチャンの教師」あるいは「敬虔なクリスチャンの教師」と呼び、彼の回答は、クリスチャンが兵士であってもかまわないことの証明だと主張した。[12]

だが、バプテスマのヨハネはクリスチャンではない。イエス自身が、ヨハネの時代とイエスの時代を明確に区分し、メシアの国の到来を宣言している。「天の国で最も小さな者でも、彼（バプテスマのヨハネ）よりは偉大である」（マタイ11・11）と言っている。クリスチャンにとって、弟子としての歩みの規範を教えているのはイエスであって、バプテスマのヨハネではない。

第二に、百人隊長が兵士を辞めるべきかどうかについて、イエスもペテロも何も語っていないのは事実だとしても、そのことから何らかの結論を引き出すことはできない。何も言わなかったのだから兵士であることは倫理的だと言うのなら、同じ確からしさで、何も言わなかったのだから兵士を辞めるべきだと言っている、と論じることもできる。聖書は辞めるべきだとも続けてかまわないとも、まったく何も言っていないのだ。どちらを支持するにしても、言及がないことを根拠とする憶測にすぎず、その結論に何か意味があるわけではない。[13]

認められたのは信仰であって職業ではない

多くの資料から、ローマ軍が異教の宗教にどっぷり浸かっていたことがわかっている。皇帝アウグストゥス（西暦14年に死亡）は軍の宗教を定めた。ローマの兵士は確立されたローマの国家宗教の神々――ユーピテル［ジュピター］、ユーノー、ミネルヴァ、そして軍神マールス――を崇拝した。兵士は毎年、法的意味だけでなく宗教的意味もある誓いの儀式に参加させられた。[14]

ローマ軍の指揮官である百人隊長は、当然、ローマ軍の異教の宗教活動に関わっていたはずだ。だが、イエスもペテロも、百人隊長に異教の活動をやめるようにとは言っていない。だからと言って、イエスとペテロが異教の活動への参加を受容したと結論づけることはできない。どちらのテキストも、異教の神を崇拝することについても、軍隊に参加することについても、何も述べていない。イエスの弟子にとって受容できるかどうかについても、何も語っていない。

百人隊長の話の焦点は、イエスの王国がユダヤ人だけでなく異邦人も含むこと、それどころか国の敵さえも含むという、驚くべき新しい現実にこそあった。百人隊長の信仰を称えたすぐあとでイエスは、神の国はアブラハムの子孫だけではなく、はるかに多くの人びとを含むと話している（マタイ8・10－11）。ペテロとコルネリオのストーリーでもそれは同じだ。異邦人の百人隊長が軍人であるという事実には、それがイエスの王国がすべての人に開かれていることの強調になっている点を除けば、たまたま軍人であったという以上の意味はない。

イエスもペテロも百人隊長の信仰を認めているが、それは兵士という職業を承認したことを意味しない。イエスは徴税人や売春婦の信仰を称えたが（マタイ21・31）、それは彼らが他のユダヤ人よりも神の国を受け入れていたからであって、不当な徴税や売春を肯定したわけではないのと同じことだ。[15]

イエスも新約聖書の他の箇所もローマへの納税を認めたが、その税はローマの軍事費に使われることがわかっていたのだから、イエスも聖書も軍隊を肯定している、と論じる人がいる。だがそれを言うなら、ローマの税金は異教の神の崇拝や剣闘士のイベントにも使われていた。剣闘士は遊技場につめかけた群衆を楽しませるために一方が死ぬまで戦わされた。納税の承認をもって新約聖書が軍事的専門職を肯定しているという議論に立てば、異教の神の崇拝や剣闘士を戦わせることも肯定することになってしまう。[16]

初期のキリスト教の考え

新約聖書以後（かつコンスタンティヌス帝以前）のキリスト教著述家たちも、聖書が兵士の身の振り方に言及していないからといって、イエスや新約聖書の著者たちが職業軍人を正当なものと認めていた証拠にはならない、と考えていた。後述するように（本書第13章の「コンスタンティヌス帝以前の教会」の節を参照）、当時、人を殺すことについて論じたすべてのキリスト教著述家は、クリスチャンは殺してはならないと書いている。クリスチャンがローマ軍に加わることの是非を論じた著者たちは全員、加わるべきではないと言っている。

『使徒伝承』（おそらく2世紀半ばから3世紀前半頃の教会命令）は、キリスト教信仰に興味を持ちバプテスマを受けたいと言ってきたローマの兵士の扱い方を具体的に記している。それによれば、ローマ兵もバプテスマに備えることができた――ただし、決して殺さないと誓うならという条件付きである。バプテスマを受けたクリスチャンが軍隊に入ったら、教会から排除されなければならないとも定められていた。[17]

イエスは鞭を振るって神殿を清めた

四つの福音書はすべて、イエスが神殿で両替商の机をひっくり返し、「宮の庭で売り買いしていた人びと」を追い出したことについて書いている（マタイ21・12、マルコ11・15-17、ルカ19・45-46、ヨハネ2・13-17）。ヨハネだけは、イエスが鞭を――少なくともいけにえの動物を追い出すために――振るったことに触れている（ヨハネ2・15）。

この出来事を、イエスが暴力を振るった事例と位置づけて、イエスが殺してはならないと言ったと論じるのは間違いだと主張する人がいる。確かに、このイエスの行動は、「どう見ても観念論的平和主義者のプロファイルには当てはまらない。むしろ威力的で暴力的でさえある抵抗と言える」[18]。平和主義を、悪に対する純然たる受動性と定義するならば、イエスの行動は平和主義者の行動ではない。

しかしすでに見たように、[19] イエスは繰り返し悪に立ち向かい、挑戦しているが、決して人を傷つけたり殺したりしていない。この宮清めが暴力だとすれば、これがイエスの唯一の暴力ということになる。だが、この件を記録しているどの聖書テキストにも、イエスがだれかを傷つけたり殺したりしたとは書かれていない。のちほど、ヨハネ2章15節で使われているギリシャ語から、イエスが鞭を振るったのは人間に対してではなく動物に対してであったと言えることを説明する。

結論から言えば、イエスの宮清めは、劇的効果をねらった象徴的な行動であって、神殿を強制的に奪おうとするような暴力的試みではなかった。そう考えることには十分な根拠がある。[20] 神殿のそばには二つの武装勢力が控えており、もしイエスが神殿を支配下に置くために暴力に訴えたのなら、ただちに介入してきたはずだ。[21] まず、ユダヤ当局は神殿の警備を管理していた（数日後の夜、イエスを逮捕したのはこの警備隊だ）。さらに、神殿と広い階段で結ばれて隣接するアントニウス要塞には、５００人から６００人のローマ兵が常駐していた。[22] しかも、重要な祭りの期間には兵士が増員されたことがヨセフスの記録でわかっている。何か大きな混乱があれば、この武装勢力の一方または両方が即座に出動したはずだ。実際、イエスの宮清めの数十年後、パウロが神殿で福音を語ったときに勃発した暴動で、そのような出動があった（使徒21・30–32）。

三つの共観福音書のすべてが、イエスは宮清めのあと、何日も逮捕されることなく神殿の庭で教え続けたことを記録している。イエスの行為に祭司長たちが激怒したことは書かれているが（マルコ11・18）、ユダヤ人指導者たちは、イエスを捕まえる法的根拠がないことも認識していた。彼らはイエスを罠にかけて、逮捕につながるような発言を引き出そうと、何度か人を派遣している（マルコ11・27–33、12・13–27、マタイ21・23–27、22・15–32、ルカ20・1–8、20–39）。さらに、イエスの逮捕に向かった代表者たちは、暴力行為でイエスを告訴してはおらず、何の権威によってあのような行為に及んだのかと問い質している（マルコ11・28）。

イエスは何に対して鞭を振るったのか

四つの福音書はすべて、イエスの行為を *ekballō* というギリシャ語の動詞を使って描写している。『新約聖書ギリシャ・英語辞書』によれば、「なにがしかの強制力によって追い出す」または「強要的要素のない派遣」という意味である。[23] この言葉は、イエスが少女の死を嘆いている人びとを家の外に出したとき（マルコ5・40）、収穫のために働き手を送り出してもらいなさいと弟子たちに語ったとき（マタイ9・28）、聖霊がイエスを荒野に送り出して誘惑を体験させたとき（マルコ1・12）などに使われている。必ずしも暴力と結びつく言葉でないことは明らかだ。

ヨハネ2章15節で、イエスが鞭を使ったことを言うのに使われているのがこの言葉なのだ。ギリシャ語テキストの翻訳の中には、イエスが動物だけでなく両替商にも鞭を振るったと示唆するものもある。たとえば、ジェームズ王欽定訳聖書（改訂版）は「彼は羊や雄牛とともに、全員を宮の外に追い出した」と訳している。この訳だと、イエスは羊や雄牛に対してだけでなく、人間にも鞭を振るって追い立てたことになる。だが、ギリシャ語のテキストにはそう書かれていない。[24] イエスは「羊と牛（雄牛）を含むすべての動物を宮から追い出した」という「グッドニュース訳」（ＧＮＴ）が、ギリシャ語の正しい翻訳である[25]［主要な日本語聖書には、人間に鞭を振るったと読める翻訳はない］。

四つの福音書のすべて（特にヨハネの福音書）が、宮清めでイエスがとうてい受動的とはいえない行動に出たことを報告している。彼は動物に鞭を振るっただけなく、両替商のコインを散乱させ、テーブルをひっくり返した（ヨハネ2・15）。だが、彼が人びとにも鞭を使ったかどうかについては何も書かれていない。[26]

イエスの宮清めの目的

いずれの場合も、行動の真意を考えるうえで、イエスの言葉が役に立つ。両替商のテーブルをひっくり返したあとで、イエスは彼らにこう言っている。「『わたしの家は、すべての国の人の祈りの家と呼ばれるべきである』。それなのに、おまえたちはそれを強盗の巣にしてしまった」（マルコ11・17）。この言葉の前半はイザヤ書56章7節からの引用だ。イザヤの言葉は、平和が広まり、異邦人も神の民の一部となる時代を預言したものだ。後半はエレミヤ書7章11節を念頭に置いた言葉である。預言者エレミヤは神殿が強盗の巣窟になってしまったことを非難した。[27]

聖書注解者たちは、この事件は神殿の中庭の外にある、異邦人の庭で起こったと考えている。神殿の中庭には仕切り壁があって、異邦人は、異邦人の庭より先に入ることを禁じられていた。その庭を両替商が商売のために使うという慣行が、イエスの時代の少し前から始まっていたと思われる（巡礼者はそこで、持参したコインを神殿で使えるコインと交換した）。[28]

異邦人のために設けられた神殿の一角を商業利用することを、イエスが、神の国は異邦人のためでもあるという事実を否定する行為と考えたというのは、大いにあり得る話だ。それだけでなく、「大祭司の一族が両替と商売を独占して儲けている不正も告発」しようとしたのだろう。[29]

いずれにせよ、イエスの行動は、容認できない行為に強く否を突きつけるための劇的な預言者的行動だった。だがそれは、神殿を支配するとか、両替商の商売を終わらせるというような効果を狙った、持続的な行動ではなかった。それをめざすなら、イエスは軍勢を引き連れ、暴動を起こさなくてはならない。もちろん、そんなことをしてもローマ兵に即座に制圧されるだろう。イエスの行動が両替商たちを動かしたのは、大衆を動員したからではなく、道徳的権威があったからである。それは短時間の象徴的非暴力行動であって、イエスはそのあと、ふたたび教えを説いている。

ヘイズの次の指摘は正しい。「この事件をエルサレムの宗教的あるいは政治的な権力を掌握するためのクーデターだと言う者はいない。それはむしろ、イスラエルの預言者の伝統に沿った、象徴的な〝街頭演劇（ストリート・シアター）〟の行為であった（たとえばエレミヤ27・1－22）」[30]。このストーリーは、道徳的権威の持つ強制力を示しているのであって、暴力の使用を支持するものではない。まして、この出来事をもって人を殺すことをイエスが容認したなどと言うのは論外である。

イエスは弟子に剣を買わせた

ルカは（ルカだけが）、最後の晩餐ののち、ゲッセマネの園に着く前に、イエスと弟子たちのあいだで交わされた会話を記録している。イエスは、財布も持たせずサンダルも履かさずに弟子たちを遣わした以前の話を持ち出して、こう言った。

――しかし今は、財布のある者はそれを持って行きなさい。袋も同じようにしなさい。剣のない者は服を売ってそれを買いなさい。言っておくが、「その人は犯罪人の一人に数えられた」と書かれていることは、わたしの身に必ず実現する。わたしにかかわることは実現するからである。そこで彼

——らが、「主よ、剣なら、このとおりここに二振りあります」と言うと、イエスは「それでよい」と言われた。（ルカ22・36–38）

この箇所がイエスが平和主義者ではないことの決定的証拠だと主張する人もいる。これから危険な宣教の旅へと赴く弟子たちに、イエスは自己防衛のために剣で武装させようとしている、というのがその根拠だ。イエスは上着（外套）を売ってでも剣を買えとさえ言っている。[31] 弟子たちもイエスの命令を文字通りに理解しているし、剣は二振りあるという返事を聞いたイエスが驚いているとも思えない。「平和主義がイエスたちのルールだったなら、ペテロの武装はまったくの規則違反だ」[32]

しかし、このやりとりを文字通りに理解しようとすると、いくつか不可解な点が残る。イエスが将来の宣教旅行に備えて自衛の準備をさせるつもりだったのなら、2本の剣で十分というのはばかげている。12人の弟子で2本の剣をどうしようというのだろう。

さらに、剣を買いなさいという私たちを戸惑わせる指示のわずか数時間後、ペテロが実際に剣を使ってイエスの逮捕を防ぐために抵抗した際、イエスはペテロを激しく叱責している（ルカ22・50–51、ヨハネ18・10–11参照）。そして、本書4章で見たように、[33] イエスがペテロを非難したのは、自分は使命のために死ななければならないという認識だけでなく、剣を取る者は剣で死ぬという一般的な見解にも基づいている。さらにその数時間後、イエスはピラトに、自分の弟子たちは戦わないと明言している（ヨハネ18・36）。

以上のように、イエスの言動をつぶさに見ると、剣を買わせようとした言葉を、暴力的手段による自己防衛の一般的肯定と受け取ることはできなくなる。[34]

この箇所をどう理解すべきかについて、多くの学者が提示する、信頼できる二つの解釈がある。一つは、特定の狭い文脈で文字通りに解釈しようとするものである。もう一つの解釈は、こちらのほうが一般的だが、イエスの言葉を比喩的なものと見なすものである。どちらの解釈も、イエスが弟子たちに自衛のための武装を望んだと考えない点では一致している。それぞれについて見てみよう。

預言の成就をめざすための剣

弟子たちに剣を買うように命じた直後、イエスは明らかにその説明として、イザヤ書の言葉に言及している。「あなたがたに言うが、『彼は罪人のひとりに数えられた』としるしてあることは、わたしの身に成しとげられねばならない。そうだ、わたしに係わることは成就している」（ルカ22・37）。「罪人のひとりに数えられた」というのはイザヤ書53章12節の引用だが、それは、人びとの罪のために死ぬ非暴力の平和的な苦難のしもべの長い描写の最後の部分である。イエスは自分の召し（コーリング）を、ある程度まで、この箇所に照らして理解していたと思われる。[35]

彼は自分の死を、使命の中心的な部分を占めるものと理解し、自分は十字架で死ぬと何度も預言した。だが、人を十字架につける権限はローマ人にだけあった。そしてローマ人は、彼らの規則を破った人びとを十字架につけた。したがってイエスは、剣を持てばローマ当局が彼を革命家と見なす可能性が高くなることを知っていたはずだ。[36]おそらくそれが理由で、逮捕されるときに弟子たちが剣を持っていることを望んだというのである。

身を守るために12人が２本の剣で武装するというのは愚かに思えるが、革命家という理由をこじつけさせるには十分だったと思われる。こう考えて、イエスは文字通り２本の刀を買い求めさせたと解釈するのである。

激しい迫害の比喩としての剣

しかし、ほとんどの注解者は、剣を買うというイエスの命令は、激しい迫害の時が迫っていることを弟子たちに伝える比喩的手段だったと考えている。イエスは切迫した災厄について弟子たちに警告しようとしたが、弟子たちはその言葉を誤解した。それでイエスは「それでよい」、つまり「理解できないなら話はもう十分だ」と言って会話を打ち切ったというのである。

ジャン・カルヴァンも、弟子たちはイエスを誤解したと考えた。カルヴァンは、イエスが弟子たちに来たるべき霊的戦いについて警告するために「戦争のアナロジー」を使ったと書いている。弟子たちの誤解について、カルヴァンは無遠慮に言っている。「ここにも弟子たちの愚鈍さと恥ずべき無知が表れている。十字架を担うことについて何度も警告され戒められたにもかかわらず、鋼(はがね)の剣で戦うことを考えていたのだ。霊的な敵など考えることのできない愚かな者たちだった」[37]

プレストン・スプリンクルは、聖書のこのテキストについて、評価の高い10人の聖書注解者の解釈を調べた。その多くは平和主義者ではなかったが、9人が、イエスの言葉は比喩的な表現であって、防衛のための武装を呼びかけたものではないと考えていた。[38] ダレル・ボックは、剣を買うというイエスの言葉は象徴的な意味で理解されるべきだと言う。[39] 改革派の注解者ウィリアム・ヘンドリクセンは、「剣という言葉は比喩的に解釈されなければならない」と明言している。[40] 新約聖書学者I・ハワード・マーシャルは、「この言葉は、イエスと弟子たちが経験するであろう敵対者からの圧力の強さを表現する、痛烈な反語(アイロニー)としか思えない」と言っている。[41] ほとんどの解説者は、この箇所で「剣は比喩的な目的で使われている」というヘイズに同意している。[42]

聖書は戦うリーダーを称賛している

ステパノ［貧者の世話をしたエルサレム教会の執事。神を冒瀆した罪に問われて石打ちの刑を受け、キリスト教会最初の殉教者となった］、パウロ、そしてヘブル書の著者は全員、旧約聖書に記されている軍事的に重要な出来事や指導者たちについて肯定的に言及している。

石打の刑に処される前に、イスラエルの歴史を滔々と語ったステパノは、彼らの祖先が「神が追い払ってくれた異邦人の土地を占領」したことを聴衆に思い出させた（使徒7・45）。

パウロは宣教旅行で訪れたピシディアのアンティオキアの会堂で説教し、神が彼らの先祖を選んだ方法について、神は彼らを「強力な力」でエジプトから連れ出し、「カナンの地では七つの民族を滅ぼし、その土地を彼らに相続させてくださった」（使徒13・17－19）と語っている。

そして「信仰者の殿堂」とも呼ばれるヘブル書で、著者は、神への信仰によって生きた旧約聖書の多数の人物の名前を挙げている。そこにはギデオン、サムソン、ダビデなど、「信仰によって国々を征服」した多くの軍事的リーダーが含まれている（ヘブル11・32－34）。

これらのテキストを、新約聖書の著者たちがクリスチャンが戦争で敵を殺すことを正当な行為と考えていた証拠と考える研究者がいる。[43]

しかしそれでは、テキストが語っている以上のことを主張することになる。ヘブル書11章の要点は、すべて神への信仰であり、クリスチャンが戦争で戦うことの正当性ではない。信仰の英雄のリストには、売春婦のラハブ（ヘブル11・31）も含まれているが、売春婦であることが善か悪かについては何も述べられていない。同じことが名前の挙がっている軍事指導者についても言える。すべて称賛されているのは彼らの信仰だ。軍事的リーダーの信仰を称賛することは、敵を殺す暴力を認めていることを意味しない。売春婦の信仰を称賛したからといって、売春を支持したことにならないのと同じことだ。

さらに、ヘブル書は次の12章で、クリスチャンが深刻な迫害にも耐えられるように、見習うべき先達（せんだつ）たちの信仰に言及し、十字架に耐えたキリストに従うべきだと説いている。迫害されたクリスチャンは自己防衛を図るべきであると示唆している箇所は聖書にはない。従うべき模範は「新しい契約の仲介者」（ヘブル12・24）であるキリストであって、「すべての人との平和を追求しなさい」と書かれている（ヘブル12・14）。さらに、クリスチャンは「財産を奪われても、喜んで耐え忍んだ」と書かれている（ヘブル10・34）。

ステパノとパウロはユダヤ人だ。イエスと同様、彼らは、神がアブラハムの子孫を特別な民として選び、神の特別な啓示——イエスのメシアの王国へと至る啓示の歴史——を伝える役割を担わせたと信じていた。そのステパノもパウロも、クリスチャンは殺してもよいかという問いについて、何も語っていない。それだけでなく、イスラエルがカナンの男性、女性、子どもたちを殺したこと[44]をクリスチャンはどう考えるべきかについても、何も語っていない。

ステパノとパウロの説教を根拠に、クリスチャンが戦争に参加することは正当化されていると論じるのは、聖書が言っていないことを読み取ることである。

聖書は戦争のシンボルで信仰を語っている

パウロはクリスチャンに「戦う」ことを奨励している（Ⅱコリント10・3－4）。そして「神のすべての武具」（エペソ6・11）――兜（かぶと）、盾（たて）、剣（同6・14－17）――を身に付けるようにと促している。テモテには「信仰の戦いを立派に戦い抜く」よう勧めた（Ⅰテモテ6・12）[45]。人生が終わろうとするときパウロは、「信仰の戦いを立派に戦い抜いた」と自分の人生をふり返った（Ⅱテモテ4・7）。

クリスチャンの中には、新約聖書が軍事的なシンボルを使っていることは、クリスチャンの戦争への参加が合法であることを示唆していると論じる向きもある。「聖書が、クリスチャンの生活を従軍や戦闘と密接に結びつくシンボルで表現しながら、そのシンボルが物語るリアリティを時や場所にかかわらず間違っていると否定するのは、どうにも理屈が通らない。クリスチャンの生活のさまざまな側面が、酒の売買や悪徳商売から借用したシンボルで語られるなどということは考えられない」[46]

だが実際、パウロは霊に満たされている状態をぶどう酒に酔っている状態にたとえている（エペソ5・18）。イエスも、自分を夜に忍び込む泥棒にたとえて語ったことがあるし（マタイ24・43）、不正な裁判官のたとえを使って神について語ったこともある（ルカ18・1－8）。だが、イエスが窃盗や司法の腐敗を承認しているとはだれも思わないはずだ。

軍事的シンボルを使って信仰を語ったパウロは、簡潔かつ明快に、クリスチャンは世界が戦うような戦いをしないと語っている。「私たちは、肉にあって歩んでいるが［世界の中に生きているが］、肉に従って戦っているのではない。私たちの戦いの武器は、肉のものではない」（Ⅱコリント10・3－4）。そして、クリスチャンが身につけるべき武具について詳しく論じる中でパウロは、「私たちの戦いは、血肉に対するものではなく、支配と権威、暗闇の世界の支配者、天にいる悪の諸霊を相手にするもの」であると言っている（エペソ6・11－12）。クリスチャンは「平和の福音」を履き、「霊の剣、すなわち神の言葉」を取ると書いている（エペソ6・15、17）。

つまり、軍事的メタファーが、軍事行動を正当化するためではなく、暴力とは距離を置いた非暴力の戦いを奨励する文脈の中で使われているのである。軍事的メタファーが使われていることをもって戦争を正当化するのは、文学的表現の解釈を間違っている。

戦争と戦争のうわさは止むことがない

イエスは「戦争と戦争のうわさ」が広がると指摘したうえで、「そういうことは必ず起こるが、まだ世の終わりではない」と付け加えている（マタイ24・6、マルコ13・7、ルカ21・9）。この箇所自体は、主の再臨のときまで戦争がなくならないと言っているわけではないが、人間の利己的な本性によって戦争は続くだろう。この厳しい現実を前にして、クリスチャンは戦争に反対しようなどとするべきではない、と考える人もいるが、その態度は正しいのだろうか？[47]

イエスは、弟子たちがひどい迫害を受け、殉教すると預言している。子どもが両親を裏切り、兄弟が兄弟を裏切るとも言っている（ルカ21・16－17）。だが、そのようなひどい悪に対し、クリスチャンが祈りと行動によって抵抗することに異を唱える人はいない。戦争についても同じことだ。

キリストが帰って来る日まで、利己的な個人や集団は、自分の意思を他者に不当に押しつけようとしつづけるだろう。しかしそれは、非暴力行動によって悪と戦ったところでなんの前進もないという意味でも、無意味だという意味でもない。それが意味しているのは、イエスの新しい王国の平和(シャローム)が地に満ちるまで社会的暴力が続くとしても、私たちはそのときまで、敵を愛せというイエスの命令に従わなくてはならないということである。

イエスは死刑を承認したのか

マタイ15章に、先人の言い伝えを守らないイエスをパリサイ人たちが非難する場面がある。それに対してイエスは、律法の明確な規定を巧妙に骨抜きにしている彼らを非難し、次のように言った。「神は、『父と母を敬え』と言い、『父または母をののしる者は死刑に処せられるべきである』とも言っておられる」（マタイ15・4）。この言葉から、「イエスは明らかに、死刑を定めたモーセの律法を適切と認めている」と主張する人びとがいる。[48]

その見解を検討する際、二つの点が重要である。第一に、ここでイエスは、両親を敬うという律法に意識を向けさせようとしているのであって、両親をののしる子どもを処刑することの妥当性を論評しているのではない。イエスの主眼は、子どもが親に対する金銭的義務を無視してもかまわないという理屈を捻り出した、パリサイ派の人びとのずる賢さを批判することにあった（マタイ15・5－6）。両親を苦しめる子どもを死刑にすることについては、賛成とも反対とも言っていない。

第二に、聖書の別の箇所に、モーセの律法によれば死刑にすべき罪の場面に遭遇したイエスが、明らかに死刑を支持しなかったケースが記されている。姦淫の現場で捕らえられた女性が、パリサイ人の手でイエスのもとに連行されてきた場面である（ヨハネ7・53－8・11）。[49]
イエスが、「あなたたちの中で罪を犯したことのない者が、まずこの女に石を投げなさい」と言ったところ、告発者たちはみな立ち去って行った。イエスはその女性に「だれもあなたを罪に定めなかったのか」とたずねる。女性が「主よ、だれも」と答えると、イエスは「わたしもあなたを罪に定めない」と答えている（同8・10－11）。モーセの律法が明らかに死刑と定めているにもかかわらず、イエスは死刑を推奨していない。[50]

国家が行う戦争と死刑――ローマ書13章

ローマ書13章1－7節は、神はクリスチャンが公正な手続きで定められた政府による殺人に加わることを望んでいると考える人たちが、その論拠として、おそらく最も頻繁に引用する聖書の箇所だろう。

(1)人はみな、上に立つ権威に従うべきです。神によらない権威はなく、存在している権威はすべて、神によって立てられているからです。(2)したがって、権威に反抗する者は、神の定めに逆らうのです。逆らう者は自分の身に裁きを招きます。(3)支配者を恐ろしいと思うのは、良い行いをするときではなく、悪を行うときです。権威を恐ろしいと思いたくなければ、善を行いなさい。そうすれば、権威から称賛されます。(4)彼はあなたに益を与えるための、神のしもべなのです。しかし、もしあなたが悪を行うなら、恐れなければなりません。彼は無意味に剣を帯びてはいないからです。彼は神のしもべであって、悪を行う人には怒りをもって報います。(5)ですから、怒りが恐ろしいからだけでなく、良心のためにも従うべきです。(6)同じ理由で、あなたがたは税金も納めるのです。彼らは神の公僕であり、その務めに専念しているのです。(7)すべての人に対して義務を果たしなさい。税金を納めるべき人には税金を納め、関税を納めるべき人には関税を納め、恐れるべき人を恐れ、敬うべき人を敬いなさい。（ローマ13・1-7）

国家による殺人に加わることの是非

この直前で、パウロはローマの信徒に、マタイの福音書5章が想起されるような言葉で、迫害する者を祝福しなさい、悪をもって悪に報いてはならない、復讐してはならない、と教えている（ローマ12・14-19）。それに続けてパウロは、このローマ書13章で、神は悪を罰するために政府を定めたと言っている。そこで多くの人びとがこの二つの論点を合わせて、クリスチャンは個人生活の領域では決して人を傷つけたり殺したりしてはならないが、公僕としての役割としてであれば、公正な手続きで正当化された殺人に加わることに問題はない、と主張している。[51]

パウロがローマ書12章の直後に13章1-7節の内容を置いたことについては、復讐は神に委ねるべきであるという12章の強い言葉が、政府や政府機関（およびそこで働くクリスチャン）も致死的暴力の行使を控えるべきだという誤解を与えないようにしたかったからだ、という議論がある。旧約聖書も、個人が自分の手で復讐することは非難しているが、統治者が死刑や戦争で人を殺すことは明確に承認している。パウロも同様の区別をして、政府が正当と認めた殺人において、クリスチャンが与えられた役割を果たすのは正しいと言っている、というわけである。

はたしてそうなのだろうか？

「従う」という訳語の問題

今日、ほとんどの学者は、ローマ書12章14節から13章10節までは、一つのまとまった議論だと考えている。[52] また、クリスチャンに復讐を強く禁じる12章が、「イエスのことばを想起させる」内容を含んでいることも広く認識されている。[53]

パウロはクリスチャンに、迫害する者を祝福しなさい(ローマ12・14)、悪をもって悪に報いてはならない(同12・17)と言い、続けて「愛する者たちよ。自分で復讐をしないで、神の怒りに任せなさい。なぜなら、『主が言われる。復讐はわたしのすることである。わたし自身が報復する』と書いてあるからである。むしろ、『あなたの敵が飢えていたら食べさせ、渇いていたら飲ませなさい。……』。悪に負けてはいけない。かえって、善をもって悪に勝ちなさい」(同12・19-21)と言っている。

そして、すぐ次の節で、すべての人は「上に立つ権威に従うべき」だと言っている(同13・1)。これはすべての人に対する奨励だとしても、ローマにいる信徒に宛てた手紙なので、パウロの念頭にあるのはまず彼らのことだ。ここで、パウロが13章の1節と5節で使っている動詞(*hypotassō*(ヒュポタッソー))の意味を正しく理解することが重要となる。

この動詞には、しばしば「従う」[英語聖書ではobey]という訳語が当てられるが適切ではない。新約聖書では、まさに「従う」と訳すのがぴったりのギリシャ語が三つ使われているのだが、ここでパウロが使っているのはそのいずれでもない。[54]

パウロが使っている *hypotassō* は、「支配される」という意味の言葉だ。たとえ支配されていても、間違った命令に従うことを拒むことはできる。初期のクリスチャンたちは、政府が悪を命じたときは、人間の権威に従うのではなく神に従わなければならないと確信していた（使徒４・18–20、５・29）。

パウロは続けて、政府の支配を受けるいくつかの事項を挙げている。それについては政府に反抗しないという意味である。[55] 挙げられているのは税金を払うこと、政府を尊重し、敬意を払うということだ（ローマ13・６–７）。

だが、政府が行う犯罪者の処罰にクリスチャンが加わることの責任については何も述べていない。パウロは、政府が悪を罰することと、神に仕える行為としてそれを行うことを認めている（同13・４）。だが、クリスチャンがそれに加わるべきだとは言っていない。政府についてひとしきり述べたのち、パウロはテーマをすぐ愛に戻し、「愛は隣り人に害をなさない」と言っている（同13・８–10）。

国家はクリスチャンが禁じられていることを行う

ローマ書12章19節と13章４節で使われているギリシャ語に注目すると、政府が行うことは、まさにパウロがクリスチャンに絶対にしてはならないと命じたことそのものだとわかる。

パウロは、すべての人と平和に暮らすことを奨励したあと、12章19節で「自分で復讐（*ekdikountes* エクディクーンテス）せず神の怒り（*orgē* オルゲー）に任せなさい」と言い、「復讐はわたし（神）のすること（*emoi ekdikēsis* エモイ エクディケーシス）、わたしが報復する」と言っている（申命記32章35節の引用）。義なる神が最後の裁きを下すことを知っているクリスチャンは復讐を放棄しなければならない、ということである。

13章４節でパウロは、国家が行うことを挙げているが、そこで使われている言葉が、12章19節で使われている言葉とまったく同じ言葉（クリスチャンがしてはいけないことを説明するのに使った言葉）である。国家は神の代理人として、悪を行う者に「怒りをもって報いる」（*ekdikos e is orgēn* エクディコス エイス オルゲーン）とパウロは言っている。

聖書の翻訳では「復讐」（ローマ12・19）と「怒りをもって報いる」（ローマ13・4）という異なる言葉になっているが、パウロが使ったギリシャ語はどちらも同じだ。つまり、福音派の学者F・F・ブルースが的確な表現で指摘しているように、「国家は、クリスチャンが明示的に禁止されている機能を担っている」のである。[56]

ヨーダーの次の議論には説得力がある。

ローマ書12章19節と13章4節が異なる文章の中にあるのなら、必ずしも相互を参照する必要はないし、一方で復讐が禁止されているとしても、他方でもキリスト者による復讐が禁じられているとは限らない、と解釈することもできるだろう。文脈が違えば同じ言葉が違う意味を持つことはあるからだ。

だが、一つの論理を展開している一つのテキストで同じ言葉が使われている場合は、そうではない。ここでは、神の摂理の下で政府が行う「復讐」あるいは「怒り」と、キリスト者に禁じられた行為は同じものである、というのが最も適切な解釈となる。[57]

福音派の学者ベン・ウィザリントンは、ローマ書13章は、「クリスチャンが軍隊や警察といった政府の活動に参加することについては何も述べていない。……このテキストが論じているのは、異教の支配者たちとその統治権、そして彼らが何らかの目的のために剣を帯びる権利についてだけである。このテキストは、クリスチャンが武器を持つ権利、まして義務については何も語っていない」と結論を述べている。[58] リチャード・ヘイズもこれに同意している。「パウロの手紙の中には、クリスチャンは暴力を使ってもよいという論拠のために引用できる言葉は、ただの一音節も存在しない」[59]

政府の行為のすべてを神が承認するわけではない

ローマ書13章については、もう一つ重要なポイントがある。この箇所は、神は悪を抑えるために政府を使うと明言しているが、政府が行うことのすべてを神が望んでいるとか、承認すると書かれているわけではないということである。

パウロは、すべての統治権は目的達成のために歴史の中で働く神から来るという、ユダヤ人に典型的な理解を受け入れている。しかしそれは、政治的支配者が行うすべてのことを神が望んでいるとか、承認しているという意味ではない。

イエスはピラトに、あなたの力は神から来ているという意味のことを言ったが（ヨハネ19・11）、それはイエスに対するピラトの不当な決断を神が承認しているという意味ではない。

旧約聖書は何度も繰り返し、神は異教の支配者を用いると言っているが（たとえばイザヤ10・5－11、13・3－5）、その神が彼らの行いの一部を明らかに否定している（イザヤ10・12）。[60] パウロも、ローマ当局がクリスチャンを迫害することを神が承認しているとは考えていない。[61]

ローマ書13章には、神が「立てた」統治機関によるすべての行為をパウロが承認しているとは書かれていない。政府が剣を使って復讐することを神が望んでいるとも書かれていない。ここに書かれているのは、政府はそうすることがあるということと、神は悪を抑えるためにそれを使うことがある、ということだけである。

「神が敵を殺したのだからクリスチャンも……」

神は罪人を罰し、そう言ってよければ、最終的には殺すのだから、クリスチャンは殺してはならないという主張は成り立たない、という議論がある。[62] イエスは最後の裁きについて語り、神から永遠に切り離される人がいると教えている。たとえその分離が、神の赦しを拒絶する当人の自由な選択の結果であったとしても、そのような分離が生まれる世界にした最終的責任は神にある。[63] 神は悪を行う人を「殺す」のだから、クリスチャンにも人を殺すべきときがある、というのがこの立場の主張だ。

最終的な裁きと、罪人と神の永遠の決別についての教えが、新約聖書の中に頻繁に出てくることは間違いない。[64] パウロはそれを繰り返し語っている（使徒17・30-31、ローマ2・5-8、IIコリント5・10-11）。[65] それと同じかそれ以上の頻度で、愛の教師であるイエス自身が、神からの永遠の分離について語っている（たとえばマタイ13・41-42、18・8、25・41）。[66] 旧約聖書も新約聖書も「怒らない神」については語っていない、というミロスラフ・ヴォルフは正しい。[67]

罪を罰するのは神であって人間ではない

だが、神が罪人を罰するという事実があるからといって、クリスチャンには殺すことが認められていると言えるのか？

ローマ書12章14-21節には、クリスチャンは復讐してはならず、悪に悪を返してはならないと書かれている。それをするのは神であるとも書かれている。「愛する者たちよ。自分で復讐をしないで、神の怒りに任せなさい。なぜなら、『主が言われる。復讐はわたしのすることである。わたし自身が報復する』と書いてあるからである」（19節）。パウロはクリスチャンに、復讐したり悪をもって悪に報いるのではなく、敵が飢えていたら食べさせ、迫害者を祝福することを命じている。そしてパウロは、クリスチャンがそのように行動できるのは、宇宙の正義の主が最終的には悪に対処してくださることを知っているからだと言っている。[68] つまりパウロは、クリスチャンがしてはならないことを神が代わってしてくださると、はっきり教えているのである。

神と人間は違う。聖書はしばしばクリスチャンに神にならうようにと命じているが、すべてにならえとは言っていない。人間は無から何かを生み出すことはできないし、世界の罪のために死ぬこともできない。ヴォルフが言っているとおり、「人間は神ではないことを覚えておくことは重要だ。人間には神にならうという義務以前になすべき義務がある。それは神になろうとしないこと、神を神とすること、人間を人間とすることである[69]」。

新約聖書には、クリスチャンは復讐する神、殺す神をまねてはならないとはっきり書かれている。それを正しく行えるのは、愛と正義、あわれみと聖さを完全なかたちであわせもつ方だけだからである。だから、神がソドムを破壊したことや、ノアの時代に洪水を起こしたことをイエスが承認しているように見えたとしても、クリスチャンは殺してもかまわないということにはならない。[70] アナニアとサッピラの死についても同じだ（使徒５・１–11）。[71] 聖書には、ペテロが嘘をついた彼らを殺したとは書かれていない。[72] はっきり書かれていないが、明らかに読み取れることは、神が直ちに彼らを罰することを選択したということだ。新約聖書は、全知全能の神が正しく行ういくつかのことについて、クリスチャンには、してはならないと明確に禁じている。

悪を罰する愛の神

神義論［世界に悪が存在することと神の全能・善性は矛盾しないことを弁証する神学］にとっても非暴力にとっても、神が究極的に悪を制圧してくださることが確かに必要だ。

病気、罪、苦しみ、死の存在を前にして、神は全能で全知で完全に善であるとする聖書の神概念は、その正しさの究極的証明を求められている。最後の審判の教義は、人間の悪行の結果は正され、不当に苦しめられた人びとは償われ、現世で裁きを免れた悪人は来世で裁きを受けるという希望を与えてくれる。ほとんどの人は、直感的に、最後の裁きがなければ究極の正義もないことを知っている。[73]

悪と悪をなす者に対する最終的な裁きが保証されていることは、非暴力の重要な基礎だ。

義によって裁く神に身を委ねることができなければ、十字架につけられたメシアに従うことも、罵(ののし)られても罵り返さないことも、ほとんど不可能だろう。歴史の終わりに神の公正な裁きがあるという確信は、歴史の中で暴力を放棄するための前提条件だ。非暴力を実践するためには、神が復讐してくださるという信仰が必要である。[74]

だが、最終的には神から永遠に切り離される人がいるとしても、それは神がその人を、永遠の罰を意識しつづける状態にとめ置くということではない。私には、神からの永遠の分離とは、神が私たちの自由を何よりも真剣に受けとめるがゆえに、神の愛の赦しの申し出を拒む者に対して、当人の存在が潰える最後のときまで拒み続ける自由を、深い悲しみとともに容認してくださることだと思えてならない[75]。愛を強制することは、愛の神がすることではない。神から永遠に切り離される人がいるとすれば、それはその人が「十字架につけられたメシアが両手を広げて迎えてくれているのに、それでもそれを最後まで拒んだからなのである[76]」。

黙示録の暴力的イメージ

19世紀の有名な無神論者フリードリヒ・ニーチェは、聖書の最後の書［ヨハネの黙示録］を「記録されているあらゆる歴史の中で、最も凶暴な復讐心の噴出」と呼んだ[77]。ニーチェの見解の一部に同意する現代の新約聖書学者もいる[78]。

ヨハネの黙示録に暴力的なイメージがあることには疑問の余地がない。イエスは白馬にまたがり、燃え盛る炎のような目で、反キリストに従う者たちに戦いを挑む。「この方の口からは、鋭い剣が出ている。諸国の民をそれで打ち倒すのである。また、自ら鉄の杖で彼らを治める。この方はぶどう酒の搾り桶を踏むが、これには全能者である神の激しい怒りが込められている」（黙示録19・11－15）。イエスと戦うために地上の王たちとその軍勢が集まるが、「馬に乗っている方の口から出ている剣で殺され、すべての鳥は、彼らの肉を飽きるほど食べた」（同19・19－21[79]）

黙示録はクリスチャンが暴力を行使することを支持している、と論じるクリスチャンもいる[80]。人気のある福音派の牧師マーク・ドリスコルは、黙示録に描かれているイエスについて、「脚にタトゥー、手に剣を持って、だれかを血祭りにしようとしている賞金目当ての格闘家」のようだと述べた。[81] しかし、このような見方は、力強い不思議なイメージに満ちた希有な書が伝えている多くのことを無視している。

黙示録の歴史的背景

現代の学者たちは、黙示録はおそらく皇帝ドミティアヌスの治世(西暦81-96年頃)に書かれたと考えている。特に小アジア(黙示録に登場する七つの教会の所在地)では、この時期に皇帝崇拝が盛んになり、クリスチャンは迫害の危機に直面していた。[82]

「バビロン」は、搾取的で抑圧的なローマ帝国の象徴的な名前である。[83]「聖なる者たちの血と、イエスの証人たちの血に酔いしれている」みだらな女(売春婦)たちはローマを象徴している(黙示録17・6)。この女たちを乗せた獣には七つの頭があり、「七つの頭とは、この女が座っている七つの丘のことである」(同17・9)。古代の文献によるとローマは七つの丘の上に建てられており、「七つの丘」がローマの街を意味していることは明らかである。[84]

黙示録の中心的なメッセージは、キリストはいまや「王の王、主の主」(同19・16)であり、最後にはすべての悪を征服するのだから、クリスチャンはたとえ殉教することになってもキリストに忠実であり続けなくてはならない(同2・10)、ということである。

黙示録の中心にいる「屠られた子羊」

黙示録の中心にはイエスがいる。そして、イエスについての最も重要な声明は、彼は「屠(ほふ)られた子羊」であるというものだ。

キリストのそのイメージは、黙示録に28回現れる。[85] 最初は5章で、七つの封印で封じられた巻物を開ける者がだれもいないことを嘆くヨハネに、長老の一人が言う。「泣くな。見よ。ユダ族から出た獅子、ダビデのひこばえ［若芽］が勝利を得たので……その巻物を開くことができる」（黙示録5・5）。ユダの部族のライオンを形容する表現は、征服する軍事的メシアに対する多くのユダヤ人の期待を反映している。ところが、現れたライオンは「屠られたような子羊」だった（同5・6）。

ヨハネは、この屠られた子羊が神の玉座に座っていると書いている。玉座のまわりに立つ24人の長老たちは、子羊が封印を開くのにふさわしい方だと歌う。なぜならその方は「屠られて、あらゆる種族と言葉の違う民、あらゆる民族と国民の中から、ご自分の血で、神のために人びとを贖われ」たからだ（同5・9）。

黙示録のいたるところで、イエスは「屠られた子羊」と表現されている。この言葉で、黙示録は軍事的メシアという考えを否定し、メシアは苦しむ愛で悪を征服すると説明しているのだ。

メッセージは明らかだ。神はいま、キリストの十字架を通して世界と対峙している。イエスはいま、屠られた子羊として、十字架によってローマを征服した。同じ明らかさで、黙示録は、クリスチャンは戦うことによってではなく、苦しむことでサタンに打ち勝つと言っている。

「兄弟たちは、子羊の血と自分たちの証しの言葉とで、彼に打ち勝った。彼らは、死に至るまで命を惜しまなかった」（黙示録12・11）。クリスチャンは、キリストがそうしたように、死ぬことによって征服する（同2・10－11）。「勝利は武力の戦いによってではなく、殉教にも耐えるほど自分の人生を愛することを拒否し、イエスの犠牲にふさわしい人生を歩むことによって得られるのだ」[86]

剣を取る者は剣で滅びる

黙示録13章10節は、イエスが逮捕されるときに剣を抜いたペテロを叱ってイエスが言った言葉を反映しているようだ。

13章でヨハネは、獣がどんな攻撃を神の民に仕掛けてくるかを説明している。その途中でヨハネは、自分が見た光景（ビジョン）の説明を中断して、クリスチャンに向けて意味が明らかな言葉を挿入している。「耳のある者は、聞くがよい。虜（とりこ）になるべき者は虜になっていく。剣で殺す者は、自らも剣で殺されねばならない」（黙示録13・9－10）

10節については、異なる翻訳も多い。新国際訳聖書（NIV）は「だれであれ剣で殺される定めの者は、剣で殺される」と読んでいる。そのように訳せる写本も残っているが、初期のギリシャ語写本のほとんどには、「剣で殺す者は、自らも剣で殺されねばならない」と書かれている。[87] 有力と思われるほうの読み方は、マタイ26章52節（「剣を取る者はみな、剣で滅びる」）とよく似ている。

したがって黙示録13章10節の意味として可能性があるのは、クリスチャンは獣の攻撃から身を守るために剣を使うべきではないということだ。

苦しみが終わることを願う殉教のクリスチャンが黙示録に描かれているのは事実だ。彼らは「真実で聖なる主よ、いつまで裁きを行わず、地に住む者に私たちの血の復讐をなさらないのですか」と叫んでいる（黙示録6・10）。[88] この言葉は、最後には神が悪を裁くという、新約聖書の随所にある教えを思い起こさせる。しかし、ローマ書12章19節、テサロニケ書第二1章6－8節、ペテロの手紙第一2章23節によれば、復讐をするのは神であって人間ではない。

象徴的イメージを恣意的に解釈すべきではない

黙示録は、イエスも教えていること、すなわち最後の裁きについて明確に教えている（20・11-15）。その最後の審判の前に、子羊キリストはすべての悪を力強く征服する。その戦いを描くために使われているイメージのいくつかは暴力的だ。しかし、おそらくその言葉を文字通りに読むべきではない。黙示録は、鮮烈なシンボルを使って基本的な真理を表す黙示文学だ。[89] 汲みとるべき本質的な真理は、神は最後にはすべての悪を征服するということなのである。

黙示録の本文にさえ、現実は暴力的なイメージと異なることを示唆する箇所がある。最後の戦いで、キリストは白い軍馬に乗ってやってくる。ところが彼の衣（ころも）はまだ戦闘が始まらないうちから血に染まっている！　これは、ほぼ間違いなく、キリストが死によって勝利したカルバリの十字架への言及だ。[90]

そしてキリストは、彼の口から出ている鋭い剣で敵を打ち倒すと書かれている（黙示録19・15）。そのことから、キリストの戦いの武器は神の言葉であると考える注解者もいる。[91]

そしてキリストはサタンと諸国民との最後の戦いに臨む。その戦いについては、「天から火が下って来て、彼らを焼き尽くした」とだけ書かれている（同20・9）。軍勢による激しい戦闘の模様は描かれていない。核心は、神がついに悪を征服するということにある。私たちは、象徴的なイメージを解読して、最後の戦いの詳細をあれこれ論じるべきではない。[92]

人間は最後の戦いに参加しない

さらにもっと重要なのは、黙示録のどこにも、聖人たちがこの最後の戦いで戦うとは書かれていないことだ。白い馬に乗ってキリストに従う「天の軍勢」(同19・14)は人間ではない[93]。黙示録は繰り返し、聖徒たちは死に至るまで苦しむと書いているが、彼らが反撃するとは書いていない。黙示録13章10節は、彼らに剣を使うなと告げている。悪に対する最後の戦いにさえ人間は参加しないのだ。
最後の時に復讐するのは、それまでの歴史においてと同様、神であって神の民ではない。ヴォルフが言うように、「神と神ならざる存在の根本的相違をはっきり示すために、聖書の伝統は、神だけが行うことがあると主張する。その一つが暴力の行使なのである[94]」。
ヘイズの次の指摘は正しい。

屠られた子羊を賛美と崇拝の対象とする著作を、暴力と強制の正当化のために使うことなどできない。邪悪な者に対する神の究極の審判は、確かに容赦がない。『地を滅ぼす者どもは滅ぼされる』(黙示録11・18)。……だが、それはすべて神の手に委ねられているのであって、人間の軍事的行動について何かを語るものではない[95]。

昔もいまも、本章で論じた聖書のテキストや出来事を引き合いに出して、新約聖書はクリスチャンにも殺して然るべきときがあることを認めていると考える人びとがいる。だが、その論拠は薄弱で、自説に都合のよい解釈が多く、説得力はない。本章で取り上げたさまざまな箇所を注意深く調べれば、新約聖書が一貫して、クリスチャンは決して殺してはならないと教えていることがわかるだろう。

第7章　平和主義の神学的基礎

平和と正義のためなら、クリスチャンも人を殺すべきときがあるのか？――この問いに関連する神学上の重要な問題がある。イエスとはだれか？　イエスの復活がなぜ重要なのか？　メシアの王国はすでに到来したがまだ完成していない、ということの意味は何か？　教会がなぜ重要なのか？　確かにイエスが非暴力の倫理を奨励したとして、それは教会だけのためなのか、すべての人に対するものなのか？あるいは、もっと限定された、教会の中でも一部の者だけのためなのか？

イエスとはだれか

ジョン・ハワード・ヨーダーは、その有名な著書『イエスの政治』の冒頭近くで、次の問いを投げかけている。「もしイエスが規範となるべき存在でないなら、受肉の意味は何なのか。もしイエスが単なる人であって規範ではないなら、それは古代のエビオン派の異端ではないのか。あるいは、イエスが何らかの権威を持つとしても、人間であるという性質によらないのであれば、それは新手のグノーシス主義

「物質と霊の二元論を特徴とする宗教思想」ではないのか」[1]

　異端とみなされる初期のエビオン派は、イエスは真に人間だが完全には神ではないと主張した。真の神ではなく、多くの人の中の一人ということなら、イエスには、自分の教えがすべての人にとっての規範であると考える権利はない。やはり異端とされるグノーシスは、イエスは真の神だが完全な人間ではないと教えた。ならば、イエスの人としての命は、クリスチャンにとって規範となるほど重要ではないことになる。

　古典的なキリスト教の信条――イエスは真の神であり、真の人間である――が正しいなら、受肉した神の子はクリスチャンにとって規範でなければならない。クリスチャンは、イエスは罪のない人生を送ったと信じている。彼が完全に人間で、完全に神であるなら、彼の罪のない人生は、人間はいかに生きるべきかについての神の啓示にほかならない。もちろん、イエスの人生のあらゆる側面をまねなくてはならないわけではないが（たとえば独身であることや、パレスチナのユダヤ人であることなど）、人はいかに生きるべきかについてのイエスの教えは、神が人間に望む生き方を明らかに示している。

　もしイエスが真の神でないとしたら、当然、彼の教えに立脚した非暴力の理論は根拠薄弱になる。

「イエス・キリストが、歴史的キリスト教が告白してきたとおりの存在でないとすれば、真の人として現れた神の性質の啓示でないとすれば、平和主義を支えている議論は崩れ去る」[2]

　だが、イエスは真に神であり真に人間であるという古典的で正統的な理解に立つなら、クリスチャンにはイエスの命令に従うことが求められている。そして、そこには敵を愛するという教えも含まれる。もし従わないなら、イエスは自分が何を言っているかがわかっていなかった――間違った理解に基づいて教えていた――と言っているのに等しく、イエスが神であることを否定したことになる。

それが私には、ラインホールド・ニーバーが行ったことの本質のように思える［67、88ページ参照］。彼は、イエスの倫理はあらゆる悪に対して純粋かつ完全に受動的な無抵抗を説いており、「絶対かつ妥協をゆるさない倫理」だと考えた。「『いかなる悪にも抵抗してはならない』、『汝の敵を愛せ』……これらは妥協の余地のない絶対的な命令である」。ある意味、ニーバーはイエスの倫理は最終的な規範だと認めたうえで、しかしそれは「罪深い世界の中で正義を担保するという課題に、ただちに適用できるものではない」と論じているのである。[3]

愛を説くイエスの教えは、社会正義のための社会倫理を発展させようとしている人を「当惑させる」。イエスの「純粋な無抵抗の倫理は、いかなる政治的状況に対しても即座の有効性を持たない」[4]。要するに、イエスの倫理は現実世界では役に立たないと言っている。これでは、責任あるクリスチャンはイエスが説く愛の倫理を生きようとすべきではない、ということになってしまう。[5]

しかし、そんな結論は、イエスは真の神であると同時に真の人であるという信条を保持する者には、受け入れることができない。昔からの信条が正しいなら、正統なクリスチャンはイエスが弟子たちに教えた通りに生きようと努めるべきだ。そうしないなら、それは神学的に異端だと言える。

もっとも、クリスチャンにも殺すべきときがあるという主張のすべてが、この神学的な誤りを含んでいるわけではない。すでに見たように、イエスは真の神であると同時に真の人であると信じるクリスチャンの中にも、イエスは殺してはならないとは教えていないと主張する人は多い。

そう考える人は、イエスが教えたのは、敵を愛するという命令は個人的領域で適用すべき倫理であって、兵士となったクリスチャンの公的側面には適用されない、と主張する。神学的異端に陥ることなくそう論じることはできるが、すでに述べたように、その解釈はイエスの教えを根本的に誤解していると私は考える。[6] 正統的キリスト論を信じるなら、イエスが実際に教えたことを無視はできない。

もし彼が真に神であり真に人であるなら、彼の教えは真実であり規範である。イエスが弟子たちに敵を愛し、だれをも殺すなと言ったのなら、クリスチャンはその教えに従い、そのように生きようとすべきである。このように、イエスはだれであるかを明確にすることが、クリスチャンは殺してもよいのかという問いを考えるときの出発点となる。

もしイエスが復活していなかったら

敵を愛せと教えたイエスは、十字架につけられた。目には目をという律法の原則を破棄することを命じたイエスは、卑劣で痛ましい十字架刑で死に追いやられた。自分は待ち望まれていたメシアであると主張し、自分と自分のわざを通して神の国が歴史に突入したと宣言しながら、もし復活しなかったなら、イエスの主張が偽りであったことを死が証明したはずだ。

イエスの時代のユダヤ人のあいだでは、メシアを自称しながら死んでしまった人間は、単なる失敗者ではなく、ペテン師とみなされた。ユダヤ教は、異教徒と戦って死んだ殉教者を称えたが、N・T・ライトが指摘するように、「失敗してもなお尊敬されているメシアというカテゴリーは存在しない。ヤハウェのための戦いで異教徒に勝利できず、異教徒によって殺されたメシアは詐欺師とみなされた」[7]。

だが、ローマ当局がイエスを「ユダヤ人の王」を僭称（せんしょう）した罪で十字架につけたのちも、弟子たちはイエスをメシアと呼び続けた。それは、イエスの墓が空になっているのを見、復活したイエスと出会ったからだ。落胆していた弟子たちが、イエスが告げたメシアの王国が本当に到来したと確信したのは、復活があったからだ。それゆえ彼らは、すべての国の民を弟子とし、イエスの教えのすべてに従うことを教えるための旅に出ることができたのだ。[8]

敵を愛せという呼びかけは、イエスが墓の中で朽ちたのではただの戯言だ。空になった墓、よみがえった十字架の主こそ、イエスに従う者は殺すことを拒絶すべきであるという主張の、必須かつ中心的な根拠なのだ。[9]「イエスが三日目に死からよみがえったとき、神は世界に、悪と暴力は最終的な力を失ったと宣言した。復活は、暴力に対する愛の神の究極の勝利の証明であった」[10]。「敵を愛する非暴力の共同体の正当性が復活によって証明されない限り、新約聖書に何が書かれていても意味がない」[11]

イエスの復活の終末論的意味

しかし、復活は決して、非暴力行動が即座に成功することを保証するものではない。時代を超えて、ステパノから始まって敵を愛した多くのクリスチャンが殉教した。彼らは殺され、死んだままだ。「十字架刑に処されても、結局必ず復活できるのだから安心していられるという話ではない」[12]

したがって、イエスの復活の終末論的な含意を理解できたとき、非暴力は初めて強固な基盤を獲得することができる。

新約聖書には、復活の時にイエスに起こったことは、イエスが再び来られるときに、イエスを信じるすべての者に起こると書かれている（ローマ６・５、Ｉコリント15・20－23、ピリピ３・21）。そのとき、うめき声をあげて苦しんでいる被造物も完全に回復する（ローマ８・18－23）。新約聖書には、キリストがすべての悪を滅ぼし、死そのものさえ廃し、あまねく平和が行きわたるという輝かしい終末論的未来が描かれている（黙示録21－22章）。その終末論的確証――「子羊が最後に世界を統べ治めると知ること」――が、非暴力の道は「愚か者の知恵ではない」ことを示している。[13] 復活について述べた長い章の最後で、パウロは、栄光に満ちた希望の基礎はイエスの復活だと述べている（Ⅰコリント15章）。また、クリスチャンは歴史の行き着く先を知っているので、自分が死ぬことになっても敵を殺すことを拒否する。彼らは復活したキリストが最終的に勝つことを知っているのである。

コリント書第一15章の最後の一節は、クリスチャンは、最後の時に復活するという保証のもとにいまを生き始めなさい、と明確に述べている。「ですから、私の愛する兄弟たち。堅く立って、動かされることなく、いつも主のわざに励みなさい。あなたがたは、自分たちの労苦が主にあって無駄でないことを知っているのですから」（Ⅰコリント15・58）。イエスの復活は、メシアの国の到来と、それがキリストの再臨のときに完成することだけでなく、キリストに従って生きる私たちの働きが無駄ではないことを保証しているのである。

N・T・ライトがこの真実を見事に捉えている。「公正と喜びと希望に満ちた神の新しい世界が、イースターの朝にイエスが墓から出てきたときに始まった。そのイエスが私たちを招き、イエスのうちにとどまり、イエスの霊の力によって、いまここで新しい創造の民となるよう促している。……イエスの復活と聖霊の賜物（たまもの）によって、私たちは、神の新たな創造の確かで効果的なしるしを、この時代のただ中に生み出すよう召されたのだ[14]」

しかし、悪しき敵が徘徊して破壊を続けているこの中間の時代にあっても、イエスが私たちに求める生き方の中には、敵を殺すのではなく愛するということが含まれるのだろうか？　この問いは、クリスチャンの考えを大きく二分する。

神の国の「すでに」と「いまだ」

クリスチャンの平和主義者とクリスチャンの正戦支持者の最も重要な違いの一つは、キリストの王国が「すでに始まっているがまだ完成していない」ことがどういう意味を持つか、という点での見解だ。

平和主義と正戦思想の違いが表れるところ

リサ・ケーヒルは、「平和主義と正戦思想の違いが、唯一ではないとしても最も特徴的に表れているのは、実際のところ神の国は人間の生活の中にどのように存在しているのか、神の恵みによってどのくらい手が届くところにあるのか、という点での見解の相違である」と述べている。[15] 彼女はまた、「受容できる暴力的行為のレベルは、神の国が現実の歴史とどの程度離れているか、終末において成就される理想とどの程度離れているかという認識に左右される」とも述べている。[16]

これまでキリスト者は、神の国はまだ到来していないのだから、クリスチャンには殺すべきときもある、という主張をさまざまな方法で展開してきた。

古典的なディスペンセーション神学は、イエスは確かにメシアの王国を宣言したが、ユダヤ人がそのメッセージを拒絶したために、メシアの王国の到来は――イエスが教えた倫理とともに――千年紀まで先延ばしになった、と考える。したがって、敵を愛せというイエスの教えは、現在の「教会時代」に生きる今日のクリスチャンにとっては意味がないことになる。だが幸いなことに現在では、この立場の学者たちも、イエスの王国はすでに始まっているという認識に至っている。

20世紀、アルベルト・シュヴァイツァーと彼に続く多くの学者は、イエスが理解していた神の国の前提には、時空間の歴史がすぐにも終わるという認識があったと考えた。[17] イエスの急進的な倫理は、終わりの時までの短い期間であればこその暫定的な倫理だったというのである。しかし、歴史はいまも続いているので、イエスの倫理はクリスチャンにとっての規範ではないことになる。[18]

キリスト教平和主義に対するニーバーの批判は、キリストの王国の到来についてのこの疑問に結びついている。ニーバーは、リベラルな神学に立つ平和主義者を、人間の罪についての理解が不十分であるとして批判しているが、その点については確かにそのとおりだ。愛の対応を呼びかける彼らの思想は、人間の罪深さを見落としており、いささか安易である。

しかし、ニーバーがイエスの復活を無視し、キリスト者がイエスの王国に生きることと復活の関係をほぼ捨象したことも事実だ。「キリスト教平和主義者は人間の罪深さについての認識が甘いというなら、復活の力に対するニーバーの確信も不十分だ[19]」。イエスが死から復活したとすれば、最低でも私たちは、敵を愛するとはいかに生きることなのかを問わなくてはならない。

「暫定期間の倫理」という考え方

しかし最近では、平和と正義を守るためにはクリスチャンにも殺すべきときがあると主張する人びとも、イエスのメシアの国はすでに始まっていると認めている。いくつか重要な点で、クリスチャンはいまやその新しい王国に住んでいる。しかし、悪と不正の旧(ふる)い時代は依然として強い力を持っており、明らかに、神の国はまだ完全には実現していない。それはキリストの再臨のときにのみ起こる。そして、この「すでに」と「いまだ」のあいだの暫定期間にあっては、クリスチャンも致死的な武力を使うべきときがある、というのがその主張である。

広く共有されているこの論理は、１９８３年に米国のカトリック司教団が発表した有名な司牧教書『平和の挑戦』にはっきりと表れている。司教たちは、「アウグスティヌスは歴史における罪の事実とその結果――すなわち神の国が〃いまだ〃完成していないという側面――に驚愕した」と指摘し[20]、こう述べている。「クリスチャンは、神の国のビジョンと歴史におけるその具体的な実現とのあいだの緊張を生き抜くことが求められている。しばしば『すでにあるが、いまだ来たらず』と表現される緊張である。それは、私たちはすでに神の国の恵みの中に生きているが、それはまだ完成された国ではないという意味である[21]」。それゆえ、クリスチャンは正戦の伝統に立ち、ときには戦争に加わる決断をしなくてはならない、と司教たちは結論づけた。多くのクリスチャンがこの司教団の見解に賛同している[22]。

「すでに」に立脚する平和主義

それに対し、イエスを信じる者は殺すべきではないと考えるクリスチャンは、通常、キリストの王国が力強く幕を開けたという事実を強調する。それゆえ、クリスチャンはいま、聖霊の助けによってイエスが教えた根源的な倫理を生きるべきだし、生きることができると主張する[23]。

スタンリー・ハワーワスは、王国がまだ不完全だからクリスチャンは戦争しなくてはならないこともあるというカトリック司教団の主張を否定して、次のように述べた[24]。「（イエスの生涯が）赦しと平和を生きることは不可能な理想ではなく、いま現に存在する機会であることを示している。……神の国のリアリティや、敵を赦して平和に生きられるという可能性は、ナザレのイエスの生涯と働きを通して神の国が現実になったという確信に基づいている[25]」

N・T・ライトは、イエスが伝えた福音についてこう述べている。「神の国が天と同じように地でも始まったというストーリーだ。悪の力が圧倒的に打ち負かされ、新しい創造が決定的に開始され、新しい状況が生み出されたというストーリーである。その勝利と新しく発足した世界を実現するためにイエスの弟子たちが整えられ、権限を与えられたというストーリーである」[26]。まさにそのとおりだ。彼は続けて、「キリスト教倫理とは、新しい創造を讃え、具現化するライフスタイルである」と述べている[27]。

正戦の擁護者は、ライトの見解を大筋で受け入れても、どんなときでも殺すことは間違っているという主張は否定するのかもしれない。結局のところ、平和と正義の完全な王国がまだ実現していないことは痛いほど明白なのだから。暴力的な現実の世界を見わたせば、そのことはわかる。その王国が完全なかたちで完成するまで、クリスチャンも致死的な暴力を用いなければならないことがある、というのが正戦論者の結論である。

イエスの命令を保留すべきでない理由

神の国の「すでに」と「いまだ」をめぐる見解の相違に決着をつける方法はあるのだろうか？　新約聖書はそれについて何を語っているのだろう？　いくつか重要な点を指摘しておきたい。

イエスは「いま」従うことを求めている

第一に、神の国は地上ではまだ完成していないと明確に教えているイエス自身が、王国が完全になるまで自分の教えに従うことを延期しなさいなどとは言っていない。敵を愛せと教えたまさにその箇所で、イエスは「あなたがたの天の父が完全であられるように、あなたがたも完全な者となりなさい」という言葉で教えを締めくくっている（マタイ５・48）。その少しあとでは、イエスの言葉を聞いてそれを行う人は岩の上に家を建てた賢い人のようだと言っている（同７・24）。

イエスは離婚を容認するモーセの律法を否定して、神の創造の意図に戻るべきだと主張したが、そのときも、残念ながら古い時代の影響がまだ残っているので、離婚も場合によっては認めてもよい、などとは言わなかった。誘惑に負けて姦淫の罪を犯すぐらいなら、目をくり抜いて捨ててしまえとまで過激なことを言っている（同５・29－30）。

イエスは、ときどき古い時代のなごりが現れるので、たまに嘘をつくのも仕方ないなどとは言わず、誠実を貫くために、誓うべきではなく、誓う必要もないと主張した（マタイ５・33－37）。弟子たちには、自分が生きたように生きよと繰り返し要求した。「だれでもわたしに従って来たければ、自分を捨て、自分の十字架を負って、わたしに従って来なさい」（マルコ８・34）。「だれでもわたしを愛する人は、わたしのことばを守る」（ヨハネ14・23）。そして天に引き上げられるとき、弟子たちに、すべての人びとを弟子として「わたしがあなたがたに命じておいた、すべてのことを守るように教えなさい」と命じている（マタイ28・20）。

王国が完成するまでその倫理に従うことを保留するという発想は、どの言葉からも導き出せきない。

イエスの命令は場所を問わない

第二に、すでに見たように、新約聖書はクリスチャンに対し、イエスが十字架で示した犠牲的な愛を、家庭でも、教会でも、そして社会でもまねるよう呼びかけている。[28]

ペテロの手紙第一は、奴隷に対し、不正義の世界にあってもイエスが十字架上で示した報復しない愛をまねるように教えている（Ⅰペテロ2・18－23）。イエスの言葉を響かせながらパウロは、不正に直面しているローマのクリスチャンに、悪に悪を返すのではなく、飢えた敵に食べ物を与えることさえ求めている（ローマ12・17－20）。世界に正義が確立するまで、イエスの教えを棚上げするのもやむを得ない、などと読める箇所はどこにもない。

イエスの倫理に妥協はない

第三に、新約聖書のあらゆる箇所が、イエスの新しいメシアの共同体に高い倫理規準を求めている。[29]パウロは姦通者、泥棒、そして貪欲な者は神の国を嗣げないと語っている。[30]キリストを信じる前のコリント人の中にはそのような人がいたが、いまでは彼らは「洗われ」、「聖められ」て、まったく違う人になっていると認めている（Ⅰコリント6・11）。神の国が完全に到来するまでは罪を犯してもかまわないなどという説を聞けば、パウロはあきれかえるだろう（ローマ6・1－2）。

クリスチャンは倫理的に生活できるとパウロが確信し、それを要請した背景には、キリストに対する信仰が彼らの生き方を根底から変えたという事実がある。クリスチャンはバプテスマを受けることで古い命［罪に傾く性質］をキリストとともに葬り、キリストとともに新しい命に生きる（ローマ6・4）。クリスチャンは人生を罪に支配させてはならない、なぜならすでに「罪から解放された」のだから（同6・12、18）。「聖霊に従って歩むなら、律法に従うことができるのです。もはや古い罪の性質の言いなりになることはありません」（同8・4）［リビングバイブル訳］。

パウロはコリント人たちに、「キリストと結ばれる人はだれでも、新しく創造された者なのです」

と語っている（Ⅱコリント５・17）。キリストはメシアであり、彼のメシアの王国は始まっている。クリスチャンはすでにキリストが告げた新しいメシアの王国に住んでいる。だから彼らは、根本的に新しくされた人生を生きることができるし、生きなければならない。

ローマ書13章11‐14節には、罪深い行為を拒絶する終末論的な理由が明確に述べられている。クリスチャンは罪を犯すべきではない、なぜなら「私たちが信仰に入ったころよりも、救いは近づいているからです」（ローマ13・11）。王国はすでに始まっており、まもなく完成するので、クリスチャンは「主イエス・キリストを身にまといなさい。欲望を満足させようとして、肉に心を用いてはなりません」（同13・14）。

間違いなくパウロは、二千年後の私たちよりも、王国の完成までの時間が短いと予想していたようだ。だとしても、パウロの時代も現在も考え方は同じだ。神の国は神の時間の中で始まり、必ず完成するのだから、クリスチャンはいま、新しいメシアの国の価値観に従って生きるのである。

おそらく、エペソ書やヨハネ第一の手紙ほど、純粋な信仰が個人の倫理に根源的変革をもたらすことを鋭く述べている箇所はないだろう。

「私たちは皆、神の子に対する信仰と知識において一つのものとなり、成熟した人間になり、キリストの満ちあふれる豊かさになるまで成長するのです」（エペソ４・13）。なんと高い規準だろう！　クリスチャンは「異邦人と同じように歩んではなりません」（同４・17）。クリスチャンは、「私たちのために（自身を）神に献げてくださった」キリストをまねなくてはならない（同５・２）。

ヨハネ第一の手紙も同様に直言している。「私たちは、神の掟を守るなら、それによって、神を知っていることが分かります。『神を知っている』と言いながら、神の掟を守らない者は、偽り者で、その人の内には真理はありません」（Iヨハネ2・3－4）。

これらを、世界はまだ不道徳で悪質な場所なので、イエスの弟子もたまにはイエスの命令に従わないという選択肢もある、と読むことはできない。

この世とは違う生き方が求められている

最後に、新約聖書には、クリスチャンはこの世とは違う生き方をするべきだと書かれている。イエスは弟子たちに、世界はイエスを憎むのと同じように、弟子たちを憎むと警告している。「世があなたがたを憎むなら、あなたがたを憎む前にわたしを憎んでいたことを覚えなさい」（ヨハネ15・18）。

ペテロは、この世の邪悪な慣行を捨てたクリスチャンに、「旅人であり寄留者」であるあなたがた、と呼びかけている（Iペテロ2・11）。クリスチャンは、神の国が「この終わりの時代」に明らかにされたことをわきまえて、「寄留者」として生きるべきである（同1・17－20）。

パウロはローマ人に宛てた手紙で、話題をクリスチャンの生き方に転じるとき、世界に取り込まれてはならないという毅然とした呼びかけから始めている。「この世と妥協してはならない。むしろ、心を新たにすることによって、造り変えられ」るべきである（ローマ12・2）。[31]

コロサイ書2章15節には、世界の社会・経済・政治・文化の構造さえ、いくらかは改善されることを望める理由が書かれている。パウロはしばしば「支配と権威」について語っているが、パウロの理解において、それは堕落した天使のような存在であり、世界の社会・経済・政治・文化の構造に働きかけて不公正と暴力と破壊をもたらしている力である。しかしパウロは、キリストが十字架でこれらの諸力を武装解除したと書いている。[32]「そして、もろもろの支配と権威の武装を解除し、キリストの勝利の列に

従えて、公然とさらしものになさいました」（コロサイ2・15）
　もちろんパウロは、悪の力はまだ完全には敗退していないことを知っている。しかし、彼らは十字架によって何らかの武装解除をされたので、十字架のこちら側（キリストの王国がすでに力強く立ち上がった世界）では、社会をいくらかでも完全な状態に近づけることができる（完成するのはキリストの再臨の時）。王国が始まり、地上の支配と権威が武装解除されたいま、世界の暴力を減らすことが可能となったのである。

　神の国がまだ完全には実現していないことを理由に、イエスの命令が一時的に保留にされることがあってよいのか、あるいは保留すべきなのかという問いについて、この数ページで取り上げた聖書本文はどれも明確には述べていない。もちろんその問いを、敵を愛せというイエスの命令と関連づけて論じてもいない。

　しかし、イエスと新約聖書の著者たちが発した言葉の中に、そのような保留を認める根拠となるものはない。イエスは何度も、弟子はイエスの命令を守らなければならないと教えている。新約聖書の著者たちは、この世の悪しき慣行からきっぱり身を引いたクリスチャンの根源的変容を、圧倒的な力強さで論じている。

　以上すべての証拠が、神の国がまだ完全に到来していないからクリスチャンも場合によっては敵を殺すべきであるという議論に、強い反論を提示している。

平和主義にとっての教会の重要性

平和主義には、宗教的なものも世俗的なものも含めて、さまざまなバリエーションがある。[33] すべてが共同体の重要性を強調しているわけではない。しかし、本章で論じたような聖書の平和主義――イエスが真に人であり、真に神であり、そして体の復活を遂げたことをその根本に置く平和主義――では、イエスの新しいメシアの共同体に中心的な重要性がある。[34]

敵を愛せという根源的な呼びかけに従うことは、人を根底から変える福音の力を持たない孤立した個人にできることではない。[35] イエスのように生きることは、罪を悔い改め、キリストを主としても救い主としても受け入れ、聖霊の力を体験して、イエスの新しい共同体に支えられている人にこそ可能なことだ。「キリスト者が弟子として歩むためには、信仰を支えるリソースが必要だ。すなわち、赦しの確信、他のクリスチャン（共同体）が与えてくれる助言と受容、イエスに従おうという動機と洞察力の源としての聖霊の臨在、そして新たな意思と変容した態度が、弟子としての歩みを支えるのである」[36]

私たちはバプテスマによって罪の束縛から解放され、聖霊によって劇的に（完全ではないにしても）生まれ変わることができる。イエスの共同体の一員として、クリスチャンは互いに対して、変えられた生活をする責任を負っている。[37] 神はすべての人に敵を愛する生き方を望んでいる。本当にそう生きるためには、キリストへの信仰が個人にもたらす変革の力と、クリスチャンのコミュニティからの支援の両方が必要なのだ。

あるコミュニティが罪の慣行から離れて、世界と異なる生活を送るとき、それを取り囲む広い社会からの反応は、必ずしも肯定的なものだけではない。敵さえ愛するという過激な模範を提示する新しいコミュニティは、愛のない行動を、少なくとも暗黙のうちに非難することになる。その非難を感じた人は（愛のある非難であっても）、間接的であれ自分の罪を指摘した人びとに怒りの感情を抱くものだ。

それが、イエスが弟子たちに、世界から憎まれると警告した理由であり、最初期の教会が自分たちを外国に暮らす寄留者であり亡命者であると理解した理由だ。壊れた世界の中で、対抗文化的（カウンターカルチャー）な価値観をともなうイエスの新しい共同体への献身を維持しようとすれば、忠実な教会はしばしば――いや、おそらく常に――少数者として生きていかなくてはならない。

この考えと、ニーバーとニーバーによるキリスト教平和主義の否定のあいだには、顕著な違いがある。ニーバーにおいては、クリスチャンの生き方を根底から変えるとパウロが考えている新生［霊的に新たに生まれ変わること］や聖化［神の聖性にあずかり聖なるものとされること］の教義が成立する余地がない。ニーバーにとって、恵みはまず罪の赦しであって、聖化ではない。ニーバーは事実上、聖霊に関する教義を持っていない。

彼にとって、イエスが身体をともなう復活をしたというのは神話である。当然、彼の倫理思想の中では、「社会と区別された教会は意味のある場所を占めることができない」[38]。新約聖書がキリストによる贖いからキリスト教の倫理を導き出すのに対し、ニーバーが堕落した人間の罪深い状態から彼の倫理を導き出すのは当然のことである。

倫理の根底にある神学に、新生、聖化、聖霊の力、そして罪ある社会と異なる生き方をするイエスの共同体が存在するかしないかは、倫理の内容を大きく左右する。その倫理の中に、クリスチャンは敵を愛することができるか、敵を殺すことを拒むことができるか、それは可能なのか、という問いも含まれるのである。

ニーバーの理論から、正戦支持者とキリスト教平和主義者が異なる考えを持ちがちな別の側面を見てとることができる。ニーバーが戦争を必要なものとして受け入れる決定的な理由は、明らかに聖書の啓示ではなく、人間の理性と経験に由来している。トマス・アクィナス［1225－74年］は、ニーバーとは異なるが似た面もある方法で、正戦の論理を発展させた。アクィナスが主たる根拠としたのは、人間の理性が導き出した、万人に開かれている自然法である。しかし、多くのキリスト教平和主義者にとって、戦争を考える際の決定的な拠りどころはイエス・キリストの啓示である。

この違いが、正戦論者と平和主義者のあいだに、もう一つの違いを生み出す。それは、アクィナスやニーバーのような正戦思想家が、すべての人に適用される倫理を構築しようとするのに対し、キリスト教平和主義者の多くは、信仰による変革を体験していない人がクリスチャンと同じように敵を愛せるとは考えない傾向があるという点だ。[39]

教会が社会に示す新しい現実

ヨーダーとハワーワスはしばしば、教会の最初の仕事は教会であることだ、と言う。[40] このコメントを聞いて、平和主義者は社会に対する責任を放棄していると考える人がいるので、以下に、敵を殺すことを拒むことは、公正で平和な社会を実現するための責任の放棄を意味しないことを論じておこう。[41]

ヨーダーとハワーワスの言葉の意味は、クリスチャンの第一の仕事はイエスの新しい国のメッセージと倫理をいま生きることである、という意味だ。社会が、短期的な効果のためにイエスの教えを放棄することを迫るなら、私たちはそれを拒否しなくてはならない。なぜなら、私たちは復活のイエスが歴史の主であり、彼の王国が最後には勝利することを知っているからだ。イエスが本当に主でありメシアであるなら、長期的には彼の方法がいちばん効果的なはずだ。[42] そうでないなら、イエスは本当には主ではないということになる。

教会がイエスの国の教えに従って歩むなら、教会は歴史が向かう先、つまり究極的な未来をしっかりと社会に示すことができる。「最後の日に完成する世界を、今日完成させるために、神の民が呼び集められる」[43]。教会は「途上にある新しい世界」[44]なのである。

カール・バルトが言うように、市民社会に対して「クリスチャンの共同体が提供できる決定的な貢献」は、「共同体の秩序と構造」において模範を示すことだ。教会の生き方そのものが、「キリストによってすでにもたらされた神の国の律法を人びとに想起させる。世界は教会を教会の中に閉じ込めておこうとするが、教会はそうではない可能性を示す存在であるべきだ。天においてだけでなく地上でも、いつかある日にではなくすでに、別の可能性があることを示すものでなくてはならない」[45]。

教会がイエスの教えに根ざした共同体の新たな可能性を示すとき、教会は教会を取り巻く社会に対し、社会をかたちづくる新しい現実を提示することができる。[46]「世界から逸脱した価値観に献身する継続的な共同体だけが世界を変えることができる」[47]と言っても、おそらく言いすぎではないだろう。

すべての人が非暴力を求められている

さきほど、イエスのように生きることは、キリストを主そして救い主として受け入れ、人を新たにする聖霊の力を受け取る人にこそ可能なことだと述べた。クリスチャンでない人に、クリスチャンと同じように生きることを期待することはできない。しかしそれは、神がクリスチャン向けと、それ以外の人向けの、二つの倫理を用意しているということではない。

歴史をふり返ると、クリスチャンは二つの異なる倫理を主張したことがある。中世のカトリック教会では、特別なクリスチャンだけに適用される「完徳の勧告」（敵を愛することが含まれる）と、すべての人に求められる通常の倫理が区別された。アクィナスは、「聖書の助言の中には、ある種の人だけを対象としたものがある」と認め、「聖職者には、一般信徒にとっては義務ではないキリストの非暴力をまねるという特別な召命がある」と述べた。[48]

初期のアナバプテスト（再洗礼派）［anaに当たるギリシャ語は「再び」を意味する］のシュライトハウム信仰告白（1527年）も、二重の倫理を受け入れているように見える。「剣は、キリストによる完全の外で神が下す命令である。剣は悪しき者を罰し、殺し、善き者を守り、保護する。律法の下では、剣は悪しき者を罰するために使われ、世俗の支配者もそのために擁立される。しかし、キリストによる完全の中では、罪を犯した者への警告と排除に用いられるのは破門だけである」[49]。この告白は、神はクリスチャンが剣を使うことは望んでいないが、世俗の支配者が剣を使うことは望んでいる、と言っているように読める。しかし、その考え方は根本的に問題がある。

二つの倫理を持ち出すことの問題

第一に、それでは神はすべての人がクリスチャンになることを望んでいないことになる。なぜなら、全員がクリスチャンになったら、神が望むような剣を使う人がいなくなってしまうからだ。神は「一人も滅びないで皆が悔い改める」ことを望んでいるというペテロの教えとも矛盾する（Ⅱペテロ3・9）。また、この考え方には、神の救いは現実の世界のものではないという含意があるように思える。

第二に、この考えでは、神は社会に対して、キリストがクリスチャンに示したものとは異なる倫理規範を適用しようとしていることになる。しかし、イエスが完全に人間であると同時に完全に神であるなら、彼の人生と教えは、神が人間に望む生き方の唯一の規範でなくてはならない。[50]

第三に、新約聖書は一貫して、十字架につけられて復活した子羊が、いまや歴史の主であり、「地の王たちの支配者」であると教えている（黙示録１・５）。クリスチャンは、キリストがいま世界の主であることも、キリストの意思と方法が最終的には宇宙を支配することも知っている。最後に、「すべての人が、イエスによって始まった王国の一員となるべく召されている」[51]のだから、すべての人がイエスの教えに従って生きるべきである。

新約聖書は、世界が堕落した状態にとどまることが神の意思だとは言っていない。クリスチャンではない人びとに対し、キリストを受け入れ、キリストの国の規範に従って生きるよう絶えず呼びかけている。[52]「死からよみがえったメシアは、教会の長であると同時に、*kosmos*（コスモス）（宇宙）の*kyrios*（キュリオス）（主権者）なのだから、彼を通して教会に与えられるものは、世界に与えられるものと、実質において違うものではない。信仰の共同体は現在進行形の新しい世界なのだ[53]」

イエスが宇宙創世以前から存在した神の子であり、同時に受肉した世界の贖い主であるという事実は、二種類の倫理があるという考えと矛盾する。「自然の秩序と贖われた秩序」の根底にあるのは「一組の諸原理」だけなのである。[54]

改革派の思想家であるデイビッド・A・ホーケマも同様に、「イエス・キリストは教会だけの主でも、特別な宗教活動の領域だけの主でもなく、自然界と人間界のすべての主である」と指摘している。彼は、イエスがイエスに従う者たちに殺すことを禁じたのであれば、その規範はすべての人に適用される、と結論づけている。[55]

最後に、社会の平和と正義を促進するためであっても、あらゆる殺人を拒否することが、すべてのクリスチャンに対する神の意思、いや、すべての人に対する神の意思だ。そうでないなら、だれにとっても神の意思ではないということである。[56]

聖書の平和主義は、いくつかの中心的な神学的根拠の上に成立している。イエスが真の神であり真の人間であるという歴史的信条が正しいなら、敵を愛せというイエスの教えを拒否することは、キリスト論における根本的な異端である。イエスが死から肉体的によみがえったからこそ、神の国が本当に始まったと信じることができるし、イエスを信じる者はイエスの倫理を生きるべきであり、生きることができると主張することができる。

新約聖書がキリストの王国はまだ完全な状態ではないと教えているのは事実だ。しかし、だからと言って、新約聖書のどこにも、キリストの再臨のときに王国が完成するまで、その倫理に従って生きることを先延ばしにすべきだとは書かれていない。逆に、クリスチャンは堕落した世界の慣行にならうべきではないという教えが繰り返されている(ローマ12・1－2)。

そのためには、イエスの新しい共同体である教会の、愛に満ちた助けが必要だ。クリスチャン共同体の支えと、力を与えてくれる聖霊の臨在がなければ、敵を愛するというイエスの呼びかけを含めて、イエスの倫理を生きることができない。教会の存在が重要なのはそのためである。

第8章　平和主義に対する批判

「平和主義者には隣人への愛がない」

多くの人が――いや、多くのクリスチャンが――イエスは殺すなと命じていると主張する平和主義のクリスチャンを批判している。

批判者たちに言わせれば、平和主義者には隣人への愛がない。正義と平和を実現させるために働く義務を放棄して、歴史に責任を負おうとしない。人間の本性について非現実的で楽観的な見方をしている。愚かな理想主義者、利己的な臆病者、社会秩序の建設のために汗を流さず、恩恵にだけあずかろうとしている。

本書の序章で、私はC・S・ルイスの有名な問いを取り上げた。「殺人鬼がだれかを殺そうとしているのを、あなたが目撃したとしよう。物陰に身を隠して殺人が終わるまで手出しせずにいなさい、とイエスが言っているなどと考える人がいるだろうか」[1]。あるいはジーン・ベスキー・エルシュテインが問うているように、「隣人が殺されようとしているとき、傍観を決め込んで何もせずにいてよいのか」[2]。4

世紀のミラノの大司教アンブロシウスは、「友人が傷つけられようとしているとき、それを防げるのに何もしない者がいたら、その人は傷つける者と同じぐらい間違っている」と言っている。[3]

自分の隣人の類(自分の類ではなく)を抑圧者のほうに向けさせるのが平和主義者だ、とさえ言われている。[4] 攻撃されている隣人を守ることを怖がる利己的な臆病者というわけだ。

「フリーライダー」とも言われる。ほかの人(たとえば警察や軍隊)がもたらしてくれた平和や社会秩序の恩恵を享受するが、自分ではそれに積極的な貢献をしない。[5] 平和主義者はほかの人に〝汚れ仕事〟をやらせる。「なぜ、だれかが自分の家や銀行口座を守り、公共施設や国境を守ってくれると思っていられるのか」[6]。J・ダリル・チャールズの次の言葉は正しい。「自由社会を守るための仕事をほかの人に押しつけ、自分では何もせず、恩恵にだけあずかるというのは虫のいい話だ」[7]

これは確かに真剣に受けとめるべき告発である。平和主義の倫理学者、ジョン・ハワード・ヨーダーも、これは「戦争に加わることを正当化する真剣な議論」だと認めている。[8] しかし、この告発に対して、私は決定的に重要なことを三つ指摘したい。

選択肢は二つだけではない

まず第一に、そして最も重要なこととして、右に挙げた平和主義への批判は、選択肢が二つしかないと仮定している。隣人を守るために、何もしないか、致命的な武器を使うかの二者択一だ。ガンジーでさえ、選択肢がその二つしかないなら、もちろん悪に抵抗するために殺すべきである、と言ったことは有名だ。

しかし、実際には選択肢が二つしかないということはあり得ない。どんな場合でも、常に第三の選択肢がある。攻撃者に対する断固たる非暴力抵抗がそれだ。

もちろん、戦争と同じで、非暴力の抵抗が短期間で成功を収めるという保証はない。しかし、過去１００年、特に過去50年の歴史をふり返れば、非暴力抵抗が不正に勝利し、社会的平和を高めるうえでしばしば成功を収めてきたことがわかる。[9] キング牧師の非暴力の市民権運動は、米国において構造的な人種差別の状況を劇的に改善した。ガンジーが推進したインド独立のための非暴力キャンペーンは、ついに大英帝国を打ち負かした。

非暴力抵抗は、イギリスのように民主主義が機能している〝人道的帝国主義者〟だけに有効というわけではない（英国はガンジーの行進に参加した非暴力の抵抗者を容赦なく殺害した）。長年フィリピンを支配した独裁者フェルディナンド・マルコスを倒したのも、大規模な非暴力抵抗運動だった。それは当時、壊滅的な10年の内戦を覚悟しなければ実現しないと考えられていたような成果だった。

１９８９年に起こったポーランドの「連帯」と東ドイツの「キャンドル革命」は、非暴力抵抗運動によって共産主義の独裁勢力に終止符を打つことに成功した。キリスト教徒とイスラム教徒の女性が行った大胆な非暴力運動は、リベリアの悪名高い独裁者チャールズ・テイラー大統領を権力の座から引きずり下ろした。２０１１年の「アラブの春」では、チュニジアとエジプトの非暴力キャンペーンで、長く君臨した暴力的独裁者たちが辞任を余儀なくされた。[10]

「私たちが知っているような前世紀の専制政治に対し、ガンジーの方法は無力で効果がなかった」[11]という主張は、歴史的事実に反する。歴史上の多数の出来事が、非暴力行動が暴虐を食い止めた「ケースはない」[12]という主張を否定する。

エリカ・チェノウェスとマリア・J・ステファンによる研究では、１９００年から２００６年にかけて展開された、すべての既知の主要な抵抗運動（暴力的抵抗と非暴力抵抗の両方を含む323件）を分析した。どんな結論が出たか？「非暴力抵抗は、暴力的抵抗の2倍の確率で、全面的もしくは部分的な成功を収めていることがわかった」[13]

しかも非暴力キャンペーンは、民主的制度を定着させる点でも、その後の社会的対立を回避する点でも、暴力的キャンペーンよりはるかに高い効果を挙げている。チェノウェスとステファンによれば、「非暴力運動が成功した場合、運動終了5年後に当該国が民主主義体制を維持できていた割合は57％だが、暴力的運動の成功による場合は6％未満である」[14]。

アルジェリアの暴力的な独立運動とインドの非暴力運動の死傷者を比較すると、大きな違いが明らかになる。イギリスからの独立を求めるインドの非暴力闘争は勝利するまでに28年（1919―47年）を要し、フランス植民地主義に勝利したアルジェリアの激しい抵抗が要した8年（1954-62年）より、はるかに長い時間がかかっている。しかし、この独立運動で死亡したインド人は8000人だったのに対し、アルジェリア人は100万人が命を落とした。総人口に占める死者数の割合は驚異的だ。インド（当時の総人口3億人）の死者は4万人に1人だったのに対し、アルジェリア（総人口1000万人）では10人に1人が犠牲になった[15]。

最近の歴史は、専制や不正に対する非暴力抵抗がしばしば成功していること、そしてますます多くのクリスチャンが（もちろんクリスチャンでない人も）、悪に抵抗するための新たな非暴力の方法を開拓していることを示している。加えて、主要な教会機関は最近、もっと非暴力的な方法を使うべきであるという要請を行っている。米国福音同盟（NAE）が公式に発表した政策提言には、「イエスに従うわれわれは、市民として持てる能力を発揮し、国際理解を促進し、非暴力的手段による紛争解決に取り組むことで、紛争の軽減に努めなければならない」とある。バチカンのキリスト教一致推進評議会とメノナイト世界会議の共同声明は、国内紛争および国際紛争の解決において、非暴力のさらなる利用を促進することを求めた。[16]

C・S・ルイスもアンブロシウス大司教も、その他大勢の人も、だれも間違ってはいない。邪悪な者が私たちの隣人（そばにいる隣人であれ遠くにいる隣人であれ）を攻撃し、破壊しようとしているとき、傍観をきめこんで何もしないのは不道徳だ。

したがって、イエスは殺すなと言っていると信じる人は、悪に対する新しい、より良い、そして力強い非暴力抵抗の方法を先頭に立って開拓していかなくてはならない。戦場で死の危険にさらされる兵士と同じリスクを取って、不正や抑圧と戦う非暴力運動に挺身しない限り、イエスが教える平和構築に従うと言ったところで何の重みもない。

悪に対する非暴力抵抗によって、歴史上のあらゆる不正に対して、傍観でも暴力的反撃でもない第三の選択肢を示すことができる。何もしない、殺す、そして非暴力抵抗を並べてみれば、最初の選択肢は不道徳だ。第二の選択肢は、イエスが教えたことではないと私は考える。第三の選択肢は、イエスに忠実な方法であり、歴史が示すように成功することの多い方法である。[17]

平和主義は神の国の論理に従う

平和主義者への批判に対する二つ目の応答は、その批判は神の国の論理ではなく、一般的な人間の論理の産物だということだ。[18] キリスト教倫理の基本は、イエスのメシアの王国はすでに始まっており、弟子たちは新しい王国の規範に従って生きるために聖霊によって召され、力を与えられているということだ。その倫理には敵さえも愛するということが含まれる。

平和主義は、平和と正義を育む責任を放棄するものではない。たとえ社会を改善し悪を防ぐためであっても、イエスが使ってはならないと言った手段は使わない、ということだ。それはまた、教会と世界のあいだに明確な区別があることも意味する。神の恵みによって変容した教会は、罪深い世界が従わない規範であっても、イエスの王国の規範に従うことができるし、また従わなくてはならない。

敵も隣人である

平和主義者は隣人を愛していない、という告訴に対する三つ目の応答は、この告発をする人びとは、しばしばある重要な事実を忘れているということだ。それは、クリスチャンが愛さなくてはならない隣人の中には、敵も含まれているということである。

隣人を攻撃している悪者も、攻撃されている隣人も、どちらもイエスが愛しなさいと言った私の隣人なのだ[19]。それは、悪しき攻撃者と攻撃を受けている比較的罪のない隣人との道徳的区別に目をつぶるということではない。どちらも神が愛し、私に愛しなさいと命じている人だということだ。

アウグスティヌスのような正戦の支持者が、敵を殺しても愛することはできる、と主張しているのは事実だ。しかし、その論理は非常に疑わしい[20]。とりわけ、殺そうとしている相手に対して、悔い改めてイエスを信じることを促せるという理屈は、特に成り立たない。しかし、積極的な非暴力抵抗であれば、対峙する敵にイエスの愛を伝えることができる。非暴力抵抗においては、悪しき敵に抵抗しながら、同時にその敵を隣人として愛することができる。

「平和主義者は歴史に責任を負わない」

さまざまな人が、さまざまな方法で、平和主義者は平和と正義の歴史をつくるための義務を放棄していると非難している。ナイジェル・ビガーは、著名なキリスト教平和主義者であるジョン・ハワード・ヨーダーとスタンリー・ハワーワスのことを、歴史をより良く変えようとする試みを放棄し、世の中で何が起こっても気にしていないように見受けられる、と非難している。[21]

ラインホールド・ニーバーは平和主義者を「社会的無責任に向かう傾向がある」と批判した。[22]オックスフォード大学の倫理学者で正戦を支持しているオリバー・オドノバンは、「非暴力や無抵抗といった平和主義の標語は、取り得る行動の可能性を制限する枠を意識させてしまう」と述べている。[23]平和主義は行動の帰結に関心を払わない、と批判されているのだ。[24]ジェームズ・ターナー・ジョンソンは、クリスチャンの平和主義は、「世俗的世界の諸事情から離れることだけがキリスト教を真のキリスト教にできる」という考えに基づいている、と主張する。[25]

J・ダリル・チャールズとティモシー・J・デミーは、アナバプテストの平和主義者について、「政治に関わることを避け、非暴力を選ぶだけでなく、あらゆる行政サービスとほとんどの公共サービスに従事することを避けようとする」と論じている。[26]避けられがちな職業としては、経済学、社会福祉、法律、および法論理などに関わるものが挙げられている。[27]

批判者が言うとおり、キリストに従う者は社会から隠遁してはならない。主がすべての隣人を愛するように命じているのだから、すべての人の社会福祉の促進をめざすべきだ。パウロは、クリスチャンはクリスチャンに対してだけでなく「だれに対しても善を行おう」と呼びかけた（ガラテヤ6・10）。イエスは社会から身を退かなかった。宗教指導者たち（マタイ23・1－39）と政治指導者たち（ルカ13・31－33）に異議を申し立てた。神殿で商売をしていた両替商のテーブルをひっくり返すという非暴力による市民的不服従の行為こそが、マルコによれば、宗教指導者たちがイエスを殺す方法を探し始める引き金になった（マルコ11・15－18）。イエスは当時の支配者たちに異議を唱えたからこそ、十字架刑に処されたのである。[28]

「もし神が、聖書が語っているような歴史に働きかける神ならば、歴史の大義に関心を持つことは正当なことだし、的外れなことでもない」[29]。正戦を支持するカトリックの倫理学者ジョージ・ウェイゲルの次の指摘は正しい。殺すことを否定するだけで、「市民としての責任を果たそうとせず、政治の分野で平和実現のために積極的に関与しないなら、それは平和主義ではなく、ただのアナーキズムである」[30]

社会的責任の規範をどこに求めるべきか

しかし、次の問いが重要だ――イエスの王国の教えと倫理は、クリスチャンが社会的責任を果たす方法について、何らかの規範を提供しているだろうか？　それとも、そういう規範はどこか別のところに求めるべきなのだろうか？

もし私たちが、初期のクリスチャンと同じように、イエスが歴史の主であり、彼のメシアの王国がすでに始まっており、イエスの弟子はその王国の規範に従って生きることを求められており、その王国がやがて地にあまねく行きわたると信じるなら、「責任をもって社会に関与するため」という大義名分で、イエスの教えに目をつぶるようなことがあってはならない。

ニーバーに同調して、「イエス様、あなたは無条件の愛を教えられましたが、どうやら現実の世界では役に立たないようなので、なかったことにして放棄させてもらいます」などと言ってはならないのだ。忠実なクリスチャンは、イエスの教えに沿って、あらゆる社会福祉の領域で働く。だが、できないこともあるという一線は譲ってはならない。短期的な有効性という人間の尺度で、イエスの倫理規範を覆してはならない。

そう主張するのは平和主義者だけではない。正戦支持者も、キリスト教倫理の中には、たとえ戦争になってもやってはならないことがあると論じている。オドノバンは正戦の原則に従うなら、それをしなければ戦争に負けるとわかっていても、やってはならない行動があると指摘する（たとえば民間人に対する意図的攻撃）。「国であれ、コミュニティであれ、個人であれ、自己防衛の一言ですべてを認めてしまうのは異教信仰に等しい」と述べている。正戦の規準は、「敗北を回避するためなら何をしてもかまわないという許可証を発行することはできない」[31]。

同様にダニエル・M・ベル・ジュニアは、正戦の規準はクリスチャンの従軍を正当化することもあるが、「最初に戦争に反対することや、始まってしまったら降伏することを命じることもある」と論じている[32]。正戦の規準を慎重に適用すれば、忠実なクリスチャンは戦わなくてはならないこともあるが、「戦争の問題に関する第一の、そしてすべてに優先されるべき考慮は、教会がイエス・キリストに忠実に従うことである」とベルは強調している[33]。

平和主義者も正戦論者も、イエスが禁じている行為があること、それに従えば戦いに負けることになっても、悪意のある敵の手にかかって殺されることになっても、やってはならないことがある、という点で同意する[34]。したがって両者にとって、短期的〝有効性〟や自らの生き残りではなく、本当のところイエスは何を教えているのかが重要な問いとなる。

著名な正戦の倫理学者ポール・ラムジーは、自分自身やニーバーのような見解を持つ人びとに対し、平和主義は「無責任」だとか「効果がない」といった主張は撤回すべきだと論じている。彼は「平和主義者にとっても正戦論者にとっても、未来はまったく予測不可能である」ことを認めている。[35] どちらも自分の行動の結果を十分に予測することはできないということだ。ラムジーはまた、平和主義者が社会の幸福を促進するために多くのことを成し遂げていることも認識している。

短期的有効性を規範としてはならない

このように、平和主義を受け入れる者と、正戦の規準を肯定する者（少なくともオドノバンの言う「異教信仰」に陥ることを拒む者）の両方が、短期的な効果が究極の規範ではないことに同意している。[36]

すべてのクリスチャンにとって、イエスの倫理に従うことが第一の倫理的義務でなければならない。どの方法が有効かという考慮はその次の問題だ。もちろん、平和主義者にとって、方法の有効性を慎重に分析することに何の問題もなく、適切なことだ。ヨーダーは「イエスに従うなら効果を無視してもよいということではない」と述べている。[37]

ただ私たちは、何よりもイエスに忠実であることを第一の優先事項にしなくてはならない。私たちは、人間的考量が短期的効果ありと判断したら何でもやる、という姿勢を拒否する。だからと言って、「計画や評価や分析など知ったことではない、などと言うべきではない。……それはまったく間違った考えだ！　クリスチャンはメカニズムや因果関係、確率について考える必要がある」[38]。だが、それを考えるとき、大きなフレームワークの中で考えなくてはならない。つまり、イエスが真に宇宙の主である以上、その論理的要請に従うことは現状に合致していることであって、長期的には最も効果的なことである、という大前提を意識するということだ。「屠られた子羊は復活した主であり、力を受けるのにふさわしい方だと告白する者にとっては、究極的には、苦難の愛と効率のどちらかを選んで他方をあきらめる必要はない[39]」

さらに言うなら、短期的に見ても、非暴力はしばしば効果的である。非暴力の抵抗が機能することは、インドのガンジー、米国のキング牧師、そしてポーランドのワレサの「連帯」などを見れば明らかだ[40]。キングもガンジーも、フィリピンの独裁者マルコスを倒した非暴力抵抗運動も、そしてその他多くの人や行動も、政治的に意味があったし成功を収めた[41]。すでに見たように、過去１００年間における最も重要な運動を精査した結果、非暴力キャンペーンは暴力的キャンペーンより成功率が高いことがわかっている[42]。

非暴力の運動についてヨーダーは、「それが政治的に効果があるのは、イエスに従うがゆえの行動であることを運動の担い手が認識していようといまいと、宇宙の性質と合致しているからである」という結論を述べている[43]。もちろん、非暴力の闘いは短期的には失敗することがある。しかし、イエスは真に歴史の主なのだから、「長期的には、イエスへの忠実と現実的有効性は一致する[44]」。もし究極的に一致しないのであれば、イエスは主であるというクリスチャンの確信は間違いだったということになる。

平和と福祉に貢献している平和主義

平和主義者は社会建設を放棄しているという告発のもう一つの根拠は、彼らは小さなセクト的共同体に逃げ込んで、大きな世界を無視しているというものだ。確かに、その告発通りのことを平和主義者が行ったことがある。悲しいことに、その多くは深刻な社会的迫害に直面しての選択だった。だが、平和主義者はいつもそうするという主張は、歴史の事実にまったく反している。

すべての社会科学者は、社会は上からだけでなく下からも変わることを知っている。[45] したがって、健全な家庭生活を営むということだけでも社会に対する貢献となる。経済の領域で新たな事業を起こしたり、教育機関を創設することも同じだ。

メノナイトは、社会全体を改善する義務を無視する平和主義者の例としてしばしば取り上げられるが、実際には、多くの方法で社会的福祉に貢献してきた。[46] メノナイトの医師や精神衛生の分野の従事者たちは、メンタルヘルスの分野で医療の質を向上させた。メノナイト中央委員会（ＭＣＣ）による救済とコミュニティ開発のすぐれたプログラムは、世界の何百万という人びとの命を救い、生活を向上させた。ノートルダム大学のジョン・ポール・レデラック教授［２０１９年に庭野平和賞を受賞］のような紛争解決のメノナイト専門家たちは、社会的紛争を解決するための新しい方法を開拓した。[47]

メノナイトが主導する「クリスチャン・ピースメーカー・チーム」（ＣＰＭ）は、暴力紛争の状況下で非暴力の支援を行う道を切りひらいた。[48] メノナイトは、法的措置を超えて、加害者と被害者のあいだに深い和解をもたらすための「被害者と加害者の和解プログラム」（ＶＯＲＰ）を開発した。[49] 何千何万のメノナイトの医師、弁護士、教育者、農業専門家が、よりよい社会の実現に向けて日々貢献している。[50]

信教の自由の獲得

アナバプテストが果たした社会への最大の貢献は、間違いなく、信仰の自由を切り拓いたことであり、民主主義への貢献であった。[51] 彼らは、教会は国の支配を受けることなく自らのことを決定できなければならないと主張して、16世紀、何千人もが命を奪われた。彼らの信仰の自由に対する要求が徐々に社会に浸透した――最初はオランダ、次にイギリス、そして新興のアメリカへと。今日、イスラム教諸国を別にすると、すべての国は少なくとも理論的にはすべての市民に宗教の自由を保証している。

アナバプテストが示した信教の自由の擁護は、現状とは違う(オルタナティブ)社会の姿を示すだけでも、深い政治的影響力を発揮する可能性があることを示している。カール・バルトは、教会の日常生活は「クリスチャンの共同体が市民社会の秩序を建設し、動かし、維持するうえで果たすことのできる決定的な貢献である」と述べている。[52]

教会の日常生活が社会を改善した

ヨーダーも随所で、教会の日常生活は社会福祉に多大な貢献をしたと述べている。初期のクリスチャンが、ユダヤ人と異邦人、男性と女性、奴隷と自由人をキリストの一つの体に包摂したことは、平等主義的な考え方を促進した。イエスの急進的な赦しの呼びかけは、ハンナ・アーレントが健全な社会に不可欠と考えたものを指し示している。[53]

最初期の教会における劇的なまでの分かち合いの経済は、すべての人に経済的厚生についての新たな関心を抱かせた。当時の教会では、だれもが礼拝で話すことを許されていたが、それはだれもが賜物を持っているという平等主義的発想に基づいている。[54]

貧しい人のための病院や学校も教会の働きから生まれた。中世では、中心になって病人の世話をしたのはクリスチャン（特に修道院のクリスチャン）だった。イギリスで最初の「日曜学校」は、クリスチャンが、週６日働かされて学校教育を受けられない貧しい家庭の子どもたちにも、基本的な読み書きと算数を教える必要があると決意したときに始まった。そのような活動から、だんだんと社会全体に、医療と教育は万人にとっての基本的権利であるという考えが広がっていったのである。[55]

平和構築の分野での最近の重要な貢献は、キリスト教倫理学者のグループ（平和主義者と正戦論者の両方が含まれている）が著した『正義の平和構築――平和と戦争の倫理の新たなパラダイム』においてなされた。[56]戦争の必要性について意見の相違は引きつづき存在するものの、両者は、より平和な世界を築くために実践できる10の実践があることに同意している。平和主義に立つ多くの学者が、この重要な発展に貢献した。

証拠は明らかだ。人を殺すことに反対するクリスチャンは、社会の幸福のために働くだけでよいわけではない。それはすでにやっていることだ。それに加え、イエスに忠実なあらゆる方法で、歴史に対する責任を果たす努力をするべきである。

「平和主義者は人間の本性を見誤っている」

多くのクリスチャンが、平和主義者は人間の本性がわかっていないと批判する。ニーバーの有名なエッセイ、「なぜキリストの教会は平和主義ではないのか」もその点を掘り下げて論じている。「ほとんどの現代版キリスト教平和主義は異端的だ。……人間の善というルネサンスの信念を取り入れ、キリスト教の原罪の教義を時代遅れの悲観主義として拒絶している」[57]

ウェイゲルは、宗教的平和主義者は「人間の罪と破壊された世界の動かしがたい結びつきを矮小化する」傾向があると述べている。[58] J・ダーリー・チャールズも「平和主義者は、世界に対立をもたらす人間の罪の影響力の程度を、否定はしないまでも、過小評価する傾向がある」と述べている。[59] ロレーン・ボエットナーはさらに徹底的に、「ほとんどの平和主義者は、人間は堕落した存在としてこの世界に生きているという聖書の教えを無視している。彼らは人間の本性は本質的に善であると見なしている」と述べている。[60]

これらの指摘については、まず、確かにそれが当てはまる平和主義者がいることを認めておこう。マハトマ・ガンジー、レオ・トルストイ、そしてクエーカー〔教会の制度化・儀式化に反対し、霊的体験を重んじる教派。かつて神秘体験の中で身を震わせた（quake）ことからクエーカーと俗称される〕の一部は、人間の本性について聖書とは異なる楽観的な見方を受け入れた。19世紀の有名なユニテリアン〔三位一体の教理を否定して神の唯一性を強調する立場〕の平和主義者ウィリアム・エラリー・チャニングは、世界は年々良い方向に進んでおり、神の平和が近づいていると論じた。[61]

ニーバーは、リベラルな神学を支持する彼の時代の平和主義者たちについて、人間の本性について無知で楽観的な見方をしていると指摘したが、その批判は間違いではない。[62]

平和主義は単純な性善説ではない

しかし、人間の罪の深さと根強さについて、聖書的理解に立つ平和主義者は多くいる。ハワーワスやヨーダーのような著名な平和主義者は、人間は善であるという単純な見方に立脚して議論を展開しているわけではない。

本書が推奨する平和主義も、その中心には歴史的な正統的キリスト教がある。そこには、人間の堕落以来、すべての人のあいだに利己主義が蔓延しているという神学的見解も含まれる。人を罪から解放する聖霊の力だけが、自己中心的な罪人を、敵を愛せる人に変えることができる。聖書の平和主義は、人間の自然な善にではなく、超自然的な恵みに基づくものなのだ。

たとえ聖霊の力にあずかったとしても、クリスチャンは決して、この世界で完全な存在にはならない。だが、自分たちはイエスの王国の倫理を生きるために召され、それに従って生きる力を与えられたことを知っている。パウロが言うように、自分の中に罪がまだ潜んでいることを知っている。だが、罪が残っているからといって、パウロが姦淫や嘘や盗みを容認していないことも知っている。だとすれば、世界はいまも罪深いという理由で、敵を愛せというイエスの明確な呼びかけをなぜ無視できるだろう。

罪ある人間でも戦争を避けることができる

人間の罪深さに関連して、もう一つ考慮すべき論点がある。すべての人間は罪深いから戦争は避けられない、という考えを鵜呑み（うの）にしてはならないということである。

罪が戦争をもたらすことを、歴史の必然であり不変の要素であると一般化してしまうと、罪は必ず戦争につながるのかと問うのを忘れてしまう。たとえば、犯罪や暴行は人間の罪深さの表れだ。神学的にはすべての人間は罪人だが、ほとんどの人は犯罪や暴行というかたちで自分の罪深さを表さない。罪は特定の条件の下で行動となって表れる。そこで、人間の罪が戦争という制度となって表れる条件は何か、ということが重要な問いになる。奴隷制、決闘、リンチ、自警主義［警察に頼らず自らの手で法を執行しようとする考え方］、そして戦争は、特定の条件下で表れる人間の罪深さだ。……もし、戦争が国際社会の一定の条件下でのみ発生するのなら、その条件が何かを見極め、戦争ができない、あるいは起こらない条件をつくり出すことを目指すべきである。[63]

私はすべての戦争を回避できると言うつもりはない。すべての人が罪人であるのは事実だとしても、それが直ちに、戦争が常に至るところで起こることを意味しない、と言っているのだ。他の状況より戦争が起こりやすい状況というものがあり、罪深い人間にも、戦争を起こりにくくする状況を選択する自由意思が与えられているということだ。

何世紀ものあいだ、人びとは奴隷制度は罪深い人間の文明にとって必要な要素だと考えていた。だがその後、経済学も社会の考えも変わり、ほとんどの社会で奴隷制は違法となった。いまから2世紀前、決闘は紳士が争いを解決する手段として認められていたが、今日、われわれは法廷で非暴力的に紛争を解決している。

いまの人間が数世紀前の人間より罪が少ないということではなく、罪の表れ方が変わったのだ。だとすれば、正しい社会的変化が世界の戦争を劇的に減らしてもおかしくない。少なくとも、すべての人間は罪深い存在であるという事実だけで、20世紀や21世紀初頭に起こったような戦争が不可避であったと言えるかというと、そんな単純な話ではないことは確かだ。

むしろ平和主義のほうが現実的

キリスト教改革派の伝統を受け継ぐ哲学者のデイビッド・A・ホーケマは、その興味深い論考で、蔓延する人間の罪深さが引き起こす問題が平和主義を擁護するかもしれないと述べている。

――人間の本性についての現実的(リアリズム)な見方から、二つのことが言える。楽観的な人間観に基づく平和主義が現実を見ていないと言うなら、悪を抑えるための破壊兵器や暴力が正しい目的のためだけに使われるという考えも、現実が見えていないと言える。つまり、人間の罪深さゆえに、善のためにつくられたものが悪のために使われることがあるということだ。

したがって、正義を意図した手段を行使する際には、悪用される可能性が小さいもの、たとえ悪用されても回復不可能な害を引き起こさないものを使うべきであるという有力な仮説が成立する。国家防衛のために訓練され装備された軍は、無節操なリーダーによって、たちまち侵略と抑圧の装置になり得る。しかし、非暴力的な国防軍や、多数の国の市民から成る平和維持部隊は、本来の意図以外の使われ方をする危険性がきわめて小さい。[64]

歴史をふり返れば明らかなように、指導者が戦争を叫べば、多くの場合——常にかもしれない——圧倒的多数の人びとが部族的または国家主義的な熱狂から戦争に身を投じる。クリスチャンが正戦の規準によって自分の部族や国の戦争を拒んだケースはきわめて少ない。[65]人を思考停止に追いやる罪深い部族主義とナショナリズムが、思慮深い道徳的分析を蹴散らしてしまうからだ。時代や国を問わず、合理性を失った人間が自分の所属する集団の戦争に熱狂的に参加してきたことを思えば、一切の殺害を禁じる道徳のほうが、罪深い人間の本性に適した現実的な規準だといえる。

聖書に立脚する平和主義者は、キリストの再臨の時まで戦争と戦争のうわさが絶えないことを知っている。その原因が、突き詰めれば、蔓延する人間の罪深さにあることも知っている。だが彼らは、罪深さがいつでも必ず戦争を引き起こすとは限らないことも知っている。正しく行動すれば戦争を劇的に減らすことができる。

クリスチャンにとって、最も重要な行動は、殺してはならないというキリストの命令に従うことであり、あらゆる不公正に対して非暴力の戦いを挑み続けることだ。すべてのクリスチャンがその道を選ぶなら、その隊列に加わる人びとの多くが苦しむことになるだろう。だが、世界の殺害と戦争は間違いなく劇的に減るだろう。

聖書の平和主義者は、隣人を愛する。隣人を守るための大胆な非暴力介入にも加わる。より大きな神の平和に向かって前進することを強く願っているが、イエスが禁じた方法は決して使わない。罪を深刻に受けとめてはいるが、復活した主の臨在によって人は変えられ、敵を愛せる者になれることを知っている。

第9章　正戦論に対する批判

正戦論に突きつけられている問題

前章では平和主義に対する批判を検討したが、この章では正戦を支持する人びとに対する批判を検討する。彼らにも容易ではない批判が投げかけられている。

人を殺そうとしていながら、その人をキリストに招くというクリスチャンの使命を果たすことなどできるのか？　敵を殺そうとしながら、敵を愛せというキリストの命令に従うことができるのか？

現実問題として、正戦の規準が戦争を防いだり、終わらせる方向に働いたことはあるのか？　両軍が正戦を戦うということがあり得ない以上、どちらか一方の戦争は正しくない戦争となるが、自軍のために戦うことを拒んで相手軍の一員となって戦ったクリスチャンがいないのはなぜか？

クリスチャンの正戦論者は、不正な戦争は戦うべきでないと言うが、それならなぜ、不戦の決意を支援するような社会構造や組織をつくったり、良心的兵役拒否者を法的に擁護したりしないのか？　何世紀にもわたってクリスチャンが正戦をくり返し、他のクリスチャンを殺してきたという事実は、何を物語っているのか？

平和主義者は旧約聖書を無視していると非難する人が多い。だが、正戦論も、その重要な規準（たとえば非戦闘員を殺してはならないという規準）において、兵士だけではなく女性も子どもも皆殺しにせよという旧約聖書に反しているのではないだろうか（この点は後に詳しく論じる）。

戦争が始まってしまうと、その正当性とは関係なく、人間の罪深さと無批判なナショナリズムによって、クリスチャンも戦争に加わってきたという歴史的事実がある。戦争の正邪を見分けて態度を決めることが前提になっている正戦の論理こそ、人間の本性を善とする、素朴で楽観的な人間観に立脚しているのではないか？

最後に、正戦であるためには、正戦をすることでもたらされる良い結果が、戦争をしないことによる悪い結果を上回らなければならない、という規準があるが、戦争の結果（そして戦争をしない結果）をそれほど正確に推定することが可能なのだろうか？

殺そうとしている相手に福音を伝えられるのか？

すべての弟子に対するイエスの最後の命令は、「すべての国」に出て行き、人びとを弟子にすることだった（マタイ28・19）。キリストは、すべてのクリスチャンに、出会った人すべてに福音を伝え、キリストを受け入れるよう、愛のある適切な方法で働きかけることを命じている。[1]

人を殺そうとしながら、その命令に従うことができるのだろうか。ハンス‐ヴェルナー・バルチは、「戦争を仕掛けることが、その敵に福音を宣べ伝えることになり得るか、という問いが、戦争前と戦争中のクリスチャンにとっての最も切迫した問題である」と言う。[2]

人を殺そうとしながら、同時にキリストを受け入れるように誘うことがいったいなぜ可能なのか、私には理解できない。必要最低限の身体的拘束とか、不当な活動のボイコットとか、積極的な非暴力抵抗であれば、同時に相手への愛を示し、福音を受け入れるよう誘うことができる。しかし、殺そうとするなら、福音を伝えることも、愛を示すこともできない。そもそも殺してしまえば、その人がキリストを受け入れる機会も奪ってしまうことになる。[3]

『クリスチャニティ・トゥデイ』誌の記事の中で、マイロン・アウグスバーガーは、「福音派の観点からすれば、クリスチャンが戦争に参加するとき、その人は伝道という大きな使命を放棄していると言えるだろう」と述べている。[4]

殺しながら愛することができるのか?

4世紀後半から5世紀初頭にかけて、正戦の教えを一定程度まで体系化した最初期の神学者であるアウグスティヌスとアンブロシウスは、敵を殺しながらも愛することは可能だという議論を追究した。両者が、クリスチャンの戦争参加を擁護する議論を、敵を愛せというイエスの命令から始めているのは、イエスに忠実であろうとする態度の表れだ。

自然法に基づいて正戦を考えたトマス・アクィナスと違い、アウグスティヌスは、クリスチャンは敵を殺すことになった場合でも、その敵を愛さなくてはならないし、愛することができると考えた。[5] 悪者に攻撃されている隣人への愛ゆえに、あるいは社会の平和を維持回復するために、クリスチャンには殺さなくてはならないときがあると考えたのだ。そして、「悪に抵抗してはならない」というイエスの命令は、個人レベルの自己防衛のために攻撃者を殺すことを禁じたものであって、[6]ほかの人を助けるためなら殺してもかまわない、と解釈した。アウグスティヌスは、暴力を用いて平和を回復することは愛の行為だと主張している。侵略者に対する愛の行為でさえあると言っている。この「相手を思う厳しさ」によって、悪しき攻撃者は悔い改める機会を得られるかもしれないからである。[7]

だがアウグスティヌスは、クリスチャンは敵を殺すときでも敵を愛せというキリストの命令に従うべきだと論じるとき、イエスの教えは「心のあり方」を説いたものであると言わざるを得なかった。「主イエス・キリストが『悪に抵抗してはならない、だれかが右の頬を打ったら左の頬も向けなさい』と言ったことをもって、神が戦争を命じるはずがないと考える人には、イエスのその言葉が求めているのは、体の行為ではなく内なる思いのことだということを指摘しておこう」[8]

その点に関してダニエル・M・ベルは、アウグスティヌスが模範としているのは、裁判で殴られたときに反対の頬を向けなかったキリスト（ヨハネ18・22―23）であると述べている。[9]しかし、イエスはその裁判で、不当な行為に対して暴力ではなく言葉で、つまり非暴力の手段で戦いを挑んでいる。非暴力の抵抗なら、同時に敵を愛することは可能だが、そのことをもって、愛しながら殺すことが可能だと論じることはできない。

クリスチャンの政治指導者であるマーセリヌスが、イエスの教えは良きローマ市民であることと両立するか、とアウグスティヌスにたずねた。その問いに答える手紙の中で、アウグスティヌスは、敵を愛し、右頬を打たれたら左の頬を向けよというイエスの教えは、「習慣として常に心に刻んでおくべき」ことであり、「大切にすべき性質」だと書いている。だが彼にとってそれは、クリスチャンは戦争に行くべきではないという意味ではなかった。[10]
敵を愛しなさいというイエスの召しを心の問題に限定することは、イエスがそれを語った文脈を無視することになると思われる。イエスは、ローマの帝国主義者を殺害することを呼びかけるユダヤ人革命家の暴力を拒否した。逆に、ローマ兵の荷物を2ミリオン運んで愛を示すよう命じている。それは外に表れる行為であって、単に心のありようを言っているのではない。
実際、目には目をの精神ではなく、敵を愛せという意味で語られたイエスの話は、どれも実際の行動にかかわる教えであって、ただ心構えを説いたものではない。
殺すことについて論じた最初の3世紀のキリスト教著述家はみな、キリストに従うことは、心の中で愛するということではなく、相手がだれであっても殺すのを拒否することだと書いている。[11]

正戦論は戦争を防いだことがない

歴史の記録を見れば、正戦思想が不当な戦争を防ぐうえで役に立たないことは、痛いほど明らかだ。政府や軍の中にいるクリスチャンが、この戦争は正戦の規準を満たしていないと主張したことによって、国が戦争を思いとどまったという歴史的事例はほとんどない。クリスチャンは、痛ましいほど少数しかない例外を除いて、自国の戦争を擁護してきた。

軍事技術のエスカレーションについても、最初は非難しても、その後つねに受け入れてきた。個々の戦争の正当性を評価するための、国家から独立したメカニズムも開発していない。

もちろん、理論通りに実行できなかったとしても、必ずしもその理論が無効というわけではない。しかし、広く世界を見わたしても一貫して失敗しつづけているのだから、その有効性には疑問があり、妥当性を検証する必要がある。[12]

人間はナショナリズムで判断を誤る

歴史的に見て、正戦論は、部族主義や好戦的ナショナリズムからくる社会的圧力には特に弱いことがうかがえる。それは、正戦論が過去の戦争でどう適用されてきたかを見れば明らかだ。

正戦論によれば、どの紛争でも、少なくとも一方は正しくない理由で戦っていることになる。だが、前世紀の２回の世界大戦と、その前の数世紀にヨーロッパ諸国が戦った多くの戦争において、クリスチャンは敵と味方に分かれて殺しあった。

正戦の理論が効果的に機能していれば、間違った側で戦っているクリスチャンは自国の過ちを認識し、自国の軍事活動に反対したはずだ。[13]正戦論の正しさは、自分の国が正しくない戦争を戦おうとしているときに反対を叫べるかどうかによって判定できるのかもしれない。[14]個人が行った散発的な抵抗を別にすれば、正戦支持者が戦争反対を叫んで効果を挙げた例は少なく、敵軍に従軍してでも正戦の論理を貫いたなどという例はさらに少ない。

ヒトラーを支持したクリスチャン

ヒトラーに対するドイツの教会の対応は、この失敗を如実に表している。ヒトラーに対する連合軍の抵抗が正戦の典型だとすれば、ヒトラーの攻撃は不正な戦争の典型ということになる。だが、ドイツのクリスチャンは何をしたか？　ヒトラーに反対したのはごく少数の人びとだけだった。

ヒトラーに対するドイツのカトリック教会の対応を注意深く調べた結果、ゴードン・ザーンは「ごくわずかな例外を除いて、ドイツのカトリックのクリスチャンはヒトラーの戦争努力を支持した」と述べている。[15] 開戦当初（1939年9月）、ドイツ・カトリック教会の司教たちは全国会議で、「カトリックの兵士たちに、総統への忠誠と犠牲を厭わない精神、全き人間となるための努力をもって、自らの使命を果たすよう激励した[16]」。

1941年に南ドイツ（バイエルン）のカトリック教会は、組織の権威によって個々のクリスチャンに、「自分の義務を完全に、喜びをもって、忠実に果たす」ことを求め、「父祖の地と故国への奉仕のために、あらゆる努力をする」よう励ました。[17]

ドイツのある著名なカトリック神学者は、正戦の疑問を提起しないよう信者に勧告するパンフレットを書き、この戦争の正義は戦後、あらゆる文書が入手可能になってからでなければ「科学的」に論じることはできない、と論じた。つまり、いまは一人ひとりが「国の大義を信じて最善を尽くさなくてはならない」と説いたのである。[18]

戦争を支持した聖職者

他の時代、他の場所でも、国家間紛争の熱気の中に置かれたキリスト者が示した判断力はこれと大差ない。エドワード・ウェスターマルクはその著書『倫理の起源と発展』の中で、プロテスタントについて次のように述べている。「プロテスタントの国が遂行した戦争について、その動機が何であれ、その国の聖職者の大部分が承認も支援もしなかった例はない[19]」

歴史家W・E・H・レッキーも『ヨーロッパ道徳史』で同様のことを述べている。「コンスタンティヌス帝以後のどの時代を見ても、聖職者たちが一致して戦争を防いだり、規模を縮小させた例を見つけることはできない[20]」。米国で多数のクリスチャンがベトナム戦争と２００３年のイラク侵略に反対したが、それは数少ない例外と言えるだろう。

正義なき戦争の古典的ケース（第二次世界大戦）においても、圧倒的多数のクリスチャンは正戦の規準を忠実に適用しなかった。そのことは、正戦論はそもそも有効なのかという深刻な疑問につながる。正戦支持者が一貫してナショナリズムに搦めとられてしまっているのを見ると、正戦の規準を忠実に適用できるという見通しは、人間の本性についての理解が甘いのではないかと思わざるを得ない。一貫した非暴力思想のほうが、人間の根本的な罪に対する現実的な対応なのではないだろうか[21]。

殺傷兵器の〝進歩〟を支持するクリスチャン

教会はまた、歴史を通して、戦争の手段の進歩を最初は非難するが、まもなく受容するというパターンをくり返してきた。10世紀から12世紀にかけて、それまでの弓に代わって殺傷能力の高い石弓が広がっていった。１１３９年、第2回ラテラン評議会が石弓を非難したが[22]、クリスチャンはそれを使い続けた。

火薬に対するキリスト教の反対は西側諸国での開発を遅らせたが、一時的なことにすぎなかった。最初の潜水艦が発射した魚雷によって２５００人の男たちが死んだとき、人びとはそれをひどい犯罪だと非難したが、「すぐにその改良に着手した[23]」。

ドイツが空爆でイギリスの民間人をはじめて攻撃したとき、イギリスのクリスチャンはこの重大な不道徳を非難し、同じやり方で報復しないことを誓った。英国の著名な聖職者Ｊ・Ｈ・オールダム博士は、

1940年に次のように述べた。「非戦闘員を故意に殺害するのは殺人だ。もし戦争が無実の人を意図的に殺傷するような醜悪なものになっていくなら、クリスチャンは平和主義に立つか信仰を捨てるか、いずれかを選ばなくてはならなくなる」[24]

だが3年後、彼は「軍事上の標的への攻撃と、無差別殺戮と徹底的破壊の区別は、二義的重要性しかない」と述べ、政府は軍事上の必要があればどんな手段でも選ぶことができると論じた。[25]

連合軍によるドイツ空爆では、クリスチャンのパイロットも爆撃機を操縦し、ドレスデンを含むドイツの都市では、空襲の猛威で1日だけで10万人以上の非戦闘員が死んだ。戦闘のための正しい手段を定めた正戦の規準は、新しい武器の開発に対して口では反対意見を表明したが、兵器の開発や使用を実際に停止させたことはなく、技術的に可能なものは結局すべて使われている。[26]

正戦論からの戦争反対・兵役拒否がない

正戦論を支持するクリスチャンが「選択的兵役拒否」(特定の戦争に反対する立場)を容認したことも実行したこともないのは、正戦論の弱さのもう一つの表れだ。少なくとも正戦論は、支配者が宣言した戦争のすべてが正義とは限らないことを認めていて、その場合、クリスチャンは戦うことを拒むべきであるとしている。[27] しかし、正戦の理論家たちが選択的兵役拒否についてようやく議論しはじめたのは、ついここ数十年のことだ。

多くの民主主義国家には、「良心的兵役拒否者」(すべての戦争に反対する人びと)に対し、従軍する代わりに何らかの公益サービス(代替役務)に従事することを認める法律がある。しかし、選択的兵役拒否を認めている国はほとんどない。正戦の規準を真剣に当てはめれば、もっと多数の選択的兵役拒否があってしかるべきだが、正戦論に立つクリスチャンが政府にそのような法律を制定させるために投入しているリソースはきわめて限られている。[28]

また、正戦を支持する教会にとっては、特定の戦争に対して選択的兵役拒否をする個々のクリスチャンを支援するだけでは十分ではない。それでは個人任せが過ぎる。これほど複雑な問題においては、個々のクリスチャンには他のクリスチャンの助力と洞察力が必要だ。正戦の教えを受け入れている諸教会は、倫理学者、神学者、社会科学者などの知見を総合する仕組みを共同でつくり、国が始めてしまうかもしれない戦争の妥当性を検討するべきである。[29]

もちろん、そのような仕組みがあろうとなかろうと、個々のクリスチャンは自分で自分の結論を出す必要がある。しかし、戦争と平和のような重い決断に際しては、キリストを信じる人びとの集合知が必要である。

個人が複雑な問題を理解し、ナショナリズム的なプロパガンダに耐えるためには、助けが要る。世俗的な政府は、常に目の前の計画と狭量な自国の利益を合理化しようとする。正戦論を支持する教会が、教会員が召集されるかもしれない戦争の正当性を評価するために、現実に即して機能する洗練されたメカニズムを開発できたとき、正戦の教えははじめて信頼性を確立することができる。そのようなメカニズムがないということは、正戦の教えが失敗していることを示す一つの尺度である。

１５００年間も失敗を重ねてきた正戦論

正戦論を支持する倫理学者たちは、正戦論者が正戦の規準を適用することに失敗しているとしても、その倫理的立場が間違っていることの証明にはならない、と主張する。[30]ポール・ラムジーは、「国の政策決定プロセスに対して、正戦論も平和主義も影響力を発揮できていないが、そのことをもってこれらの理論を否定できるわけではない」と指摘している。[31]

何らかの倫理的主張が実行されていないとしても、それはその倫理を信奉する人間の失敗であって、その倫理が誤りであることの証明にはならないのはそのとおりだ。しかし、正戦の教えはアウグスティヌスからこの方、1500年以上にわたってキリスト教思想家のあいだで主流を占めてきた。[32] ほとんどのキリスト教指導者が、クリスチャンが戦争や暴力について考え、不当で見当違いな戦争に巻き込まれないように行動する際に、正戦の教えを公式な拠りどころとすべきだと論じてきた。その拠りどころが、一貫して失敗してきたというのであれば[33]、正戦の教えは信頼できる有効なアプローチなのだろうかという、深刻な疑問を感じずにはいられない。

ユニオン神学大学院の元総長であるドナルド・W・シュライバー・ジュニアは次のように述べている。「20世紀の戦争は、その遂行においてあまりにも巨大な不公正を積み重ねてきた。よほど鉄面皮な道徳家(モラリスト)でなければ、正戦の理論で21世紀の政治を考えようなどとは言えないはずだ[34]」

正戦の教えが不当な戦争を防げなかったとしても、正戦の論理そのものが間違っているとは限らない、というラムジーの指摘は間違ってはいない。だが、こうも失敗が多いと、やはりその有用性を疑わざるを得ない。

もちろん、非暴力についてもそれは同じだ。もし、非暴力の活動家がその理論を具体的な状況に当てはめようとどんなにがんばっても、暴力と不公正をまったく減らせなかったとしたら、私も非暴力の理論の有用性を疑うだろう。しかし、すでに述べたが、歴史の記録を見れば、非暴力抵抗は暴力的抵抗より平和と正義を促進するうえですぐれた効果を発揮している。

正戦の思想については、不正な暴力を避けるためにそれが使われたこと自体が少ないという点で、教会が戦争について考える際の有用で効果的な指針たり得るか疑問である。

正戦論によってクリスチャン同士が殺しあった

正戦思想のもと、クリスチャンは多くの戦争で戦い、他のクリスチャンを数万、数十万、いや何百万もの単位で殺してきた。

米国が第一次世界大戦に参戦したとき、米国には４６００万人のプロテスタントと６２００万人のカトリックがおり、敵側には４５００万人のプロテスタントと６３００万人のカトリックがいた。実際にその戦争で、クリスチャンは何百万ものクリスチャンを殺した。

その戦争を振り返って、１９２５年にあるクリスチャンが次のように話している。

> キリスト教諸国は歴史上最も恐ろしい殺戮に邁進した。あれほどの残虐さにもかかわらず、ありとあらゆる殺人装置が使われた。敵の命を奪うために人間は創意工夫の限りを尽くした。クリスチャン（名ばかりのクリスチャンもいれば真のクリスチャンもいただろう）も敵国のクリスチャン（やはり名ばかりのクリスチャンもいれば真のクリスチャンもいただろう）を殺すために戦った。両軍の塹壕の背後では教会が、「神の兵よ立て」と檄を飛ばし、十字架を先頭に押し立て、虐殺を神の祝福と叫んだ。[35]

キリストの教会がキリスト教国同士の戦争を防げなかったという事実によって、多くの人びとがキリスト教そのものに深い疑問を抱いた。

クリスチャンがクリスチャンを殺した20世紀の二つの世界大戦も、死者の多さを別にすれば、それまでの戦争と変わるところはない。ルターによる宗教改革以後、カトリックとプロテスタントはおよそ１５０年にわたる宗教戦争で血なまぐさい戦闘を繰り広げ、〝キリスト教ヨーロッパ〟を荒廃させた。

「一つの体」の否定

クリスチャンがクリスチャンを殺すことは、信じる者はキリストにあって一つの体になるという新約聖書の教えに間違いなく反している。「ユダヤ人もギリシア人もなく、奴隷も自由人もなく、男も女もありません。あなたがたはみな、キリスト・イエスにあって一つだからです」（ガラテヤ３・28）。キリストにあってはイギリス人もドイツ人もない。エペソのクリスチャンに平和と一致を呼びかけたパウロは、「主はひとり、信仰は一つ、バプテスマは一つ」と述べている（エペソ４・１‐６）。

イエスは弟子たちに、イエス自身に対して実の母親や父親に対するよりも強い忠誠と献身を求めた。「わたしよりも父や母を愛する者は、わたしにふさわしくない」（マタイ10・37）。その教えを尊重するなら、キリストに対するクリスチャンの献身は、自分の生物学的家族、政党、あるいは国家への献身を超えるものでなければならない。

米国福音同盟（ＮＥＡ）の政策提言文書は、「キリストの主権とキリストの体［クリスチャンの共同体、すなわち教会］への献身は、あらゆる政治的献身を超越するものである」と宣言している。[36] キリストへの献身より国家への忠誠を求めるナショナリズムを上位に置くクリスチャンは、偶像崇拝の罪を犯しており、キリストの一つの体という聖書の教えに反している。[37]

次のように言うヨーダーは正しい。

> 戦争について、クリスチャンは、おざなりな反対表明はしても、政府の要請があれば他のクリスチャンを殺す準備をしたり、必要に迫られれば実際に殺してきた。そんなことより、聖公会と司教会議（シノドス）と会衆派の組織形態の優劣をめぐる見解の相違のほうが重大問題と言わんばかりだ。キリストの体の一致についての教えは忘れ去られている。（中略）
>
> 戦争協力を道徳的に正当化するいかなる議論も、敵と味方の両方を正当化することはできない。連合国軍のクリスチャンはヒトラーを倒して社会秩序を守るために戦争に参加したが、それが正しい行動だったのなら、ドイツではクリスチャンが良心的兵役拒否を選択していなければ理屈にあわない。[38]

悲しいかな、クリスチャンは失敗を重ねてきた。「キリスト教国」に住むクリスチャンは、何度もくり返し、キリストの世界的な一つの体よりも自国への忠誠を上に置いた。その結果、正戦の教えに従うことを標榜するクリスチャンが、何百万人もの他のクリスチャンを戦争で殺してきたのである。正戦論の有効性には強い疑問を感じずにはいられない。

正戦思想と旧約聖書の悩ましい関係

正戦論は、旧約聖書が命じることを禁じ、旧約聖書が禁じたことを奨励している。旧約聖書は征服した領土にいるすべての男性、女性、そして子どもの殺害を何度も命じているが、正戦論は、非戦闘員と捕虜となった戦闘員に対する攻撃を明確に非難している。旧約聖書は武力を増強してそれに頼ることを非難しているが、正戦論は最先端の武器で国を守ることに熱心だ。

皆殺しを命じる神と正戦論

旧約聖書で神は、イスラエルに占領地の住民を皆殺しにすることを、明確な言葉で繰り返し命じている。「息のある者は、一人も生かしておいてはならない。……あなたの神、主が命じられたように必ず滅ぼし尽くさねばならない」(申命記20・16-17)。

ミディアン人を破ったイスラエルが虜(とりこ)にした人びとを見逃したことを怒ったモーセは、「男の子は皆、殺せ。男と寝て男を知っている女も皆、殺せ」と命じた(民数記31・13-17)。イスラエルの民はエリコを占領したのち、「男も女も、若者も老人も、また牛、羊、ろばに至るまで町にあるものはことごとく剣にかけて滅ぼし尽くした」(ヨシュア6・21)。

ヨシュア記10章28-39節には、イスラエルの民を率いるヨシュアが、次々と都市を陥落させていったことが記されている。ヨシュアが全員を斬り殺し、一人も残さなかったことが繰り返し書かれている(ヨシュア10・30、32、35、37、39)。ヨシュアがこの地域全体を制圧したことが次の言葉でしめくくられている。「一人も残さず、息ある者をことごとく滅ぼし尽くした。イスラエルの神、主の命じられたとおりであった」(同10・40)。

ヨシュア記の次の章が、イスラエル人がさらに占領地で行ったことを説明している。「分捕り品と家畜はことごとく、イスラエルの人びとが自分たちのために奪い取った。彼らはしかし、人間をことごとく剣にかけて撃って滅ぼし去り、息のある者は一人も残さなかった。主がその僕（しもべ）モーセに命じられたとおり、モーセはヨシュアに命じ、ヨシュアはそのとおりにした」（ヨシュア11・14－15）。

預言者サムエルは民にこう宣言している。「万軍の主はこう言われる。……行け。アマレクを討ち、アマレクに属するものは一切、滅ぼし尽くせ。男も女も、子どもも乳飲み子も、牛も羊も、らくだもろばも打ち殺せ。容赦してはならない」（サムエル上15・2－3）[39]

ジャン・カルヴァンでさえ、命あるすべてのものを殺せという神の命令は「残忍」であり、「残酷で野蛮な凶悪行為」であって、私たちを驚愕させずにはおかないと認めている。[40]旧約聖書には、イスラエルが敵の軍勢を破ったあとで、その地に住む男性、女性、そして子どもたちを（しばしば神の命令に従って）皆殺しにしたことが書かれている。これは正戦論では明確に禁じられている行為だ。[41]

軍事力への依存

正戦論と旧約聖書が矛盾する二つ目の領域は、イスラエルが最新の軍備（特に戦車（チャリオット）と軍馬）を手に入れたことを神が非難していることだ。そのことを記している旧約聖書の箇所は少なくない。「王の勝利は兵の数によらず、勇士を救うのも力の強さではない。馬は勝利をもたらすものとはならない」（詩篇33・16－17）。イザヤは次のように述べている。「災いだ、助けを求めてエジプトに下り、馬を支えとする者は。彼らは戦車の数が多く騎兵の数がおびただしいことを頼りとし、イスラエルの聖なる方を仰がず、主をたずね求めようとしない」（イザヤ31・1）。

申命記17章は、やがてイスラエルがほかの国と同じような王の擁立を望むことになるだろうと記している。国を守るために軍事装備を手に入れるのは王の役割である。だが申命記には、イスラエルの王となる者はそれをしてはならないと、はっきり書かれている。「王は馬を増やしてはならないと主は言われた」（申命記17・16）。

預言者ホセアは、偶像崇拝、経済的不公正、そして軍備増強を行うイスラエルがやがて他国に攻撃され、囚われの民となることを預言した。「お前たちは悪を耕し、不正を刈り入れ、欺(あざむ)きの実を食べた。自分の力と勇士の数を頼りにしたのだ。どよめきがお前の民に向かって起こり、砦はすべて破壊される」（ホセア10・13－14）。

詩篇の作者は、軍事力への依存と神への信頼を対比させて言う。「戦車を誇る者もあり、馬を誇る者もあるが、われらは、われらの神、主の御名を唱える」（詩篇20・8）。ゼカリヤは、神がやがて、軍馬ではなくろばに乗った王を遣わしてイスラエルを救うと言った。「見よ、あなたの王が来る。彼は神に従い、勝利を与えられた者。高ぶることなく、ろばに乗って来る。……わたしはエフライムから戦車を、エルサレムから軍馬を絶つ」（ゼカリヤ9・9－10）。

最先端の軍備にではなくヤハウェに信頼せよという預言者の声は、旧約聖書の唯一のテーマではない。しかし、それは一定の頻度でくり返し表れる。正戦を支持するクリスチャンがこの教えに従うなら、自分の国に対し、最強の軍隊に恃(たの)むのではなく神に信頼するよう促さなくてはならない。歴史上、正戦論に立つキリスト者がそのような行動を起こしたことはない。

このように旧約聖書は、平和主義者にとってと同じくらい、正戦支持者にとっても頭の痛い問題を突きつけている。旧約聖書は正戦の教えが非難する行為を繰り返し命じているし、正戦の教えが無視する方法を奨励している。自分たちは戦争についての旧約聖書の教えをただ受け入れているだけだという、正戦論者の主張には説得力がない。[42]

正戦論は人間の現実を理解していない

正戦支持者はしばしば、正戦論は平和主義より人間の性質について現実的な見方をしていると主張する。平和主義は性善説に立っており、人を説得して正しい行動に導くことは難しくないと考えている、と批判する。しかし、キリスト教は性善説ではない。人間の罪についてのキリスト教の教義は、人間はつねに隣人にひどい仕打ちをすると指摘し、その理由を説明している。

前章で見たように、平和主義者の中には、人間は基本的に善であるという素朴な見方をしている人もいる。しかし、聖書の平和主義は、人間の罪の広がりと根深さを十分に認識している。

この罪の現実こそが、本章で取り上げた悲惨な戦争の歴史の根底にある。罪によって、人びとは利己的な利益、他を顧みない部族主義、好戦的ナショナリズムに流され、正戦の規準を効果的に適用できなかったばかりか、指導者の号令に呼応して事実上すべての戦争を受け入れてきたのだ。

この人間の罪深さをふまえて現実的に考えるなら、正戦論より平和主義のほうが堕落した世界にふさわしいというのが妥当な結論だと言える。国が人びとの感情に訴えて戦争を叫びはじめたら、正戦の規準を当てはめて是非を評価するという態度より、どんなときにも殺してはならないというイエスの命令に従う姿勢のほうが、狭い利己心や過剰なナショナリズムへの誘惑から私たちをよりよく守ってくれるからである。人間の罪深さを考えれば、平和主義者のほうが正戦支持者より現実的な考えをしていると見るほうが理に適っている。

戦争の結果は事前に予測できない

戦争には必ずなにがしかの悲惨な結果がともなう。だがその悲惨が、戦争をせずに悪を放置した場合の悲惨以下に収まるかどうかを、事前に知ることはできない。正戦の倫理学者ナイジェル・ビガーは、それが平和主義者の最強の理論的切り札だと指摘する。[43]

正戦の規準の中には、戦争がもたらす良い結果が戦争の過程で生じる悪い結果を上回らないかぎり、その戦争は正しくない、という比例原則というものがある。したがって、戦争の結果が読めなければ、戦争の是非を論じることができない。

ヨーダーは正戦論への反論の中で、ラインホールド・ニーバーが論じた歴史の「皮肉(アイロニー)」――「人間が歴史を動かそうとすると、ほとんどいつも期待と異なる方向に動いてしまう」――を引きあいに出した。[44] ビガーは、「ヨーダーは正戦の論拠の中で最も弱い部分を攻めている。それは、戦争が引き起こす悪の重さと、戦争で達成される善の重さを量る共通の通貨が存在しないということだ」と認めている。[45]

効果測定以前に従うべき原則

戦争の結果が事前にわからないという事実が、戦争の是非は効果の事前評価で判断するのではなく、イエスの教えに従って判断するのが正しいことを強調している。戦争しなければもっと酷いことになりそうだという恐れから、イエスの命令を一時的に棚上げするようなことがあってはならない。

先に見たように、[46] この点では平和主義者と正戦論者は一致できる。平和主義者は、イエスは殺してはならないと教えたと信じている。正戦論者は、イエスは非戦闘員を攻撃してはならないと教えたと信じている。そして両者とも、たとえ邪悪な敵に征服されることになるとわかっていても、クリスチャンにはしてはならないいくつかの行動があるということに同意している。

行動を選ぶときは有効性を考慮すべき（第二義的にであれ）と考えるなら——私はそう考える——行動の結果が正確に予測できないのは、平和主義者にとっても正戦論者にとっても困った問題だ。まず考慮すべきことは、短期的な有効性ではなく、イエスへの忠実だ。まずイエスの教えに反することはしないという覚悟を起点とし、そこから先は、あらゆる選択肢の中から、有効性を考慮して正義と平和の実現に努めればよい。

その際、どの行動が最良の結果をもたらす可能性が高いかという、有効性の見きわめが必要になる。その点に関しては、正戦論のビガーやラムジーが言うように、「平和主義者にとっても正戦の戦士にとっても、未来のことは根本的に予測不可能である」[47]。

行動の結果を正確に予測できなければ正戦の規準の一つ［戦争の効果が被害を上回らなくてはならない］を適用することが難しいので、それは確かに正戦の教えの弱点でもある。だが、それは平和主義にとっても言えることなので、私はそれが正戦論の最大の弱点だとは思わない。

正戦論の伝統が積み重ねてきたさまざまな問題は、この教えの有効性に深刻な疑念を引き起こす。福音を受け入れるように人を招きながら、同時にその人を殺すことはできない。敵を愛せというイエスの命令に従いながら、同時にその相手を殺すなどということはできない。

歴史をふり返れば、正戦の教えが戦争を妨いだ例も、正戦を支持するクリスチャンを励まして不当な戦争への参加を拒（こば）ませたという例もほとんどない。クリスチャンが国が行う戦争で敵国の何百万ものクリスチャンを殺してきたという醜聞は、クリスチャンが正戦の教えに従うことに何度も失敗していることとの強力な証拠だ。少なくとも、旧約聖書によって戦争への参加を正当化しようとする人にとっては、正戦の教えが、旧約聖書が命じる行動をしばしば禁じ、旧約聖書が非難する行動を奨励していることも大きな問題だ。

　正戦論の失敗と問題点を考えると、平和主義のほうが正戦の教えよりも、世界には罪が蔓延しているというキリスト教の理解に、よりよく適合していると言えるだろう。

第10章　旧約聖書の神とイエス

皆殺しを命令する旧約聖書の神

クリスチャンは、唯一の神が、真の神であり真の人であるナザレのイエスにおいて、その姿を最も完全に明らかにされたということに同意する。イエスは私たちに、「天にいるあなたがたの父の子となるため」に敵を愛しなさいと言っている（マタイ5・44－45）。

その神は、イスラエルの人びとに、次々に街を破壊させ、男、女、そして子どもまでも殺すことを命じた神なのだろうか？　その神は、子どもが怠け者だとか、安息日に薪（たきぎ）を拾い集めたといった程度のことで死刑を命じた神なのだろうか？

前章で見たように、旧約聖書で神はイスラエル人に、占領した都市のすべての住民を殺せと何度も命じている。「息のある者をひとりも生かしておいてはならない。」（申命記20・16－17）。ヨシュアが次々と都市を征服していく様子を説明しているヨシュア記には「剣をもって、それ［征服した都市］と、その中のすべての人を撃ち滅ぼして、ひとりもその中に残さず」とある（ヨシュア10・30、32、35、37、39）。地域全体を平定したヨシュアの勝利を聖書はこう記している。「こうしてヨシュアはその地の全部……そのすべての王たちを撃ち滅ぼして、ひとりも残さず、すべて息のあるものは、ことごとく滅ぼした。イスラエルの神、主が命じられたとおりであった」(ヨシュア10・40)。

これらのテキストは、イスラエルの聖戦の伝統である聖絶(*herem*)［神に捧げるために俗用に供することを禁じること。敵対する異民族の聖絶では全員が殺された］を反映している。[1] 紀元前9世紀のモアブの碑文にも、戦いで打ち負かした都市の捕虜を皆殺しにし、勝利を神に感謝して献げるいけにえにするという慣行が刻まれている。[2]

このような大量虐殺の実行(しばしばヤハウェによって命じられている)は、旧約聖書の中に37回登場する。[3] どうやらイスラエルは、打ち破ったカナン人の町で男、女、子どもを皆殺しにすることを、ヤハウェへの礼拝の行為と理解していたようだ。[4] エリコを陥落させたのち、イスラエル人は「町にあるものは、男も、女も、若い者も、老いた者も、また牛、羊、ろばをも、ことごとく剣にかけて滅ぼした」(ヨシュア6・21)。

旧約聖書には、神が人びとのさまざまな行為に対して死を命じたことが記されている。姦淫(レビ記20・10)、安息日の煮炊きや薪集め(出エジプト記31・14、35・2-3、民数記15・32-36)、頑なな子ども、怠惰な子ども、大酒飲みの子ども(出エジプト記21・15、17、レビ記20・9、申命記21・18-21)、神を呪うこと(レビ記24・16)、偶像にいけにえを捧げること(出エジプト記22・20)などだ。ダビデ王が国勢調査をしたときも、それに怒ったヤハウェは天使を送ってイスラエル人7万人を虐殺したと記されている(サムエル下24・15)。

詩篇には、神と神の民が凶暴な行為に及ぶ場面が描かれている箇所がある。神が敵を打ち砕くことを告げる箇所では、「わたし［神］は海の深い所から彼らを携え帰る。あなたはその足を彼らの血に浸す」

（詩篇68・22－23）と書かれている。また、詩篇の作者はバビロン（エルサレムを滅ぼした）の滅亡を予告して、「あなた［バビロン］のみどりごを取って、岩になげうつ者はさいわいである」（詩篇137・8－9）と綴っている。

士師記20章は、ベニヤミン族の何人かの男が犯した重大な悪のために、他の部族がベニヤミン族に仕掛けた戦いの物語だ。他の部族が何度か神に導きを求めるが、神は繰り返し彼らに戦うことを命じている（士師記20・18、23）。彼らが「また出て行って、同胞ベニヤミン族と戦うべきでしょうか。それとも、やめるべきでしょうか」とたずねると、主は「攻め上れ。明日、わたしは彼らをあなたがたの手に渡す」（同20・28）と答えている。翌日、「主がイスラエルの前でベニヤミンを打たれたので、イスラエルの子らは、その日、ベニヤミンの二万五千百人を殺した」（同20・35）。旧約聖書の100箇所以上で、神は人びとに他の人を殺すことを命じている。[5]

旧約聖書でよく使われている神の称号の一つは「万軍の主」だ。旧約聖書に200回以上出てくる。[6] 神は軍隊の主、イスラエルの神はイスラエル軍を支持して戦う存在なのである。

旧約聖書には、殺人を命じ、戦争することを命じ、男も女も子どもも殺す、まさにジェノサイドを命じる神が記されている。この神と、敵を愛することを命じるイエスにおいて現れた神を、どうすれば結びつけることができるのか？

イエスの時代の多くのユダヤ人は、神が再び国家の敵であるローマの征服者を滅ぼす「聖戦」を起こすことを望んでいた。しかし、イエスはその方法を完全に拒否した。[7]

モーセが民に告げた最後の言葉と、イエスが弟子たちに告げた最後の言葉ほど、鋭いコントラストをなすものはない。[8] モーセは民に、カナンに攻め入り、「主が彼らをあなたたちに引き渡されるから、私が命じたすべての戒めに従って彼らに行いなさい」と命じた（申命記31・1－5）。イエスは弟子たちに、全世界に出て行って、すべての国の人びとを弟子とし、「あなたがたに命じておいた、すべてのことを守るように教えなさい」と命じた(マタイ28・20)。そこには敵を愛することも含まれている。

イエスの教えと旧約聖書の関係

言うまでもなく、これほど異なる神の姿に折りあいをつける最も簡単な方法は、旧約聖書は原始的な考えを反映した古文書であり、新約聖書を信じるクリスチャンにとっては権威も有効性もない、と否定してしまうことだ。

しかし、敵を愛せと説いたそのイエスが、「聖書はすべて神の霊の導きの下に書かれている」(Ⅱテモテ3・16)という見方を、1世紀のユダヤ人ともクリスチャンとも共有している。

サタンの誘惑を受けたくだりでは、イエスは三つの誘惑に申命記を引用して応え、「――と書かれている」と言っている(マタイ4・1-11)。「書かれている」という言い方は、ヘブライ語聖書[旧約聖書]に言及する際の、イエスの時代のユダヤ人のあいだで一般的な方法であった。[9]

イエスは、「ダビデ自身が聖霊を受けて言っている」と断ったうえで、詩篇を引用している(マルコ12・36)。復活ののち、イエスは弟子たちに、自分について「モーセの律法と預言者と詩編」(ヘブライ語聖書を意味する典型的な表現)に書いてある事柄が実現した、と説明している(ルカ24・44)。

山上の説教の冒頭で、イエスは「律法」と「預言者」へのコミットメントを表明している。「わたしが律法や預言者を廃棄するために来た、と思ってはならない。廃棄するためではなく成就するために来たのだ。まことに、あなたがたに言う。天地が消え去るまで、律法の一点一画も決して消え去ることはない」（マタイ5・17－18）。

明らかにイエスは、律法、詩篇、そして預言者の書が、神の権威ある言葉であると考え、人びとにもそう教えた。イエスが真の神であり真の人であると信じるなら、ヘブライ語聖書についての彼の教えを否定することはできない。[10]

そこで現代の学者の多くが、さまざまな方法で合理化を試みている。たとえば、エリック・セイバートはその著書『聖書に記された暴力』で、一般的に受け入れられている道徳的規準を「聖書に何が書かれているのかを判断するための有効な規範として用いる」ことを提案している。何が正しく何が間違っているかについて、「健全な精神を持ち、論理的思考ができる人間なら容易に認識できること」が規準になるというのだ。[11]

だが、敵を愛せというイエスの命令のほうが、暴力についての旧約聖書の記述より、この規準に適うかどうかは必ずしも明らかではない。イエスを主と告白する者にとって、広く受け入れられている現代の倫理を、根本的な倫理規準とすることはできない。

現代の倫理に合わせるための合理化

イスラエル人が征服したカナンの地で、命ある者すべてを殺したという出来事を正当化するために（もしくは印象を和らげるために）、多くの議論がなされてきた。

まず、実際にはそんな出来事はなかったと否定してしまう説がある。そのほかには、実際に起こったことであったとしても、神がイスラエルに与えると約束していた土地だけでの出来事だったという説。あるいは、カナン人は邪悪な人びとだったので、生き残らせるとイスラエルの人びとが彼らの悪習に染まってしまうおそれがあったという説。殺せという命令はごくまれに発せられる臨時の命令にすぎなかったという説。当時、近東ではどの国も同じことをしていたという説。「息をするすべてのものを殺す」というような表現は、殺害した人数を誇張するために広く使われていた表現だったという説。神は自分自身を特定の国を通して啓示することを選んだが、どんな国も戦争せずに存続することはできず、国にとって戦争は必要だったという議論もある。以下、順に見ていこう。

「それは実際に起こった出来事ではない」

多くの旧約聖書学者が、ヨシュアと彼の軍によるカナン人の都市の大規模な破壊は、実際にあった出来事ではないと主張している。

考古学者たちは、完全に破壊されたとヨシュア記6-11章に書かれている諸都市を含む地域で、広範な発掘調査を行った。その結果、ヨシュアの軍勢によって12都市が破壊されたと記録されているが、7都市が占領されただけで、征服の際に破壊されたことをうかがわせるのは3都市だけだった。

そういうわけで、いったい神はなぜカナン人を皆殺しになどできたのかという問いに、ピーター・エンズは簡潔に、神は殺していない、そんなことは起こらなかった、と答えている。[12]

私は旧約聖書学者ではないし、本書はこの分野の諸研究を評価する場所でもない。[13] しかし、たとえ彼らの主張が正しく、実際には殺戮はなかったとしても、イエスが権威ある神の言葉と認める聖書に、神が息をするすべての者の絶滅を命じたと書かれている以上、神学上の問題が消えてなくなるわけではない。[14]

「アブラハムとの約束を果たすためだった」

神がアブラハムに土地を与えると約束したことが、聖書に書かれているのは事実だ。創世記で神はアブラハムに告げている。「わたしは、あなたが滞在しているこのカナンのすべての土地を、あなたとその子孫に、永久の所有地として与える」（創世記17・8）[15]。神は、アブラハムの子孫がカナンの地に住むことを望み、すべての国を祝福するための特別な民とする計画を立てた（同12・1－3）。そして、その地にアブラハムとダビデの子孫であるイエスが世の救い主として生まれたことで、神の計画が実現した。

しかし、だからといって、全能の神が計画を達成する唯一の方法が、そこに住んでいたカナン人を皆殺しにすることであったと言うことはできない。賢く力ある神は、その計画を達成するためにジェノサイド以外の手段を使うこともできたはずだ。

「カナン人は抹殺に値する邪悪な人びとであった」

カナン人のあいだに悪があったのは事実だ。彼らは偶像を崇拝し、子どもたちを神々のいけにえとし、神殿売春を行った。「この国々の民が神に逆らうから、主があなたの前から彼らを追い払われるのである」（申命記9・4）[16]。聖書には、神は偶像を崇拝するカナン人が生き残り、イスラエルを偶像崇拝に誘うことを嫌ったと書かれている。神がモーセを介してイスラエルに与えた律法の中には、カナン人がイスラエルの人びとと一緒に住むことを許さないという命令がある。「彼らはあなたの国に住むことはできない」（出エジプト記23・33）[17]。そしてモーセはイスラエルに、カナン人の厭（いと）うべき行為をまねてはならない、さもなければ神はイスラエルを滅ぼす、と警告している（レビ記18・27－28）。

しかし、ここでも私たちは問わなければならない。そのような罪人を罰するのにジェノサイド以外の方法はなかったのか？　それがイスラエル人を偶像崇拝から遠ざける唯一の方法だったのか？　もちろん、有限の人間は、神の行為の間違いを指摘できるほど神のことを理解できるわけではない。[18]しかし、神には何でもできる権利があると認めたとしても、神の子イエスによって啓示された神がなぜジェノサイドを命じたのか、理解に苦しむことには変わりがない。

「常に発せられる命令ではなかった」

ポール・コパンやマシュー・フラナガンは、息のあるものをすべて殺せという命令は特別な場合だけの「たまに発せられる命令」にすぎず、さほど問題ではないと主張する。彼らは、征服したのが「遠く離れている町々、すなわちこれらの国々に属さない町々」（すなわちアブラハムとその子孫に約束された土地ではない地域）であった場合は、神が殺せと命じたのは男だけであった（申命記20・10－18）と指摘する。約束の地にある町の場合にだけ「息のある者は、一人も生かしておいてはならない」（同20・16）と命じていることを指摘する。[19]神がすべての都市で殲滅(せんめつ)を命じたわけではなかったとしても、カナンではそれを命じていることが私たちに突きつける問題はいささかも解消されない。

「近東では他の国々もジェノサイドを行っていた」

征服した都市のすべての住民を虐殺することは、当時そう珍しいことではなかったことが、聖書以外の資料からわかっている。アッシリアの神殿の碑文には、アッシリアの王アッシュールナツィルパルが占領地で子どもを含む人びとを斬殺し、燃き殺したことが書かれている。[20]前述したように、紀元前9世紀の碑文には、モアブ人の王がイスラエルのある都市で全住民を殺害したことが記録されている。異教徒のあいだでこのような行為が広まりつつあったとしても、そのことによって神がイスラエルにも同じことを命じたことを正当化しようとする一部の福音派の学者たちの議論[21]には、妥当性は感じられない。

「誇張された戦果の記録である」

コパンとフラナガンは、紀元前9世紀のモアブの碑文や、当時の近東の多くの文書を根拠に、別の指摘も行っている。当時の王たちは、軍事行動の成果を記録する際、つねに誇張した表現を使っていたというのだ。ヨシュア記にある、息あるすべてのものを殺せという表現は、その他の古代の戦勝報告の表現と驚くほど似ている。この時期の他の近東の文書では、「完全な征服、徹底的な殲滅と破壊、一人の生存者も残さない皆殺し、などの言葉で勝利が誇張して伝えられた[22]」。したがって、旧約聖書にある殺害の記録は、おそらく文字通りの意味ではなく、記述から想起されるほど大規模なものではなかったというのである。

ヨシュア記に書かれていることは、文字通りにではなく誇張された戦勝報告として理解すべきだという議論を補強するために、コパンとフラナガンは、士師記にはヨシュア記ですでに抹殺されたと記されているカナン人との戦いのことが書かれていると指摘する[23]。彼らは、ヨシュア記と士師記の最終的編集者は、ヨシュアが文字通り息をするものすべてを虐殺したと伝えようとはしていない、と述べている[24]。最終的な聖書のテキストは、ジェノサイドを命じたものでも、それを記述したものでもない。コパンとフラナガンは、モーセも神も息あるものすべての虐殺を命じてはいない、と結論づけている[25]。

この議論はどの程度有効だろう？　多少の有効性はある。少なくとも、殺されたカナン人の人数はいくつかの聖書の箇所が示唆する数より少なかったと言うことはできそうだ。また、おそらく、最終的な編集者は、息をするすべての者を殺すという表現は典型的な誇張表現であって、実際に起こったことの描写ではないと知っていたと言うことはできそうだ。

しかし、最終的な編集者が、神もモーセも息のある者すべての虐殺を命じたわけではないと考えていたのなら、まさに神とモーセの言葉としてその表現を繰り返し使っているのは非常に奇妙なことだ。[26]

いずれにせよ、神がジェノサイドを命じていることが聖書に何度も記されているという事実は残る。主イエスの父が実際にそのような命令をしたと考えるのは私には難しい。

「国民国家は自国を守らなければならない」

ピーター・クレイギーは、神が歴史上の特定の国を通して自分自身を明らかにすることを選んだからには、戦争は必要不可欠であった、と力説する。「当時の現実世界における国民国家として、イスラエルは戦争することなく存続することはできなかった」。[27] もっともだと思わせる議論だ。神はアブラハムの子孫の国を通して自身を明らかにすることを選んだのだから、その国は、他のすべての国と同じように、国の存立と防衛のために戦わなければならない。

しかし、この議論の問題は、旧約聖書には、神がイスラエルに他の諸国のような軍事行動を望んでいなかったことが繰り返し書かれていることである。エジプトから脱出した際（出エジプト）、イスラエルは追撃してきたファラオの軍に対して防衛のための戦闘を行っていない。それは、神がカナン人を追い払うためにクマバチを使おうとしたことを示唆している箇所からもうかがえる（出エジプト記23・27−28）。[28]

イスラエルが他の国と同じように戦争を指揮する王を望んだとき、神は反対した。最後に同意したときも、神はイスラエルの王は他国のように戦車や軍馬を集めてはならないと警告した。後世の預言者たちは、イスラエルが神ではなく軍事力を信頼していることをくり返し非難した（イザヤ31・1）。[29]旧約聖書には、神はイスラエルに周辺諸国とは大いに違う国であってほしいと望んでいたことが何度も書かれている。その違いの中には、国を防衛する方法も含まれる。つまり、旧約聖書自体が、神はイスラエルを特別な啓示の道具として選んだが、だからといって、その国が通常の国民国家のように最新兵器で防衛することを望んでいると言うことはできない、と警告を発しているのだ。

約束の成就に向かう歴史の神――J・H・ヨーダーによる解決策

ジョン・ハワード・ヨーダーは、聖書正典のすべてを権威ある神の言葉として受け入れる立場からこの問題にアプローチしており、彼が旧約の神をどう捉（とら）えているかは特に注目に値する。[30]

ヨーダーが否定する考え方

ヨーダーはいくつかの一般的なアプローチを否定する。[31]ディスペンセーション神学は、主権を持つ神が、七つの異なる歴史区分で異なることを命じていると考えている。この考えは、イエスがイスラエルの信仰の成就者であるというイエス自身の教えを傷つける。モーセは人びとの頑なさに根負けして離婚を許したが、戦争も人びとの不従順に対する神の譲歩なのだろうか。ヨーダーはその考えを否定する。不従順への譲歩という考えは聖戦に関する聖書テキストにはないからだ。

また、旧約聖書の殺人に関するテキストは、文明化された今日の社会では当然に否定される「原始的な道徳的未熟さ」から来ている、という考えもヨーダーは受け入れない。彼が認めていない「進化論的でリベラルな神学の視点」に由来しているからである。

またヨーダーは、旧約聖書に記されている私的責任と公的責任についての旧約聖書の記述（個人が勝手に人を殺してはいけないが、国家は正当に殺す権利がある）は新約聖書にも当てはまるという、広く行きわたった見解も否定している。殺してはならないというイエスの教えを、個人の私的領域に押し込み、市民や兵士としての公的領域においては認めない考え方だからである。

「先にあったものとの違い」に注目して旧約聖書を読む

ヨーダーの正典尊重のアプローチは、イスラエルの歴史のストーリーの中で聖書が語っていることを受け入れようとする。そして、その歴史の中に、人間の命の擁護が根づいていく進歩的な方向性を見ている。「だから旧約聖書のストーリーを読むときは、後に来るものとの違いに注目して読むのではなく、先にあったものとの違い、当時広く行きわたっていたものとの違い、後に到来したものに向かっていかに進んでいるのかに注目して読むのが適切である」[32]

神はアブラハムを暴力的な文化の中から召し出し、彼の子孫を全世界を祝福する偉大な国にすると約束した（創世記12・1－3）。ヨーダーは出エジプトのストーリーの中に暴力が存在することを否定していないが、「イスラエル人はエジプトの破壊につながることは何もしていない」ことを強調している。[33]

聖戦と、聖戦がカナン征服と士師の時代に突出して多かったことについての議論の中で、ヨーダーは、イスラエルの民が殺害をほとんど（あるいはまったく）行わなかったケースが多いという事実を強調している。[34] 殺したのはヤハウェである。聖書テキストは明らかに、イスラエルの人びとに軍事的な勇猛さと装備に頼るのではなく、神の奇跡的介入に頼ることを求めている。

だがヨーダーは、息をするすべてのものの虐殺を「敵を自分たちの手に引き渡してくれた神に対する血のいけにえ」として受け入れている。[35]「確かに言えることは、これらの出来事の中で、ストーリーが伝えているとおり、万軍の主がその民に歴史的に意味のあることを語りかけたということだ[36]」

ヨーダーは王政時代のイスラエルについての議論の中で、イスラエルが周囲の国々と同じように王を欲しがったとき、神が強く反対した場面に注目している。戦争を指揮する王を欲しがるイスラエルにしぶしぶ同意したのちも、神はイスラエルの人びとに、その王がやがて彼らを抑圧し、ヤハウェより軍事力に頼るようになると警告している（サムエル上8・1-21。申命記17・16）。

その後の預言者たちも、ヤハウェに守られることより軍事的な準備に頼ろうとする王たちをしばしば非難している。[37]バビロン人がエルサレムを占領し、イスラエル人をバビロンに連行したのち、預言者エレミヤはイスラエル人に対し、バビロンに定住してその平和を求めるよう促している（エレミヤ29・7）。彼らはもはや防衛を必要とする国ではなかったので、武力による戦闘をする必要もなくなっていた。[38]

また預言者たちは、神の民はアブラハムの子孫という範囲を越えて拡大すると告げている。ヨーダーはそこに、神の民についての理解――イエスの福音によって頂点に達する理解――の広がりを見ている。「イスラエルの人びとと国家としてのイスラエルを同一視する見方はしだいに弱まっていった。……ヤハウェがすべての民に関心を寄せているというビジョンの発展と、すべての民が律法を学ぶためにエルサレムを訪れる時がくるという約束によって、前向きな意味で弱まっていったのだ。……すべての人びとが契約の潜在的な当事者と見られるようになれば、それまで契約の外にいた人びとも劣った人間と見られることもなくなるし、神に捧げられるいけにえと見られることもなくなる[39]」

モーセやヨシュアの時代には、神の民が軍事兵器を正当に使用したが、イエスの王国が到来したいまはそうではない。なぜなら、アブラハムの子孫を通してすべての国を祝福するという神のもともとの計画が、ユダヤ人や異邦人という区別のないキリストの教会によって成就されようとしているからである。[40]

ヨーダーの主張には、明らかにすぐれた点がある。彼は、神の権威ある啓示の一部として旧約聖書を受け入れている。イエスをアブラハムの子孫を通してすべての国を祝福するという神の約束の成就と位置づけ、旧約聖書の中に約束の成就へと向かう進展を認めている。

それでも残る疑問

だが、それでもヨーダーの主張は、神がカナンの人びとを皆殺しにすることを命じたことを支持しているように思える。私たちは、主イエスの父がイエスの教えとまったく矛盾するジェノサイドを命じたことを受け入れなくてはならないのだろうか？

ジョン・ニュージェントが、ヨーダーの旧約聖書理解を解説する論考の中で指摘しているが、確かに、敵を愛せというイエスの教えは「悪に対する神の対応を漏れなく表すもの」ではない。新約聖書にはっきり書かれているが、神はクリスチャンが禁じられていることをすることがある（たとえばローマ12・19の復讐）。

ヨーダーが主張するように、有限の人間には無限の神の行動を道徳的に判断する適切な方法がない。神と人間のあいだには「はかり知れない定性的差異」があるので、私たちは、神にとって何が正しいことなのかを判断する規準を持ち得ない。「人間にはない神の性質を把握しない限り、ジェノサイドを神聖な制裁と見ることを矛盾と言い切ることはできない」[41]

だとしても、大きな疑問が残る。なるほど、イエスは神についてのすべてを完全に明らかにしたわけではない。[42]それに、イエスは繰り返し、神は悪を罰すると教えている。弟子たちには禁じられていることを、神は適切に行う。[43]しかしイエスは、神は悪い者にも正しい者にも雨を降らせる方であり、敵を愛することはそのような神にならう行為だと言っている。イエスが描いたそのような愛の神が、ジェノサイドの神と両立するのだろうか？

間接的啓示と直接的啓示――G・ボイドの説明

ジェノサイドはイエスが示した愛の神と両立するか？　神学者グレッグ・ボイドは、私たちはこの問いに「ノー」と答えなければならないと考えている。ボイドは上下2巻から成る大作『十字架にかけられた戦いの神』で、私たちを非暴力へと招くイエスの教えと、旧約聖書を権威ある神の言葉とみなすイエスの信念を両立させる方法を論じた。

私たちはイエスから始めなければならない。イエスについて、新約聖書のさまざまな箇所でさまざまな表現で書かれていることが、ヘブル書に明快に書かれている。[44]過去、神は預言者を通して語ったが、いまは「神の本質の完全な現れ」である御子イエスを通して語る（ヘブル1・1–3）。律法と預言者は、影が実体に及ばないのと同じ意味で、イエスに及ばない（ヘブル8・5、10・1、コロサイ2・17）。新約聖書の著者たちは、イエスの光の下で旧約聖書を読んだ。私たちも同じようにしなければならない。[45]イエスは聖書の中心であり、十字架はイエスの中心である。

十字架は、イエスについてのすべてを解き明かす解釈の鍵だ。「イエスについてのすべてを織りなす糸は、十字架の上で明らかにされた非暴力の、自己犠牲的な、敵を受け入れる神の愛である」[46]。神の本質は愛だ。神が愛であるのと同じようには、神は怒りではない。「罪、不正、暴力、人を滅ぼすあらゆるものに対する神の『怒り』の激しさは、人に対する神の愛の激しさ以外の何ものでもない」[47]。

神はその愛の大きさを十字架で示した。神の愛はあまりにも大きいので、十字架で私たちのために罪を背負い（Ⅱコリント5・21）、呪いを引き受け（ガラテヤ3・13）、身代わりとなって死んでくださった。一見すると神に見捨てられたような犯罪者が、実は真の神であって、神の力と知恵を明らかにした（Ⅰコリント1・18−24）。十字架は「神がどのようにして物事を成し遂げたか」を明らかにしている。神は「人間がいつもしているような力の行使や力の誇示によってではなく、カルバリの十字架で表された自らを献げる愛によって」事を成し遂げた[48]。それゆえ、十字架は「神の比類なき啓示」なのである[49]。

このように考えるボイドは、神が暴力を行使したり命令したりしている旧約聖書のテキストをどのように理解することを提案しているのだろう？

鍵はやはり十字架にある。十字架で、神は人に何かを強制しようとはせず、自らに及ぶ苦しみを受け入れて、罪ある人間が過ち（あやま）を選択することを許した。それと類似することが、聖書が書かれるときにも起こった。神は人間の著者が書いたものを強制的に上書きして、真実で正しいことだけを書かせるようなことはしなかった。愛ゆえに、神は聖書の著者たちに、神について本当ではないことを書くことも許した。

だから、十字架で明らかにされた神こそが、常に旧約聖書を解釈するための鍵となる。ボイドはこのように考え、次のように結論を述べる。

旧約聖書が伝える神の肖像（ポートレート）が十字架の上で表れた神の性質を反映している場合には、私たちはそれを、自らの真の性質をできるだけ多く示そうとする神の歴史的誠実さゆえの直接的啓示とみなすべきだ。……しかし、旧約聖書に描かれた神の肖像が十字架に表れた神の性格と相容（あいい）れない場合は、私たちはそれを、文化的制約と罪の下にある人間が神をそのように見ることを許す神の歴史的誠実さゆえの間接的啓示とみなさなければならない。[50]

つまりボイドは、旧約聖書のテキストが十字架の神にふさわしい神を描いていたら、それは神の直接的な啓示であり、それを受け入れるべきだが、十字架の上で示された非暴力の神にそぐわない暴力的な神を描いていたら、それは人間の著者の間違った罪深い考えだから、否定しなくてはならない、と言っているのである。

ボイドのこの解決策はどの程度適切だろう？　上下2巻合計1400ページにおよぶ壮大な著作には称賛に値する点が多い。[51] 私たちに与えられた最も完全な啓示であるイエスから議論を始めているのも正しい。イエスと新約聖書がさまざまな方法で旧約聖書の命令——食事規定、安息日、割礼など——を退けたり修正したりすることによって、律法と預言を成就したことを示しているのも正しい。

しかし結局のところ、旧約聖書に書かれていることは間違いだから却下すべきだと言っているほかの現代の著者たちと実質的な違いがあるのか、そこが判然としない。

ボイドの議論は確かにほかの多くの著者よりはるかに緻密だ。だが結局、旧約聖書が暴力的な神を描いているテキストについては、罪と考え違いに引きずられた人間による間違った記述だと言っている。神を理解しようとした聖書著者たちには敬意を表するが、間違いを書いている、と言っているのである。

旧約聖書における愛と平和の神

言うまでもないが、旧約聖書に現れる神は、暴力を命じたり行使したりするだけの神ではない。神のあふれる愛を説明する多くのテキストが、おそらく想像以上にたくさんある。出エジプト記では、神はご自身を「憐(あわ)れみ深く恵みに富む神、忍耐強く、慈(いつく)しみとまことに満ち……罪と背きと過ちを赦す」(出エジプト記34・6－7)と表現している。[52] 旧約聖書には「怒るのに遅く、愛にあふれる」神という表現が何度も出てくる。[53] 旧約聖書でヤハウェを形容するときによく使われている言葉の一つに、「不動の愛」を意味する *hesed*(ヘセド)という言葉がある。旧約聖書では42回、神の不動の愛は「永遠に続く」と書かれている。[54] 特に預言書には、神は暴力を憎み、未来に平和をもたらすと表現している箇所がある(イザヤ11・6－9、ミカ4・3)。旧約聖書が描く神の中心には愛がある。[55]

しかし、そんなふうに神の愛を伝えるテキストがあるとしても、暴力を命じ、行使し、ジェノサイドさえ行う神の姿が繰り返し描かれている事実がなくなるわけではなく、私たちの疑問は残る。暴力的な神とイエスが語った神を、どう調和させればよいのだろう?

旧約聖書の暴力的な神と敵を愛せと招く神を、矛盾なく説明しようとする論理的探究のいずれにも、私は満足できない。おそらく、永遠のこちら側には、私たちが満足できるような答えは存在しないのだろう。私自身、自分を納得させられる解決策を持っていない。

ただし、いくつか明らかなことはある。まず、私たちはイエスから始めるべきだということ。そして、イエスと新約聖書は、旧約聖書の中心部分の多くを超越し置き換えることによって、それを成就させたということだ。

ダレル・コールは、新約聖書は旧約聖書の神学的・道徳的基盤を前提としていると主張する。確かにその通りだ。しかしそれは、彼が言うように、「旧約聖書で明らかにされている神の永遠で不変の道徳的性格と相容れないような方法でイエスの性格を解釈することはできない」という意味だろうか？「イエスの性質は旧約聖書の神の描写と調和しなければならない」というコールの主張は正しいのだろうか？[56]

新約聖書には、旧約聖書は影にすぎず、イエスこそが明確で決定的な啓示だと繰り返し書かれているのだから（ヘブル10・1）、私たちは旧約聖書ではなくイエスを出発点にしなければならない。教皇ベネディクトはそれをうまく表現している。「キリストがすべてを解く鍵だ。……十字架で死んだのちによみがえったキリストとともに歩み、キリストの光の中ですべてのことを再解釈することによってのみ、私たちは聖書の豊かさと美しさを理解することができる」[57]

この勧めに従って、イエスと新約聖書が古い契約を超越したと主張する、新しい契約のいくつかを見てみよう。

古い契約を完成させた新しい契約

ヘブル書は、旧約聖書の律法はイエス・キリストが明らかにした実体（リアリティ）の影にすぎないと宣言している（ヘブル10・1－10）。いま、「神の本質の完全な現れ」であるキリストが来たので（同1・3）、古いものは退けられる。新しい契約では、古い契約で中心を占めていた多くのこと――律法、神殿、割礼、安息日、誓い、目には目を――は、もはや神の民の規範ではない。

旧約聖書の教えにおいても、1世紀のユダヤ人の信仰においても、その中心には律法と神殿があった。律法の詳細を厳密に守ることがヤハウェに従うことであり、忠実なユダヤ人であることの証明であった。神殿は神だけが住む場所であり、罪のためのいけにえが毎日捧げられる場所だった。だが、最初期の教会は、イエスが神への道であると信じて、律法や神殿を脇に置いた。

モーセによって与えられた律法であるトーラーを守ることは、イエスの時代において、ユダヤ人の信仰と生活の重要な一部だった。「神殿での宗教儀式、安息日の遵守、食べ物のタブー、割礼などが、ユダヤ人と異邦人を区別する重要な要素だった[58]」

安息日を守る必要はない

安息日はユダヤ人の生活の中心的な特徴として十戒（出エジプト記20・8）にしっかり定められている。旧約聖書は、それを守ることの重要性を繰り返し強調している（たとえば出エジプト記34・21）。民数記には、「安息日に薪を拾い集めているところを見つけられた」男性の話が出てくる（民数記15・33）。人びとがモーセにどうすればよいかたずねると、主はモーセに「その男は必ず死刑に処せられる。共同体全体が宿営の外で彼を石で打ち殺さねばならない」（同15・35）と告げる。安息日に家で火を使うことさえ死に値した（出エジプト記35・2－3）。

イエスは安息日をめぐってパリサイ派の人びとと衝突を繰り返した。安息日に麦の穂を摘んで食べているイエスの弟子たちをパリサイ派が批判したとき、イエスは弟子たちを擁護する（マタイ12・1－8）。安息日に病人を癒したことに異議を唱えたパリサイ派を、イエスは非難する（同12・9－14）。「人の子は安息日の主である」（同12・8）とさえ言い、「安息日は人のためにあるもので、人が安息日のためにあるのではない」と主張した（マルコ2・27）。

厳密に言えば、イエスが安息日の遵守を否定したという証拠はない。しかし、最初期の教会は、明らかに安息日を不要と考えた。パウロは「ある日をほかの日よりも尊ぶ人もいれば、すべての日を同じように考える人もいる」（ローマ14・5）と言っている。パウロは、クリスチャンは安息日を尊重する立場も不要と考える立場も受容できる、と考えていた。コロサイ書2章は安息日を「やがて来るものの影にすぎず、実体はキリストにある」と宣言している（コロサイ2・16－17）。このあと見ていくが、パウロはこの考えを律法全体にあてはめている。

律法の食事規定を守る必要はない

食事に関する規定もトーラーの重要な部分だった。レビ記11章は全体を通して、清いもの（たとえば牛、ひれや鱗（うろこ）のある魚）と、汚（けが）れたもの（たとえばウサギ、ブタ、ひれや鱗のない魚）を詳細に列記し、清浄な食べ物だけを食べるように命じている。

ペテロがコルネリオの家を訪ねる前に見た幻視体験のストーリーは、当時、敬虔なユダヤ人が食事規定をいかに厳密に守っていたかを物語っている。あらゆる種類の動物を見せられ、殺して食べなさいという命令が聞こえたとき、ペテロは食事規定を守ることの重要性を訴えている。「主よ、とんでもないことです。清くない物、汚れた物は何一つ食べたことがありません」（使徒10・11－14）。

しかしイエスは、外から体に入るものは人を汚すことはできないと教え、すべての食物を清いと宣言した（マルコ7・17－19）。新約聖書の他の箇所も、神の民にとってトーラーの食事規定を守ることはもはやや義務ではないことを示している。

エルサレム会議［西暦49年頃開催。ユダヤ人クリスチャンと非ユダヤ人クリスチャンのあいだに生じた問題に公式見解を与えた］で、「異邦人にも割礼を受けさせて、モーセの律法を守るように命じるべき」かどうかについて議論が戦わされた（使徒15・5）。その結果、異邦人のクリスチャンは、偶像に供えて汚れた肉と、絞め殺した動物の肉と、その血を食べることだけは避けるべきだが、それ以外はトーラーの食事規定を守る必要はないことが決議された。

ローマ書14章でパウロは、食べてよいものといけないものについて異なる見解を持つクリスチャンをどう扱うべきかについて、詳細な議論を展開している。パウロの議論の出発点は明確だ。「すべては清い」（ローマ14・20）として、旧約聖書の食事規定を明らかに否定している。パウロはイエスに従う人びとに、「市場で売っているものは、良心の問題としていちいち詮索せず、何でも食べなさい」と教えた（1コリント10・25）[59]。

敬虔なユダヤ人の多くが、異邦人とともに食事せず、異邦人の家を訪問しなかった理由の一つが、トーラーの厳格な食事規定の遵守だった。ペテロはコルネリオに最初にこう語りかけている。「あなたがたもご存じのとおり、ユダヤ人が外国人と交際したり、外国人を訪問したりすることは、律法で禁じられています」（使徒10・28）。しかし、そこでペテロはすべての食物は清いと教えられた幻視体験を思い起こし（同10・11–16）、いまでは「どんな人をも清くない者とか、汚れている者とか言ってはならない」ことがわかっているとコルネリオに言っている（同10・28）。

残念なことに、ペテロはその後、アンティオキアにある多民族から成るクリスチャンのコミュニティを訪問したときに、以前のユダヤ人的思考に後戻りしてしまう。当初ペテロは、異邦人クリスチャンと一緒に食事をしていたが、〝割礼重視派〟のユダヤ人クリスチャンがエルサレムからやって来ると、それをやめてしまったのだ。

そのことについてパウロは、ペテロに面と向かって、福音の核心を危うする行為だと非難し、イエスを信じる者はユダヤ人も異邦人も「律法の実行ではなく、ただイエス・キリストへの信仰によって義とされる」（ガラテヤ2・16）と教えた。トーラーの食事規定は、ユダヤ人クリスチャンにも異邦人クリスチャンにも、関係ないものとされたのである。

汚れた女性はいない

出血性疾患の女性がイエスに触れたとき、イエスが見せた反応も印象的だ。律法は、女性は月経のたびに7日間汚れ、触れてはならないと明記している（レビ記15・19－24）。生理期間以外に何日も血を流している女性も汚れており、彼女に触れた者は自分の体と衣服を洗わねばならず、夕方まで汚れているとされた（同15・25－27）。

ルカは、12年ものあいだ出血性疾患に苦しむ女性が群衆の中でイエスに触れた出来事を報告している。律法に従えば、イエスは水を浴び、夕方まで汚れたままでいることになるが、イエスは彼女に「娘よ、あなたの信仰があなたを救ったのです」と声をかけ、旅を続けた（ルカ8・42－48）。

割礼に意味はない

男子の割礼はモーセの律法の中心的な部分であり、1世紀のユダヤ人にとって重要な慣習だった。それはユダヤ人が自分たちを異邦人と区別する重要な方法だった。創世記17章は、アブラハムの子孫の割礼を神の契約の本質的なしるしとしている。「割礼を受けない男子、すなわち前の皮を切らない者はわたしの契約を破るゆえ、その人は民のうちから断たれるであろう」(創世記17・14)。

しかし最初期の教会は、エルサレム会議で、異邦人クリスチャンが神の民の一員となるためには割礼を受けなければならないという考えを明確に否定した(使徒15章)。パウロはローマ書4章で、ユダヤ人のクリスチャン(割礼を受けている)も異邦人のクリスチャン(受けていない)も、等しくアブラハムの子であると明言した(ローマ4・9-17)。割礼に重要な意味はなくなった。割礼を受けている者も受けていない者もアブラハムの子とされるのは、両者とも、アブラハムの信仰を共有することで義と認められたからだ(同4・9)。「割礼の有無は問題ではない」(Ⅰコリント7・19)。「キリスト・イエスに結ばれていれば、割礼の有無は問題ではない」(ガラテヤ5・6、6・15)。

旧約聖書の時代の信仰では非常に重要だった割礼だが、多民族から成る神の新しい民にとってはその意味を失った。次のように述べるピーター・エンズは正しい。「神から永遠の命令として定められていた、神の民を示す物理的な標識は、イエスによって有効期限が終了した」[60]

律法は廃止された

新約聖書は律法の重要な部分(割礼、安息日、食事規定など)を退けただけではない。エペソ書は、律法は丸ごと全部「廃棄された」と書いている(エペソ2・15)。この宣言がどれほど過激なものであったかは、旧約聖書の時代の人びとにとって律法がどれほど重要なものだったかを理解していなければ感じ取ることができない。

モーセはイスラエルに「掟と法」を与えるとき、これに忠実に従えば「あなたたちは命を得る」と言っている(申命記4・1)。別の場所で、神は民に、「わたしの掟と法とを守りなさい。これらを行う人はそれによって命を得ることができる」と命じている（レビ記18・5、エゼキエル20・11）。申命記の終わりで、律法を書き記したモーセは、それを契約の箱に入れ、「律法の言葉をすべて忠実に守るため」に、7年ごとの祭りのときに人びとの前で読むことを命じた（申命記31・12）。その少し先では、モーセは人びとがやがて律法に従わなくなり、そのために災害が起こると警告している（同31・24－29）。守れば命が与えられ、従わなければ神の罰が下されるのが律法であった。

それがイエスの時代の敬虔なユダヤ人たちの信念だったのである。律法を守らなかったために国が滅び、人びとは捕囚の民となった（申命記31・24－29）。彼らは捕囚からの帰還と異教の支配者からの解放を待ち望んでいた。「契約の神と律法に忠実な者は敵から救われる」という信仰が広まっていた。[61] 悔い改めと律法の遵守がメシアの到来を早めると教えるユダヤ教の教師もいた。[62]

では、なぜパウロは「律法の実行に頼る者はだれでも、呪われている」（ガラテヤ3・10）などと教えたのか？　なぜ「律法によって義とされようとするなら、あなたがたはだれであろうと、キリストとは縁もゆかりもない」（同5・4）などと言ったのか？

キリストによって、人は信仰によって義とされる。だがパウロは、レビ記18章5節を引用して言う。「律法は、信仰をよりどころとしていません。『律法の定めを果たす者は、その定めによって生きる』のです」（ガラテヤ3・10）。律法の規定に従えば命が与えられると教えるのが律法だ。パウロは、律法それ自体は良いものと考えているが、その命令に従うことの効果は、自分の罪深さと罪の力を明らかにすることだけだと考えたのである（ローマ7・7－12）。

したがって、律法の結果は、私たちに自分の無力さを知らしめ、キリストが与える解決へと導くことだ。実際、パウロは律法を「養育係」（未成年者が成人するまでのあいだだけ必要な存在）だと考えている。

「信仰が現れる前には、私たちは律法の下で監視され、この信仰が啓示されるようになるまで閉じ込められていました。こうして律法は、私たちをキリストのもとへ導く養育係となったのです。私たちが信仰によって義とされるためです。しかし、信仰が現れたので、もはや、私たちはこのような養育係の下にはいません」（ガラテヤ3・23－25）。

パウロの主張はきわめて明確だ。律法は「やがて来るものの影にすぎず、実体はキリストにある」（コロサイ2・17）。キリストを信じる者は、ユダヤ人も異邦人も「律法の下にはいない」（ガラテヤ5・18）。パウロは、旧約聖書の細々とした個別の規定を否定したのではなく、旧約聖書の信仰の中心にあったトーラーそのものを退けたのである。

神殿は新しくされる

律法と並んで、エルサレムの神殿は、イエスの時代のユダヤ人の生活の中心だった。ヤハウェはそこにただひとり住む唯一無二の存在だった。神殿ではいけにえが捧げられ、ヤハウェは人びとに赦しと清めを与えた。

N・T・ライトは「神殿に参り、しかるべき儀式と礼拝を行うことで、人びとは赦しを得、その結果としてイスラエルの共同体にもういちど加わることができた」と記している。[63] 彼は続けて、「したがって神殿は、原理上、ユダヤ教の中心であった」と指摘する。[64] だが、イエスはやや間接的に、そして新約聖書は明確に、イエスが神殿に取って代わると告げている。

マタイ、マルコ、ルカはいずれも、友人たちによってイエスのところに運ばれてきた半身不随の男のストーリーを語っている（マタイ9・2－8、マルコ2・1－12、ルカ5・17－26）。しかし、イエスが「子よ、あなたの罪は赦される」（マルコ2・5）と言うと、宗教指導者たちは恐れを感じ、イエスの行動を冒瀆的だと非難した。「この人は、なぜこういうことを口にするのか。神を冒瀆している。神おひとりのほかに、いったいだれが、罪を赦すことができるだろうか」（マルコ2・7）[65]

イエスがその言葉で伝えているのは、N・T・ライトが言うように、「これまで神殿において与えられ、そのために神殿が建てられていたものが、いまやすべてイエス・キリストを通して与えられるものとなった」ということなのである。[66]

イエスによる「宮清め」は、イエスは神殿に対しても権威があるという、さらに明白な主張だ。当時のユダヤ人は、自分たちが待ち望むダビデのような真の王は、神殿の真の支配者になると信じていた。[67] イエスはエルサムに「勝利の入城」を行い、自分が待ち望まれていたメシアであることを明確にした。そしていま、自分には神殿を「清める」権威があることを宣言したのだ。

N・T・ライトが正しければ、この神殿でのイエスの行動は、神殿に対する裁き（さば）きだけでなく、自分自身が新しい神殿だという暗示でもある。[68] イエスが言ったとされる、神殿を打ち壊して3日で再建できるという言葉（マタイ26・61、マルコ14・58、15・29、ヨハネ2・19）を暗示する行動でもあっただろう。イエスは安息日をめぐるパリサイ派との論争の中で、自分は安息日の主であると主張し、「神殿よりも偉大なものがここにある」（マタイ12・6）と言っている。

イエス自身が自分は新しい神殿だと言ったかどうかは明確ではないが、新約聖書には明確にそう書かれている。ヘブル書7章から10章には、祭司（ヘブル7・11-12、9・11）であり、いけにえ（同9・26）でもあるイエスについて、長い議論が展開されている。真の神殿はエルサレムにではなく天にある。エルサレムの神殿は「天にあるものの写しであり影である」（同8・5）。罪を覆うために、古いシステムではいけにえを繰り返し献げなければならなかったが、イエスは天にある真の宮殿で、「ご自身の血によって、ただ一度聖所に入って永遠の贖いを成し遂げられた」（同9・12）。

イエスはより良い契約を定めた

ヘブル書は、これまで神殿が果たしていたすべての役割をイエス・キリストが引き受けてくれることを明確に記している。エルサレムの神殿で定期的にいけにえを献げることが求められていた古い契約については、「最初の契約は古びてしまったと宣言された。年を経て古びたものは、間もなく消えうせる」（ヘブル8・13）と書かれている。イエスは新しい「いっそう優れた契約」（同7・22、8・6）を定めた。実際、律法が定めていても、そのようないけにを神は望んでいない（同10・8）。それゆえイエスは「第二のものを立てるために、最初のものを廃止」した（同10・9）。律法も、エルサレムの神殿も、古い契約も、キリストによって与えられたものの「影」（同10・1）にすぎない[69]。

古い契約と新しい契約の違いを説明するパウロの筆致は際立っている（IIコリント3・4−11）。「石に文字を刻んだだけ」（7節）の古い契約は、神の臨在の栄光とともに与えられたが、それは「死に仕え」（7節）、人を「罪に定めた」（9節）もので、「消え去るべきもの」（11節）である。パウロは、イエスから受けた言葉として、イエスが最後の晩餐で言った「この杯は、わたしの血によって立てられる新しい契約である」という言葉を伝えている（Iコリント11・23−25）[70]。「新しい契約」ははるかに輝かしく、（一時的なものでしかなかった最初の聖約と異なり）永遠に続く（IIコリント3・6、11）。

イエスの変容の場面（ルカ9・28−36）も、イエスが古い契約の律法や預言者たちより優れていることを、間接的な方法で示唆している。そこではイエスはモーセ（律法を表す）とエリヤ（預言者を表す）とともに山に現れる。しかし、律法と預言者を代表する2人は消え、イエスは3人の弟子とともに残された。そして天からの声が聞こえた。「これはわたしの子、選ばれた者。これに聞け」（同9・35）。

イエスが旧約の律法と預言者より優位であることは、バプテスマのヨハネについてイエスが語った言葉にも表れている（マタイ11・7－15）。イエスは、「すべての預言者と律法が預言したのは、ヨハネの時までである」と言った（同13節）。イエスはバプテスマのヨハネを少なくとも偉大な旧約聖書の預言者と同じぐらい大きい存在と考えた（「およそ女から生まれた者のうち、洗礼者ヨハネより偉大な者は現れなかった」同11節）。しかし、それからイエスはつけ加え、「天の国で最も小さな者でも、彼よりは偉大である」と述べた（同11節）。これは明らかに、イエスとイエスの国は律法と預言者を超越しているという意味である。

ヨハネの福音書にも同じような主張がある。「律法はモーセを通して与えられたが、恵みと真理はイエス・キリストを通して現れた」（ヨハネ1・17）。明らかに、イエスはモーセの律法を超えるものをもたらした。そして次のテキストがヨハネの主張を明確に示している。「いまだかつて、神を見た者はいない。父のふところにいる独り子である神、この方が神を示されたのである」（同1・18）。

これは次のイエスの言葉と同じ内容を響かせている。「父のほかに子を知る者はなく、子と、子が父を示そうと思う者のほかには、父を知る者はいない」（マタイ11・27）。実際、キリストを通してでなければ、だれも父のもとに行くことはできない（ヨハネ14・6）。キリストの啓示は明らかにモーセの律法を超えている。

パウロは（そして新約聖書の他の著者も）イエスがまったく新しいことを始めたとは見ていなかったという、N・T・ライトの主張は明らかに正しい。イエスが行ったことは、アブラハムとその子孫を通してすべての国を祝福するという神の計画（創世記12・1－3）を完成させたことだ。キリストによって、神はイスラエルを諸国家の光とするという長年の計画を成し遂げようとした[71]。しかし律法が、食事規定、割礼、厳格な安息日の遵守などによって、ユダヤ人と異邦人のあいだに「敵意という隔ての壁」（エペソ2・14）を築いてしまった。そこで、キリストが「規則と戒律ずくめの律法を廃棄」し、ユダヤ人と異邦人を「一人の新しい人に造り上げた」（同2・15）。それが「代々にわたって隠されていた」福音の奥義なのだ（コロサイ1・26）。旧約聖書の約束を成就する中で、イエスとイエスの新しい共同体は旧約聖書の中心的要素を乗り越え、退けたのである。

私たちはこの文脈でイエスの教えを理解しなければならない。イエスが旧約聖書の明白な教え（誓うことや目には目をの教えなど）を退けたのはなぜか。そのことにどんな意味があったのか。そして、イエスが暴力について教え、暴力について示した模範から何を学びとるべきなのかも、この文脈で考えなければならない。

イエスの時代の敬虔なユダヤ人の多くは、神は、異教徒に対する戦争を指揮する軍事的メシアを送り込み、敵を破り、エルサレムを復興させ、神殿を再建して世界の中心としてくれると信じていた。そんな風潮の中で、イエスは自分は期待されたメシアであると主張し、神が自分を通してアブラハムとの昔の約束（アブラハムの子孫を通して全世界を祝福する）を成就させようとしていると告げた。ただし、そのための神の方法は殺すことではなく敵を愛することだ、と教えたのである。天の父の子どもは敵を愛さなければならないと強調した。そして、十字架につくときまで、自らその教えに忠実に生きた。神は、イエスの方法が神の方法であることを証明するために、イエスを死から3日目によみがえらせた。証拠は明らかだ。言葉と行動の両方で、イエスは暴力を否定し、敵を愛し、弟子たちにも同じようにすることを命じた。ナザレから出た教師が肉体をもった神だと信じるなら――教会は二千年間、そう信じ続けている――私たちはイエスが間違っているとは言えない。敵を愛せというイエスの教えを拒むことは、キリストが神であることを否定するに等しい。

そして、初期のクリスチャンとともに、イエス・キリストが私たちへの神の最後の啓示であると信じるなら[72]、古い契約はキリストによる新しい契約の影にすぎないと信じるなら、新しい契約は古い契約の中心的要素（律法、割礼、神殿など）を退けることによって確立すると信じるなら、私たちは神と神の命令を考えるとき、イエスの教えから始めなくてはならない。

旧約聖書の暴力についての記述から始め、イエスの教えを旧約聖書のテキストに合わせて解釈すべきだと主張することは、新約聖書の解釈学全体とまったく相容れない。新約聖書は常に、キリストという最後の啓示のレンズを通して旧約聖書を理解している。[73]旧約聖書は単なる影だ。明らかな啓示は主イエス・キリストの中にある。それなのに影に戻るのは、最終的にキリストを否定することにほかならない。

永遠のこちら側とあちら側

暴力についての旧約聖書の記述と、イエスおよび新約聖書の教えが、どうすれば矛盾なくつながるのか？　ここまでさまざまなことを論じてきたが、満足のいく答えが出せたとは思っていない。旧約聖書の記述は、単に罪深い社会に条件づけられた人間の誤った考えなのか？　たぶんそうかもしれない。だが、もしそうなら旧約聖書は神の言葉だとするイエスの教えはどうなってしまうのか？

神は本当にカナン人の虐殺を命じたのだろうか？　そうだったのかもしれない。もし本当に神がそうしたのなら、有限の存在である人間に無限の存在である神を裁く権限はないし、その力もないことを受け入れるしかない。だがそうしたところで、イエスが示した愛の神がなぜジェノサイドを命じたのかが理解できないという思いは残る。罪深い敵さえも愛して、恐ろしいローマの十字架刑にさえついた、測り知れない愛を示された神はどこにいってしまうのか？

旧約聖書には確かに、戦争が終わって平和が支配する未来のメシア時代のことを語っている預言がある。そうした箇所のいくつかが、イエスの当時、来るべきメシアを指す預言と考えられていたこともわかっている。[74]そして、イエスは確かに自分はメシアだと主張し、メシアの王国が歴史に入ってきたからには、残忍なローマの帝国主義者さえ含めて敵を愛さなくてはならないし、愛することができるようになったと告げている。神が新しい契約を確立し、やがて剣が鋤に打ち直される（イザヤ2・4）日が来るというような預言は、旧約聖書の暴力に関する記述をどう理解するにせよ、私たちはいま殺すことを拒否する新しい契約の下にあるという理解と矛盾なく一致する。

おそらく、永遠のこちら側で生きる私たちには、旧約聖書の暴力を適切に説明することはできないのだろう。だが、そうだとしても、イエスの忠実な弟子が何を信じ、何をなすべきかがあいまいになることはない。神の最終的啓示である神の子が、敵を愛せと教えているなら、私たちはそれに従わなくてはならない。

第11章　平和主義で戦争と犯罪を防げるか

危険に満ちた世界

米国のメディアは、世界には米国、イスラエル、そして「西洋の価値観」を破壊しようとするテロリストが存在すると何度も繰り返し報じる。[1]

イスラム過激派は世界のイスラム・コミュニティのごく限られた一部でしかないが、ここ数十年、クリスチャンを頻繁に脅迫し、強姦し、斬首し、殺害している。ＩＳＩＳやアルカーイダのような集団は、多くの人びとにとっての脅威だ。特にクリスチャンにとってそう言える。歴史上の邪悪な人びと――ヒトラー、スターリン、ポルポトなど――と同様、その行動を変えさせるには力による強制しか手段がないように思える。彼らの暴力を食い止める唯一の方法は、戦って殺すことのように思える。

もし、ほとんどの（あるいはすべての）クリスチャンが平和主義者になってしまったら、制限するものがなくなった暴力が猛威を振るうのではないだろうか？　何百万人というクリスチャンが虐殺されるのでは？　ヒトラーのナチスのような人種差別主義、スターリンのような全体主義的共産主義、あるいはウサーマ・ビン・ラーディンのようなテロリズムが世界を征服してしまうのではないだろうか？

ローマ帝国の不安とオリゲネスの回答

初期のキリスト教会も同じ懸念に直面していたことは興味深い。西暦１８０年頃、ローマの異教徒であるケルソスという学者が、キリスト教徒を鋭く攻撃する文書を書いている。その中心的な主張の一つは、キリスト教徒は殺すことを拒否するから、ローマ人が全員クリスチャンになってしまったら、野蛮人が攻めてきてローマ帝国を滅ぼしてしまうだろう、というものだった。「すべての人があなたがた（クリスチャン）と同じように行動したら……この世界は野蛮な無法者の手の中に落ちてしまう」[2]

ケルソスがそう書いてから50年以上経ったころ、オリゲネス（おそらく3世紀前半に最も広く読まれていたキリスト教著述家）がその批判に応えた。オリゲネスは、クリスチャンは殺さないという点についてはケルソスの認識に同意するものの、すべてのローマ人がクリスチャンになるようなことがあれば、神がローマを守ってくれると主張した。「ケルソスが仮定したように、すべてのローマ人がキリスト教の信仰を受け入れるなら、彼らは祈ることによって敵を退けるだろう。いや、神の力に守られているので、そもそも戦争にはならないだろう」

オリゲネスは、神がクリスチャンに対する迫害を許すことがあると認めたうえで、しかしキリストがすでにそのような世界を克服した、だから迫害が続くのは神がそれを許しているあいだだけだ、と論を進める。そして、クリスチャンはたとえ迫害されても、迫害する者に、「私は私を強くしてくださる方によって、どんなことでもできる」（ピリピ４・13）と応じるだろうと書いている。[3]

オリゲネスは明らかに、神は悪意のある敵がキリスト教を滅ぼすようなことを許さないと信じていた。

ローマではキリスト教は禁じられており、ローマの当局は2世紀から3世紀にかけて多くのクリスチャンを殉教させたが、キリスト教は急速に広がった。

聖書の平和主義による回答

本章の冒頭で提示した懸念――すべてのクリスチャンが敵から身を守るための暴力さえ否定したら、敵に蹂躙され、滅ぼされてしまうかもしれない――に対する第一の、そして最も重要な回答は、本質的にオリゲネスの回答と同じものになると私は考える。

クリスチャンは復活した主イエスを「地上の諸王の支配者」（黙示録1・5）だと信じている。「天においても地においても、いっさいの権威を授けられた」（マタイ28・18）ことを知っている。迫害者はクリスチャンに対して何の権威もない。イエスがピラトに対して「あなたは、上から賜わるのでなければ、わたしに対してなんの権威もない」（ヨハネ19・11）と言ったとおりだ。神はクリスチャンの殉教を許すこともあるし、奇跡的な介入で防ぐこともある。しかし、私たちは「陰府（よみ）［死者が行くところと理解されていた場所］の力もこれ（教会）に対抗できない」（マタイ16・18）ことを知っている。

私たちは歴史がどこへ向かっているのか、その最終結果を知っている。神の時が来れば、キリストが再び戻ってきて、すべての悪に勝利するをことを知っている。それまでは、キリストに忠実に歩む者はひどい迫害を経験することもある。だが、打ち負かされることはない。

天と地を治めるよみがえりの主が、「わたしは世の終わりまで、いつもあなたがたと共にいる」（マタイ28・20）と約束してくれている。敵を殺すのではなく愛せと教えたのはイエスなのだから、イエスは悪人が教会を破壊するのを防いでくれるはずだ。そして、最初期の教会の証拠が示すように、死んでも主を信頼する忠実な殉教者を見て、多くの人が弟子になるだろう。

平和主義者だからできること

非暴力の手段で悪に抵抗する

もちろん、重要なことはこれだけではない。まず第一に、キリストが殺してはならないと教えていると信じるクリスチャンは、悪や不正に直面したら受け身であってはいけない。不当な行為に対する非暴力抵抗の手段がたくさん存在する。

特に過去100年間で、ガンジーやキング牧師のような勇敢な指導者が、非暴力抵抗が悪に抗議し、悪を克服する効果的な方法であることを示してくれた。ポーランドや東ドイツでも、果敢に行動するクリスチャン指導者たちが非暴力キャンペーンを展開し、共産主義の独裁を転覆させるうえで大きな役割を果たした。フィリピンやリベリアでも非暴力の運動が独裁者を倒した。[4]

1900年から2006年のあいだに行われた武装および非武装の重要な抵抗運動について調査した研究者は、「非暴力抵抗が完全または部分的な成功を達成する可能性は、暴力をともなう抵抗のほぼ2倍」であることを明らかにした。[5] もし多くのクリスチャンが平和主義者になったら、不正や暴力に対する非暴力抵抗の準備と実行がめざましく前進することだろう。[6]

イスラム教とキリスト教の対話と協力

第二に、平和主義に立つクリスチャンは、世界最大の二つの宗教——キリスト教とイスラム教——のあいだにある対立を解消するうえで多大な貢献をすることができるだろう。クリスチャンを殺そうとしているＩＳＩＳやアルカーイダのようなテロリスト集団はごく少数にすぎない。より大きなイスラム世界は、キリスト教徒に対して無理もない本心からの不満を持っている。多くのイスラム教徒は、ヨーロッパのクリスチャンが彼らの聖地を侵略した中世の十字軍［11世紀から13世紀にかけて、キリスト教徒が聖地エルサレムをイスラム教徒から奪回するために8回にわたって行った軍事遠征］をいまでも覚えている。何万人ものイスラム教徒が殺害された。

何世紀ものあいだ、アラブのイスラム文明は、哲学、医学、数学、科学などの分野で、ヨーロッパのキリスト教文明より進んでいたが、19世紀には、白人の〝キリスト教〟ヨーロッパの植民地支配勢力が、軍事的優位によって北アフリカからインドネシアまでのイスラム社会を支配した。

そして過去１００年、ヨーロッパと米国の〝キリスト教〟諸国は、イスラム諸国が不当だと感じるような方法で、経済力と軍事力の優位性を行使した。多くのイスラム教徒は、イスラム教諸国が抱える貧困やその他の問題の一部は〝キリスト教〟諸国に責任があると非難している。

私は、多数のイスラム教国を悩ませている問題――貧困、近代的教育の欠如、独裁体制など――のすべて（あるいはほとんど）が欧米の〝キリスト教国〟の責任だと言うつもりはない。しかし、責任の一端があることは否定できない。そのことが、欧米のキリスト教国を破壊することが唯一の問題解決策だとするイスラム・テロリストの主張に一定の正当性を与えている。

正戦論者は、この先10年とか20年という近い将来において、ほとんどのクリスチャンが平和主義者になることを心配する必要はない。正戦論者が必要と考えているテロとの戦争に馳せ参じる、正戦論クリスチャンの数が不足することはないだろう。

だが、この問題に詳しい西側の指導者のほとんど全員が、イスラム過激派を武力だけで抑え込むことはできないと考えているのも事実だ（そのことを隠さずに発言している人もいる）。「正義だけが実際に、最終的に、テロを廃絶することができる。暴力はさらなる能力を生むだけだ」と言うスーザン・シスルスウェイトは正しい。[7]

イスラム過激思想とのおもな戦いは思想（アイディア）をめぐる戦いだ。私たちは、過激思想に引き寄せられていくイスラムの若者に手を差しのべ、社会を前進させるには教育、自由、経済発展、科学的進歩、そして平和的な協力が必要なことを理解し、相手にも理解してもらう努力をしなくてはならない。

平和づくりのための取り組み

第三に、すでに紹介したが、1990年代初頭に、平和主義と正戦論の双方のクリスチャン倫理学者たちが、「正義の平和構築（ジャスト・ピースメイキング）」と呼ぶ取り組みにつながる対話を開始した（200ページ参照）。クリスチャンが殺すことの是非についての議論は脇に置いて、平和を生み出すために使える非暴力の方法の研究に着手したのだ。持続可能な経済発展、民主主義と人権、加害行為に対する責任の認識と謝罪、対立解消のための協調行動、非暴力介入、平和のための市民活動やボランティア団体の推進などに分類できる、多数の方法が提案されている。[8]

これに携わった学者たちは「テロの原因である社会の不公正をなくすために行動を起こし、新たなテロリストが生まれないような正義の構造をつくることが必要だ」と述べている。[9] キング牧師が言ったとおり、「暴力はさらなる暴力を生むが、非暴力の手段は平和と正義を育む」のである。

クリスチャンは、正戦論者も平和主義者も協力して、非暴力の手段による正義の平和構築に取り組むことができるし、取り組むべきだ。特に平和主義者には積極的な取り組みが求められる。すでにキリスト教平和主義者の多くがそれを実行している。

キリスト教メノナイト派の組織で、海外援助と開発支援に取り組んでいるメノナイト中央委員会（MCC）は、毎年、経済発展を支援するために何千万ドルもの投資を行っている。支援先には貧しいイスラム教徒の国々での活動も含まれる。MCCは特に、長引く内戦によって生じているシリア難民の支援を積極的に行っている。

メノナイトから生まれた「クリスチャン・ピースメーカー・チーム」（CPT）は、イスラエルとパレスチナのあいだに入り、双方にとっての平和と正義を促進する非暴力介入に取り組んでいる（この紛争が正しく解決されずに続いていることが、イスラム過激派に格好の勧誘機会を提供している）。[10] CPTに促されるようにしてムスリム・ピースメーカー・チーム（MPT）が発足し、暴力紛争の状況下で非暴力介入を行うための支援と訓練をCPTから受けている。メノナイトのジョン・ポール・レデラックは、トップ、ミドル、草の根の各レベルのリーダーたちを結集し、国家間紛争の場で平和構築プロセスを推進している。[11]

キリスト教平和主義者は、イスラム圏における欧米諸国の軍事活動と無関係とみなされているからこそ、欧米主導の政策を疑うイスラム教徒とのあいだで対話を行い、社会発展をめざす協力的プログラムを開始するユニークな機会を得ることができている。西側諸国の公式な代表者が提案したなら、おそらく拒否されるような対話やプログラムも、彼らだから始めることができる。良い教育と経済的機会を提供するプログラムを開発することで、貧困にあえぐムスリムの若者たちに、過激派の誘いに乗るより有望な選択肢を提供することができる。

キリスト教とイスラム教が深い対話を始めることができれば、二つの主要な世界宗教のあいだで互いを尊重する機運が生まれ、神学上の相違を否定することなく互いの存在を認める道が開けるだろう。[12] 平和主義者には、今日の世界が抱えている最も深刻な対立の一つである「文明の衝突」——もし解消されなければ破壊的な結果を招くだろう——を緩和するための道をリードするまたとない機会がある。

もちろん、暴力はイスラム教とキリスト教の対立の中にだけあるのではない。利己的で暴力的な人びとは、あらゆる国と社会に存在し、人びとの生命と財産を脅かしている。そして、攻撃的な国はしばしば隣国を脅かす。そうした暴力から国を守り、社会が無秩序に陥るのを防ぐために存在しているのが警察と軍隊である。

殺すなかれというキリストの命令を信じるクリスチャンは、警察と国防の問題にどう対処すべきか？ それについて実質的に意味のある議論をしようと思えば、少なくとももう2冊別の本を書かなくてはならない。ここでは、長い議論の要点だけを簡単に記しておくことにする。

暴力なき警察は可能か

警察が完全に非暴力で業務を遂行できるかどうかはともかく、刑事司法制度（警察を含む）は、後述する修復的司法と非暴力による犯罪取り締まりという新しいアプローチによって改善できる可能性がある。

被害者と加害者の和解プログラム

平和主義者は、いまでは広く影響力を持っている「被害者と加害者の和解プログラム」（VORP）を開拓してきた[13]。犠牲者に補償を提供し、被害者と犯罪者が和解できるようにすることをめざすプログラムだ[14]。それは正義の回復をめざすプログラムで、加害者が悪をなした自分の責任を認め、被害者と向き合い、償うことを支援しようとするものだ。ここ数十年間で膨大な数のＶＯＲＰが実施され、それらについての研究も多く行われた。それら多くの研究結果を精査した結果、ＶＯＲＰが犯罪の再発を減らし、犠牲者と犯罪者の両方の生活を改善し、刑事司法のコストを低減することが明らかになっている。[15] ＶＯＲＰの効果を精査した人びとは、このアプローチを大々的に拡充することを推奨している。

非武装のコミュニティ警察

米国では昨今、テーザー銃を使用する警察が増えている。これは攻撃してくる相手に電流を発射して一時的に無力化する銃で（致命的なダメージを与える可能性は低い）、安全な警察活動に役立てることができる。[16] テーザー銃と催涙スプレーの利用は今後拡大していくだろう。

ここ数十年で、「コミュニティ警察」が多くのコミュニティで採用されている。徒歩によるパトロールを増やすことで、警官と地域住民が顔見知りになり、信頼が醸成され犯罪が抑止される効果をねらうというものだ。ボストン（マサチューセッツ州）で、教会のグループが中心になって行った非武装のコミュニティ警察活動によって、殺人件数が１９９０年の１５２件から99年の31件にまで減少した。[17] 犯罪の温床となっている社会状況（たとえば人種差別や失業）をなくす努力と合わせて、コミュニティ警察方式の導入を拡充すれば、相当程度まで非暴力の手段で犯罪を抑制することができるだろう。

武器を携行しない地元住民が、ボランティアで犯罪防止のための夜間パトロールを行うという取り組みが、ここ数十年、あちこちで見られるようになってきた。クリーブランド（オハイオ州）では、ＣＰＴがコミュニティ警察のモデル運営を行った。[18] 平和主義者はこの取り組みがさらに拡大するように、教会員を訓練して、近隣の巡回をはじめ犯罪を減らすための非暴力活動に加わるよう促すとよいだろう。

警察が殺傷能力のある武器の使用を大幅に減らしていくという見通しは、現実の厳しさを知らないおめでたい人間の考えだろうか？　「30年前なら、犯罪の被害者と加害者が向き合って犯罪被害について話すなどと聞けば、警察関係者の多くは、何を馬鹿げたことをと一笑に付しただろう。しかし今日、修復的正義の運動は飛躍的に拡大している。武器を使わない警察というパラダイムシフトも、私たちが想像する以上に、手の届くところまできているのではないだろうか」[19]

もちろん、将来を正確に予測することはだれにもできない。しかし、警察の仕事を非暴力的な方法で遂行するために、平和主義者が使える方法はたくさんある。この方向に向けて多様な努力を継続するとき、はじめてその効果が見えてくるだろう。

暴力なき国防は可能か

民間防衛という考え方

民間防衛（ＣＢＤ）の重要性を訴えたジーン・シャープは、民間防衛を「全国民と社会の諸機関が戦闘力となる国家政策」と定義している。全国民に、暴力を使わない非協力行動で侵略者に対抗するための訓練を施し、民間防衛のための備えをしておけば、攻撃を抑止することができるし、もし侵略されても、政治的支配を許さないということが可能になる。[20]

マイケル・ウォルザーは有名な著者『正しい戦争と悪い戦争』で、数ページにわたってシャープが提案する民間防衛について論じている。ウォルザーはまず、いまだかつて軍事防衛を放棄して、自国の防衛を民間防衛だけに頼った国は存在しないと指摘する。したがって、民間防衛で国を守れるかどうかは不明だ。しかし、「あらかじめ民間防衛の訓練（戦争に備えて兵士が受けるものに相当する訓練）を受け、その代償を受け入れる覚悟を固めた国民によって非暴力の戦いが戦われるなら、民間防衛は現実に役立つかもしれない」とウォルザーは付け加えている。[21]

ただし、ウォルザーはさらに続けて、民間防衛が効力を発揮するのは、侵略者が最低限の道徳観を有している場合だけだということも指摘している。ヒトラーやスターリンのような人間が相手なら、服従しない者はただ殺されるだけだから、民間防衛は役に立たないということになる。[22]

だが実際に、民間防衛に類する行動がヒトラーに対して部分的に効果を発揮したという証拠がいくつかある。ノルウェーとデンマークは、ヒトラーによる侵略の前から民間防衛の準備をしていたわけではないが、国を挙げて非暴力抵抗と市民の不服従を推進した。

ノルウェーは、ヒトラーの軍隊に短期間で占領されたが、学校と教会を支配してファシストのイデオロギーを注入しようとしたナチスの試みを、教師と教会指導者たちの抵抗で食い止めた。ノルウェーに住んでいたユダヤ人のおよそ半数を救うことにも成功した。デンマークも、占領されたのち、国王から一般市民までがナチスに対して広範囲にわたって非協力的な姿勢を維持し、ユダヤ人人口の93パーセントを密かに中立国スウェーデンに脱出させた。[23]

軍事専門家が注目する可能性

軍事の専門家たちが、民間防衛について徹底的に研究すべきであると強く求めている。フランスで最も名誉ある勲章を授与された将軍の一人であるジャック・パリス・ドゥ・ボラーディエールは、フランスは軍事防衛を民間防衛に変更すべきだと訴えた。退役したイギリスの海軍司令官、スティーブン・

キング‐ホール卿は、イギリスを外国からの攻撃から守るための最善の手段として非軍事的戦略を唱え、2冊の本を書いた。[24] 非軍事的手段による国防の事例を多く紹介したシャープの著書『非暴力行動の政治』が発行されたとき、米国の陸軍・海軍・空軍の軍事専門誌が揃って肯定的に取り上げ、「真剣に検討する」ことを推奨した。[25] スウェーデン政府は、非軍事的国家防衛計画を立案するための政府機関の設立を防衛大臣に命じている。[26]

米国カトリック教会の司教たちは、1983年に発表した有名な司牧教書『平和の挑戦』で、シャープの著作を紹介し、民間防衛を詳しく研究するよう社会に訴えた。「悪に抵抗するための非暴力の手段は、これまでそれに向けられてきた以上の研究と考察に値する。武器に頼らず抑圧に抵抗し、成功を収めた重要な先例が存在するからである」

教書はヒトラーに対するノルウェーとデンマークの事例に言及したうえで、政府が国民を組織して「侵略勢力を阻止する平和のための不服従と非協力の技術」を訓練する方法を記している。司教たちは、そのアプローチはコストがかかるし、成功する保証がないことも認めている。しかし、「実行不可能とか非現実的と却下するのではなく、その可能性を、大規模な戦争が起これば間違いなく生じる被害と比較して検討することを強く求める」と結んでいる。[27]

過去70年以上、軍事大国は敵の侵略から国を守るために核抑止力に頼ってきた。米国は相互確証破壊（MAD）——核攻撃を仕掛けてくる敵があれば1時間もかけずに地球から消し去れる能力——によって戦争を抑止できると期待してきた。[28] だが、キューバ危機（1962年）のときは核戦争寸前まで行った。幸いなんとか回避できたが、ロシアが実際に米国に向けて核ミサイルを発射したと米軍が考えた数分間が現に生じたのである。[29]

ソ連崩壊後、核戦争の可能性は低くなったかに思われた。しかし、核兵器はその後も拡散しつづけており、北朝鮮やロシアの動きも危険が続いていることを示している。大規模な核攻撃の応酬があれば、現在の文明は消滅する。カトリックの司教たちが認めたように、道徳と現実主義の両方が、非暴力の手段で国の安全保障を考えることを私たちに迫っている。

もしすべてのクリスチャンが平和主義者になったら

米国の（あるいは全世界の）すべてのクリスチャンが、殺してはならないというイエスの命令に従って生きると決断したら、どんなことが起こるだろう？　私たちは大いに苦しむことになるかもしれない。邪悪な者が登場して何百万人もの人びとを殺すかもしれない。物資の面でも大きな損失を被るかもしれない。苦しみは計り知れない。

しかし、戦争という方法に頼っても被害は同じようなものだ。1900年から1989年のあいだに限っても、世界で8600万人が戦争で死んでいるのだ。[30]　殺すことを選んでも膨大なコストがかかるのである。

すべてのクリスチャンが、敵を殺さず、敵を愛すると決意すれば、今後100年の暴力による死者は、過去100年より少なくなると推定するのが合理的だ。その間、非暴力抵抗が驚くべき成功を収めるケースもあるはずだ。

成功した非暴力キャンペーンの出来事の中に、勇敢な非暴力抵抗が頑（かたく）なな兵士の心も動かすという明確な証拠がある。無慈悲な独裁者マルコス大統領の命令で、反対運動の鎮圧に出動した戦車の前に、百万のフィリピン市民が勇敢に立ちはだかったとき、兵士たちは躊躇した。ある目撃者は次のように証言している。「装甲車両の上から、すべての銃口が群衆に向けられていました。でも、兵士たちの表情には苦渋の色がにじんでいた。……身を守る武器は強い確信だけという市民に向けて、引き金を引ける兵士はいませんでした」[31]。祈りを捧げる修道女と丸腰の市民が悪質な独裁者を倒したのだ。

１９８９年のポーランドと東ドイツでは、勇敢な非暴力キャンペーンが冷酷な共産主義の独裁者を倒した。ソビエト連邦では、ゴルバチョフ大統領が大胆な改革を行い、連邦の各共和国で選挙を実施することを認めた。ボリス・エリツィンがロシア共和国の指導者に選出された。しかし１９９１年8月18日に、強硬派はゴルバチョフに対するクーデターを開始し、エリツィンを逮捕するためにクレムリンに戦車部隊を送り込んだ。幸い、何千人もの非武装の民間人が道路を埋め尽くした。エリツィンは1台の戦車の上に立ち、エリツィンを支持する丸腰の市民を撃てという命令には従うなと説得した。クーデターは失敗した[32]。身を捨てて非暴力で抗議する人の大胆な行動は、上官の命令よりも強い力があることが証明されたのだ。

もちろん、いつも成功するわけではない。１９８９年に中国の天安門広場で起こった大虐殺を忘れてはならない。すべてのクリスチャンが殺すことを拒んで非暴力に徹すれば、恐ろしい苦しみと多くの死――おそらく何百万もの死――が発生するだろう。しかし、その死者の数は20世紀の戦争での死者ほど多くなるとは思えない。

キリストのすべての弟子が、死に直面しても敵を殺さないという決意を貫いたら、主なるキリストはどうするだろう？　私たちは前もって結果を知ることはできない。使徒言行録と最初期の教会の歴史からわかるのは、神はクリスチャンを救うために奇跡的に介入することもあれば、クリスチャンの殉教を容認することもあるということだけだ。

しかし、復活のイエスが「天においても地においても、いっさいの権威を授けられた」主であり、「地上の諸王の支配者」であるという、私たちの基本的な告白を真に信じるなら、クリスチャンが敵を殺すことをやめれば驚くべきことが起こると期待するのは決して愚かなことではない。私たちには、「陰府の力もこれに対抗できない」というイエスの約束がある。教会の歴史をふり返れば、勇気ある殉教は多くの人をキリストへと導いたことがわかる。

クリスチャンが暴力に頼って戦うことをやめ、敵を愛することに徹すれば、おそらく教会の歴史の中でも最も驚くべき時代が訪れるだろう。何百万ものクリスチャンが苦しみ、死ぬことになるかもしれない。しかし、何百万もの人びとがキリストを受け入れるという驚くべきことが起こるだろう。死者の数についても、暴力的手段による防衛を選び、殺傷能力の高い武器の開発を続けるより、非暴力を選んだ場合のほうが少なくなると私は考えている。

もちろん、これは私の願望にすぎない。3世紀から今日に至るまで、ほとんどのクリスチャンは非暴力ではなく戦争を選んできた。クリスチャンの多くが、キリストは私たちに殺すことをやめて敵を愛せと命じていると信じ、覚悟をもってそれに従ったとき、そのときにはじめて、この願望が実現するかどうかが実証されることになる。

第12章　キリストの死と非暴力

非暴力の根拠

クリスチャンが非暴力を選択する根拠は、費用対効果の計算ではなく、十字架にある。敵を愛せという教えの究極の根拠は、イエスの教えと生き方、そしてなによりも十字架の死が啓示する神の性質の中にある。

イエスが非暴力の愛を説いたのは、そうすれば敵が態度を変えて友になってくれるからではない。敵を愛することが常に望ましい結果をもたらすとは限らない。まさに十字架が、そのような期待はできないという厳しい現実を告げている。少なくとも短期的にはそうだ。イエスが敵を愛せと命じるのは、与えれば見返りがあるという互恵を期待してのことではなく、神の本質がそうさせているからである。

しかし、わたしはあなたがたに言う。敵を愛し、迫害する者のために祈れ。こうして、天にいますあなたがたの父の子となるためである。天の父は、悪い者の上にも良い者の上にも、太陽をのぼ

――らせ、正しい者にも正しくない者にも、雨を降らして下さるからである。（マタイ5・44－45）

イエスは山上の説教でも同じことを言っている。

――平和をつくり出す人たちは、さいわいである、彼らは神の子と呼ばれるであろう。（マタイ5・9）

神は敵を愛する。罪人をただちに滅ぼすのではなく、ご自身が造られた世界の良きものを彼らに与え続ける。神がそうするのだから、神の息子や娘になりたければ同じようにしなければならない。敵を愛することこそが、神の聖さと完全さの根本にある。いささかでも神の聖さを身に帯びたいと願う者は、同じように敵を愛さなくてはならない。たとえそれが十字架を意味する場合でも。

罪人を救うためのイエスの死

第1章で、惜しみなく赦すことを勧めるイエスの型破りな教えと、苦難のメシアという非正統的なイエスの見解について論じた。[1] それらイエスの教えの中心にあることと非暴力のつながりは明確だ。聖なる神は、悔い改めた罪人を赦すことを切に願っており、私たちは敵に対するその愛をまねるべく召されているのである。

神が敵をどのように扱うかは、罪人を救うための身代金として十字架にかけられた苦難のメシアの姿に最も強く表れている。イエスは弟子たちとともにした最後の晩餐で、自分はほかの人のために死ぬ、とはっきり言っている。

そこでイエスが語ったことを、[2] 最初期の教会の人びとは注意深く語り継いだが、4通りあるバージョンのすべてに、罪人を救うための死という中心的な概念が含まれている。「これはあなたがたのための、わたしのからだである」（Iコリント11・24）。「これは、罪のゆるしを得させるようにと、多くの人のために流すわたしの契約の血である」（マタイ26・28）

イエスの死は、神と人が新しい契約を結ぶための犠牲であった。自分には罪人を赦す権威が神から授（さず）けられていると主張したイエスが、そんな主張は神に対する冒瀆だと告発した敵のために、いま死のうとしている。敵を愛する神の愛にならえと教えた方が死ぬ——自分を十字架につけて殺そうとしている敵を赦す祈りを口にしながら（ルカ23・34）。

神が苦しむ愛をもって敵を扱う方であり、十字架はその究極の現れであるということを、神学的に最も明確に表現しているのがパウロの次の言葉だ。

> しかし、私たちがまだ罪人であったとき、キリストが私たちのために死んでくださったことにより、神は私たちに対する愛を示されました。……敵であったときでさえ、御子の死によって神と和解させていただいたのであれば、和解させていただいた今は、御子の命によって救われるのはなおさらです。（ローマ5・8－10）

イエスが罪人の身代わりになって死んでくださったことは、敵を愛せというイエスの命令の土台であり、その最も深い表現でもある。

罪の身代わりとしての贖罪（しょくざい）（atonement）という理解は、罪深い人間が神に敵対したということと、義にして聖である創造主は罪を憎んでいるという二つのことを示している（ローマ1・18）。律法を知っている者は、律法に従わなければ神に呪われる。しかし、キリストが私たちのためにその呪いを引き受け、私たちを贖ってくださった（ガラテヤ3・10－14）。「罪と何のかかわりもない方を、神は私たちのために罪となさいました」（IIコリント5・21）。

ミロスラフ・ヴォルフがそのことを適切に表現している。「神は、神を拒む罪人を見捨てて悪に引き渡すのではなく、贖罪によって神との交わりに受け入れるために、神聖なご自身を献げた。ならば私たちもそうしなければならない――敵がだれであろうと」[3]

贖罪を理解する三つの見方

贖罪について語ろうとすると、贖罪の性質に関する現代の激しい神学的議論を避けて通ることができない。十字架の〝暴力〟はイエスの非暴力の教えと矛盾しているのだろうか？　十字架は神による子ども虐待なのだろうか？　私たちは罪についてのパウロの考えを誤解していて、イエスが私たちの代わりに罰を受けて死んでくださったという理解も間違っているのだろうか？

福音派のあいだでは、罪の身代わりとしての贖罪という考えが広く受け入れられているが、それは本当に新約聖書が言っていることなのだろうか？　もしそうなら、そして十字架で身代わりの死を遂げることがイエスが地上に現れたおもな目的だったのなら（福音派の中にはそう主張する人もいる）、贖罪はキリスト教倫理とどんな関係があるというのか？[4]

贖罪を理解するにあたって、私は新約聖書が十字架について語っているすべてのことを受け入れる。

新約聖書には、贖罪について、キリスト教がその歴史の歩みの中で明確にしてきた三つの主要な見解が記されていると私は考える。

- キリストの十字架の死によって私たちの罪が赦されたことに焦点をあわせる「身代わり」の贖罪観。
- キリストが生と死と復活を通して悪に打ち勝ったことを強調する「勝利者キリスト」という贖罪観。
- キリストの十字架が神の愛を明らかにしたことを強調する「道徳（モラル）」視点の贖罪観。

新約聖書には、贖罪について、これら三つの補完しあうメタファーが存在し、十字架の意味を理解するうえですべて重要だと私は考えている［279ページの訳者注参照］。三つのメタファーは、イエスの使信、すなわち、イエスの生と死と復活によって神の国が到来したという福音の文脈の中で理解することが大切だ。イエスは、敵を愛するということが、神の国に生きる者の中心的な規範であると教えた。そして、そのような生き方の最も深い根底にあるのが、神であるキリスト（三位一体の神の第二格）が十字架で罪深い敵のために死なれたという事実である。

昨今、右のような贖罪観――特に罪の身代わりとしての贖罪――に対して、さまざまな異論が提示されている。議論を進めるにあたって、まず、主要な異論について検証することにする。

罪の身代わりとしての死の否定――J・D・ウィーバーの問題点

メノナイトの神学者J・デニー・ウィーバーは、イエスの死は「罪人を救うという点では、何も成し遂げていない」と論じている。[5] イエスは死ぬために地上に来たのではなく、神もイエスを十字架で死なせようとしたわけではなかったというのがその主張だ。

「賠償としての贖罪は、いかなる形態であれ、神による暴力の許可を必要とする」[6]。だとすれば、イエスを死なせた張本人は神であり、贖罪は神による子ども虐待ということになってしまう、とウィーバーは指摘する。身代わりの贖罪観は不健全な考えを醸成し、女性に虐待を耐えさせ、人種的マイノリティに支配を忍従させるといった影響を与えるとも言っている。

さらに、三位一体〔神は父、子、聖霊という三つの位格を持ちながら、その本質は一つだとする神理解〕の教義に異端的な考えを忍び込ませるとも指摘する。イエスが非暴力を教えているのに、父なる神が人間の罪を赦すために暴力的な罰を要求したというのでは、三つの位格すべてがともに一つの行動に与る(あずか)という三位一体の中核をなす考えに反することになるというのがその理由だ。[7]

イエスの言葉や新約聖書の記述と矛盾する

私は、ウィーバーの見解は多くの点で根本的に聖書的ではないと思う。まず、それは新約聖書の大部

［訳者注］贖罪（atonement）――聖書をギリシャ語・ヘブライ語原典から初めて英語に翻訳したウィリアム・ティンダルが、1526年に、ラテン語の「*reconciliatio*」の訳として「atonement」という言葉を造語した。以来、「キリストのわざ」「キリストが死と復活によって信仰者のために獲得した恩恵」という意味へと発展した（以上、A・E・マクグラス『キリスト教神学入門』教文館より）。日本語の「贖罪」（罪の贖い）という訳語は、文字そのものが三つのメタファーのうちの「身代わり」を強くイメージさせるため、他の二つのメタファーが想起されにくいと言えるかもしれない。

分を無視した考え方だ。イエス自身が「多くの人の身代金として自分の命を献げるために来た」とはっきり言っている（マルコ10・45）。福音書、使徒言行録、書簡のすべて［新約聖書は福音書、歴史書（使徒言行録）、書簡、そして黙示録から成る］が、イエスの十字架の死は神の永遠の意思によると述べているのだ。

もちろん、罪深い人間がイエスを十字架につけて殺したことは忘れてはならない事実だ。しかし、使徒言行録を読めば、初期のクリスチャンたちは、悪の力がイエスを死に追いやったことと、それが神の意思でもあったことのあいだに何の矛盾も認めていなかったことがわかる。「神が定めた計画と神の予知によって引き渡されたこのイエスを、あなたがたは律法を持たない人びとの手によって十字架につけて殺したのです」（使徒2・23）。[8]

イエスの死は私たちの救いにとって意味がないというウィーバーの主張は、新約聖書の多くの記述と矛盾する。パウロは、私たちはキリストの死によって神と和解したと何度も主張している。[9]

身代わりになったのは神自身であった

「神による子ども虐待」という指摘についてはどうだろう？[10] 神が怒りにまかせて罪のないイエスを殴りつけたというのなら、ウィーバーの主張は正しい。しかしそれは、十字架にかけられたのが三位一体の神であったことを無視した考えだ。父も聖霊も、御子イエスとまったく同じ十字架の苦しみを受けた。三位一体の神が、自らの意思で十字架の道を選んだのだ。

カール・バルトは、「神ご自身の心が十字架の上で苦しんだ」と言っている。十字架の苦しみを選び、経験したのは「神ご自身の御子、すなわち、ほかならぬ永遠の神ご自身」なのである。[11] 新約聖書には、「神がご自分の血をもって買い取られた神の教会」（使徒20・28）とさえ書かれている。

次のジョン・ストットの言葉はその点を的確に述べている。

身代わりになったのはいったいだれなのか？　キリストを独立した第三者と見るなら、それは神ご自身ではないことになる。そのような、独立した三人の行為者（アクター）——犯罪者、裁判官、無実なのに殺される犠牲者——による身代わりの刑罰という考えは、とうてい受け入れられない。それは不当なだけでなく、キリスト論としても間違っている。なぜなら、キリストは独立した第三者ではなく、天の父の永遠の御子であり、その本質において父と一つであるお方だからである。……デール・ラーセン［ストットとの共著がある著述家］が言うように、「父と子が一つであるという不思議によって、神は自らに刑罰の苦しみを課し、同時にそれを耐えることができた」のである。[12]

キリストが否定した暴力と十字架の暴力は異なる

ウィーバーは、一方でイエスが非暴力を教えたと言いながら、他方で神がイエスを死なせたというのは論理的に矛盾しているし、三位一体の理解の仕方としても異端的だと論じている。その点はどう考えればよいだろう。

イエスが禁じた暴力が、神が十字架で行使した暴力と同じものであるなら、確かにウィーバーが指摘する論理的な矛盾が生じる。だが、そうではない。無限の神ご自身が罪深い人間の身代わりになるという行為は、有限の人間が他者に振るう暴力と同じではないのだ。

そのことを理解するうえで、おそらく三位一体のアナロジーが役に立つだろう。神は一つであると言いながら三つであるとするキリスト教の教義は論理的に矛盾している、と指摘する人がいる。その指摘が成り立つのは、神は三つの存在であるのとまったく同じあり方で一つの存在であると言っている場合に限られる。だが、クリスチャンはそうは言っていない。「神は唯一である」と言うときのあり方とは異なる方法で神には三つの位格がある、と言っているのだ。

それと同様、キリストとしての神が否定した暴力とは異なる方法で、神は十字架で暴力を使っておられるのである。だとすれば、三位一体の一つの位格が別の位格の行為を否定しているのは矛盾だというウィーバーの主張は論理的に成り立たなくなる。

ウィーバーが指摘する矛盾の存在を、イエスが認めていないことも重要だ。イエスは明らかに非暴力を説き、非暴力を生きた。イエスは、イエスを信じる者は敵を愛するべきであり、それによって、悪人にも善人にも太陽を昇らせ、正しい者にも正しくない者にも雨を降らせてくれる天の父の子になれると言った（マタイ5・43－48）。しかし、そう語ったイエスが、罪人に対する神の怒り、悪行に対する神の罰、そして神からの永遠の分離についても語っている。実際、最後の裁きのたとえ話においては、敵を愛せと教えたイエス自身が罪人を神から永遠に切り離す裁きを下しているのである（マタイ25・41－46）。そこにイエスは、ウィーバーが指摘するような矛盾をまったく認めていない。

新約聖書のどこからも、そのような矛盾を読み取ることはできない。新約聖書の随所に、神は罪を怒り罪を罰するという教えが、神のあふれる愛についての記述と並んで記されている。

ウィーバーはそうしたことを無視して、神が私たちを救うために御子を死なせたとすればイエスの非暴力の教えと矛盾する、という自説を展開しているのである。

有限の人間には、無限の神を完全に理解することはできない。イエスと新約聖書が神と十字架について教えていることが、イエスの非暴力の教えと矛盾している、などとは言えないのである。

私たちは、神は罪人を罰するが、神の子が十字架で罪人である私たちの身代わりになってくださった、というイエスと新約聖書の教えをそのまま受け入れるべきである。そこに論理的矛盾があるという間違った根拠で、イエスと聖書の教えの一部を否定することがあってはならない。イエスも新約聖書も矛盾を認めていないところに、ウィーバーは矛盾を見ているのである。

神の愛と罰を人間の規準で判断することはできない

また、聖書には、人が神にならうべきことと、まねるべきではないことの両方が書かれていることも重要だ。有限な人間は神とは根本的に異なる。私たちは無から何かを生み出すことはできない。神の中に聖さと愛、正義とあわれみがいかにして完全に調和して存在し得るのか、人間には理解することができないのである。

神をまねてはいけないと新約聖書が具体的に禁じていることの一つが、まさに暴力に関することだ。新約聖書は、神は悪事を働いた者に報復すると何度も教えている（ローマ12・19、ヘブル10・30、Ⅰペテロ2・23）。しかしパウロは、「愛する者たちよ。自分で復讐をしないで、むしろ、神の怒りに任せなさい。なぜなら、『主が言われる。復讐はわたしのすることである。わたし自身が報復する』と書いてあるからである」（ローマ12・19）と言っている。

イエスに従う者は、イエスが教えたように、敵を愛すべきであって、悪をなした者に復讐しようとしてはならない。それは、有限な人間には、神のように聖さと愛を正しく組み合わせて悪を罰することができないからにほかならない。

だからといって、神もそれをすべきでないという指摘は間違っている。イエスは神は敵を愛すると同時に罪人を罰すると語ったが、それはイエスの教えや三位一体である神に矛盾があることを意味しない。有限の人間には、神の国のこちら側で、この二重の真理を完全に理解することはできない。無限で全知全能、愛にして聖なる神だけが、聖さと愛が神自身の中で完全に調和して成り立つことを知っているのである。

贖罪は罪を赦すだけでなく罪と戦う力を与える

最後にもう一点指摘しておくと、道徳的贖罪観と身代わりとしての贖罪観に対しては、黒人神学やフェミニスト神学、ウーマニスト神学〔白人系女性神学から発展したフェミニスト神学への批判から生まれたアフリカ系アメリカ人女性の神学〕の立場から、女性やマイノリティの中に抑圧や虐待を忍従する受け身の傾向を生じさせるという批判がある。ウィーバーは、そうした批判も自説を強化するものと考えているようだ。[13]

しかし、その主張は勇み足と言わざるを得ない。確かに、十字架の死が罪の赦しのためだけのものであったなら、倫理的な問題意識は希薄になる。白人レイシストや男性優越主義者が罪ある行為を続けかねないし、虐待や抑圧を受ける人びとのあいだに無抵抗な姿勢をもたらしかねないことに警告を発すべきだろう。

だが、十字架と救いについて、聖書に立脚して正しく理解していれば、そんな問題は生じない。キリストが来たのは、私たちの身代わりとなって死ぬためだけではない。悪の力と戦い、打ち破るためでもあって、そこには性差別や人種差別も含まれる。また、人びとを神の国の規範に従って生きる者に変え、人を隷属させ虐待し破壊するすべてのものに対し、キリストとともに戦う力を得させるためである。

贖罪を罪の身代わりとしてのみ見るという間違いを改めるには、その見方に含まれている正しい部分は保ちつつ、贖罪を新約聖書全体の広い文脈の中で解釈する必要がある。神の国の到来と新しい生き方が可能になったことを告げるイエスの教えに照らして解釈することも大切だ。

N・T・ライトが何度もくり返し主張しているように、贖罪は私たちの罪を赦すことだけが目的なのではなく、罪の力からの自由を得させ、神の国のいのちを生きられるようにするためでもあった。[14] 福音派の神学者スコット・マクナイトが言っているとおりだ。「罪を取り去ってくれる神の贖罪のわざは、神が契約による信仰の共同体をつくろうとされていることと切り離すことはできない。……贖罪とは、神の御心（みこころ）が実現する社会を、この地上で、いま、ここにつくることにほかならない」[15]

神の怒りの宇宙論的解釈──C・H・ドッドの問題点

C・H・ドッドを含む多くの学者は、パウロにとって神の怒りとは、人が犯した諸々（もろもろ）の罪に対する怒りではなく、「宇宙論的な善悪の戦いという因果のプロセス」に対する怒りである、と主張する。[16]

単数形の罪と複数形の罪

だとすれば、十字架が成し遂げるべきことは複数形で表される罪（sins）の赦しではなく、人を奴隷とする大文字の罪（Sin）の力からの解放、救出ということになる。[17] この理解に立てば、贖罪とはキリストが悪を制圧することであって（「勝利者キリスト」）、キリストが私たちの罪の身代わりとしてご自身を献げることではなくなる。

新約聖書のいくつかの箇所が、キリストの贖罪のわざをそのように語っていることは明らかだ（たとえばヘブル2・14－15、Ⅰヨハネ3・8）。[18] だが、この観点からだけ贖罪を語るなら、聖書の別の箇所にはっきり書かれている複数形の「罪」や、キリストが罪を赦すために身代わりとなってくださったことを無視することになる。キリストが私たちの代わりに死んでくださったのは、完全な聖さと完全な愛をあわせ持ち、罪を憎み罰さずにはいられない神が、罪の赦しを完成させる方法としてそれを選んだからだ。

パウロはしばしば罪を複数形で語っている。「幸いなことよ、不法［複数］を赦され、罪［複数］を覆われた人たち」（ローマ4・7）。[19]「パウロは人間の窮状をしばしば罪［複数］、不法［複数］、正しい道からの逸脱［複数］という言葉で表現しているので、それらに対処するものとしてキリストの死に言及しているのは当然のことであり、そのようなものとして福音を要約してさえいる」[20]

さらにパウロは、イエスが身代わりとなって私たちの罪を背負ってくださったと、はっきり述べている。[21] パウロはローマ書5章6－11節で、他者の身代わりとしての死はギリシャ・ローマの文献にも書かれていると示唆しながら、私たちの身代わりとして十字架で死んだキリストについて考察している。

しかし、キリストの場合と一般的な身代わりとのあいだには一つの驚くべき違いがある。それは、イエスは正しい人を救うための身代わりではなく罪人の身代わりとして死んだということだ――それどころか敵のために身代わりとなって死んだということだ。[22]

無償の無罪放免

イエスは私たちのために罪を背負って呪いを受けた、とパウロは述べている。「罪と何のかかわりもない方を、神は私たちのために罪となさいました。私たちはその方によって神の義を得ることができたのです」（Ⅱコリント5・21）。律法によって神の前で義とされる者はいない。なぜなら、律法に書かれているすべてを守るのでなければ呪われるからだ（律法を完全に守れる者などいない）。

しかし、「キリストは、ご自分が私たちのために呪われた者となることで、私たちを律法の呪いから贖い出してくださいました」（ガラテヤ3・10－13）。神は私たちの罪をあげつらうことも、罪の責任を問うこともない（IIコリント5・19）。自分の善行にではなく、「不信心な者を義とされる」神に信頼するとき、私たちは信仰によって義とみなされるのである（ローマ4・4－6）。

そしてパウロは、神の前に義と認められる（義認）とはどういうことかについて、詩篇32篇1－2節を引用しながら、「不法が赦され、罪を覆い隠された人びとは、幸いである」と表現している（ローマ4・7－8）。その少し前の箇所では、「ただキリスト・イエスによる贖いのわざを通して、神の恵みにより無償で義とされるのです」とも書いている（ローマ3・21－26）。

N・T・ライトが繰り返し強調しているが、パウロは「*dikaiosynē*（ディカイオシュネー）」（義）という語やその同義語を使うとき、法廷を思い浮かべている。恵みによって「無償で義とされる」者は無罪放免とされるのである（ローマ3・24）。「ローマ書3章でパウロが論じているのは、全人類が被告席に立たされていること、神の前で有罪であること、そして『義とされること』は常に『無罪放免』を意味するということである」[23]。

ローマ書3章に出てくる「義とされる」の意味を、N・T・ライトは、「判決によって法的地位が元のまま保たれるということである。法廷に立たされた被告人にとって（ローマ3・19－20）、それは『無罪判決』、『免除』、『記録抹消』、『裁判官の宣告によってコミュニティの中で信用が保たれること』を意味する」と書いている[24]。

まさにこれが、ローマ書3章25節にあるように、そしてライトが説明しているように、「神がイエスを贖い（*hilastērion*（ヒラステーリオン））のために『差し出した』（聖書では「供(そな)え物」と訳されている）ときに」、十字架の上で起こったことなのである。[25]

「怒る神」と「愛する神」

イエスの十字架は神の怒りに対処するための出来事だったのか？　神の怒りが、罪深い敵を赦すためにイエスの死を必要としたのか？　もしそうなら、イエスが教えた、敵さえ愛する神はどこに行ってしまったのか？　現代人の多くは、神の怒りという概念を捨て、神の愛だけを語ろうとする。しかし、神の怒りについて新約聖書は少なくとも30回語っている。[26]神は何に怒っているのか？　罪人に対して怒っているのだろうか？

神の怒りは何に向けられているのか

先に見たように、C・H・ドッドらは、神の怒りとは宇宙論的な善悪の戦いの因果のプロセスに対するものであり、人に向けられたものではないと主張している。パウロは、神は罪人たちをその悪行がもたらす破壊的な結末に任せたと書いている（ローマ1・24、26、29）。罪深い行為が破壊的な結末に至るとしても、それは神が個々の罪人に怒っていることを意味するものではなく、[27]神の怒りは罪に対してだけ向けられている、というのがドッドの見解だ（この考え方は聖書の記述の一部には当てはまるが、すべてに当てはまるわけではないことをのちほど指摘する）。

だが、神の怒りをそう理解したとしても、創造主である神は、罪が罰せられなくてはならない宇宙を設計したことになる。つまり、ドッドの見解に立っても、神は罪を罰する責任を負っていることになる。

神の怒りを表すギリシャ語「orgē（オルゲー）」について、『新約聖書神学事典』には、この語が使われている新約聖書のいくつかの箇所において、「神の怒りには異議を唱える余地がない」とある。[28] 神は罪ゆえに怒る。罪そのものに怒っている場合もあれば（たとえばローマ1・18）、罪をなす者に怒っている場合もある（ルカ21・23、ヨハネ3・36、ローマ2・5、Ⅰテサロニケ2・16）。

ダビデが自分の性的な罪を告白する際にはっきりと認識していたように、罪はまず第一に神に対する罪だ。「あなたに、あなたのみに私は罪を犯し、御目（おんめ）に悪事と見られることをしました」（詩篇51・4。41・4参照）。[29] エペソ書5章6節は、いくつかの罪を列挙したのち、「これらの行いのゆえに、神の怒りは不従順な者たちに下るのです」と述べている。[30]

聖書は、罪の罰の中心は死であると繰り返し記している。「罪が支払う報酬は死です」（ローマ6・23）。しかし、キリストが自ら罪の呪いを引き受け、私たちの身代わりとして死んでくださったので、キリストを信じる者は義と認められ、赦される。マクナイトが言うように、「イエスは『私たちのために』死んでくださった。すなわち、イエスの死は私たちの罪を赦し、私たちを『義と宣言』し、私たちに対する神の怒りを受けとめてくださったのである[31]」。

キリストの死は罪を赦す唯一の方法だったのか

しかし、キリストが私たちの身代わりとなって死ななければ、神は私たちを赦すことができなかったのだろうか。福音派の中にはそう考える人もいる。J・I・パッカーとマーク・ディーバーは、神の聖さ（きよさ）を考慮すれば、私たちの罪のためにイエスが死ぬという方法に代わる「別の方法はあり得なかった[32]」と述べている。そして、イエスが身代わりとなって罰を受けたことには「まず神をなだめる効果」があり、キリストの死は、「私たちに対する拒絶を受容に変えるための、神ご自身の性格から導きだされる唯一の罪の償い方であった」[33]と述べている。

ストット（私の大好きなキリスト教リーダーの一人）も次のように書いている。「罪の身代わりの教義は、神であるキリスト自身が身代わりになった事実を述べているだけでなく、神に背いた人間を、神の愛の聖さを損なうことなく救うための必然、すなわちほかに方法がなかったことを説明してもいる」[34]

新約聖書には確かに、キリストが私たちに代わって死んでくださったことによって、神は私たちを義とされたと書かれている。私はそれを信じている。だが私は、キリストの死以外に神が私たちを赦す方法はなかったと書いている聖書の箇所を知らない。[35]

三位一体の神が、自ら人間の身代わりとなって罪の罰を受けたということは、神が愛であると同時に聖であるという事実を示す驚くべき出来事だ。この出来事は、私が想像できるほかのどんな方法より、罪が聖なる神にとって無視できないおぞましい現実であることを明確に示している。しかし、だとしても、受肉した神が十字架刑に服す以外に、神が私たちを赦す方法がなかった、と言うことはできない。言えるのは、キリストの死は、神が聖さと愛の両方を完全にあわせもつ方であることを想像を絶する方法で明らかにしているということに尽きる。[36]

神はローマの十字架刑で苦しまなくても、私たちを赦すことができた。無限で、全知全能で、愛である神には、私たちを赦す方法がいくらでもあったはずだ。神が十字架の苦しみを選んだということは、罪の深刻さを驚くべき方法で強調している。

だが、罪人に対する神の愛は、罪に対する神の怒りより明らかに大きい。私たちは十字架が強調する罪の深刻さに恐れおののかなければならないが、キリストの身代わりの死は神が私たちを赦す唯一の方法だったというような、聖書が言っていないことを主張するのも間違っている。その言説には聖書的な根拠がない。それどころか、神の愛は神の怒りよりも大きいという聖書の教えを曖昧にしてしまうおそれさえある。

いけにえを求めない赦し

ヘブル書9章22節には「血を流すことがなければ、罪の赦しはない」と書かれている。この箇所について、イエスが私たちのために死ぬ以外に、神は私たちの罪を赦すことができなかったという意味だと考える人がいる。しかし、その解釈はこの節の前半を無視している。前半も含めて22節の全体はこうだ。「律法によれば、ほとんどすべてのものは血によってきよめられます。血を流すことがなければ、罪の赦しはありません」（ヘブル9・22）。これは旧約聖書の時代の状況を述べているのだが、「ほとんどすべて」ということは、そこでも例外があったということである。[37]

イスラエルでは年に一度の贖罪の日に、大祭司が「すべての民の罪が赦されるために」（レビ16・34）いけにえを献げたが、驚いたことに、民の罪を背負わされる山羊は殺されていなかったのである！　レビ記16章には、贖罪の日の詳細な儀式の手順が記されている。大祭司は雄牛1頭と山羊2頭を選び、自分と自分の家族のための罪の供え物として雄牛を殺す（レビ記16・11）。そして、山羊1頭を「民のための罪の献げ物」として屠る（同16・15）。しかし、残る山羊1頭には、イスラエルのすべての罪を生きたまま担わせる（その方法が詳しく書かれている）。この山羊は殺されないのである。

「アロン（大祭司）はこの生きている雄山羊の頭に両手を置いて、イスラエルの人びとのすべての罪責と背きと罪とを告白し、これらすべてを雄山羊の頭に移し、人に引かせて荒れ野の奥へ追いやる。雄山羊は彼らのすべての罪責を背負って無人の地に行く。雄山羊は荒れ野に追いやられる」（同16・21－22）。神はイスラエル人の罪を赦すための方法として、贖罪のために山羊を殺すことを求めなかった。それどころか実質的に禁じたのである。

旧約聖書には、神がいけにえについて言及することなく罪を赦している箇所がいくつもある。イザヤ書6章には、預言者イザヤと聖なる神の劇的な出会いが書かれている。イザヤは自分の罪に圧倒されるが、天使が祭壇から取った燃える炭で彼の唇に触れて、「見よ、これがあなたのくちびるに触れたので、あなたの悪は除かれ、あなたの罪はゆるされた」と告げている（イザヤ6・7）。血のいけにえについては何も言及がない。詩篇も、いけにえに言及することなく、神による罪の赦しについて語っている（詩篇25、32、103、130篇）。神は火で焼いた献げ物やいけにえを求めないとさえ書かれている（同40・6）。バプテスマのヨハネは「罪のゆるしを得させる悔改めのバプテスマ」を説いた（ルカ3・3、マルコ1・4）。その際、ヨハネが悔い改めた人びとに神殿でいけにえを献げなさいと言ったとは書かれていない。罪の赦しへの道は神殿で献げるいけにえではなくバプテスマだと思われる。

イエスは、神殿でいけにえを献げるという条件を一切つけず、自らの権威によって人びとの罪を赦すと繰り返し宣言している（マルコ2・1－12）[38]。イエスの足を涙で洗った女に対しては、イエスはただ「あなたの罪はゆるされた」（ルカ7・48）と語っている[39]。

新約聖書も旧約聖書も、神は罪を赦すために犠牲を用いると書いているが（旧約聖書では動物のいけにえ、新約聖書ではイエスの死）、同時に、血の犠牲なしに罪を赦すこともあると教えているのである。

神の愛は神の怒りより大きい

神が受肉した神の子を十字架で死なせることによって私たちの罪を赦したという事実は、神が愛であると同時に聖なる存在であることを鮮明に示している。だがそれは、罪と罪人に向けられる神の怒りが、すべての人に注がれる神の愛と等しい、ということではない。神の愛のあり方は、神の怒りのあり方とは異なるからだ。

出エジプト記34章6－7節は、罪に対する神の罰は短期間しか続かないのに対し、神の不動の愛（*hesed*〔ヘセド〕）は千代〔せんだい〕も続くと告げている。預言者ホセアはイスラエルの罪に対する神の裁きが迫っていることを告げたが、そのとき、神が自ら計画した罰のことを深く悲しんでいることも語っている。「イスラエルよ、お前を引き渡すことができようか。……わたしは激しく心を動かされ、憐れみに胸を焼かれる。わたしは、もはや怒りに燃えることはない」（ホセア11・8－9）。ホセアは、イスラエルに対する神の態度を、妻が何度不貞をくり返しても帰ってくることを望む忠実な夫にたとえて描いている（ホセア9－14章）[40]。預言者ヨエルも、来るべき神の罰を告げる一方で、神は「忍耐強く、慈しみに富む」（ヨエル2・13）と語っている。

詩篇は何度も何度も、神の「愛は永遠に続く」と記している[41]。「主の怒りはつかの間だが、その恵みは生きる限り続く」（詩篇30・5）。旧約聖書は、神が罪のゆえにイスラエルを罰するときでも、その目的は正しい関係を回復することにあるとくり返し主張している。「わたしは悪人が死ぬのを喜ばない。むしろ、悪人がその道から立ち帰って生きることを喜ぶ」（エゼキエル33・11）[42]

三位一体の神は、永遠の昔から未来まで、愛なる神である。天使と人間が背く以前は、神の怒りというものは存在しなかった。神の聖なる怒りは人間の罪のあとに続いたものだ。「怒らない神は、不正、欺瞞、暴力の共犯者になってしまう」とウォルフが言うとおりだ[43]。

しかし、罪人に対する神の怒りを駆り立てるのは神の愛だ。神はすべての人を計り知れないほど深く愛しているからこそ、人が自分自身や他の人を傷つけ破壊することを怒るのだ。「神の怒りは、神の愛の真理を語る力である[44]」

神の愛は、罰を与えているあいだも続く。神はイスラエルの民の罪を罰するために彼らを捕囚の民としたが、預言者エレミヤは、そのとき神が泣いたことを示唆している(エレミヤ9・10)。そして、十字架で永遠の御子が私たちのために呪いを引き受け、私たちの罪のために死なれた。三位一体の神が十字架につけられたこの出来事ほど、神の愛を力強く示すものはない。

十字架でストーリーが終わるなら、神の怒りは少なくとも神の愛と同等であると結論づけるしかない。しかし、物語は復活(イースター)の日の朝へと続く。キリストの復活は、罪ある敵に対する神の愛が、罪人に対する神の怒りよりはるかに大きいことを高らかに告げている。

私たちの罪のために死んだ方の復活は、神を放蕩息子を迎えた父親にたとえたイエスの教えが正しかったことを証明している。神は両手を大きく広げて立ち、私たちの罪を赦し、赦された息子、娘として私たちを迎え入れてくださるのだ。

エミール・ブルンナーがいみじくも言ったように、「神の怒りは究極の現実ではなく、罪に対応する神の現実である。だが、それは神の本質的な現実ではない。なぜなら、神の本質は愛だからである[45]」。

贖罪の三つのメタファー

ここから、贖罪についての三つのメタファー［隠喩］を紹介する。[46] これら三つは相互に補完しあい、すべてが重要だと考える聖書学者や神学者が多い。私もそう考える一人だ。[47] いずれかを認めないというのでは、贖罪について新約聖書が述べている重要な部分を無視あるいは否定することになる。また、すでに述べたが、贖罪というものを理解するためには、イエスが告げた神の国の福音の文脈の中で理解することが絶対に必要である。[48]

道徳

このメタファーでは、イエスの基本的な役割は「教師」あるいは「模範」である。なぜなら、人間の根本的な問題は無知だからだ。

イエスの活動の場所は、人びとを教えたガリラヤと、十字架で神の愛が示されたゴルゴタの丘［イエスの十字架刑が執行された場所。アラム語で髑髏（されこうべ）の意味］。そしてイエスの意識は、神の愛と神の意思を言葉と模範によって示して、私たちの知識と理解を広げることに向けられる。

このメタファーは明らかに新約聖書の重要な教えに根ざしている。福音書には、イエスが弟子たちに神の国での生き方を教えたことが記されている。それをイエスは十字架の上でも示しつづけた。

——キリストは、私たちのために進んでいのちを捨ててくださいました。そのことによって、私たち

――は愛を知ったのです。（Ⅰヨハネ3・16）

このメタファーは、敵への愛を含むキリスト教信仰の倫理的要請をよく示している。

しかし、道徳の教師というメタファーは、それだけでは十分とは言えない。残念なことに、世界の悪は、単なる人間の無知を超え、はるかに深いところに根を下ろしている。それは、どうしようもないほど自己中心的な人間の中に存在しているものであり、道徳的知識だけで解決できるものではない。神の赦しと、人を根底から変える神の力が必要なのである。悪はまた、邪悪な力とそれによって歪められた社会構造の中にも存在する。私たちには、道徳の教師だけでなく、私たちを隷属させている悪の力に打ち勝つ強力な救い主が必要である。

罪の身代わり

このメタファーでは、イエスの役割は人びとを罪から救う「身代わり」である。なぜなら、人間の根本的な問題は、罪人として聖なる神の前で有罪を宣告されたことにあるからだ。

救いのための活動の場は、キリストが私たちの罪を引き受けてくださったカルバリの丘［「ゴルゴタ」のラテン語での名称「カルワリオ」の英語読み］。それがもたらす結果は、赦しであり、神との新たな関係であり、聖なる方との永遠の断絶を解消する永遠のいのちである。

これまで見てきたように、聖書の多くのテキストがこのメタファーを伝えている。

――罪と何のかかわりもない方を、神は私たちのために罪となさいました。私たちはその方によって

——神の義を得ることができたのです。（IIコリント5・21）

十字架に息も絶え絶えに磔にされたのが三位一体の第二格であるイエスだという事実は、私たちの身代わりになってくださったのが他ならぬ神ご自身であったことを示しており、神の愛と聖さは一つであることを示している。

しかし、罪の身代わりというメタファーも、それだけでは適切とは言えない。身代わりとしての贖罪という理解は、神の国についてのイエスの教えや宣言を見落としているし、その生と死からの復活によってキリストが悪の力に勝利したことも無視してしまっている。

贖罪を、私たちの罪のためにイエスが死んだということからだけ見るなら、神の国のおとずれに関する新約聖書の教えが置き去りにされ、十字架が示す倫理とのつながりも断ち切られてしまう。この理解だけでは、敵を愛せというイエスの命令と十字架が完全に切り離されてしまう。

勝利者キリスト

このメタファーでは、イエスの主要な役割は悪を制圧する「勝利者」である。なぜなら、人間の根本的な問題は悪の力——悪魔的な存在であれ、腐敗した社会構造であれ、あるいは死そのものであれ——に支配されていることにあるからである。

中心となる場所は二つある。悪霊を追い出したガリラヤと、死を克服したイースターの朝である。ここでの焦点は、罪を帳消しにして無罪とすることではなく、悪の力を打ち負かすことにある。キリストは、サタンと戦い、悪霊を追い出し、病人を癒し、社会の現状に挑戦し、最後に死に打ち勝つことでその役割を果たした。

このメタファーも、新約聖書にしっかりした根拠がある。

——罪を犯す者は悪魔に属します。悪魔は初めから罪を犯しているからです。悪魔の働きを滅ぼすためにこそ、神の子が現れたのです。（Ⅰヨハネ３・８）

神の子が肉の体をもって現れたことについては、こう記されている。

——子らは血と肉を備えているので、イエスもまた同様に、これらのものを備えられました。それは、死をつかさどる者、つまり悪魔をご自分の死によって滅ぼし、死の恐怖のために一生涯、奴隷の状態にあった者たちを解放なさるためでした。（ヘブル２・14－15）

勝利者キリストのメタファーは、罪と救いを個人のレベルで捉える理解を超えて、社会的・宇宙的な次元での救いを射程に収める。そして、ガリラヤとエルサレムでのイエスの働き、そして何よりもイースターの朝の勝利を強調するのである。

しかし、勝利者のメタファーも、それだけでは不十分だ。このメタファーは個人の外にある悪の力を意識しているので、個人の罪や悪、責任といった側面を軽視しがちだからである。その傾向は、罪は不公正な社会構造の中にあるとして、抑圧からの解放をめざすいくつかの神学的思潮において顕著である。

神の国の福音と贖罪

贖罪を理解するための以上三つのメタファーは、相互に補完しあえるものなのか？　それとも矛盾していて並び立つことができないものなのか？　並び立たないと考える人もいる。だが私は、聖書に示されたある見解を肯定するために、聖書に示されている別の見方を否定する必要はないと考えている。どの見解を採用するにせよ、それを擁護するのに都合の良いテキストだけを強調したり、他の見解を排除しようとすると問題が起こるのである[49]。

私たちは、三つの見解がどう補完しあっているのかを理解する必要がある。三つのメタファーを神の国の福音の文脈の中に置くとき、道徳の教師、罪の身代わり、悪に対する勝利者、というイエスの役割が相互に関連していることを理解することができる。

神の国を宣言するメシアとして、イエスは愛について過激な倫理を説いた。山上の説教から十字架の死に至るまで、イエスは敵をも愛する生き方を説き、模範を示した。しかし、罪を赦され、聖霊によって力を与えられるのでなければ、大きな犠牲をともなうイエスの倫理に従って生きることはできない。非暴力のメシアとして、勝利者イエスは、サタンやあらゆる悪の力と戦いながら神の国の到来を宣言した。彼は公生涯の働きの中で、病気を癒し、悪霊を追い出した。十字架の上でサタンの力に打ち勝った。復活の朝、死に勝利してよみがえった。それにより、イエスに従う者は聖霊の力の助けを借りて神の国の倫理を生きることができるようになった。

イザヤが預言した苦難のしもべとして、イエスは私たちの身代わりになって十字架で死んだ。私たちの身代わりとなり、呪いを引き受けたイエスを信頼するとき、私たちは赦される。イエスは受肉した神であり、私たちの身代わりとなってくださったのは三位一体の神ご自身なのである。

キリストの共同体の意味

贖罪を神の国の福音という文脈で理解すると、イエスの救いのわざのなかにある共同体の形成という側面が浮かび上がる。イエスは神の国の福音を宣べ伝えただけでなく、実際に、女性も男性も、娼婦も王族のしもべも、疎んじられていた徴税人も折り目正しい市井の人も、だれも排除されることのない新しい神の国の共同体を形成した。

イスラエルの民が選び出されたことから始まり、弟子たちの小さな集団、そして最初期の教会が形成した共同体に至るまで、神の救いの計画の中心にはつねに和解の共同体があった。だからこそ、テトス書2章14節に「キリストが私たちのためにご自身を献げられたのは、私たちをあらゆる不法から贖い出し、良い行いに熱心な民をご自分のものとして清めるためだったのです」と書かれている。マクナイトが「贖罪とは、神の御心が実現される社会を、この地上で、いま、ここにつくることにほかならない」と言っているとおりだ[50]。そこには敵を愛することも含まれる。

受肉した神が罪ある敵のために死なれたということは、敵を愛せというイエスの召しの深い基礎である。十字架の死による贖罪は、非暴力を説くキリスト教倫理と矛盾するどころか、最も強固な基盤を提供する。十字架は、怒れる神が無実の男を殺したという出来事ではない。十字架は、三位一体の神が、私たちの救いを完成させるために、ローマの十字架刑という苦しみを受け入れた出来事なのだ。

三位一体の神が私たちを赦すために、おぞましい現実を選んだという事実は、神が聖であると同時に愛であることを、どんな言葉をもってしても表現できないほど明確に示している。そして、神ご自身が十字架で私たちの身代わりになってくださったという事実は、神の怒りは一時（いっとき）のことであり、神の愛は永遠であることを示している。[51]

もし身代わりとしての贖罪だけが大切な見方だとするなら、贖罪と倫理のあいだにあるべきつながりが断ち切られてしまう。その見方は一方的で、新約聖書に記されている贖いの道徳的側面と勝利者イエスの側面を忘れており、聖書的ではない。また、神の国の到来を告げる福音の文脈に十字架を置くこともできない。イエスの福音の中心には、イエスの国に属する者は敵を愛するべきだという教えがある。そして、三位一体の神が罪ある敵のために十字架刑を受け入れたという事実は、その教えを最も深いところで支える基礎となっているのである。

十字架で神は敵のために苦しんだ。私たちには、人知を超えるその不思議のすべてを解き明かすことはできない。しかし、十字架の上で苦しみに呻（うめ）いているのが肉のからだをもって現れたことば、すなわち神ご自身であったがゆえに、私たちは相互に関連する二つの事柄を確信することができる。第一に、正義の神があわれみをもって罪深い敵を愛しておられること、第二に、神は私たちにも同じような自己犠牲の愛で敵に接することを望んでおられるということである。

贖罪が非暴力に力を与える

イエスは、彼に従う者たちに敵を愛せと命じ、その後、神が苦難の愛によって敵と和解することを示すために十字架で死んだ。それを思えば、人間関係や社会の中で非暴力の方法を否定することなどできない。それを否定するクリスチャンは、贖罪についての理解が間違っているのだ。[52] キリストである神が苦しみの中で仕える姿勢を貫き、敵と和解したのであれば、キリストに従おうとする者が同じ態度で敵に接さなくてよいわけがない。

贖罪をもっぱら身代わりの死と理解している人の多くが、贖罪が戦争や暴力の問題に対して持つ意味を見落としていることは今日の悲劇である。平和主義や非暴力を強調する人の中に、キリストの贖罪を根拠としない人がいるのも悲しむべきことだ。イエスを単に真理と平和を追求した高貴な殉教者とみなすような感傷的な見方は、非暴力に十分な力を与えない。

十字架は「剣の弱さと愚かさを示すキリストを証（あかし）する」だけのものではない。[53] 十字架が証しているのは、受肉したことば「キリスト」が私たちの罪のために死んでくださったこと、宇宙を治める神が自らを犠牲にしてまで敵と和解しようとする慈愛の方だという事実である。剣が弱く愚かなのは、まさにそれが理由なのである。

第13章　キリスト教と戦争の歴史

過去二千年、クリスチャンは、真剣さや成否はさまざまだが、イエスに従おうと努めてきた。その教会の歴史から、私たちは何を学ぶことができるだろう。コンスタンティヌス帝がクリスチャンの迫害を禁止する西暦313年までの最初期の教会の歩みからは、何を学べるだろう。コンスタンティヌス帝以後、キリスト教を支持するローマ皇帝たちの治世の教会からは何を学べるだろう？　中世［およそ5－16世紀］の、平和主義のクリスチャンがごく少数派であった時代の教会からは？　16世紀から19世紀にかけて、数は多くないが平和主義のクリスチャンが増えていった時代の教会からは？　20世紀、平和主義に立脚する新しい教派が多く生まれた時代の教会からは？　そして、公式に平和主義を支持することを表明した最近のカトリック教会から、何を学ぶことができるだろう。この章でそれを見ていこう。

コンスタンティヌス帝以前のキリスト教

新約聖書以後、コンスタンティヌス帝がキリスト教徒に対する迫害を停止する西暦313年までの数世紀間、人を殺すことについてクリスチャンはどう考え、どう行動していたのだろう。この点について、学者たちの見解は一致しない。現代のある学者は、最初期の教会は本質的に平和主義者であったと言っている。[1] 別の学者は、当時の教会では人を殺すこと（特に戦争での殺人）については「あまり議論されることはなく、見解は分かれており、曖昧であった」と述べている。[2]

人を殺すことについて当時のテキストはほとんど存在せず、見解も分かれていると主張する人びとの中には、牧師で神学者のピーター・J・ライトハート、宗教倫理学者のジェームズ・ターナー・ジョンソン、そして政治学者のジーン・ベスキー・エルシュテインなどがいる。

ライトハートは、このテーマに関連する文献からは、さまざまな見解（正戦論に通じるものも含まれる）が存在したことがうかがえると指摘したうえで、クリスチャンがローマ軍に加わることを積極的に批判したテルトゥリアヌスやオリゲネスは少数派であって、クリスチャン全体を代表するものではないと主張している。[3] エルシュテインは、「最初期の教会において、キリストに忠実な者がローマの軍隊や警察に加わることを禁じられていたという証拠はほとんど存在しない」と論じている。[4]「教父たちの文書の中には、殺人や戦争がキリスト教倫理に反するという理由で、教会がクリスチャンは軍隊に入ってはならないと教えていたことを示すものはない」と論じる学者もいる。[5]

しかし、実際には、最初期の教会が人を殺すことについてどう考えていたかを示す無数の本や記事がある。ただ、存在するすべての資料（文献資料と考古学的資料）を調べて総覧するような研究が行われていなかったのである。私はそのような研究を行い、『初期キリスト教の殺人についての考え方――戦争・中絶・死刑に関する資料』として刊行した。現在、コンスタンティヌス以前のクリスチャンが殺人について何を語り、何を行ったかは、ある程度の精度で判明している。[6]

コンスタンティヌス帝以前に、キリスト教著述家が書いたものの中に、クリスチャンが人を殺すことや軍隊に参加することを正当とする議論は一編も見つかっていない。殺人（中絶、死刑、戦争）について書かれた現存するすべての文献には、クリスチャンは殺してはならない、と書かれている。その中には、ユスティノス、エイレナイオス、テルトゥリアヌス、オリゲネス、キプリアヌス、ラクタンティウスなど、キリスト教神学の発展に重要な影響を与えた教父たちによるものが多く含まれている。

長い期間で見ると、クリスチャンは殺さない、殺してはいけない、軍隊に入ってはいけないと明言するテキストは相当な数に上る。9人のキリスト教著者が、16の論考で、殺すことは間違っていると明確に述べている。4人が5つの論考で、クリスチャンは軍隊に加わらない、加わってはならない、と明確に主張している。さらに、4人が8つの論考で、クリスチャンは軍隊に加わるべきではないと強く示唆している。5人の著者が少なくとも合計8回、「剣を打ち直して鋤に変える」（イザヤ2・4）というメシア預言を、キリストとその教えに当てはめて論じている。10人の著者が少なくとも28の異なる箇所で、敵を愛せというイエスの教えを引用ないし言及し、そのうち少なくとも9箇所で、その教えをクリスチャンは平和的であるべきこと、戦争に関わるべきではないこと、他者を攻撃することに反対すべきことなどに結びつけている。

このように、コンスタンティヌス帝以前の教会が人を殺すことについてどう考えていたかについては、かなりの証拠があると言える。[7]

つまり、初期キリスト教について「見解は分かれており、曖昧であった」と言えるような根拠は、どの文献にも存在しないのである。クリスチャンが軍隊に加わることや、場合によっては人を殺すことも許されると主張している著者は一人もいない。これについては、すべての著者が同じ主張をしている。

キリスト教著述家の全体を見れば、この問題について多く語っている者もいれば、まったく語っていない者もいる。だが、検証できる文献の数が少ないとか、議論に温度差があるという理由で、著作が残っていない著者たちが著作が残っている著者に同意していなかったと論じるのは、憶測にすぎない。くり返しになるが、コンスタンティヌス帝以前において、殺人と戦争についてクリスチャンが論じた現存する文書のすべてが、クリスチャンはたとえ戦争でも殺してはならないと言っているのである。

最初期のキリスト教著述家の中で、ラクタンティウス（西暦250－325）ほどはっきり殺害の絶対的禁止を述べた著者はいない。クリスチャンに対する迫害が横行していた皇帝ディオクレティアヌスの時代、ラクタンティウスは皇帝の宮廷で、キケロ［紀元前106－43年。共和政ローマ末期の政治家、弁護士、哲学者］を彷彿（ほうふつ）させる見事なラテン語で、キリスト教の信仰を鮮やかに擁護する『神聖教理』を著し、堕胎、幼児殺害、死刑、剣闘士による殺傷競技、そして戦争など、あらゆる種類の殺人を非難した。

> 殺してはならないと私たちに命じた神は、一般の法律でも禁じられている暴力による殺人を禁じただけでなく、殺人を合法とする国の任務に就いてもならないと警告した。それゆえ、義人（サイダー注：クリスチャン）が兵役に就くことも、人を死刑に処するのも法に適うことではない。神は人を死に至らしめることを禁じたのであって、剣によって殺すか言葉によって殺すかは関係がない。したがって、殺してはならないという神の指針に例外はなく、神の聖なる被造物である人を死なせることは、いついかなる場合でも法に悖（もと）る行為なのである。[8]

2世紀後半にはローマ軍に仕えるクリスチャンがいたこと、そしてその数が3世紀後半から4世紀の最初の10年にかけて増えていったことは事実だ。それを裏づける証拠もある（キリスト教著者による文献と考古学的資料の両方）。クリスチャンのローマ軍兵士は、西暦173年時点で少数存在し、3世紀後半から4世紀初頭にかけては相当数存在した。[9]残念ながら、残された資料からは人数まではわからない。どうやら、3世紀後半から4世紀初頭にかけて、教会指導者の教えに従わないクリスチャンの数が増えていったことがうかがえる。教えと実践のこのような断絶は教会の歴史を通じて常に存在する（今日でも、無数のクリスチャンが、離婚や物質主義について、指導者の教えを無視している）。

だが、コンスタンティヌス帝以前の現存する文献からうかがえる、当時の教会の教えは明らかだ。殺すことは、クリスチャンにとって、どんなときでも間違った行為なのである。殺すことについて論じている現存するキリスト教文書はすべて、殺人を禁じている。この点について、最近の正戦論擁護の第一人者であるポール・ラムジーは、次のように要約している。

> およそ200年におよぶ最初期の教会の歴史を通じて、クリスチャンは例外なく平和主義者であった。……初期のクリスチャンの平和主義が、キリストによって築かれた新しい命の土台から導かれる首尾一貫した結論であったことに疑問の余地はない。それは、キリストが命を捨ててまで救おうとしたすべての人に対する愛を示そうとする意図と実践であった。キリストが命を投げ出してまで救おうとした神の敵や不埒（ふらち）な輩（やから）と自分に何の違いもないことを知っている者には、敵や殺人者の命よりも自分の命を愛し、それを救おうとすることなどできなかった。[10]

さて、クリスチャンが人を殺すことは認められるのかという問いに対し、最初期の教会の歴史は何を語っているのだろう。それは確かに、私たちの疑問に最終的な結論を下すものではない。従うべき最終的権威はイエスと聖書であって、初期の教父たちではないのだから。しかし、2世紀と3世紀に生きたクリスチャンたちは、現在の私たちよりイエスや新約聖書の著者たちにずっと近いところにいた。彼らは、新約聖書をそれが書かれた言語で読んでいた。彼らの世界は、私たちの世界より、間違いなくイエスの世界の近くにあったのである。[11]

彼らのほうが、二千年後の私たちより、イエスが語った言葉の意味をよく理解していたと考えることは理に適っている。殺すことについて言及したコンスタンティヌス帝以前のすべてのキリスト教著者が、イエスに従う者は殺してはならないと主張していることは、それがイエスの意図であったという主張を支える論拠となり得る。

コンスタンティヌス帝の時代のキリスト教と殺人

統一ローマの皇帝の座をめぐってライバルたちと争っていたコンスタンティヌスは、西暦312年、キリスト教のシンボルを軍のエンブレムとして重要な戦闘［ミルウィウス橋の戦い］に臨み、権力闘争において決定的勝利を収めた。そしてその1年後、キリスト教信仰の自由を認める勅令(ちょくれい)を出した。このとき、キリスト教の歴史は劇的に新しい時代を迎えたのである。

その後、コンスタンティヌスがライバルたちを完全に打ち負かし、単独で皇帝の座を固めるまでには長い年月を要した。彼のライバルの中にはキリスト教弾圧を続けようとする皇帝もいたので、クリスチャンがコンスタンティヌスの勝利を願い、その軍隊を応援したのは当然の成り行きだった。多くのクリスチャンがローマ軍に入隊し、１００年も経つと、クリスチャンでなければローマ軍の兵士になれないというほど増えた。

コンスタンティヌス［皇帝在位３２４―37年］以後の１００年で、主要なキリスト教神学者――特にミラノの司教アンブロシウス（３４０頃‐３９７年）と北アフリカのヒッポの司教アウグスティヌス（３５４‐４３０年）――は、正戦の伝統の基本的な枠組みをかたちづくった。[12]

クリスチャンが戦争に加わることの是非について、アウグスティヌスが深く考えを巡らせていたとき、新生〝キリスト教国〟たるローマ帝国の存続が蛮族の攻撃によって脅かされていた。アウグスティヌスはキケロの言葉を借りて、戦争は、国を守るためにそれ以外の方法がなく、復讐ではなく平和と正義の確立を意図したものである場合に限って正当と認められる、と書いた。また、戦闘自体も正しい方法で遂行されなければならないと論じた。その後の数世紀で、キリスト教の思想家たちは、正戦の規準を洗練させ発展させた。こうして、５世紀から現在に至るまで、正戦の考え方はほとんどのクリスチャンにとって〝公式〟の立場となっている。[13]

中世、キリスト教の神学者や指導者は正戦について思索を深め、それを現実に適用する方法を模索しつづけた（トマス・アクィナス［１２２５‐74年］もその一人である）。この間、戦争を減らすための努力があった。神の平和を訴える人びとは、攻撃してはならない対象に含まれる人の範疇を大幅に広げようとした。「神の休戦」という概念を提起して、戦闘行為が認められる時間を制限しようとする人びともいた（日曜日、金曜日、聖日の戦闘を禁じる）。

だが残念なことに、教会自体が、何世紀もイスラム教徒に支配されていた聖地を奪還するために、神の意志による聖戦として十字軍を派遣する挙に出てしまった。教会の有力な指導者たちが、聖地を支配する異教徒を殺すためにキリストがクリスチャンの兵士を募っている、と煽り立てた。

このような状況だったので、中世においては、平和主義の伝統は非主流派のクリスチャン集団の中だけで継承された。グノーシス主義の異端とされるカタリ派は戦争に反対した。彼らが南フランスで多数を占めるようになると、教会は彼らに対しても十字軍を派遣して一掃しようとした。

小規模だが重要な平和主義者の運動が、15世紀の中ごろに現れた。プラハで広く知られていた説教者ヤン・フスは、カトリックの教えの一部を否定した罪で1415年に火あぶりの刑に処されるが、その後、フスを信奉する者たちの中からいくつかの思想的系譜が派生した。その中のペトル・ヘルチツキー(イエスの教えに基づいてすべての殺戮を拒否した)が指導した一派は、15世紀半ばにボヘミア兄弟団となった。それは非暴力・自由・平等を唱える完全な平和主義の運動で、16世紀以降も存続した。[14]

宗教改革以後

プロテスタントの改革派主流――ルター派、カルヴァン派、英国国教会(アングリカン)――は、正戦の伝統をキリスト教の戦争理解として適切と認め、それを教えただけでなく、公式の信条に組み込んで正統なキリスト教信仰の一部であると宣言した。[15]

アナバプテスト

アナバプテスト(再洗礼派)は、改革派主流と意見を異にした。チューリッヒで宗教改革者のフルドリッヒ・ツヴィングリと数年間活動をともにした若い人びとが、1525年に、幼児洗礼を否定し、成人後に改めて信仰を告白した者に洗礼（再洗礼）を授けた。彼らは、教会は国家の干渉を受けることなく自分たちの生活を管理すべきだと主張し、クリスチャンは決して殺してはならないと教えた。[16]

アナバプテスト派は、その時点で１０００年以上続いていたキリスト教のあり方の二つの中核的な部分――国家宗教と正戦の伝統――を否定したのである。これに他のキリスト教徒は激怒した。カトリック、ルター派、英国国教会、ツヴィングリ派、カルヴァン派――すべての教会がこの新しい〝異端〟の処刑に走り、何百人ものアナバプテスト派の人びとが殺された。

アナバプテスト派は、人里離れた場所に逃げ込んで生き延びた。農民や職人として優秀だったので、彼らの〝異端〟の信仰を容認する領主もいた。ミュンスター（ドイツ）で起こった悲惨な暴力事件（１５３４-35年）で意気消沈したアナバプテスト派の人びとを、オランダの元司祭であったメンノ・シモンズが集めてコミュニティをつくり、やがてメノナイトと呼ばれるようになった。彼らは戦争への参加を拒否し、その立場を容認する支配者が治める地を求めて世界中を転々とした。その勢力が特に拡大した北米では、メノナイトは「歴史的平和教会」［ブレザレン、メノナイト、クエーカーの三つが含まれる］に数えられる主要な教派の一つとなった。

クエーカー

クエーカー（フレンド派とも呼ばれる）は、17世紀半ばの英国内戦［ピューリタン革命とも呼ばれる］でピューリタンのグループから生まれた。国王に抵抗したピューリタンのトーマス・クロムウェルの暴力革命とその失敗に対する幻滅の中から、ジョージ・フォックス（１６２４-91）のような指導者が現れ、クリスチャンはすべての殺人を拒否すべきだと教えた。強力な個人的宗教体験と内なる光の感覚、そして独自の新約聖書解釈に導かれるクエーカーは、17世紀後半の英国で、少数だが活発な平和主義の勢力となった。アナバプテストと同様、彼らもコンスタンティヌス的な教会と国家の結びつきを拒否したが、教会を取り巻く広い社会が平和の実現へと進んでいくことについて、アナバプテストよりも前向きな展望を持っていた。[17]

イングランド国王が若いクエーカーの貴族ウィリアム・ペン(1644-1718)の父親に借金を返済し、ペンにアメリカの広大な土地(現在のペンシルベニア州)を与えたときに、社会的な平和の実現に向けた驚くべき実験の機会が生まれた。初代知事となったペンは、植民地に住む先住民とのあいだに平和的で公正な関係を築くことをめざした。教会史家ローランド・ベイントンは、「歴史上、これほど素晴らしい先住民の扱い方はなかった」と述べている。[18] 先住民との平和的な関係はおよそ75年間(1682-1756年)続いた。

植民地の議会を支配していたクエーカー教徒は、1756年まで軍事費の支出を拒否していた。しかし、ペンシルベニアの知事を任命する権限は、クエーカー教徒の議会ではなく英国国王にあり、英国領北アメリカ植民地に関わる外交政策を決めるのも英国王だった。それに加え、ヨーロッパからペンシルベニアに移住してきた多数の入植者は平和主義者(メノナイトなど)だったが、そうでない人びと(英国国教会やスコットランド-アイルランド長老派)もいた。

そうした中で1756年、フレンチ・インディアン戦争〔英国とフランスの戦い。フランスが先住民と同盟を結んでいたとする英国視点からの名称〕が勃発し、クエーカーが多数を占めるペンシルベニア議会は大きな決断を迫られた。議会は不本意ながらクエーカーを除外して投票を行い、軍事行動に資金を拠出する法案を通過させた。クエーカーの内部で激論が戦わされたが、彼らは次の選挙で候補者を立てないことを決め、非平和主義勢力が議会を掌握した。[19]

しかし、クエーカーの平和主義は、ペンシルベニアやほかの多くの入植地で大きな影響力を持ち続けた。クエーカーはメノナイトとともに、英国領北アメリカ植民地で初めて奴隷制を公式に非難した。彼らは現在も、アメリカ・フレンズ奉仕団やその他のクエーカーの組織を通じて、米国でも世界でも重要な平和主義の声を挙げ続けている。

初期のホーリネスとペンテコステ派

ペンテコステ派

福音派のいくつかの教派と、ペンテコステ派〔1900年頃の米国で、メソジスト教会とホーリネス教会の中で始まった聖霊運動（ペンテコステ運動）から生まれた教団・教派の総称〕の多数の教派は、それぞれ創設初期の段階では平和主義を受け入れていた。実際、初期のペンテコステ派の諸教派を注意深く研究した社会学者のジェイ・ビーマンは、「1917年までに結成されたペンテコステ派の21グループのうち13グループ、つまり62パーセントが、いずれかの時点で平和主義の立場を表明していたことを裏づける根拠がある。1934年までに結成された48グループのうち24グループ、つまり50パーセントが平和主義を標榜していた証拠がある」と報告している。[20] 社会倫理学のマレー・デンプスターは、ビーマンの主張を多少修正しようとしているが、それでも、「ペンテコステ運動のすべての系譜に平和主義が浸透しているという主張には文献的裏づけがある」と述べている。[21]

ウェスレアン・メソジスト

1844年に発表されたウェスレアン・メソジスト教会〔18世紀の英国でジョン・ウェスレーが興した信仰覚醒運動から発展した教会・教派〕の宗規は、「私たちはキリストの福音を信じ、あらゆる戦争の遂行に反対する」と宣言している。[22] 奴隷制の廃止に取り組んでいた他のホーリネス・グループ〔メソジスト教会内部で生まれた信仰復興のための「ホーリネス運動」から発展した教会・教派〕とともに、ウェスレアン・メソジスト（現在のウェスレアン教会）は平和主義に立っていた時期がある。しかし、南北戦争が勃発すると、奴隷制反対の立場から北軍の支持に回った。[23]

チャーチ・オブ・ゴッド（インディアナ州アンダーソン）

クエーカーとメノナイトが展開したいくつかの運動から、19世紀後半にホーリネスに属する諸教会が生まれた。[24] 1880年頃にインディアナ州で誕生したチャーチ・オブ・ゴッドはその一つだ。1900年代の最初の10年に発行された教団の機関紙『ゴスペル・トランペット』には、明らかに平和主義を唱える記事が数多く掲載されている。[25] 教会のトップリーダーたちが署名した宣言には、「人の命を奪うことは、キリストを信じる私の宗教的信念に反する。私の宗教と良心は、私が同胞を殺すために武器を手にすることを禁じている」と書かれている。[26]

第一次世界大戦開始時には、このグループは、「長年にわたって教会の基本文書に明記されている宗教的立場と相容れない」という理由で、米国政府から徴兵と戦争協力を免除されていた。[27] しかし、戦争が終わるころには『ゴスペル・トランペット』はその立場を軟化させ、多くの教会員が軍に入隊した。1930年代になると平和主義の姿勢が戻り、1932年に開かれた聖職者総会では「私たちは二度と戦争を正当と認めず、参加もしない」という宣言が採択された。[28] しかし、第二次世界大戦でふたたび、徴兵された教会員の大半が米軍に入隊した。

チャーチ・オブ・クライスト

19世紀前半、アレクサンダー・キャンベルは「キリストの弟子たち（ディサイプルズ・オブ・クライスト）」と呼ばれる復古運動を始め、広く知られる指導者となった。キャンベル自身は絶対的な平和主義者だった。[29] 19世紀後半、この運動の平和主義を継承するチャーチ・オブ・クライストが生まれた。南北戦争のあいだ、彼らの新聞『ゴスペル・アドヴォケイト』の編集長デイビッド・リプスコム（1831－1917）は、意志強固な平和主義のために生命の危機にさらされながらも、クリスチャンが戦争に参加することを拒否しつづけた。[30] チャーチ・オブ・クライストは1917年までおおむね平和主義を貫いていたが、政府から編集者たちを逮捕すると脅され、戦争に反対する記事の掲載を停止した。[31]

アッセンブリーズ・オブ・ゴッド

1914年に創始されたアッセンブリーズ・オブ・ゴッドは今日、世界中に約7000万人の信者を持つペンテコステ派最大の教団である。[32] 1917年、アッセンブリーズ・オブ・ゴッドの総会は力強い平和主義の声明を発表した。イエスの「敵を愛しなさい」という言葉を含む多くの聖書の箇所を引用して、声明はこう述べている。「私たちの教会は、これらを含む多数の聖句を、クリスチャンが人を傷つけたり殺したりすることを禁止するものと解釈し、受け入れてきた。したがって、良心に照らして、私たちは人の命を奪う戦争への参加も武装抵抗も認めることはできない。暴力や殺傷は、信仰の唯一の基礎である、神の霊感によって書かれた聖書の明確な教えに反する行為である」。[33] この声明は、1967年までアッセンブリーズ・オブ・ゴッドの公式的立場であった。

この教団の初期の指導者の中に、第一次世界大戦への参加を支持した指導者がいたのは事実だ。[34] しかし指導者たちは、1917年の声明を教団の公式声明としてウィルソン大統領に送った。[35] 教団発行の『ペンテコスタル・エヴァンジェル』誌には、平和主義を支持する多数の記事が掲載された（歴代の総監督

3人が個別に書いた記事も含まれる)。1938年、総監督は1917年に発表された平和主義の声明をふたたび掲載した。1940年10月号に掲載された記事には、「軍務に就くことはイエス・キリストの福音と相容れないというのが、アッセンブリーズ・オブ・ゴッドのメンバーが共有する普遍的な感覚である」と書かれている。[36]

第二次世界大戦でアッセンブリーズ・オブ・ゴッドの多数の男性が米軍に入隊したため(約半数は非戦闘任務を選択)、教会総会は1947年に、兵役に関する教団見解を見直すための委員会を設けた。しかし、慎重な検討の結果、委員会は「現在の見解以上に、兵役に対するアッセンブリーズ・オブ・ゴッドの考えを適切に表す規約をつくることはできない」との結論に至り、変更を見送った。[37] 平和主義は声明に残され、アッセンブリーズ・オブ・ゴッドの公式な立場として1967年まで維持された。[38]

チャーチ・オブ・ゴッド(テネシー州クリーブランド)

ペンテコステ派のもう一つの大きな教団が、1900年代初頭にテネシー州クリーブランドで生まれたチャーチ・オブ・ゴッドだ。創設者のアンブローズ・ジェサップ・トムリンソン(1865-1943)は意志強固な平和主義者だった。

彼は1917年に、敵を愛しなさいというイエスの命令を引用して「戦うのは主の霊ではない」と指摘し、「私たちは戦争に対して主の教えと異なる考え方をすることはできない」と述べている。[39] 別の場所では、こうも書いている。「いかなる方法によろうと、教会員が戦争を擁護したり、入隊を志願するよう人を説得したり、兵士になって戦うことを促したり勧めたりするなら、それは教会に対する不誠実な行為とみなされる。……そのような行為を続けるなら、教会の宗規と規約に従って必要な措置(除名)

がとられる可能性がある」[40]。１９１７年に発表された教会の「教え」と題する文書には、端的に「教会員が戦争に行くことに反対する」と書かれている[41]。教会は１９４５年まで平和主義を貫いた[42]。

チャーチ・オブ・ゴッド・イン・クライスト（COGIC）

米国国内に６００万人以上の会員を持つCOGICは、アフリカ系アメリカ人のペンテコステ派最大の教団だ。初代総主事であるC・H・メイソンによって１８９５年に創設された。

メイソンは公式文書を通じて何度も、「私たちの教会の信条は、教会誕生から現在に至るまで、つねに戦争と流血の暴力に反対してきた。……教会のメンバーには、武器を持つことも他者の血を流させることも許されておらず、それをしながら教会のメンバーに留まることは認められない」と述べている[43]。

メイソンと彼の教会員は、第一次世界大戦中、政府や世論からの激しい攻撃に遭った[44]。今日でも、教会の公式見解は、クリスチャンが戦争に参加することに反対している[45]。

以上のように、１９１７年までに設立されたペンテコステ派のほぼ3分の2は、元をたどれば平和主義であった。ペンテコステ運動の初期には平和主義が大いに広まっており、１９１７年の『ウィークリー・エヴァンジェル』（アッセンブリーズ・オブ・ゴッドの出版物）の記事は、北米とヨーロッパのペンテコステ運動について次のように書いている。「この運動は当初からクエーカーの原則に特徴づけられている。そこでは　私たちの兄であるイエス・キリストが山上の説教で語った神の国の法則が、一切の留保なく採用されている。したがってこの運動は、攻撃に抵抗するためであっても人の血を流すことに反対する。その原則は、この運動から派生したすべての教会で――米国、カナダ、英国、ドイツなど、どの国であれ――堅持されている」[46]

平和主義者たち――過去200年の重要人物

マーティン・ルーサー・キングやドロシー・デイといった著名人が平和主義者であったことは広く知られている。だが、ドワイト・L・ムーディやチャールズ・スポルジョンなどが平和主義者であったことはそれほど知られていない。

ドワイト・L・ムーディ［1837－99年］は1800年代後半の最も有名な伝道者の一人だ。多くの業績の中でも、ムーディ聖書学院（イリノイ州シカゴ）を設立したことが大きい。同校は現在、神学的にも社会・政治的にも保守的な学校だが、ムーディ自身は生涯を通じて平和主義者であった。

息子のウィリアム・ムーディが書いた『ドワイト・L・ムーディの生涯』の初版には、南北戦争のときのムーディについて、「彼は良心に照らして軍に身を投じることができなかった」とはっきり書かれている。ムーディ自身が、「人生を通じて、銃で同じ人間を撃てるなどと思ったことはない。その点では、私はクエーカーだ」と言ったことも書かれている。[47] しかし、1930年発行の別の版では、この部分は書き変えられ、ムーディの平和主義はひどく薄められていた。[48]

夫ウィリアムとともに救世軍［社会福祉事業の推進と軍隊式組織で知られるプロテスタントの教会］を創設したキャサリン・ブース（1829－90）と息子のハーバート・ブースの親子は、ともに平和主義者であった。[49]

チャールズ・スポルジョン（1834－92）は、保守的神学に立脚する説教者の一人で、絶大な人気があった。膨大な数に上る説教や聖書講解は今日でも広く読まれている。そのスポルジョンは、次のように語る平和主義者でもあった。「クリスチャンが兵士であるのを見ると悲しくなる。救い主イエスの教えが思い起こされ、『あなたがたに言っておく、悪人に手向かってはならない。剣を鞘に納めなさい』という声が聞こえてくるからだ」[50]（マタイ5・39、26・52）。

ウィリアム・ロイド・ギャリソン（1805－79）は、米国で最も著名な奴隷制廃止論者の一人であり、生涯を通じて平和主義者であった。バプテスト派の家庭で育ち、聖書をよく知っていたが、のちに正統派のキリスト教を否定した。[51]メンバーの多くを福音派が占めるニューイングランド非抵抗協会（1838－1850年頃）という平和主義の団体のリーダーの一人であった。[52]

ウィリアム・ジェニングス・ブライアン（1860－1925）は、神学的には保守主義であり、著名な大統領候補者であり、ウィルソン大統領の下で国務長官を務めた政治家である。平和主義者であり、長年にわたってトルストイを尊敬していた。[53]

マーティン・ニーメラー（1892－1984）は第一次世界大戦でドイツ軍潜水艦の司令官を務めたが、のちにヒトラーに反対し、平和主義者となった。[54]

英国国教会司祭のジョン・ストット（1921－2011）は、20世紀後半、おそらくビリー・グラハムに次いで影響力のある福音主義者だった。若いころに平和主義のクリスチャンとなった。敵を愛することについてのイエスの教えに触れてからは、「ストットには、クリスチャンでありながら戦場で戦える人のことがどうしても理解できなかった[55]」。第二次世界大戦で英国軍の一員として戦った彼の父親にとっては驚きだっただろうが、ストットは入隊を拒否し、英国国教会平和主義協会に入会した。[56]しかし、その後、協会から退き、正戦の立場を受け入れた。

スタンリー・ハワーワス（1940－）は、この40年間で最も影響力のあるキリスト教倫理学者の一人である。多くの著書を通して、平和主義の立場を強く主張している。[57]

もちろん、20世紀にはほかにも多くの有名なキリスト教平和主義者がいた。たとえばマーティン・ルーサー・キング、南アフリカのデズモンド・ツツ大司教、ブラジルのヘルダー・カマラ大司教、アルゼンチンの人権活動家でノーベル平和賞を受賞したアドルフォ・ペレス・エスキベルなどだ。[58] 教皇フランシスコは2015年に米国議会で行った演説で、4人の「偉大なアメリカ人」に言及した。そのうち2人は、カトリックの平和主義活動家であるドロシー・デイと、トラピスト会修道司祭トーマス・マートンだった[59]［あとの2人はリンカーンとキング牧師］。

福音派のベン・ウィザリントン（1951－）は、アズベリー神学校の新約聖書学教授で、平和主義者である。彼は「イエスは徹底的に平和主義者であった」と書いている。殺してはならないというイエスの教えを受け入れるなら、私たちは「あらゆる面で真の生命尊重（プロライフ）の立場を貫くべきだ」と述べ、「中絶、死刑、戦争に反対しなくてはならない」と説いた[60]［狭義のプロライフは妊娠中絶反対を示す］。

1920－30年代のリベラル平和主義

第一次世界大戦の惨禍に対する嫌悪から、平和主義を受け入れるリベラルな神学者が大きく増えた。[61] 1920年代から30年代にかけて、教育の力に対する楽観的な期待を抱き、人間の本性を善と考えた多くのプロテスタントのクリスチャンが、平和主義の立場を選択した。[62]

しかし、ラインホールド・ニーバーがすぐ指摘したように、この平和主義は、人間の基本的な善良さに対する素朴で楽観的な見方に基づいていた。それは人間の罪の根深さと広がりについて、キリスト教が歴史を通して説いてきた教えを無視するものであった。ニーバーの痛烈な批判と、第二次世界大戦の勃発によって、このリベラルな平和主義は短期間で力を失った。[63]

核戦争時代の平和主義

第二次世界大戦後の数十年間に、ソ連と米国が大量の核兵器を開発したため、多くの有力な正戦論者が「核廃絶平和主義者」（nuclear pacifists）となった。正戦を構成する規準には、正しい意図（戦争は復讐ではなく正義の回復を意図するものでなければならない）、成功への合理的な期待、非戦闘員に対する攻撃の回避があるが、これを当てはめるなら、核兵器の時代に正戦は成立しない。なぜなら、米国を核兵器で攻撃してきたソ連を核攻撃するのは正義の回復ではなく復讐であり、核の撃ち合いは確実に文明を破壊するものであって、合理的に考えて成功の可能性はなく、何百万人もの非戦闘員を殺すことになるからである。

ジョン・ストットは『クリスチャニティ・トゥデイ』誌に次のように書いた。「核兵器の効果は無差別で、戦闘員も非戦闘員も同様に殺戮するものであるから、倫理的にこれを擁護する余地はない。通常兵器の〝正しい使い方〟についてはさまざまな意見があるかもしれないが、それとはまったく無関係に、すべてのクリスチャンは核廃絶平和主義者でなければならない[64]」

米国のカトリックの司教たちは、司牧教書『平和の挑戦』で、正戦の規準を当てはめるなら核兵器の使用は一切認められないと主張した。ただし、核兵器を一時的に保有することは認めたうえで、決して使用してはならないとする立場であった。[65]

だが著名なキリスト教指導者たちの多くは、核兵器については保有することも否定した。１９７８年には多くクリスチャンが「忠実への召し（ア・コール・トゥ・フェイスフルネス）」という声明に署名し、米国政府が進める核戦争の準備に協力しないことを誓った。「イエスの名において、私たちは核兵器に対し、研究、開発、実験、生産、配備、そして使用までのあらゆるレベルで抵抗することを誓う」[66]。これに署名した人びとの中には、プロテスタント主流派やカトリックの著名人だけでなく、有力な福音主義者も含まれていた。ユース・フォー・クライストの総裁であるジェイ・ケスラー、『クリスチャニティ・トゥデイ』誌の共同編集人を務めたフランク・ゲベリン、保守バプテスト神学校の学長を長年務めたバーノン・グラウンズなどである。ロナルド・レーガン大統領の牧師でさえ、「私は核廃絶平和主義者でなければならない」と言った[67]。

平和主義の肯定に向かうカトリック教会

カトリックの学者たちは、第二次世界大戦以後、平和主義に対するカトリック教会の態度が大きく変化したことを認識している[68]。第二次世界大戦中、カトリック教会の役職者は平和主義を支持しなかった。１９５６年、教皇ピウス12世は、道徳的に考えて平和主義を受け入れることはできないと述べた[69]。１９６２年の時点でもなお、教理省はカトリックのクリスチャンは良心的兵役拒否を選ぶことはできないという通達を出していた[70]。しかし、その後の数十年で、教皇と司教たちは考えを変え、平和主義を正戦と同様に有効なカトリックの立場として支持するようになった。

この劇的な変化は、教皇ヨハネ23世［在位１９５８－63］と第２バチカン公会議（１９６３－65年）から始まった。１９６５年に出された「ガウディウム・エト・スペス」（「現代世界における教会に関する司牧憲章」）

［ラテン語の意味は「喜びと希望」］という回勅（かいちょく）［教皇が全教会に宛てて出す教義、信仰、道徳に関する書簡］は、「まったく新しい態度で戦争の評価を行う」という意図を表明した。その結果、カトリック教会は平和主義を称賛し、武器を持つことを拒否する良心的兵役拒否者を法的に保護することを求めることになった。[71] この回勅には、「自分の権利を擁護するための暴力の行使を放棄する人びとを称賛することを忘れてはならない」と記されている。[72]

カトリックには、ドロシー・デイ（１８９７－１９８０）のような著名な平和主義者がいたし、『ザ・カトリック・ワーカー』のような平和主義の出版物もあるが、カトリック教会の最高機関が平和主義の正当性を公式に承認した「ガウディウム・エト・スペス」はそれらとは意味が違う。

その結果、米国のカトリックの司教たちは１９８３年に、司牧教書『平和の挑戦』の中で、戦争に対するカトリックとしての二つの立場の妥当性を認めて、次のように書いている。「正戦の教えは、過去１５００年、カトリックの思想の中で明らかに生きつづけてきたが、いま私たちが立たされている〝新たな瞬間〟においては、正戦の教えと非暴力の二つを、戦争を評価するための別個だが相互に支えあう方法と見る必要がある。……両者は、紛争解決の手段として武力を行使することに反対するための同じ根拠を共有している[73]」

この言明の重要性は、平和主義についての広範かつ肯定的な議論の中で語られていることによって、いっそう明確になっている。司教たちの書簡は、最初期の教会の平和主義や、デイやキングのような現代の平和主義にも言及している。[74]

教皇ヨハネ・パウロ2世は、１９９１年の回勅「センテシマス・アヌス」（「新しい課題　教会と社会の百年をふりかえって」）［ラテン語の意味は「百年」］で、１９８９年に東欧の共産主義独裁政権を倒せたのは、「ほぼあらゆる場所で平和的な手段で抗議が行われたからである」という事実を強調した。

当時、共産主義と民主主義に分断されたヨーロッパの状態は、戦争によらなければ解消されないと考えられていたことを指摘したうえで、「しかし、それは人びとの非暴力の献身によって成し遂げられました。人びとは権力が振るう暴力に屈することなく、真実を証(あかし)する効果的な方法を見つけることによって成功したのです」と称えた。ヨハネ・パウロ2世は回勅を次のように締めくくっている。「この模範が、ほかの場所やほかの状況にも行きわたることを祈ります。人びとが暴力によらず正義のために戦う術(すべ)を学ぶことができますように[75]」

『カトリック教会のカテキズム』［カトリック教会の教理の公式な説明］も平和主義を支持している。「暴力と殺傷を放棄し、人権を守るために最も弱い者でも使える非暴力の防衛手段を活用する者は、福音の愛(チャリティ)を伝える証人となるのです[76]」

教皇ベネディクト16世は2007年に、「敵を愛せ」というイエスの命令について次のように語った。「この福音書の一節は、キリスト教の非暴力の大憲章だと考えられます。クリスチャンにとって、非暴力とは単なる戦術ではなく、神の愛と力を深く確信するがゆえに、愛と真理という武器だけで恐れることなく悪に立ち向かう者の態度です。敵を愛することは〝クリスチャンの革命〟の核心なのです[77]」

現在のカトリックの公式の教えは、明らかに非暴力の手段の活用を促しているだけでなく、過去1500年の考えを転換し、平和主義が有効かつ重要なクリスチャンの生き方であることを認めている。

今日の多くのクリスチャンは平和主義者だ。おそらく、コンスタンティヌス帝以後のどの時点よりも多くのクリスチャンが、自分はイエスによって敵を殺すことを拒否する生き方に招かれている、と信じているはずである。

終章　イエスを主とするなら

キリスト教信仰の中心にあるのは、ナザレから出て愛を説いた教師は真の神であり、真の人間でもあるという信仰である。キリストの教会が二千年にわたって保持してきたその教えを受け入れるなら、私たちはイエスの倫理を受け入れ、それに従って生きなければならない。

歴史的キリスト教の正統性を認めるすべての人にとって、本書のテーマである暴力あるいは戦争についての最も重要な問いははっきりしている――イエスは敵を殺すことについて何を教えたのか？

その答えは歴史の記録を見れば明らかだ。

ナザレのイエスが生きた時代は、ユダヤ人の抵抗者たちが、抑圧的で横暴なローマの帝国主義者に対する武装蜂起を民衆に呼びかけていた時代だった。当時、ユダヤ人のあいだでは、軍事的なメシアが現れて、武力による勝利でローマ帝国を追い出してくれるという期待が広がっていた。ユダヤ人の歴史家ヨセフスは、イエスの時代の前後数十年に、ユダヤ人がローマに対して何度も激しい反乱を起こしたことを記録している。ヨセフスはまた、そのようなメシア願望が、最終的にはユダヤがローマと戦ったユダヤ戦争につながり、エルサレムの壊滅を招いたことも報告している。

イエスは自分がメシアであることを、最初のうちは間接的に、のちに明確に主張した。彼は、正義と平和が支配する神の国が、自分と自分のわざを通して現実に到来したと告げた。ただし、イエスはメシアの役割を劇的に定義しなおした。姿を現した神の国では、ユダヤ人革命家たちのように敵を殺すのではなく、愛さなければならないと教えた。

イエスは人びとの期待に反して、ローマの十字架刑に服することでメシアの使命を達成すると繰り返し語った。そのことを最も雄弁に示しているのが、軍事的勝利者がまたがる軍馬ではなく、か弱いロバの背に乗ってエルサレムに入ったことだ。イエスは十字架で、敵を愛せという自らの教えどおりに生き切り、自分を十字架につけた敵を赦すことを神に求めた。

マタイは山上の説教を、イエスがクリスチャンに望む生き方を示した教えとして提示している。イエスに従う者は、旧約聖書に示されている律法の中心的な法理（目には目を）を拒否し、むしろ抑圧者に愛をもって（しかも受動的ではない愛をもって）向きあわなければならない。そこには、帝国主義的抑圧を押しつけるローマ兵に対し、法が定める1ミリオンの荷役（にやく）義務を超えて、さらにもう1ミリオン先まで荷物を運ぶことさえ含まれていた。実際、イエスが自分に従う者たちに告げた「敵を愛しなさい」という命令は、前代未聞の命令であった。それは、これまで存在したすべての人間社会の慣行に反する教えでもある。

イエスはユダヤ人の狭量な民族主義的メシア願望を否定して、神の国はすべての人のためのものであると言った。「多くの人が東からも西からも来て、天の御国でアブラハム、イサク、ヤコブと一緒に食卓に着く」（マタイ8・11）。

ユダヤ人もローマ人も、指導者層の人間はみな、イエスの過激なメシアの主張と教えは自分たちの権力を脅かすと判断した。だから彼らはイエスを十字架刑に処した。そのことがイエスに従う者たちに及ぼした影響は痛ましいほど明らかだ。イエスの時代のユダヤでは、自分はメシアだと主張したあげくに十字架につけられた人間は詐欺師とみなされた。メシアを主張する指導者に従った人びとが、指導者が殺されたのちもその主張を信じ続けたという事例を示す記録は存在しない。

イエスが十字架につけられた翌日、当時のユダヤ人にとって結論は一つしかなかった。イエスは偽物であり、詐欺師であり、彼の運動は潰えたという結論だ。落胆していた弟子たちにとって、復活のイエスに会うこと以外に、イエスのメシア宣言が真実であると信じられる出来事はなく、神の国の平和が訪れたことを世界に伝えようと決意させる出来事はなかったはずである。

新約聖書には、福音書以外にも、最初期の教会がイエスの平和のメッセージを理解し、受け入れていたことを示す証拠が多く記されている。新約聖書全体では「平和」(*eirēnē*)という言葉が99回登場する。ペテロもパウロも、キリストのメッセージ全体を「平和」という言葉で表している場合がある。ペテロはコルネリオとの出会いの中で、イエスの平和の王国には、ユダヤ人にとって国の敵であるローマの帝国主義者さえ含まれることを学んだ。エペソ書は、歴史上最悪の民族的偏見と敵意を克服することが、イエスの平和の福音の中心であると説明している。使徒書簡、特にローマ書(12・14-21)に、目には目をという考えを否定するイエスの教えが通底していることをはっきり感じることができる。新約聖書の著者たちは、十字架の上で敵さえも愛したキリストにならうよう、クリスチャンに命じている。

コンスタンティヌス以前のキリスト教著述家が書いたものを読めば、最初期の教会の教師たちが信者に、イエスはどんな相手も殺してはならないと命じたと教えていたことがわかる。現存する当時の文書で、殺すことについて論じているものは、一つの例外もなく、クリスチャンはどんな場合でも殺してはならないとはっきり書いている。

クリスチャンは敵を殺すのではなく愛するべきであるという信念の、最も深い神学的根拠は十字架にある。イエスは山上の説教で、イエスに従う者は敵を愛さなくてはならないと教えた。パウロは、キリストは十字架で罪深い敵のために死なれたと書いている。クリスチャンは、三位一体の神である父、子、聖霊がローマの十字架で苦しみ、私たちの罪を背負い、赦しと和解を成し遂げられたことを、たとえその奥義を完全に理解することはできないとしても信じている。それが神が敵を扱われる方法であるなら、キリストに従う者も同じように敵を扱わなければならない。

興味深いことに、正戦を提唱するキリスト教倫理学者のポール・ラムジーほど、このことを明確に述べている人はいない。ラムジーは、ほぼ2世紀のあいだ初期キリスト教徒は「例外なく平和主義者であった」と述べたあと、「キリストが命を投げ出してまで救おうとした神の敵や不埒者と自分が同類であると自覚している者が、敵や殺人者の命よりも自分の命を愛し、それを救おうとすることができるだろうか」という言い方で、当時の人びとが身につけていた平和主義を説明している。[1] この倫理的・神学的な結論は、2世紀と3世紀に真実であったように、21世紀の今日でも真実でありつづけている。

新約聖書の主張は明確だ。イエスはイエスに従う者に、敵を殺すのではなく愛しなさい、と呼びかけた。ラインホールド・ニーバーのように、確かにイエスはそう言ったが、それは現実の世界では通用しない、と結論づけることもできる。そう考えるなら、イエスの教えを無視するしかない。しかし、正統的なキリスト論に立つ者にとって、その選択肢はあり得ない。イエスが真の神であり、同時に真の人であるなら、イエスを信じるという者がその中心的な教えの一つを否定するのは極めて異端的と言わなくてはならない。福音主義や歴史的キリスト教の正統な信仰に立つクリスチャンには、そのようなことはできない。

イエスが受肉した神であるなら、待ち望まれていたユダヤ人のメシアであったのなら、イエスが敵を殺すのではなく愛せと教えたのなら、神の国がイエスの生と死と復活によってすでに始まっているのなら、教会がイエスの模範が示す神の国のライフスタイルを生きるべく召されているのなら、そして、十字架の死からよみがえったイエスが地上のすべての国の主だと信じるのなら――クリスチャンは敵を愛し、敵を殺すことを拒否しなければならない。

ミロスラフ・ヴォルフが言うように、「十字架を背負うのではなく武器を取る者は、十字架につけられたメシアを礼拝する宗教において、正統と認められることはない[2]」。

解説

キリスト教と戦争

後藤敏夫

ロナルド・サイダーは、アメリカ福音派の社会的良心です。「福音派」という呼称は、近年ジャーナリズムにおいて、よく原理主義的な白人クリスチャン（宗教右派）を指して使われます。福音派クリスチャンの80％が人工妊娠中絶や同性愛者同士の結婚に関して伝統的なキリスト教的価値観や道徳性の立場を支持し、２０２０年の大統領選挙ではトランプ大統領を支持していたと言われます。

「福音派」とは、「聖書は誤りなき神の言葉である」という聖書観に堅く立ち、イエス・キリストを個人的な救い主として信じる新生体験、それに基づく福音伝道を強調する教団・教派、信仰者の集団を指します。サイダーも聖書とその根本教理の理解においては福音派に属し、人工妊娠中絶に反対するいわゆる「プロ・ライフ派」の立場です。

しかし、ほとんどのアメリカの福音派クリスチャンが「アメリカの戦争」に関して、政府の政策を支持し、無批判・無言であるのに対して、サイダーは、聖書を誤りなき神の言葉と信じる福音派であるがゆえに、キリストへの信仰を戦争や社会の貧困の事柄にまで徹底し、生のすべての領域にわたってトータルに「プロ・ライフ」であることに生きようとします。

1960年代まで、福音派は、政治や社会の問題に関わることに及び腰、というよりもアレルギーに近い拒否感を持っていました。「聖書が語るのは、個人の魂の救いであり、社会の救いではない。聖書が伝えるのは個人の内面の平和であり、この世界や社会の平和ではない」と語られました。

私は1967年、高校生時代にアメリカ人宣教師に導かれてクリスチャンになりましたが、その宣教師が日本に来たのは1963年、黒人差別をめぐる公民権運動の高まりの中、マーティン・ルーサー・キング牧師が「私には夢がある」という有名なスピーチをした「ワシントン大行進」の年です。保守的なバプテストの宣教師であった私の霊の父は、南部バプテスト連盟に属するキング牧師のしていることに否定的で、彼を「リベラル」(自由主義者)と呼んでいました。その先生が天に召される少し前に来日され、人生の感謝をささげつつ語り合いましたが、先生はトランプ大統領(当時)を——その人格は別にして——支持しておられました。

そこには福音派のひとつの時代が反映しています。根本主義的キリスト教(ファンダメンタリズム)は、近代の自由主義神学(リベラリズム)に対抗して育まれました。自由主義キリスト教は、人類の未来に夢を持ちながら、その時代の深刻な社会問題に信仰をもって向き合おうとしました。イエスの教えに従って社会を改良して、この地上に神の国を建設しようとしたのです。

しかし、近代合理主義の影響を受けたその神学は、聖書に記された奇跡を信じないだけでなく、イエスの神性や贖罪、つまり救いに関する聖書の根本教理をも否定する結果になりました。その結果、自由主義神学に対抗する福音派は、社会や政治に関わるメッセージや活動を反動的に否定し、聖書の根本教理における正統性に固執するようになったのです。

戦後日本の福音派教会の礎を据えたアメリカ人宣教師たちは、自由主義キリスト教と根本主義キリスト教の対立の中で、根本主義に立つ教会や神学校で教育を受けた人びとでした。私の周辺では、平和とか正義とかを口にすれば、聖書的ではない「リベラル」という一言で片づけられました。

1960年代は、第二次世界大戦後のアメリカと旧ソ連の二大勢力がしのぎをけずる東西冷戦構造下におけるベトナム戦争の時代でもありました。東西冷戦のイデオロギーの洗礼を受けた福音派の信仰と聖書の理解では、世界は神を信じる自由主義世界と無神論の共産主義世界が戦っている場でした。私がクリスチャンとして育った環境では、アメリカ人宣教師を中心にして、共産主義は悪魔の手先であり、ベトナム戦争は共産主義の魔の手からベトナムやアジアを守る聖なる戦いであるという認識が一般的であったように思われます。

そういう雰囲気の中で、1960年代までは、福音派は政治的な問題に表立った声をあげることはほぼありませんでした。今は保守的な福音派が非常に意識的に政治に関わるようになりましたが、そのことにも時代的な背景があります。

1960年代から70年代、それまでの社会の支配的・伝統的な文化に抵抗するカウンターカルチャー（対抗文化）の風潮が顕著になりました。そこでアメリカ社会が世俗化し、国家や社会の基礎である伝統的な家庭やモラルが崩壊していくという強い危機感が福音派の間に生まれます。

カウンターカルチャーの動きは、人種差別やフェミニズム運動、ベトナム反戦運動、公害問題が深刻化する中での環境保護運動等、支配体制への異議申し立てとなり、青年を中心に、政治的には新左翼と呼ばれる過激な学生運動、マリファナやＬＳＤなどのドラッグの流行、ロックミュージック、ヒッピー、神秘的な宗教の流行などさまざまなかたちで現れ、アメリカ社会を大きく揺さぶりました。

このような世俗的人間中心主義の風潮に強い危機感をいだいた福音派の指導者たちの間に、アメリカ社会を「本来の姿」に再建しようとする運動が起き、大統領選挙をはじめとする政治運動の前面に出て来るようになったのです（ジェリー・ファルウェルの「モラル・マジョリティ」の運動等）。

それとは別に、１９７０年代から80年代にかけて福音派が社会や政治の問題に積極的に参与するようになった重要な要因があります。

１９７４年に、アメリカのビリー・グラハム、イギリスのジョン・ストット等を主催者にして、世界１５０カ国から３７００人の福音派の指導者たちがスイスのローザンヌに集まり、今後の世界宣教についての歴史的な会議を行いました。この「第1回ローザンヌ世界宣教会議」で「ローザンヌ誓約」が採択されましたが、その第5項「キリスト者の社会的責任」は福音派における歴史的文書です。そこでキリスト者の使命（ミッション）として、狭い意味での伝道だけでなく、「われわれは、伝道と社会的政治的参与の両方が、ともにキリスト者の務めであることを表明する」と宣言されたのです。

この宣言は、その後行われた継続会議における神学的な議論でさらに深められ（たとえば、１９８０年にイギリスで開催された「シンプル・ライフ・スタイルに関する国際会議」）、世界各地の福音派は、社会や政治の問題に積極的に取り込むようになりました。日本の福音派においても――その実態や内実はともかくとして――かつてはアレルギーさえおぼえていた社会正義や平和といった言葉が教会で普通に語られるようになり、社会的責任ということがほぼ市民権を得たと言えます。

「ローザンヌ誓約」の第5項「キリスト者の社会的責任」の背後には、その当時「若い福音主義者（ヤング・エヴァンジェリカルズ）」と呼ばれた新しい世代のキリスト者や、解放の神学が生まれたアジア、アフリカ、ラテンアメリカの現場で神学していたいわゆる第三世界（発展途上国）の福音主義者や、そこで同じ宣教の課題に向き合っていた欧米からの宣教師の声がありました。

若い福音主義者たちは、カウンターカルチャーの時代の意識や課題を共有していました。そういう中で、聖書を神の言葉として信じ、イエス・キリストを主として受け入れる保守的信仰に立つがゆえに、いわゆるリベラルなキリスト者よりも、さらにトータルにラディカルな福音に根ざした生き方を求める動きが生まれました。

彼らは社会的には小さき者たち（モラル・マイノリティ）でしたが、小さき者であるがゆえに、山上の説教に教えられているキリストに従う神の国のカウンターカルチャーを生きようとしました。それは神学的に保守的であることは政治的にも保守派であるという、アメリカ福音派の旧世代のあり方を破るものでした。

あるペンテコステ派のキリスト者たちは、聖霊のバプテスマを強調する自分たちの信仰がただ個人的な体験にとどまるものではなく、いかに隣人愛にもとづく社会正義や世界の平和の問題に関わっているかに目が開かれつつありました。そうでない伝統に立つ福音派のキリスト者たちは、社会の問題に向き合うとき、聖霊による識別力を必要とし、愛するために新しい創造にあずかる必要があることに気づかされました。聖霊の息吹を求めるペンテコステ礼拝が、キリストの平和の道を祈り求める運動と結び合わされたのです。

第三世界の福音派の神学者たちは、豊かさを享受する消費経済に支配されていたアメリカ福音派の聖書の読み方（神学）や生き方（価値観）に対し、貧困に苦しむ南半球の社会や生活の現場から鋭い問題を提起しました。そこから南北のキリスト者の間に聖霊の交わりによる神学的な対話が始まりました。

ローザンヌ以降、福音派において、多様な社会問題を扱った雑誌や書物が次々に発行されました。それは個人の書斎における研究の成果というよりも、さまざまな社会的現実を生きるキリスト者の交わりから生み出されたもので、まるで福音派の社会意識という不毛の荒野に、突然のように泉が湧き出し、色とりどりの花が咲いたようでした。

しかし、それは決して福音派の歴史において初めてのことではありませんでした。ローザンヌ以降の流れの中で、福音派が再発見したことがあります。それは、敬虔主義的福音派の祖先たち、たとえば、19世紀のアメリカのリバイバル運動の指導者たち、チャールズ・フィニー、セオドア・ウェルド、ジョナサン・ブランチャード、アドニラム・ゴードンらは、アメリカ全土で熱心に福音伝道の集会を開きながら、同時に熱烈に奴隷制廃絶を訴えました。イギリスであれば、ウェスレー・ブレディの『ウェスレー前後の英国』や、ドナルド・デイトンの『福音派の遺産の発見』に語られているように、18世紀のリバイバルは、社会正義を求める熱い預言者的なメッセージと結びついていました。

福音派が聖霊にきよめられて社会的良心に生きるということは、ローザンヌ以降の新しい流行ではなく、自由主義対根本主義という対立以前には、光の子が福音にふさわしく生きるあり方として、当然のように実践されていたのです。

最初期教会の宣教の力も、この世とは異なる世界観や価値観に生きるキリスト者の生き方にありました。キリスト教は本来、ただ正統教理を擁護する理念や観念ではなく、信者の共同体の生き方、神の国に向かって共に歩む「道」（使徒9・2）であり、それは「平和に向かう道」（ルカ19・42）なのです。

ロナルド・サイダーは1939年生まれで、いわゆる「若い福音主義者」の少し上の世代に属します。福音派の学生伝道団体であるIVCF（InterVarsity Christian Fellowship）（日本ではキリスト者学生会：KGK）での働きを続けながら、イェール大学で修士（神学）、博士（歴史学）の学位を得たのが1960年代の終わりで、やはりカウンターカルチャーの時代の宣教的課題に向き合って大学のキャンパスに生きました。

サイダーは福音派の中でも、いわば宗教改革左派と言えるアナバプテスト（再浸礼派）の伝統で信仰を育まれた人で、今日に至るまで平和主義のメノナイトの信仰を歩んで来ました。一般の大学で西洋史を教えることを期待されていましたが、信仰的召命に促されて、ペンシルベニア州フィラデルフィアのインナーシティに新設されたアナバプテストの伝統に立つメサイア・カレッジで教えることになります。のちにイースタン・バプテスト神学校（パーマー神学校に改称）に移り、長く教壇に立ち続けました（2019年に退任）。

そこで福音派の信仰と人種差別や貧困の問題との関わりを深く考えるようになり、同様の社会的関心を持つ福音主義者のネットワークを立ち上げます。1973年、約40名の福音主義者がイリノイ州シカゴに集い、「福音派の社会的関心をめぐるシカゴ宣言」を出します。このシカゴ会議の参加者の中には、カール・ヘンリーやフランク・ゲーベラインといった旧い世代の福音主義者、そしてジム・ウォリス、ジョン・パーキンス、リチャード・モウ等のより若い世代の福音主義者がいました。

この動きは、やがてＥＳＡ（Evangelicals for Social Action＝社会的行動のための福音主義者）の設立に繋がり、１９７３年の「シカゴ宣言」は翌74年の「ローザンヌ誓約」（第5項）に大きな影響を与えることになります。以来サイダーは、生涯一貫して福音派において社会的責任を担う証言者の最前列を歩み、そのための狭く福音派を超えたキリスト者のネットワークの中心にあり続けています。

２０２０年にＥＳＡは、Ｅ（福音派）をＣ（クリスチャン）に変え、ＣＳＡ（Christians for Social Action）と名称を改めました。現代社会の課題と活動が狭く福音派におさまらないということもあったでしょうが、それ以上に「福音派」という呼称があまりに政治的色合いで宗教右派に結びつくようになったからだとサイダーは語っています。

いま、かつての若い福音主義者たちも年をとり、旧い世代に属するようになりました。福音派キリスト者として同時代を生きて来たひとりとして、戦争と平和の問題について、私自身の身近なながめを振り返ってみたいと思います。

60年代の後半、学生であった私は、自分が育てられて来た福音派の社会意識に不安を覚えるようになりました。帰省した際に、教会を訪れたアメリカ人宣教師に、「ベトナム戦争についてどう思いますか」と尋ねると、「東京でちゃんと教会に行っていますか」という反問が返って来ました。

１９６７年にビリー・グラハム国際大会が開かれました。「アジア人のひとりの魂は宇宙全体よりも重い」と伝道意識を鼓舞するグラハム・チームのスタッフが、そのアジアの非戦闘員の上にナパーム弾の雨を降らせることには、福音には関わりのないこととしてノーコメント、というよりも無差別爆撃を強く支持していました。一般市民への無差別爆撃は、正義のための戦争を認める立場に立っても、到底正当化されません。しかし、最後は聖書や神学ではなく、「だってやつらは共産主義者なんだから」ということになるのでした。

私自身、当初はベトナム戦争に反対するクリスチャンのデモに出会ったりすると、聖書の語る福音や平和について何も分かっていない人たちだと思いました。また、爆弾の雨を浴び、一瞬のうちにバラバラになり、焼け焦げ、あるいは地獄の火の中を逃げまどう「ひとりの魂」や幼子たちの悲惨や死に共苦することはありませんでした。

ベトナム戦争で核爆弾が使われる可能性はありましたが、当時の福音派はそれに反対できなかったと思います。アメリカ人の福音派キリスト者として、ヒロシマやナガサキに向き合ったサイダーの本を読んだときの驚きと感動は忘れられません。

現在の私にとって、戦争の問題は、日本の教会が戦時下に犯した罪を含めて、ただ政治的な問題ではなく、主イエスの福音の問題です。

本書では、この主題について考えるべき旧約聖書と新約聖書のほぼすべての箇所の解釈が最新の聖書学に基づいて考え抜かれています。分かりやすく小見出しで区切られた記述は、簡にして要を得ており、聖書を歴史の文脈で読むために非常に有益であるだけでなく、キリストの平和(福音)という観点から聖書全体を貫く贖い(救い)の物語を理解するうえでも大切な視点を与えてくれます。

とりわけ、ハワーワスが「刊行によせて」に書いているように、サイダーの旧約聖書の釈義は重要です。サイダーは、戦争、人工妊娠中絶、死刑で人を殺すことに関する最初期の教会の網羅的な原典資料集を一冊の書物に編纂していますが、歴史家として批判的に原典を見る眼も確かです。

さらに神学的な論述は、贖罪論や教会共同体論にまで及んでいます。その意味で、本書は長くキリスト者と戦争というテーマを預言者的に考えて来たサイダーの集大成であり、私が知る限り、平和主義の立場から戦争の問題を聖書とキリスト教の歴史から論じた書物の中で最も重要な一冊です。

サイダーは、ただ戦争や平和についてキリスト教平和主義の立場を擁護しているのではありません。本書の原題は『もしイエスが主であるなら』(副題は「暴力の時代に敵を愛するということ」)です。サイダーは、生涯にわたってキリストの平和の道を歩んで来た者として、イエスを主と告白するキリスト者に敵を愛する生き方をしようと呼びかけています。そのためにサイダーは、聖書全体を徹底して彼が主として信じ従うキリスト中心的に解釈しようとしています。

私自身は絶対平和主義者ではありません。しかし、人類が核兵器を保有した段階で、絶対平和主義という選択肢が持つ正当性(真理契機)と歴史形成的な意味は限りなく大きくなったと信じます。ドイツの神学者ヘルムート・ゴルヴィッツアーが言ったように――その現実的な削減方法とは別に――「核兵器の存在そのものが、『イエスは主である』という信仰の告白と根本的に相容れない」のです。その意味でも、サイダーのラインホールド・ニーバー批判は、ニーバーを援用する現代の正統主義的な賢いキリスト教現実主義者にも届いて重要です。

本書の読者は、サイダーの議論が学問的に堅実であるだけでなく、その文章のリズムに、自らを「メノナイトの農夫」と呼ぶ著者の素朴で質実な信仰のパトスを感じることでしょう(こなれた訳文がそのリズムを伝えています)。それがサイダーの本の魅力です。

どうか読者が抽象的な状況を頭の中で想定して、理念や観念の言葉でさまざまな「主義」を思い巡らし、聖書解釈や神学の議論をして終わりませんように。たとえ、正義のための戦争をよしとする立場に立ったとしても、その立場も自国の戦争を積極的に是認したり、戦争を遂行する国の政策を支持するための神学、自国中心主義や自己保身のための神学ではないはずです。イエスを主として従う平和の道においては、正義のための戦争を認める立場も、苦しみを伴ったぎりぎりの選択であるはずです。

サイダーのこの本は、この暴力の時代に身体を張った彼の信仰告白であり、非暴力による抵抗に生きる著者の信仰の覚悟なのです。その意味で、本書は、社会倫理に関する神学書というよりも、キリスト者の生活に関する徹底した福音主義者による信仰書の響きをもちます。そしてその信仰は、社会的関心という分野においてというよりも、神の言葉への向き合い方、福音そのものの理解において、現代の福音派とは大いに違うと言わなければなりません。

この時代の神の民にとって重要な意味をもつ本書を正確な翻訳とていねいな編集で紹介してくださった、御立英史さんとあおぞら書房に心から感謝するものです。

（日本キリスト召団・恵泉四街道教会牧師）

訳者あとがき

本書『イエスは戦争について何を教えたか』は Ronald J. Sider, *IF JESUS IS LORD: Loving Our Enemies in an Age of Violence*, 2019 の全訳です。ロナルド・J・サイダーといえば、貧困と経済格差の問題に聖書の光を当て、聖書の経済原則を論じた『聖書の経済学』(*Rich Christians in an Age of Hunger*)(邦訳あおぞら書房)が有名ですが、本書はもう一冊の代表作になるのではないかと思える力作です。

副題から想像できるように、十字架の上でも敵を赦したイエスに従う非暴力平和主義を説いている本です。全体の見通しをつけてから読み始めたいと考える読者のために、本書の構成とポイントを簡単に整理しておきましょう(説明の都合上、章は前後します)。

まず第2章、第3章、第4章では、イエスが戦争や暴力一般をどう考えていたかを、その言葉と行動から読み解きます。それに先立つ第1章は、その解読を正しく行うための歴史的背景(ローマに対する暴力的抵抗の頻発と、武力的メシアを待望する民族感情)を論じ、そこでイエスが伝えた福音(神の国の到来を告げる良き知らせ)の意味を掘り下げる章です。第5章はイエスに従った最初期の教会の実践です。

聖書には平和主義者をとまどわせる記述が少なくありません。第6章は、暴力肯定とも取れるイエスの言動や新約聖書の記述の解釈が行われています。「上に立つ権威（政府）に従う」ということの意味をめぐって議論が絶えないローマ書13章は、ここで扱われています。

第10章では、平和主義にとって頭の痛い旧約聖書の神――ジェノサイドを命じる残酷な神――の問題が論じられています（本書を読めば、正戦論にとっても頭の痛い問題であることがわかります）。「おそらく、永遠のこちら側で生きる私たちには、旧約聖書の暴力を適切に説明することはできないのだろう」という最後の一言だけを読めば肩すかしの感を抱く読者がいるかもしれませんが、ジェノサイドの事実を否定したり印象を弱めようとする議論をあえて論破していく著者の姿勢には知的誠実さが感じられ、スリリングでさえあります（ハワーワスも「刊行によせて」で、この章の議論の重要性を特筆しています）。

キリスト教と戦争をめぐる議論は、しばしば平和主義と正戦論の対立のかたちを取って表れます。それを扱っているのが第8章と第9章です。「戦争」と「平和」を並べると、なぜか戦争のほうが現実的で手堅く、平和は現実離れのふわふわした議論のような印象を受けます。その点に関しては、むしろ正戦論のほうが人間の現実を見ておらず、結局のところ戦争抑止の効力を発揮したことがない理想論である、という本書の指摘に目を開かされました。

ただし、著者の意図は正戦論を論破することではなく平和の実現です。互いに学びあって平和構築の努力を強化することです。そこで、口先だけの平和主義者に対して著者はこう言います。「戦場で死の危険にさらされる兵士と同じリスクを取って、不正や抑圧と戦う非暴力運動に挺身しない限り、イエスが教える平和構築に従うと言ったところで何の重みもない」（191ページ）。

第7章と第12章は、平和主義や非暴力の神学的根拠を論じています。戦争は是か非か、専守防衛か敵地攻撃かの回答を期待してこの本を手に取った読者には距離が感じられるトピックかもしれません。しかし、キリストの弟子として生きる著者の平和主義にとっては、これこそがゆるがせにできない真理であり、希望の根拠であることを忘れてはならないでしょう。『もしイエスが主であるなら』という原題が、そのことを示しています。

第11章は、国の安全保障と犯罪抑止という、きわめて現実的な議論です。著者は『聖書の経済学』を出版したとき、「神学者が中途半端に経済を論じるな」と批判されましたが、戦争を扱った本書でも同様の踏み込みを行っています。著者にとって、現実の問題を避けて通る神学は「重みがない」のです。軍事を知ろうとしないと批判されることの多い平和主義者にとって、安全保障や警察のあり方を考え抜こうとする著者の姿勢には学びべき点が多くあります。それについて実質的意味のある議論をしようと思えば「もう2冊別の本を書かなくてはならない」（266ページ）と述べていますが、それを本当にやってきたのが著者の変わらない姿勢です。

最後の第13章は、クリスチャンが行ってきた戦争の歴史と、クリスチャンが戦争を防ぐために行ってきた努力の紹介です。カトリック教会の最近の平和志向にも触れています。弓や鉄砲の時代ならいざ知らず、核の時代には正戦論の規準（民間人を殺傷しないことや、効果と被害のバランスなど）に適う戦争はあり得ません。平和主義者も正戦論者も、平和を願う気持ちは同じなのですから、相違を乗り越えて協力しなくてはならないことがわかります。

以上のように本書は、キリスト教と戦争の問題を考える上で知っておくべき知識を幅広く提供してくれています。私自身の感想を言えば、歴史学的考証や神学的議論は刺激的で、読み始める前にあった疑問にはすべて回答が与えられました。そして、聖書の言葉が新たな意味を持って迫ってきました。

それにしても世界は暴力に支配されているように見えます。「敵を愛せ」というイエスの教えに従って平和をめざすのは、現実が見えていない愚か者の選択なのでしょうか。そうではないと著者は言います。そう言える理由として、非暴力抵抗の勝利、キリスト教徒とイスラム教徒の協力、犯罪者と被害者の和解のための取り組みなど、勇気づけられる報告も盛り込まれています。

日本では、戦争のことに限らず、政治を語ることがはばかられる空気があります。教会でもその傾向は顕著で、イエスの教えがどんどん個人の道徳の次元に押し込められています。政治は生きていく上で何を大切に扱うかという価値観の問題ですから、教会がそれを語れないとしたら問題です。平和の共同体にふさわしい政治との向きあい方、意見の違いを乗り越える方法を見つける必要があります。その点でも、平和づくりに挺身してきた著者が書いた本書は示唆に富んでいます。

今年（２０１１年）3月2日、サイダー博士はネット上で自身のがんを告知しました。大きなショックを受けましたが、同時に、その信仰に励まされました。そこには、最後までがんと戦うという前向きな決意と、81年の恵まれた人生への感謝とともに、神への祈りの言葉がつづられていました。「もしゆるされるなら、59年間連れ添ってきた愛する妻といたわりあう日々のため、子や孫たちと楽しむ日々のため、そしてあなたが与えてくださる次の仕事をするために、どうかもう10年、地上の生を与えてください。しかし私の願いではなく、あなたのみこころが成りますように」

神がサイダー博士にあと10年の命を与え、「もう2冊別の本」が書かれることを、解説を寄せてくださった後藤敏夫先生とともに祈ります。

（御立英史）

人名さくいん

タ

ナ

ハ

ワ

事項さくいん

あ

か

さ

た

ま

や

外国語さくいん

聖書箇所さくいん

旧約聖書

ヨハネの福音書

使徒言行録

ローマ人への手紙

コリント人への手紙･第1

原注

謝辞

1. Sider, *Christ and Violence*.
2. この件については *The Mennonite Quarterly Review*, January 2015 を参照 . 特に Rachel Waltner Goossen の "Defanging the Beast" が詳しい .

序章　イエスは「殺すな」と教えたのか

1. Lewis, *Weight of Glory*, 86. 1940 年に平和主義者の集会で Oxford で行ったスピーチ ("Why I Am Not a Pacifist") より .
2. 詳しくは Sider, *Nonviolent Action* を参照 .
3. Chenoweth and Stephan, *Why Civil Resistance Works*, 7.
4. この 200 年 , 新約聖書学者たちのあいだで , 福音書はイエスの教えと行動を正確に反映しているのか , あるいは主として福音書記者の考えを反映しているのかについて議論が続いている . 私は Craig S. Keener (*Historical Jesus*) などのアプローチと結論のほとんどを受け入れているが , 本書ではその議論の詳細に立ち入ることはせず , 聖書正典はキリスト者にとって信仰と実践の第一の権威とすべき神の特別な啓示であるという教会の告白に立って , 議論を始めることにする . したがって本書での私の基本的な問いは , 聖書正典には , クリスチャンが敵を殺すことについてイエスは何を教えたと書かれているか , というものになる .
5. 「暴力」と「強制」の区別については , Friesen, *Christian Peacemaking*, 143-49 が役に立つ .
6. Friesen, "Power," 76.
7. Friesen, "Power," 83-84. Finn, "Morality, Government" にも有益な議論がある .
8. Roth, *Choosing against War*, 115.
9. この点で , 私は , Stassen and Westmoreland-White, "Defining Violence and Nonviolence", 18 の暴力の定義には同意しない . 彼らの暴力の定義 (「相手が承諾していない方法で , 力によって損害を与えること」) によれば , 不正な企業に対するボイコットも , 経済的損失を与えることから暴力とみなされるが , 私はそれは道徳的に正当化できる強制だと考える .
10. Hans Boersma は , 非致死的危害を相手に及ぼした場合 , それが正当か不当かを区別する重要な要素は , 傷つけた側の動機だと考えている . しかしそのうえで Boersma は , 正当であっても相手を傷つける行為をすべて「暴力」と呼ぼうとしている . だが私は , 不当な行為だけを「暴力」とみなすほうが , 議論が明確になると考える . Boersma, *Violence, Hospitality, and the Cross*, 46-47 を参照 .
11. Sider, *Nonviolent Action*.

第1章　イエスが告げた「良き知らせ」とは

1. J. Collins, *Scepter and the Star*, 68.
2. J. Collins, *Scepter and the Star*, 95. メシア願望 (多くは暴力的) に言及している当時のテキスト

の数については , A. Collins and J. Collins, *King and Messiah*, 63-75 および Keener, *Historical Jesus*, 265 を参照 .

3. Longman, “Messiah,” 28-30; N. T. Wright, *New Testament and the People of God*, 307-20.
4. N. T. Wright, *New Testament and the People of God*, 312.
5. N. T. Wright, *New Testament and the People of God*, 320.
6. パレスチナのタルグム (Palestinian Targum) による創世記 49･10［タルグムは旧約聖書を解釈を含めてアラム語に訳したもの］. Hengel, *Victory over Violence*, 69 による引用 .
7. Keener, *Gospel of Matthew*, 168.
8. N. T. Wright, *New Testament and the People of God*, 333 (強調は原文)[邦訳上巻 588 ページ]. 同書 284-85 も参照 . たびたび使われている「日の終わり」(または「最後の日」) という言葉については J. Collins, *Scepter and the Star* を参照 . この言葉は ,「歴史の終わり , あるいは世界の終わりという意味ではない .……すべての預言的テキストにおいて , この言葉は , 一つの時代が終わって新しい別の時代が始まることを意味している」105.
9. N. T. Wright, *Jesus and the Victory of God*, 40. 同書 81, 95-97 も参照 .
10. イザヤ 11・4-6 には , 平和な時代が到来する前に暴力的な戦争があることを示唆していると思われる記述があるのは事実である .
11. J. Collins, *Scepter and the Star*, 25. 同書 57-61 も参照 . これらの文書がしばしばダビデ的メシアを戦士として描いていることも事実である . イザヤ 9･6 がメシアについての言及であると考えられていた証拠については Mauser, *Gospel of Peace*, 153 を参照 .
12. Sider, *Early Church on Killing*, 173.
13. Horsley and Hanson, *Bandits, Prophets, and Messiahs*. Horsley, “Ethics and Exegesis,” 3-31; Smith, *Studies in Historical Method*, 211-26 も参照 .
14. Horsley, *Jesus and the Spiral of Violence*, 318-19.
15. Horsley, *Jesus and the Spiral of Violence*, x.
16. N. T. Wright, *New Testament and the People of God*, 158-59. ピネハスについては民数記 25:6-13 および第 1 マカベア書［旧約外典］2:17-28 を参照 .
17. Storkey, *Jesus and Politics*, 53.
18. Hengel, *Zealots*, 281-87. さらに J. Collins, *Scepter and the Star*, 60 も参照 . 同書 57-58 にはキッティムの意味について言及がある .
19. N. T. Wright, *New Testament and the People of God*, 172-73.
20. N. T. Wright, *New Testament and the People of God*, 173.
21. N. T. Wright, *New Testament and the People of God*, 173.
22. Hengel, *Victory over Violence*, 39-40.
23. N. T. Wright, *New Testament and the People of God*, 174.
24. N. T. Wright, *New Testament and the People of God*, 176. 同書 303 ページには「この時代 , ローマに対する暴力革命はいつ起こってもおかしくない選択肢だった」ともある .
25. N. T. Wright, *New Testament and the People of God*, 173.
26. N. T. Wright は *New Testament and the People of God* (181n76) に ,「私は Hengel の研究が示している概要に大筋で同意する」と書いている . N. T. Wright, *Jesus and the Victory of God*, 290n17 も参照 . Nigel Biggar は , イエスが生きた時期に , ユダヤ人の暴力的ナショナリズムが鳴りをひそめたことなどないのは「ほぼ自明である」と認めている (*In Defence of War*, 45-46). Wright も Biggar も , 紀元前 50 年から西暦 70 年にかけての 100 年強のあいだに起こったことについては , Hengel の基本的な解釈に同意していると言える . より詳しくは Klassen, “Jesus and

the Zealot Option," 131-49 に収録された Morton Smith と Richard Horsley による批判的なレビューを参照.

27. Horsley, *Jesus and the Spiral of Violence*, 52.
28. Hengel, *Victory over Violence*, 71.
29. たとえば死海文書 4Q521. Stassen and Gushee, *Kingdom Ethics*, 35.
30. Perrin, "From Qumran to Nazareth," 224-26 参照.
31. Keener, *Historical Jesus*, 266. イエスはしばしば自らを「人の子」(ダニエル書 7 章)と称したが, 当時, その言葉はメシアを意味すると考える人がいた. そのことについては N. T. Wright, *Jesus and the Victory of God*, 514 も参照.
32. N. T. Wright, *Jesus and the Victory of God*, 204. N. T. Wright, *New Testament and the People of God*, 303 も参照.
33. マルコ 13・1-4 および N. T. Wright, *Jesus and the Victory of God*, chap. 8 も参照.
34. Josephus, *Jewish Antiquities*, 18.4-6, 9-10, 23; Wright, *New Testament and the People of God*, 174; および Hengel, *Victory over Violence*, 39-40, 58 を参照.
35. N. T. Wright, *Jesus and the Victory of God*, 465.
36. Küng, *On Being a Christian*, 276. マタイ 18・23-27; ルカ 7・41-43; 15・3-7, 8-10, 11-32;18・9-14 を参照. 参考としてマタイ 20・1-15.
37. N. T. Wright, *Jesus and the Victory of God*, 514.
38. Hays, *Moral Vision*, 321.
39. N. T. Wright, *Jesus and the Victory of God*, 288 (強調は原文). 251 も参照.
40. Moule, *Significance of the Message*, 9 参照.
41. Swidler, *Biblical Affirmations of Woman*, 154-57 参照.
42. マタイ 20・25-28; マルコ 10・42-45; ルカ 22・24-28. このときすでに, 仕える者のあり方 (servanthood) が説かれていることに注意.
43. ここではごく少数の聖書箇所しか挙げられなかったが, Sider, *Cry Justice* および Sider, *Rich Christians*, chap. 3 では福音書から約 50 箇所を紹介した.
44. Hengel, *Victory over Violence*, 80 を参照. Hengel はイエスの行動について,「有力な司祭の一族を富ませるために神殿を悪用することに警告を発した示威行動」と書いている.
45. N. T. Wright, *Jesus and the Victory of God*, 550 参照.
46. N. T. Wright, *Jesus and the Victory of God*, 604.
47. N. T. Wright, *Jesus and the Victory of God*, 564.
48. N. T. Wright, *Jesus and the Victory of God*, 608-9.
49. この点について J. D. Weaver が *Nonviolent Atonement*, 121-26, 209 で適切な批判を行っている.

第2章　イエスの行動が教えていること

1. たとえば Yoder, *Politics of Jesus*, 24-27; Ringe, *Luke*, 60-61.
2. France, *Gospel of Matthew*, 127, 131.
3. Green, *Gospel of Luke*, 193. しかしマタイ 4・4 では, パンは複数形で表されている.
4. Storkey, *Jesus and Politics*, 76-77.
5. Evans, *Matthew*, 87.
6. そうした事件の解釈については Storkey, *Jesus and Politics*, 86-92 を参照 (詳細については推測による部分もあるが, 基本的な解釈は正確である).

7. Hays, *Moral Vision*, 329-30.
8. Hays, *Moral Vision*, 329.
9. Moule, *Gospel according to Mark*, 86.
10. Caird, *Gospel of St. Luke*, 216.
11. Moule, *Gospel according to Mark*, 86 (強調は原文). イエスはロバに乗ってエルサレムに入ったことにメシアに関する特段の主張は何も込められていないと考える注解者もいる (たとえば Barrett, *Gospel according to St. John*, 349; Cranfield, *Gospel according to St. Mark*, 352-53). しかし , ほとんどの学者はその考えに同意しない . N. T. Wright は「いわゆる『勝利の入城』はイエスがメシアであることを明確に表している」と述べている (*Jesus and the Victory of God*, 491). J. Collins, *Scepter and the Star*, 206-7; Green, *Gospel of Luke*, 683-85; Keener, *Gospel of Matthew*, 493; Senior, *Matthew*, 230 も参照 .
12. Keener, *Gospel of Matthew*, 493; および France, *Gospel of Matthew*, 777n26 参照 .
13. Moule, *Gospel according to Mark*, 87.
14. Keener, *Gospel of Matthew*, 493. 他の学者の研究も参照されたい (たとえばRobert Gundry, E. P. Sanders, ならびに Marcus J. Borg).
15. Caird, *Gospel of St. Luke*, 216.
16. Taylor, *Gospel according to St. Mark*, 452.
17. 本書第 1 章「イエスの時代のメシア思想と暴力的抵抗」(29-36 ページ) を参照 .
18. Yoder, *Politics of Jesus*, 46-48 参照 .

第3章　山上の説教でイエスが語ったこと

1. N. T. Wright, *Jesus and the Victory of God*, 288 (強調は原文).
2. “μετανοέω, μετάνοια E II,” *Theological Dictionary of the New Testament* 4:1000-1006.
3. この点について Roth がしっかりした議論を行っている . *Choosing against War*, 80-81.
4. Charles, *Between Pacifism and Jihad*, 94. Charles and Demy, *War, Peace, and Christianity*, 256-58 も参照 .
5. マタイ 5 章でイエスが使った動詞は , *gegraptai* (ゲグラプタイ) ではなく *errethē* (エレテー) である . Stott, *Sermon on the Mount*, 77 参照 . しかし R. T. France は自身の注解書で ,「『あなたは聞いたことがある』というのは , *errethē* という動詞の比較的珍しい受動態表現に対応した翻訳で , 新約聖書では特に聖書の言葉を引用するときに使われる」と指摘し ,「対比して語られることの前半には , モーセの律法が引用される」と締めくくっている . France, *Gospel of Matthew*, 195.
6. Stott, *Sermon on the Mount*, 78. Keener, *Gospel of Matthew*, 177-80 も参照 .
7. Blomberg, *Matthew*, 106.
8. Guelich, *Sermon on the Mount*, 139.
9. Guelich, *Sermon on the Mount*, 147.
10. たとえばマタイ 1・22; 2・15, 17, 23; 4・14; 8・17; 12・17; 13・35.
11. Guelich, *Sermon on the Mount*, 163.
12. France, *Gospel of Matthew*, 187.
13. France, *Gospel of Matthew*, 183.
14. France, *Gospel of Matthew*, 183. 同書の脚注 17 には多数の学者の名前が挙げられている .
15. France によるマタイ 5・17-20 の言い換えを参照 . France, *Gospel of Matthew*, 190-91.
16. Jeremias, *Jerusalem in the Time of Jesus*, 376.

17. Keener, *Gospel of Matthew*, 194.
18. 民数記 30･3-16 も参照 .
19. France, *Gospel of Matthew*, 213.
20. Blomberg, *Matthew*, 112.
21. Stott, *Sermon on the Mount*, 102.
22. Keener, *Gospel of Matthew*, 195; Evans, *Matthew*, 128; Bruner, *Matthew*, 1:241.
23. Keener, *Gospel of Matthew*, 195. Robert Guelich は , イエスはマタイ 5･34a および 37a で「あらゆる誓いを禁じた」と述べている . Guelich, *Sermon on the Mount*, 218.
24. Bruner, Matthew, 1･234. イエスの教えに文字通りには従わないという例は , ラテン教会［ローマ・カトリック教会］の初期のころから現れはじめたようだ .
25. ルカ 6･29-31 にも , 表現は多少違うが , 同様のことが書かれている .
26. Guelich, *Sermon on the Mount*, 219.
27. たとえば Charles and Demy, *War, Peace, and Christianity*, 260-61 を参照 . そのような主張の主な論拠は以下の通りである . ①このような見方は , マタイ 5･17-20 でのイエスの発言と矛盾する (しかし , すでに本文で見たように , 5･21-48 でイエスが語った実際の教えが 5･17-20 の最良の解釈を提供している). ②「目には目を」というのはすべての法律の原則であり , イエスはそれを覆すことはことはできない (しかし , イエスが実際に言っていることを ,「そんな意味で言ったはずがない」という私たちの憶測によって否定することはできない). また ,「同害報復は真実であり正しい原則であるから , それと矛盾することをイエスは言わなかった」というジョン・ストットの議論も奇妙だ . イエスが退けた当の旧約聖書の規範を「真実で正しい」として、それを理由に , イエスがそんなことを言うはずがないと否定するのは理屈が通らない .「自分が裁かれないために , 人を裁いてはならない」というイエスの教えや , 最終的な罪の裁きについての教えが ,「目には目を」の原則を支持しているとするストットの主張にも , 説得力はない . Stott, *Sermon on the Mount*, 105.
28. Blomberg, *Matthew*, 113.
29. Piper, "*Love Your Enemies*," 89. さらに D. Weaver, "Transforming Nonresistance" を参照 .
30. Ramsey and Hauerwas, *Speak Up*, 73; Niebuhr, "Why the Christian Church Is Not Pacifist."
31. 特に Hershberger, *War, Peace, and Nonresistance*, 43-64, 170-233 参照 .
32. Wink, "Neither Passivity nor Violence," 114.
33. Wink, *Jesus and Nonviolence*, 107 に引用された Liddell and Scott, *Greek-English Lexicon*.
34. Wink, "Neither Passivity nor Violence," 115. 意味的に近接する *stasis* (スタスィス) という単語が , マルコ 15･7 ではバラバの武装蜂起への言及で使われ , 使徒言行録 19･40 では暴動を指して使われている . 暴動 (使徒 5･37) やユダヤ人によるクリスチャン襲撃 (使徒 16･22; 17･5) といった場面でもこの基本的な単語の変化形が使われている .
35. N. T. Wright, *Jesus and the Victory of God*, 291. Wright は同書 (291nn179-80) で Walter Wink による *antistēnai* (アンティステーナイ) の基本的な分析を紹介し同意を表明している . Guelich はマタイ ･5-39a をより狭い意味に捉え , テキストが禁じているのは法廷で悪者に抵抗することだけを禁じていると述べている (Guelich, *Sermon on the Mount*, 220). しかし Richard Hays は , *antistēnai* は法律が関係する状況で使われることはあるが「法的反論に使われる専門用語ではない」ことを指摘し , 新約聖書の他の箇所ではそのような意味では使われていないし , 狭義では 5･39b や 5･41, 42 が意味をなさなくなると論じている (Hays, *Moral Vision*, 325-26). Bruner (*Matthew*, 1:248-49) も Guelich の見方を否定している .
36. N. T. Wright, *Kingdom New Testament*, 9. Glen Stassen と David Gushee も , この節を「悪しき手

段で報復したり，暴力的手段で抵抗したり，復讐したりしてはならない」と訳している (Stassen and Gushee, *Kingdom Ethics*, 138). マタイ 5･39 の前半にも曖昧な部分がある．英語 NIV 版聖書では「悪人 (evil person) に抵抗してはならない」と訳されているが，ここで「人」(person) と訳されているギリシャ語は与格で，男性名詞とも中性名詞とも解釈できる．後者であれば，悪人ではなく，悪一般を意味することになる．

37. Bruner, *Matthew*, 1:251.
38. Hays, *Moral Vision*, 326.
39. Wink, *Engaging the Powers*, 175-84; Wink, *Powers That Be*, 98-111.
40. たとえば Stassen and Gushee, *Kingdom Ethics*, 139; Fahey, *War and the Christian Conscience*, 35-38; Kraybill, *Upside-Down Kingdom*, 182; Neufeld, *Killing Enmity*, 23-25.
41. Hays, *Moral Vision*, 326. ただし，この説を紹介ながらも，Hays 自身は完全には納得していない．
42. Keener, *Gospel of Matthew*, 197.
43. Gundry, *Matthew*, 95.
44. Wink, *Engaging the Powers*, 176.
45. Bruner は右の頬を打つことについての Wink の説に同意していないが，イエスが，悪と対峙する者に対し，逃げてもいけないし叩き返してもいけないと言っているという点には同意している．Bruner, *Matthew*, 1:251 参照．
46. 「下着」と訳されている聖書のギリシャ語は *chitōn*（キトーン），「上着」は *himation*（ヒマティオン）である［本書の英語原文はそれぞれ shirt と coat］．Liddell と Scott によれば，*chitōn* は肌の上に直接身につけるもので，その上に着るのが *himation* である．Liddell and Scott, *Greek-English Lexicon*, 829, 1993.
47. Wink, *Engaging the Powers*, 178.
48. 出エジプト 22･25-27; 申命 24･10-13, 17 参照．そこで「上着」と訳されている言葉は，七十人訳聖書では *himation*（ヒマティオン）である．ルカ 6･29b には上着を先に取られる債務者が登場するが，マタイの記述のほうが旧約聖書の律法を正しく反映している．Gundry, *Matthew*, 95.
49. Keener, *Gospel of Matthew*, 198.
50. 創世記 9･20-27.
51. Wink, *Engaging the Powers*, 179. Stassen と Gushee は Wink に同意している．Stassen and Gushee, *Kingdom Ethics*, 154 参照．
52. France, *Gospel of Matthew*, 222.
53. Wink, *Engaging the Powers*, 371-72nn17-19 に多数の文献が挙げられている．荷役義務の上限が 1 ミリオンであったことを示すローマ法の資料は現存しないが，この点については大方の研究者たちが合意している (371n17).
54. ローマの傀儡王であるヘロデ・アンティパスはイエスの時代にガリラヤを治めていたので，マタイ 5･41 がヘロデの兵士であった可能性はある．Wink, *Engaging the Powers*, 373n28 参照．
55. Schweizer, *Matthew*, 130. 同様の指摘が Bruner, *Matthew*, 1:255 にもある．
56. Wink, *Engaging the Powers*, 182.
57. Stassen and Gushee, *Kingdom Ethics*, 132-37 は，イエスが山上の説教で行った倫理上の要請は，現実的で実行可能なものであったと指摘している．
58. Piper, "*Love Your Enemies*," 30-32. Schweizer, *Matthew*, 132 も参照．
59. Schweizer, *Matthew*, 132 に引用．Josephus, *Jewish War*, 2.139 も参照．
60. Hengel, *Victory over Violence*, 75 に引用．
61. サムエル記上 24･5-7, 18; ヨブ記 31･29; 箴言 24･17 も参照．

62. Bruner, *Matthew*, 1:268; Gundry, *Matthew*, 96-97; Guelich, *Sermon on the Mount*, 227; Keener, *Gospel of Matthew*, 203. 旧約聖書のテキストは確かに敵を罰することを命じている (たとえば申命記 25・17-19).
63. Guelich, *Sermon on the Mount*, 226-27.
64. France, *Gospel of Matthew*, 225.
65. Horsley, "Ethics and Exegesis." Horsley, *Jesus and the Spiral of Violence* の特に 261-73 も参照 .
66. Hays, *Moral Vision*, 328.
67. Klassen, "'*Love Your Enemies*'" 11 に引用された Heintz-Wolfgang Kuhn の言葉 . Schrage, *Ethics of the New Testament*, 76 にも同様の指摘がある .
68. Hengel, *Christ and Power*, 19.
69. France, *Gospel of Matthew*, 228-29; Bruner, *Matthew*, 1:276 参照 .
70. Blomberg, *Matthew*, 115. Yoder, *War of the Lamb*, 146-47 も参照 .
71. Hays, *Moral Vision*, 329.
72. ルカ 6・27-36. ルカとマタイでは , 記述にいくつか相違があるが , 敵を愛し , それによって神の子となるようにという呼びかけが中心にある点では違いはない .
73. Hengel, *Was Jesus a Revolutionist?*, 26-27.
74. Yoder, *War of the Lamb*, 79.
75. Sider, *Early Church on Killing*, 171-72.
76. Sider, *Early Church on Killing*, 163-95, 特に 190-95.
77. そのような議論をもっとも詳しく列挙して論じているのが Yoder, *Politics of Jesus*, 4-8; Hays, *Moral Vision*, 320 である .
78. George Weigel は「歴史に介入する神の決定的な , 世界を終わらせる行為への希望が , イエスの教えの多くを彩っている」と述べている (*Tranquillitas Ordinis*, 26). その考えに従えば , 戦争と平和の倫理をイエスに求めるのは筋違いということになってしまう . Niebuhr, *Interpretation of Christian Ethics* も参照 .
79. N. T. Wright, *Jesus and the Victory of God*, 40, 81, 95-96; および N. T. Wright, *New Testament and the People of God*, 333-34.
80. 本書第 1 章の「人びとが待望していたメシアの姿」(24-29 ページ) を参照 .
81. 本書第 3 章の冒頭も参照 .
82. Charles, *Between Pacifism and Jihad*, 96. Charles and Demy, *War, Peace, and Christianity*, 252 も参照 .
83. Ramsey, *Basic Christian Ethics*, 42.
84. Charles, *Between Pacifism and Jihad*, 96-97; Stott, *Sermon on the Mount*, 105-13. このような解釈に対する著者の見解は本書第 6 章の「国家が行う戦争と死刑—ローマ書 13 章」(150-55 ページ) で詳しく論じた .
85. ルターの議論については Cahill, *Love Your Enemies*, 101-8 を参照 .
86. Sprinkle, *Fight*, 140-41 に引用されたルターの言葉 (Luther, *Sermon on the Mount*, 196).
87. ルカ 23・26-30 も参照 . おそらくルカ 12・54-56 と 13・1-5 もエルサレムの破壊に言及していると思われる . N. T. Wright, *Jesus and the Victory of God*, 182-86, 335-36, 416-17, 424 も参照 .
88. Schweizer, *Matthew*, 194.
89. 不公正や独裁に対する非暴力抵抗の成功例については Sider, *Nonviolent Action* を参照 .
90. 二つの王国の教義の歴史的分析については Duchrow, *Lutheran Churches* を参照 . Hertz, *Two Kingdoms* も参照 .

91. Hertz, *Two Kingdoms*, 184-85.
92. Sider, *Early Church on Killing*, 165-95. 中絶については 165-66, 幼児殺害については 110-11, 死刑については 166-68, 戦争と軍の任務については 168-90 を参照 .
93. Lactantius, *Divine Institutes* 6.20; Sider, *Early Church on Killing*, 110.［カッコ内は著者による補足］
94. Origen, *Against Celsus* 4.9; 7.26［邦訳はオリゲネス『ケルソス駁論』〈キリスト教教父著作集〉教文館］. Sider, *Early Church on Killing*, 73, 76.

第4章　暴力を拒否したイエス

1. 本書第 1 章の「イエスが告げた神の国の福音」(36-44 ページ) を参照 .
2. たとえば Jeremias, *Jesus' Promise to the Nations*, 41-46. Cowles, "Case for Radical Discontinuity," 24-25.
3. サマリヤ人について , またサマリヤ人とユダヤ人のあいだの敵愾心については , Jeremias, *Jerusalem in the Time of Jesus*, 352-58 がやや詳しく論じている .
4. Keener, *IVP Bible Background Commentary*, 205.
5. Hays, *Moral Vision*, 329-30.
6. Caird, *Gospel of St. Luke*, 140.
7. このたとえ話が敵を愛することの説明であると考えた学者の数については Klassen, *Love of Enemies*, 82-83, 107n13 を参照 .
8. ルカの記録を読めば , この百人隊長がユダヤ人の友であったことがわかる . しかし , 個人的関係がどうであれ , その公的立場はローマの帝国主義を象徴するものであった .
9. Bruner, *Matthew*, 1:378.
10. このテキストは , 兵士になることとイエスの弟子であることが両立できるかという問いについては , 肯定も否定もしていない . その点についての議論は本書第 6 章の「兵士という職業は否定されなかった」(132-137 ページ) を参照 .
11. 本書第 1 章の「イエスの時代のメシア思想と暴力的抵抗」(29-36 ページ) を参照 .
12. ルカ 20・20-26; マルコ 12・13-17; マタイ 22・15-22.
13. Lasserre, *War and the Gospel*, 87. Bruner, *Matthew*, 2:397; Blomberg, *Matthew*, 330 も参照 .
14. Bruner, *Matthew*, 2:398.
15. Douglass, *Non-Violent Cross*, 190.
16. Blomberg, *Matthew*, 332.
17. たとえば Bruner, Matthew, 2:400-403; France, *Gospel of Matthew*, 833-34.
18. Yoder, *Body Politics*, 1-13; A. Kreider, E. Kreider, and Widjaja, *Culture of Peace*, 62-68 の議論を参照 .
19. Bruner, *Matthew*, 2:224 (強調は原文).
20. いくつかの重要な写本には , イエスのこの言葉が書かれていない . しかし G. B. Caird は「他の写本で十分に裏づけられており , 現代のほとんどの本文批評家が間違いなく正統なテキストの一部であると認めている」と述べている . Caird, *Gospel of St. Luke*, 251.
21. 「7 度の 70 倍まで」という翻訳もあるが , 創世記 4・24 への言及が明確な「77 回」という訳がほぼ間違いなく正しい［日本語訳聖書は新共同訳も新改訳も「7 度の 70 倍まで」を採用している］. Bruner, *Matthew*, 2:236; France, *Gospel of Matthew*, 701 を参照 .
22. Volf, *Exclusion and Embrace,* 121-25.
23. Oscar Cullmann はイエスがそのようなアイデンティティを保持していたことを強く主張してい

る (*Christology of the New Testament*, 51-82). この点に関する主要な研究のいくつかが N. T. Wright, *Jesus and the Victory of God*, 601n218 に挙げられている .

24. N. T. Wright, *Jesus and the Victory of God*, 588-89. Michael B. Shepherd は , イザヤ書のタルグム［旧約聖書のアラム語訳］には , イザヤ書に描かれた苦難のしもべはメシアであると明確に記されていることを示した . Shepherd, “Targums,” 55.
25. N. T. Wright, *Jesus and the Victory of God*, 590.
26. J. Collins, *Scepter and the Star,* 235.
27. N. T. Wright, *Jesus and the Victory of God*, 591.
28. N. T. Wright, *Jesus and the Victory of God*, 591.
29. N. T. Wright, *Jesus and the Victory of God*, 595.
30. N. T. Wright, *Jesus and the Victory of God*, 596 (強調は原文).
31. Bruner, *Matthew*, 2:672. マルティン・ルターもそう論じた .
32. France, *Gospel of Matthew*, 1013. 同様の主張が Schweizer, *Matthew*, 495 に見られる .
33. Hays, *Moral Vision*, 322 に引用された Mauser, *Gospel of Peace*, 80.
34. 本書第 1 章の「イエスの時代のメシア思想と暴力的抵抗」(29-36 ページ) を参照 .
35. マタイ 16･13-16; マルコ 8･29; ルカ 9･18-20.
36. マタイ 16･21; マルコ 8･31; ルカ 9･21-22.
37. マタイ 16･22-23; マルコ 8･32-33. ルカはペテロの恥ずかしい失敗には触れていない .
38. Lasserre, *War and the Gospel*, 67 参照 .
39. Hays, *Moral Vision*, 323. 同様の指摘が Hauerwas, *Peaceable Kingdom*, 85 にもある .

第5章　最初期の教会におけるキリストの平和

1. N. T. Wright, *Jesus and the Victory of God*, 218-19.
2. Klassen, *Love of Enemies*, 110. 同書の 129n1 に ,「平和」についてのパウロの考えを追究した研究結果が列挙されている .
3. ローマ 15･33; 16･20; IIコリント 13･11; ピリピ 4･9; Iテサロニケ 5･23; ヘブル 13･20. さらに「神の平和」(peace of God) という言葉がピリピ 4・7 で ,「平和の主」(Lord of peace) という言葉がIIテサロニケ 3･16 で使われている .
4. Mauser, *Gospel of Peace*, 106.
5. 多くの写本で , これと同じギリシャ語がローマ 10･15 で使われている .
6. すべての事例が Mauser, *Gospel of Peace*, 107 に挙げられている .
7. Mauser, *Gospel of Peace*, 108.
8. IIコリント 13･11; エペソ 4･1-3; Iテサロニケ 5･13; ヘブル 12･14 も教会内での平和について語っている .
9. おそらくヘブル 12･14 についても同様のことが言える .
10. だが , 戦いや争いや殺しあい (ヤコブ 4･1-2) ではなく平和を呼びかけているヤコブ 3･17-18 は , おそらくこの問いに対する明示的な回答に近づいている .
11. Keener, *IVP Bible Background Commentary*, 350-52.
12. 律法の食事規定に関するユダヤ人の実践については Keener, *Acts*, 2:1768-71 の議論を参照 .
13. Keener, *Acts*, 2:1774.
14. Keener, *Acts,* 2:1787-92 参照 .
15. A. Kreider, E. Kreider, and Widjaja, *Culture of Peace*, 18-27.

16. Keener, *Acts*, 2:1800.
17. Dechow, "'Gospel' and the Emperor Cult," 73.
18. Mauser, *Gospel of Peace*, 86.
19. Mauser, *Gospel of Peace*, 157 に引用された「アリステアスの手紙」［前 2 世紀のものとされる旧約聖書外典］の一節 .
20. Mauser, *Gospel of Peace*, 159.
21. Mauser, *Gospel of Peace*, 159 に引用された Tacitus, *Histories* 5.3-5.
22. Josephus, *The Jewish War*, 2.487-98. 敵意とそれが引き起こしたアンティオケの破壊についての報告は同書 7.42-64 を参照 .
23. Josephus, *The Jewish War*, 2.477-80. ダマスカスでの 10,500 人の虐殺については同書 2.559-61 を参照 .
24. Mauser, *Gospel of Peace*, 157.
25. N. T. Wright, *Justification*, 172.
26. そのことを N. T. Wright が *Justification*. で見事に指摘している .
27. これと似たことがコロサイ 1･26-27 に記されている .
28. 「支配と権威」についてのパウロの理解に関する議論は Sider, *Good News and Good Works*, 150-51 (特に notes 33-34) を参照 .
29. Sider, *Just Politics*, 47-48, 62 参照 .
30. 「コロサイ書に記された讃美は宇宙論的広がりを有している」. Mauser, *Gospel of Peace*, 152.
31. 本書第 5 章の「国家の敵に伝えられた福音―ペテロとコルネリオ」(110-13 ページ) を参照 .
32. Mauser, *Gospel of Peace*, 86.
33. Mauser, *Gospel of Peace*, 85.
34. さらに詳しくは Sider, *Just Politics*, 50-51, ならびに同書の notes 36-42 に挙げた文献を参照 .
35. Hays, *Moral Vision*, 330.
36. Hays, *Moral Vision*, 345n38 に引用された Dunn, *Romans*, 2:745-51.
37. Volf, *Exclusion and Embrace,* 302.
38. Zerbe, "Paul's Ethic of Nonretaliation," 194-202, ならびにそこに挙げられた資料を参照 . Klassen, "Coals of Fire" も参照 .
39. Yoder は , *Politics of Jesus*, chap. 7 (112-31) で , この点を強く指摘している .
40. ローマ 6･6-11; 8･11; ガラテヤ 2･20; エペソ 4･20-24; コロサイ 2･12-3･1.
41. ヨハネ 13･1-17; ローマ 15･1-7; IIコリント 5･14-21.
42. しかし , Richard Hays が指摘しているように (*Moral Vision*, 345n40), Iペテロがクリスチャン奴隷に示している規範は , すべてのクリスチャンに当てはまる (Iペテロ 3･17-18).
43. 本書第 3 章の「イエスが説いた非暴力抵抗」(65-73 ページ) を参照 . また , 悪に抵抗する非暴力行動の最近の多くの事例については Sider, *Nonviolent Action* を参照 .
44. Boettner, *Atonement*, 32.
45. Yoder, *Politics of Jesus*, 131.
46. Hays, *Moral Vision*, 330.
47. Hays, *Moral Vision*, 331.
48. Hays, *Moral Vision*, 332. 聖書の中には , 暴力を肯定していると考えられている箇所もある . そのようなテキストについては本書第 6 章で論じる .

第6章　聖書は暴力を肯定しているのか

1. Copan and Flannagan, *Did God Really Command Genocide?*, 44.
2. この箇所をめぐるさまざまな解釈を , Matthew Black が "'Not Peace but a Sword'" で適切にまとめている .
3. たとえば Bruner, *Matthew*, 1:487-88; Blomberg, *Matthew*, 180; France, *Gospel of Matthew*, 408; Evans, *Matthew*, 228; Schweizer, *Matthew*, 251; Hays, *Moral Vision*, 332; Black, "'Not Peace but a Sword,'" 288 など .
4. Hays, *Moral Vision*, 332.
5. Schweizer, *Matthew*, 251.
6. 「剣 / 分裂をもたらすために来た」というイエスの言葉は , ある行動の結果を、その行動の目的として表現するセム語の慣用表現の可能性がある . たとえばホセア 8･4. Macgregor, *Basis of Pacifism*, 20 を参照 .
7. だが私は , 初期の教会がこのテキストを戦争に反対するための論拠としていたという Richard McSorley の主張を支える証拠を見つけることはできなかった (McSorley, *Basis of Peacemaking*, 27). *Ante-Nicene Fathers*［西暦 325 年の第 1 ニカイア公会議までの教父の著作集］に収められた膨大な著作の中で , マタイ 10･34 に言及してそのように論じる著作を私は発見することができなかった . *ANF*, 3:333; 6:220, 234; 7:345 参照 .
8. Hays, *Moral Vision*, 333.
9. Holmes, *War and Christian Ethics*, 61-62 に紹介された Augustine, "To Count Boniface."
10. Holmes, *War and Christian Ethics*, 158, 168 参照 .
11. Biggar, *In Defence of War*, 41-42. K. B. Payne and K. I. Payne, *Just Defense*, 94; Copan and Flannagan, *Did God Really Command Genocide?*, 305 も参照 .
12. 参照 Holmes, *War and Christian Ethics*, 145, 158 参照 .
13. 最高の正戦擁護論の一つを書いた Biggar は , 百人隊長についての自分の議論は「沈黙に依拠した義論」(argument from silence) であり , 重大な弱点があると認めている . Biggar, *In Defence of War*, 56.
14. Watson, *Roman Soldier*, 128-31; Helgeland, "Roman Army Religion," 1470-505, 特に 1478, 1487.
15. Hays, *Moral Vision*, 335.
16. 剣闘士を戦わせて楽しむことについて論じた , クリスチャンによる最初の文書は , それを激しく非難している . Sider, *Early Church on Killing*, 30-32, 47, 84-85, 110-11, 121, 168 を参照 .
17. 『使徒伝承』(*Apostlic Tradition*) については Sider, *Early Church on Killing*, 169-77, 119-21 参照 . 詳しくは本書第 13 章の「コンスタンティヌス帝以前のキリスト教」(303-08 ページ) を参照 .
18. Charles and Demy, *War, Peace, and Christianity*, 370. Copan and Flannagan, *Did God Really Command Genocide?*, 302 も参照 .
19. 本書第 3 章の「イエスが説いた非暴力抵抗」(65-73 ページ) を参照 .
20. Hays, *Moral Vision*, 334.
21. 約 33 年後 , 過激なユダヤ人の集団が神殿を占拠して祭司長を殺害したとき , それが現実のことになった . Klassen, *Love of Enemies*, 98 参照 .
22. Hengel, *Was Jesus a Revolutionist?*, 16; Keener, *Gospel of Matthew*, 498.
23. Arndt and Gingrich, *Greek-English Lexicon*, 236-37.
24. この箇所のギリシャ語は「*Pantas exebalen ek tou hierou ta te probata kai tous boas.*」(パンタス エクセバレン エクトゥー ヒエフレー タ テ プロバタ カイトゥース ボアス) である . 新約聖書で

「*te...kai*」(テ…カイ) という小辞 (particle) が使われている 90 以上の用例を注意深く調べた結果 , 実質的にすべてのケースで , 主語や目的語をその構成要素に分割するときに使われていることが判明した . この箇所では , *pantas* (パンタス＝すべて) を *ta probata* (タ プロバタ＝羊) と *tous boas* (トゥース ボアス＝牛) に分けたという意味になる . Yoder, *Politics of Jesus*, 43n38 を参照 . そして , この文章中の *pantas* という形容詞は男性性を帯びる . なぜなら , 1 つの形容詞が性別の異なる 2 つの名詞を修飾するとき , それは男性名詞か女性名詞のいずれかと一致し (この文章では男性名詞の *tous boas*), 中性名詞 (この文章では *ta probata*) と一致することはないからである . Macgregor, *Basis of Pacifism*, 17n2 を参照 .

25. Yoder, *Politics of Jesus*, 43 参照 .
26. Stassen and Gushee, *Kingdom Ethics*, 157 参照 .
27. Hays, *Moral Vision*, 334.
28. Keener, *Historical Jesus*, 292-93; Keener, *Gospel of Matthew*, 500.
29. Hengel, *Christ and Power*, 18.
30. Hays, *Moral Vision*, 334.
31. Boettner, *Christian Attitude toward War*, 23-24.
32. K. B. Payne and K. I. Payne, *Just Defense*, 96. 弟子たちが 2 本の剣 (*machaira*) (マカイラ＝長い短剣) を持っていたからといって , イエスが暴力による自衛を認めていたとは言えない . この剣 (長い短剣) は当時 , 野生動物や強盗から身を守るためにユダヤ人の旅人が持っていた標準的な道具だった (Hengel, *Was Jesus a Revolutionist?*, 21-22). ペテロがイエスの非暴力のメシアを理解しておらず , 認めてもいなかったことを示す証拠はたくさんある (イエスがメシア宣言の直後に自らの死を告げたとき , ペテロはイエスを諌め , イエスからサタンよ下がれと叱責叱されている (マルコ 8･29-33)。ペテロは , イエスに知らせることも承認を得ることもなく , 剣を持っていたのかもしれない . あるいは , イエスは知っていたけれども , 獣から身を守るために携行を認め , もしペテロがそれを人に対して使うようなことがあれば制止するつもりだったのかもしれない (ローマ兵に逮捕されるとき , その展開になった).
33. 本書第 4 章の「剣を取ったペテロを叱る」(101-02 ページ) を参照 .
34. 正確な意味がわからない聖書の箇所を解釈しようとするときは , 意味が明らかな箇所と照らし合わせて解釈するという , 聖書解釈の基本原則を忘れないことが大切である .
35. イエスが自分の務めを理解するうえでイザヤ 52･13-53･12 が果たした役割については , N. T. Wright, *Jesus and the Victory of God*, 597-611 が詳しく考察している .
36. Sprinkle, *Fight*, 239; Murphy, “Yoder’s Systematic Defense,” 67.
37. Lasserre, *War and the Gospel*, 43 に引用された Calvin, *Commentaries*, 1:660-61.
38. Sprinkle, *Fight*, 238.
39. Bock, *Luke9:51-24:53*, 747.
40. Hendriksen, *Luke*, 976.
41. Hays, *Moral Vision*, 333 に引用された I. Marshall, *Commentary on Luke*, 823.
42. Hays, *Moral Vision*, 333. ほかに Caird, *Gospel of St. Luke*, 241; Green, *Gospel of Luke*, 774-75; そして Morris, *Gospel according to St. Luke*, 310. 同様の議論を行っているその他の研究者については Macgregor, *Basis of Pacifism*, 24 を参照 .
43. たとえば Copan and Flannagan, *Did God Really Command Genocide?*, 43; K. B. Payne and K. I. Payne, *Just Defense*, 94.
44. その詳しい内容は本書第 10 章の「皆殺しを命令する旧約聖書の神」(227-230 ページ) を参照 .
45. ピリピ 1･27-30 も参照 .

46. Boettner, *Christian Attitude toward War*, 33. ほかに K. B. Payne and K. I. Payne, *Just Defense*, 93.
47. Rutenber, *Dagger and the Cross*, 31 はそのような議論の例を取り上げている .
48. Copan and Flannagan, *Did God Really Command Genocide?*, 42.
49. このくだりは最古の写本には存在しないが , 多くの学者は , 実際にあった出来事だと考えている . Keener は ,「多くの , いやおそらくほとんどの学者」が , このストーリーはイエスについての真実の伝承だと考えていると述べている (Keener, *Gospel of John*, 1:736). B. M. Metzger も , この記述には「それが歴史的な真実であることを示すあらゆる刻印が押されている」と述べている (Metzger, *Textual Commentary*, 220).
50. C. Marshall, *Beyond Retribution*, 230-34 のすぐれた議論を参照 .
51. Charles, *Between Pacifism and Jihad*, 84-87; Skillen, *With or Against the World?*, 118; Copan and Flannagan, *Did God Really Command Genocide?*, 303-4; Biggar, *In Defence of War*, 42-44 を参照 .
52. たとえば Biggar, *In Defence of War*, 42-44.
53. Dodd, *Romans*, 214; Hays, *Moral Vision*, 330.
54. Cranfield, *Epistle to the Romans*, 2:660; Cranfield, “Observations on Romans XIII:1- 7,” 242.
55. この問題はパウロの最大の気がかりであった可能性が高い . パウロがこの手紙を書く数年前の西暦 49 年 , 皇帝クラウディウスは騒擾 (おそらくクリスチャンが行う説教が原因でユダヤ人コミュニティの中で生じていた) を理由にローマからユダヤ人を追放した . ローマの歴史家タキトゥスの報告によると , 50 年代のローマでは税に対する抵抗があり , パウロはローマのクリスチャンがこの抵抗に加わらないようにしたかったのかもしれない . Moo, *Epistle to the Romans, 792-93* 参照 . パウロがこの手紙を書いた約 5 年後 , 皇帝ネロはローマの火災をクリスチャンのしわざということにして , 多数のクリスチャンを殺害した . また , 多くのクリスチャンがユダヤ人だったため , ローマのユダヤ人クリスチャンのあいだにユダヤ人による抵抗活動への共感があったのかもしれない (その抵抗の熱気は西暦 66 年のユダヤ戦争へとつながっていく). Dodd, *Romans*, 209.
56. Bruce, *Romans*, 238 (強調はサイダーによる). Dodd, *Romans*, 210-11 も同様の主張をしている . しかし F. F. Bruce は , キリスト教国家という概念はパウロの思考範囲を超えているとし , おそらくクリスチャン政治家が殺傷力のある暴力を行使することは合法的だろうと示唆している .
57. Yoder, *Politics of Jesus*, 198.
58. Witherington, *Paul Quest*, 178.
59. Hays, *Moral Vision*, 331.
60. Eller, *War and Peace,* 76-77; Sprinkle, *Fight*, 168-69; Yoder, *Politics of Jesus*, 198 参照 .
61. ローマ 13･1 で「立てられた」(established) と訳されている動詞 *tassō* (タッソー), 分詞 *tetagmenos* (タタグメノス) には ,「役職に任命する」あるいは「命令する , 固定する , 決定する , 指名する」という意味がある (Arndt and Gingrich, *Greek-English Lexicon*, 813). Theological Dictionary of the New Testament には「任命する」「命令する」という語義とともに , そこから派生する用例として「宗教的祭儀を調える (arrange)」を示している (“τάσσω, *TDNT* 8:27) [τάσσω は *tassō* のギリシャ文字]. John Howard Yoder は , ローマ 13･2 で使われている動詞は「創設する」とか「制定する」という意味ではなく「秩序づける」(order) という意味だと述べ , 図書館の司書は内容を承認していなくても本を順番通りに棚に並べるという例を挙げている (*Politics of Jesus*, 201). ただ , 残念ながら Yoder は , その自説を補強する証拠を提示していない .
62. Copan and Flannagan, *Did God Really Command Genocide?*, 42-45; Biggar, *In Defence of War*, 50-55 参照 .
63. Biggar, *In Defence of War*, 54. Biggar は , 結局のところ「神は矯正不可能な罪人を殺す」のだから , 神が十字架で示した敵への愛 (ローマ 5･8-10) を持ち出して , 殺すことについての自らの

見解を維持しようとするRichard Haysの議論(Hays, *Moral Vision*, 330)は成り立たないと論じている. Biggar, *In Defence of War*, 55.
64. C. Marshall, *Beyond Retribution*, 180-97.
65. Ⅰコリント6・9-10; ガラテヤ5・21も参照.
66. Sider, *Good News and Good Works*, 128-33の議論を参照.
67. Volf, *Exclusion and Embrace,* 298.
68. Ⅰペテロ2・18-23でも同じ考え方が示されている. クリスチャンは, 自分では報復をせず,「正しく裁く神に任せた」(23節)キリストにならうべきである. Ⅱテサロニケ1・6も同様である.
69. Volf, *Exclusion and Embrace,* 301(強調は原文).
70. しかしCopanとFlannaganは, これらの箇所はクリスチャンが致死的暴力を行使することを承認していると論じている. *Did God Really Command Genocide?*, 42-44.
71. CopanとFlannaganはこれについても同様の主張を行っている. *Did God Really Command Genocide?*, 44.
72. しかし, ジョン・カルヴァンも, ペテロは「聖霊の剣を適切なときに鞘から抜いたのであって, なんら自分の職責に反することを行ってはいない」と間違ったことを述べている. Lasserre, *War and the Gospel*, 49に引用されたカルヴァンの言葉.
73. C. Marshall, *Beyond Retribution*, 180-81.
74. Volf, *Exclusion and Embrace,* 302, 304.
75. Sider, *Good News and Good Works*, 130-31の議論を参照.
76. Volf, *Exclusion and Embrace,* 298.
77. Hays, *Moral Vision*, 169に引用されたNietzsche, *Birth of Tragedy*, 185.
78. たとえばKrister StendahlやJack T. Sanders (Hays, *Moral Vision*, 169で取り上げられている); Crossan, *God and Empire*, 224.
79. 黙示録14・19-20も参照.
80. たとえばCopan and Flannagan, *Did God Really Command Genocide?*, 43.
81. Sprinkle, *Fight*, 173-74に引用されたMark Driscollの言葉.
82. Hays, *Moral Vision*, 170.
83. Bauckham, *Revelation*, 89.
84. Morris, *Revelation*, 203.
85. Hays, *Moral Vision*, 174.
86. Klassen, "Vengeance," 306.
87. Hays, *Moral Vision*, 178, 185n20.
88. 黙示録18・6-7, 20; 19・2も参照.
89. 黙示文学における象徴的言語の使用についての議論は, Boyd, *Crucifixixion of the Warrior God*, 1:597-601, およびそこで引用されている文献を参照.
90. Morris, *Revelation*, 224. およびHays, *Moral Vision*, 175.
91. Hays, *Moral Vision*, 175; Sprinkle, *Fight*, 187; Klassen, "Vengeance," 308. 黙示録2・12, 16に登場するキリストの口から出ている鋭い剣は, 神の裁きの言葉のように思えるが, Volfはその考えを支持していない. Volf, *Exclusion and Embrace,* 296.
92. とは言え, 白馬の騎手の暴力的イメージは,「神が苦しみの中で示された愛によって贖われることを拒むすべての者が, 最終的に排除されることを象徴的に描いたものである」と言うMiroslav Volfの考えはおそらく正しい. Volf, *Exclusion and Embrace,* 299(強調は原文).
93. Leon Morris (*Revelation*, 224)は,「天の軍勢」は「聖人ではなく, おそらく天使であろう」と述

べている. Robert H. Mounce (*Revelation*, 354) は, 殉教者は「天の軍勢」の一部ではあるが,「実際の戦争には参加していない」と述べている.

94. Volf, *Exclusion and Embrace,* 301. ここでは私は,「聖書の伝統」ではなく「新約聖書の伝統」と言いたい.
95. Hays, *Moral Vision*, 175.

第7章　平和主義の神学的基礎

1. Yoder, *Politics of Jesus*, 10.
2. Yoder, *Politics of Jesus*, 237. ヨーダーの「上からのキリスト論」("high" Christology) のさらなる証拠については Carter, *Politics of the Cross*, 27, 65-70 を参照.
3. Niebuhr, "Why the Christian Church Is Not Pacifist," 106.
4. Davis and Good, *Niebuhr on Politics*, 137, 140.
5. イエスが教えたのは, ラインホールド・ニーバーが言うような完全に受動的な非抵抗ではない. その点に関する議論は, 本書第 3 章の「イエスが説いた非暴力抵抗」(65-73 ページ) を参照.
6. 本書第 3 章の「イエスの教えを個人の領域に限定することの問題」(85-90 ページ) および第 6 章の「国家が行う戦争と死刑―ローマ書 13 章」(150-55 ページ) を参照.
7. N. T. Wright, *Jesus and the Victory of God*, 658.
8. イエスの復活の歴史的証拠に関する徹底的な議論は N. T. Wright, *Resurrection*; Licona, *Resurrection of Jesus* を参照.
9. ニーバー批判の中でヨーダーは,「ニーバーは十字架に繰り返し言及し, キリストの復活にはまったく言及せず, 体の復活については神話的シンボルとしてのみ言及している」と正しく批判している. Yoder, *Niebuhr and Christian Pacifism*, 20.
10. Roth, *Choosing against War*, 92. Ellul, *Violence*, 150; Hauerwas, *Peaceable Kingdom*, 87-91 も参照.
11. Hays, *Moral Vision*, 338.
12. Yoder, *Nevertheless*, 126.
13. Yoder, *Original Revolution*, 76. 同書 55-90 ページに転載されている Yoder, "Peace without Eschatology?" も参照.
14. N. T. Wright, *Surprised by Hope*, 209.
15. Cahill, *Love Your Enemies*, 213.
16. Cahill, *Love Your Enemies*, 79.
17. その考えに対する N.T. ライトの反論については, 本書第 1 章の「人びとが待望していたメシアの姿」(24-29 ページ) を参照.
18. Ramsey, *Basic Christian Ethics*, 35-40; Cahill, *Love Your Enemies*, 200.
19. Allman, *Who Would Jesus Kill?*, 111.
20. *Challenge of Peace* §81, p. 37.
21. *Challenge of Peace* §58, p. 26.
22. たとえば Clough and Stiltner, *Faith and Force*, 33, 50-52; O'Donovan, *Just War Revisited*, 5-7; そして Mouw, "Christianity and Pacifism," 105.
23. Cahill, *Love Your Enemies*, ix-xi, 164, 223-28; Hauerwas, *Should War Be Eliminated?*, 49-53; Hauerwas, *Peaceable Kingdom*, 特に 72-95; Yoder, *Original Revolution*, 55-90.
24. Hauerwas, *Should War Be Eliminated?*, 49.
25. Hauerwas, *Peaceable Kingdom*, 85.

26. N. T. Wright, *Surprised by Hope*, 204.
27. N. T. Wright, *Surprised by Hope*, 284.
28. 本書第 5 章の「キリストにならって生きる」(123-27 ページ) を参照 .
29. Sider, *Scandal of the Evangelical Conscience*, 31-53 参照 .
30. Ⅰコリント 6・9-10; およびガラテヤ 5・19-21.
31. Ⅱコリント 6・14-17 も参照 .
32.「支配と権威」, そして十字架でのその武装解除については , Sider, *Just Politics*, 47-48 を参照 .
33. Yoder, *Nevertheless* 参照 .
34. Yoder は自らを「メシアの共同体の平和主義者」と位置づけている . Yoder, *Nevertheless*, 122-27. Yoder も Stanley Hauerwas もクリスチャン共同体を重視しているが , その点についての Lisa Cahill の議論は Cahill, *Love Your Enemies*, 224, 227-28 を参照 .
35. クリスチャンでなければ非暴力の精神ですばらしい成果を上げられないなどと言うつもりはない (たとえばガンジーの偉業を見よ). Sider, *Nonviolent Action*, chaps. 2, 8, 9, 10 参照 .
36. Yoder, *For the Nations*, 112. Yoder, *Nevertheless*, 124-26; Yoder, *Christian Witness to the State*, 78; そして Hauerwas, *Peaceable Kingdom*, 97 も参照 .
37. 教会の規律の例はⅠコリント 5・1-13, イエスの教えについてはマタイ 18・15-17 を参照 .
38. Yoder, *Niebuhr and Christian Pacifism*, 21. 同様のニーバー批評については , Friesen, *Christian Peacemaking*, 99 および Macgregor, *Basis of Pacifism*, 136-37 を参照 .
39. 正戦論と平和主義の違いについては Clough and Stiltner, *Faith and Force*, 13-18 が参照になる .
40. たとえば Hauerwas, *Peaceable Kingdom*, 99; Yoder, *Politics of Jesus*, 150.
41. 本書第 8 章の「平和主義者は歴史に責任を負わない」(193-200 ページ) を参照 . Yoder はこの批判を明確に否定している . Yoder, For the Nations, 6 参照 .
42. Yoder は「屠られた子羊を , 力を受けるべき復活の主と告白する者にとっては , 最終的には , 苦難の愛と社会的効果のいずれかを選ぶ必要はない」と述べている . Yoder, *Nonviolence*, 38.
43. Yoder, *Body Politics*, ix.
44. Yoder が 1980 年にプリンストン神学校で行った講演のタイトル (New World on the Way). Carter, *Politics of the Cross*, 204 参照 .
45. Yoder, *For the Nations*, 27 に引用された , Barth, *Church Dogmatics*, IV/2, 721.
46. この点についての Yoder の議論は Yoder, *Body Politics* を参照 .
47. Yoder, *Nevertheless*, 125.
48. Cahill, *Love Your Enemies*, 87.
49. Loewen, *One Lord, One Church*, 80.
50. この点と次の点についての議論は Yoder, *Christian Witness to the State*, 71 を参照 .
51. Hauerwas, "Pacifism," 102.
52. Yoder, *For the Nations*, 158-59.
53. Yoder, *For the Nations*, 50.
54. Schertz, "Partners in God's Passion," 172.
55. Hoekema, "Practical Christian Pacifism," 918.
56. *The Priestly Kingdom* の冒頭で , Yoder は力を込めてこう述べている .「私のこの議論はメノナイトのビジョンを並べたものではない . メノナイト , ツヴィングリ , ルーテル , カトリック , 未信者 , そして他宗教の信者も含むすべての人に対する聖書に根ざした呼びかけである」(8).

第8章　平和主義に対する批判

1. Lewis, *Weight of Glory*, 86.
2. Elshtain, *Just War*, 51.
3. Johnson, *Quest for Peace*, 55 に引用された Ambrose, *Of the Duties of Clergy* 1.36.179. 比較として K. B. Payne and K. I. Payne, *Just Defense*, 70.
4. Cromartie, *Peace Betrayed?*, 147.
5. Allman, *Who Would Jesus Kill?*, 97.
6. Charles and Demy, *War, Peace, and Christianity*, 274 (強調は原文).
7. Charles, *Between Pacifism and Jihad*, 92.
8. Yoder, *Original Revolution*, 80.
9. Sider, *Nonviolent Action*, が取り上げている多数の事例と文献を参照 .
10. Sider, *Nonviolent Action*, chaps. 2, 5, 6, 7, 8, 9 参照 .
11. Charles, *Between Pacifism and Jihad*, 102.
12. Charles, *Between Pacifism and Jihad*, 99.
13. Chenoweth and Stephan, *Why Civil Resistance Works*, 7.
14. Chenoweth and Stephan, *Why Civil Resistance Works*, 213-14. 同様の傾向を示すその他の研究が Sider, *Nonviolent Action*, 160n8 に挙げられている .
15. Wink, *Violence and Nonviolence*, 41-42. アルジェリア独立戦争での死者について , John Keegan, *A History of Warfare*, 55 には , アルジェリア政府が発表した数字として , 戦前 900 万人いたイスラム教徒のうち 100 万人が死んだと書かれている . 犠牲者は 10 人に 1 人ではなく , 9 人に 1 人ということになる .
16. これらの要請や提言の出典資料は Sider, *Nonviolent Action*, 164 (および 162-66 の全体) を参照 .
17. だが , 私が非暴力抵抗を提唱する第一の理由は , 成功する可能性が高いからではなく , 何よりもそれがイエスの教えに忠実だと考えるからである .
18. Yoder, *Original Revolution*, 80-84 参照 .
19. Hauerwas, “Pacifism,” 100 参照 .
20. 特に , 何よりも大事なのは心の中でどう考えているかであるというアウグスティヌスの考えに対しては , その思いが強まる . 本書第 9 章の「殺しながら愛することができるのか？」(208-210 ページ) を参照 .
21. Biggar, *In Defence of War*, 330. Jeffrey Stout は , Stanley Hauerwas はアメリカの民主主義を促進しようとしていないと批判している . Grimsrud, “Anabaptist Faith and ‘National Security,’” 317-18.
22. Davis and Good, *Niebuhr on Politics*, 142.
23. O’Donovan, *Just War Revisited*, 10. 後に見るように , Oliver O’Donovan の正戦論こそ「行動を制約する限界」を設定するものである .
24. Weigel, *Tranquillitas Ordinis*, 247.
25. Johnson, *Quest for Peace*, 51. Shannon, *War or Peace?*, 33 も参照 .
26. Charles and Demy, *War, Peace, and Christianity*, 145.
27. Charles and Demy, *War, Peace, and Christianity*, 145n179. しかし , 以後の本文から明らかなように , この指摘はまったく事実に反する .
28. Friesen, “In Search of Security,” 49.
29. Yoder, *Politics of Jesus*, 232. Yoder の *For the Nations* は , タイトルからもうかがえるように , 平和主義に立つクリスチャンが社会の中で平和と正義のために働くことの重要性を繰り返し訴えてい

る . Yoder, *For the Nations*, 1-6, 20-36 など随所を参照 .

30. Weigel, *Tranquillitas Ordinis*, 345.
31. O'Donovan, *Just War Revisited*, 7-8.
32. Bell, *Just War as Christian Discipleship*, 241.
33. Bell, *Just War as Christian Discipleship*, 20.
34. この点についての Yoder の議論 , および Paul Ramsey と John Courtney Murray への言及については , Yoder, *When War Is Unjust*, 64-67 を参照 .
35. Ramsey and Hauerwas, *Speak Up*, 120-23 (強調は原文). Yoder も ,「人間が歴史を手なずけようとすると , それはあらぬ方に向かって進んでしまう」と言った Reinhold Niebuhr が指摘する歴史の「アイロニー」を援用しながら , これと同じ指摘をしている . Yoder, *Politics of Jesus*, 230.
36. Koontz, "Response: Pacifism, Just War, and Realism," 223-25 を参照 .
37. Yoder, *Politics of Jesus*, 246. しかし Yoder も折にふれて , 効果を気にすることに疑問を呈しているように見受けられる (230). Friesen, "Power," 88-90 参照 . しかし Mark Thiessen Nation は , Yoder は効果を気にすることを否定したことはないという , 説得力のある議論を行っている . Nation, *John Howard Yoder*, 145-88.
38. Yoder, *For the Nations*, 150.
39. Yoder, *Nonviolence*, 38.
40. Yoder, *War of the Lamb*, 178.
41. Sider, *Nonviolent Action* が取り上げている多数の例を参照 .
42. 本章の「平和主義者には隣人への愛がない」参照 .
43. Yoder, *War of the Lamb*, 178-79.
44. Friesen, "In Search of Security," 50.
45. Friesen, "In Search of Security," 53.
46. Friesen and Schlabach, *At Peace and Unafraid* の全体 (特に 84-87) を参照 .
47. Lederach, *Building Peace*.
48. Sider, *Nonviolent Action*, 146-51 参照 .
49. Zehr, *Changing Lenses*. 本書第 11 章の冒頭も参照 .
50. Friesen, *Artists, Citizens, Philosophers*; Sampson and Lederach, *From the Ground Up* 参照 .
51. Grimsrud, "Anabaptist Faith and 'National Security,'" 315.
52. Yoder, *For the Nations*, 27 に引用された Barth, *Church Dogmatics*, IV/2, 721.
53. Arendt, *Human Condition*, 238-43.
54. Yoder, *For the Nations*, 29-33, 43-50. Arendt, *On Violence* も参照 .
55. Larsen, "When Did Sunday Schools Start?"
56. Stassen, *Just Peacemaking*.
57. Holmes, *War and Christian Ethics*, 303 に転載された Niebuhr, "Why the Christian Church Is Not Pacifist.
58. Weigel, "Five Theses for a Pacifist Reformation," 74. Allman, *Who Would Jesus Kill?*, 254 も参照 .
59. Charles, *Between Pacifism and Jihad*, 105.
60. Boettner, *Christian Attitude toward War*, 41.
61. Channing, *Discourses on War*, 45-71. Hershberger, *War, Peace, and Nonresistance*, 177 も参照 .
62. カトリックの倫理学者 Joseph J. Fahey も最近の著書で , 平和主義者の特徴として ,「人間の本性は平和的である」と考えている、という点をいちばんに挙げている . Fahey, *War and the Christian Conscience*, 66.

63. Friesen, *Christian Peacemaking*, 42 (強調は原文).
64. Hoekema, "Practical Christian Pacifism," 918.
65. この点についての詳しい議論は本書第 9 章「正戦論は戦争を防いだことがない」(210-17 ページ) を参照 ,.

第9章　正戦論に対する批判

1. これは , だれかと会うたびに口に出して福音を語らなければならないという意味ではない . 出会うすべての人がクリスチャンになることを願い , 祈り , 福音を語るのに適した時が (聖霊の促しによって) 訪れることを祈る姿勢を意味しているのである .
2. Bartsch, "Foundation and Meaning of Christian Pacifism," 192.
3. Yoder, *What Would You Do?*, 39-40 参照 .
4. Augsburger, "Swords into Plowshares," 197. 私は伝道を , それ以外の宣教上の義務より「偉大」とか「重要」と言うつもりはない . Sider, *Good News and Good Works*, chaps. 9, 10 参照 .
5. Cahill, *Love Your Enemies*, 14, 83 参照 .
6. アウグスティヌスもアンブロジウスもこの点を主張する . Cahill, *Love Your Enemies*, 58-60 を参照 .
7. Bell, *Just War as Christian Discipleship*, 31. 多くのクリスチャンの正戦の理論家は , 敵を愛せというイエスの命令の中に , 正当化の根拠を求めようとしている . Bell, *Just War as Christian Discipleship*, 31, 237; Biggar, *In Defence of War*, chap. 2; そして Ramsey, *Basic Christian* Ethics, 12, 17-27 ほか .
8. Augustine, *Reply to Faustus* 22.76 (22.79 も 参 照); *Nicene and Post-Nicene Fathers* (*NPNF*), Series 1, 4:301 (強調はサイダーによる).
9. Bell, *Just War as Christian Discipleship*, 29 (Augustine, *Letter 138 to Marcellinus* 2.13; *NPNF*, Series 1, 1:485 参照).
10. Augustine, *Letter 138 to Marcellinus* 2.14; *NPNF*, Series 1, 1:485.
11. 本書第 13 章の「コンスタンティヌス帝以前のキリスト教」(303-308 ページ) を参照 . Nigel Biggar (*In Defence of War*, chap. 2) は , 兵士は敵を殺そうとするときにも敵を愛することができるという主張を支持しようとしている . 彼は , 戦場で冷静さを保ち , 敵にも価値があることを忘れなかった兵士の話を数多く引用し , それらの事例は兵士は敵を殺すときにも愛することができる経験的証拠であると結論づけている。
12. J. Daryl Charles や Timothy J. Demy のような熱心な正戦擁護論者でも , クリスチャンが正戦の規準を適切に適用できなかったケース (十字軍や宗教戦争) が多いことを認めている . Charles and Demy, *War, Peace, and Christianity*, 20.
13. 私にはこの議論における Oliver O'Donovan の見解が理解できない . 彼は , 正戦論は戦争の両当事者のどちらに正義があるかを判定することを意図していないと言い ,「戦争は表面的に見れば両方とも正しいことがある」ともつけ加えている (Sider and O'Donovan, *Peace and War*, 12). 正戦論は「特定の戦争について , 正当あるいは不当という判定をする」ものではない , という O'Donovan の見解については O'Donovan, *Just War Revisited*, 13 を参照 . 国家間の見解の相違は複雑であり , 誠実に考えた末に人びとが相反する結論に至ることがあるのは否定できない事実である . しかし , その複雑さゆえに , 正戦論が戦争 (開戦前であれ戦争中であれ) の正当性を判断できず , 当該戦争を支持すべきか反対すべきかの判断規準たり得ないのであれば , 正戦論はいったい何の役に立つのか理解できない .
14. Kirk, *Theology Encounters Revolution*, 152.

15. Zahn, "Case for Christian Dissent," 120.
16. Zahn, *German Catholics*, 64 に引用された発言 .
17. Zahn, "Case for Christian Dissent," 121.
18. Zahn, "Case for Christian Dissent," 128. 小さな告白教会［ナチスに反対する牧師・信徒の教会］や , ディートリヒ・ボンヘッファー［ナチスに抵抗して刑死した牧師・神学者］のような個人以外 , ドイツのプロテスタント教会はほとんど正しい行動ができなかった . Duchrow, *Lutheran Churches*, 266 には , あるプロテスタント教会の指導的な総主事がヒトラー支持を訴えた複数の声明が紹介されている .
19. Edward Westermarck, *The Origin and Development of the Moral Ideas* (Rutenber, *Dagger and the Cross*, 90 での引用).
20. W. E. H. Lecky, *History of European Morals* (Rutenber, *Dagger and the Cross*, 90 での引用).
21. Kirk, *Theology Encounters Revolution*, 154.
22. Clark, *Does the Bible Teach Pacifism?*, 49.
23. Rutenber, *Dagger and the Cross*, 46.
24. Macgregor, *Basis of Pacifism*, 95 に引用された Dr. J. H. Oldham の発言 .
25. Macgregor, *Basis of Pacifism*, 96 に引用された Dr. J. H. Oldham の発言 .
26. Yoder は , 正戦の教えに加えられた修正 (特に過去 50 年間) が , いかに「正戦論から意味を奪い去り , 上辺だけのものにしてしまった」かを論じている . Yoder, *When War Is Unjust*, 41.
27. この点に関する Bell の力強い議論は , Bell, *Just War as Christian Discipleship*, 116-18 を参照 .
28. 一部の教会は 1971 年に , 選択的兵役拒否を合法とする法案に賛成するための証言を行うなどの努力をした (Yoder, *When War Is Unjust*, 92). 1970 年 10 月に米国のルーテル教会が発表した声明 *National Services and the Military Profession* (国家への奉仕と職業としての軍務) も参照 . 1968 年に米国のカトリック司教団は , 徴兵に対して選択的兵役拒否を求めた . Hunt, "Selective Conscientious Objection," 221 を参照 . 米国のカトリック司教団は , 1983 年に発表した *The Challenge of Peace*［『平和への挑戦』］で , 選択的兵役拒否を尊重するための法整備を求めた (SS233). 選択的兵役拒否をめぐる最近の議論については , Ellner, Robinson, and Whetham, *When Soldiers Say No*; および Clifford, "Legalizing Selective Conscientious Objection" を参照 .
29. この点についての鋭いコメントは G. Schlabach, "Just Policing," 412-13 を参照 .
30. Bell, *Just War as Christian Discipleship*, 64-65.
31. Ramsey and Hauerwas, *Speak Up*, 107.
32. Yoder は , 現実問題として , コンスタンティヌス帝以後のほとんどのクリスチャンは , 十字軍 (「これは神の聖なる戦いだ」) の論理か国益 (「わが国は正しいか間違っているか」) の論理に従って行動してきたと論じているが , おそらくそのとおりだ . 理論面では , 正戦論はクリスチャンの知的エリートたちの最高の洞察力の結晶だが (その意味で「公式」の立場と呼べる), 実際上は , ほとんどのクリスチャンは「十字軍」の発想か「国益」の発想で行動している . Yoder, *When War Is Unjust*, 71-72. Yoder の著書に序文を寄せたルーテル派の倫理学者 Charles P. Lutz も , この Yoder の見解に同意している . Yoder, *When War Is Unjust*, 10.
33. 正戦の思想がまったく何の影響も及ぼさなかったと言っているわけではない (たとえば戦争捕虜の処遇に関するルールなどは正戦思想から生まれた). その点についての O'Donovan のコメントは Sider and O'Donovan, *Peace and War*, 13 を参照 . Yoder は正戦の思想家がその原則を現実に適用しようとしたことは認識している (Yoder, *When War Is Unjust*, 42-55).
34. Shriver, *Ethic for Enemies*, 65.
35. Showalter, *End of a Crusade*, 173 に引用された R. C. Hutchinson の発言 . 両軍のクリスチャン

の死者数は同書 p.31 参照 .

36. "For the Health of the Nations," Sider and Knippers, *Evangelical Public Policy*, 367 を参照 .
37. Mennonite Central Committee (ペンシルベニア州アクロン) は「平和のためのささやかな提案 : 世界中のキリスト教徒は殺し合うことをやめよう」と書かれたポストカードを配布した .
38. Yoder, *Royal Priesthood*, 227 (強調は原文).
39. 占領した町や都市の全面的破壊については以下の例を参照 . 民数記 21・1-3; 申命記 2・32-36; 3・1-7; 7・1-2, 16, 24; 20・10-14; ヨシュア記 8・18-24; 10・28-40; 11・10-15; サムエル記上 15・2-9, 18-20.
40. Boyd, *Crucifixion of the Warrior God*, 1:291 に引用された発言 .
41. David Clough と Brian Stiltner は「正戦の教えのはるかな起源」はアモス 1・3-2・3 にあると主張している (*Faith and Force*, 24). 確かにアモスは , 戦争中に残虐行為をはたらいた諸外国を非難している . しかしアモスの主な関心事は , まず周囲の敵国を非難することによって , イスラエルを非難する自分の預言に特段の効力を持たせることにあった . さらに , ここでアモスが非難している最悪の行為は , ここまで本書で見てきたことからわかるように , 神がイスラエルに命じている行為そのものにほかならない . 非戦闘員の殺害を非難するテキストを一つだけ挙げても , イスラエルがまさにその行為を神の命令に従って何度も行ってきたという事実の前では重みがない .
Arthur Holmesも, 旧約聖書の中に正戦の規準のヒントを見出そうとする一人だ (Holmes, "Just War," 123). Holmesはその根拠として申命記2章を挙げているが, この箇所がエサウの子孫およびモアブ人と戦うことをイスラエルに禁じた唯一の理由は, 神がまだその土地をイスラエルに与えていなかったからである. さらに申命記2・34には, イスラエルがアモリ人の「男、女、子ども」を一人残らず殺したと記されている. Holmesは, 戦う王ダビデが神殿の建設を禁じられたことや, 詩篇には神が武器を破壊すると書かれていることに言及しているが, それが正戦の規準について何かを教えているわけではない.
Paul CopanとMatthew Flannaganの議論にも説得力はない (*Did God Really Command Genocide?*, 58-59, 142). 彼らは申命記20・10-18を引用して, そこに非戦闘員を攻撃してはならないという原則が含まれていると主張しているが, なぜそんなことが言えるのだろう. この箇所には, イスラエルが約束の地の外にある都市を攻略したら, 女と子どもを戦利品にできると書かれている. また,「あなたの神、主はその町をあなたの手にわたされるから, あなたは男子をことごとく剣にかけて撃たねばならない」(13節)とも書かれている. 捕虜となった兵士 (つまり非戦闘員)を人道的に扱おうとする姿勢はまったく感じられない.
Keith PayneとKarl Payneは「旧約聖書には, 明らかに非戦闘員を寛大に扱うべきであると解せる箇所が多数ある」と書いているが (*Just Defense*, 43), その根拠を示していない!
Joseph Faheyは申命記20・10-12に「最終手段の原則」[あらゆる手段を尽くしても回避できない場合にのみ戦争を認める]を見出している (*War and the Christian Conscience*, 75). しかしそこに書かれているのは, イスラエルが攻撃しようとする町の住民が降伏したら,「その全住民を強制労働に服させ、あなたに仕えさせねばならない」(11節)という和平条件を押しつけるような戦いである. 戦争に代わるあらゆる合理的な方策を探ったのちにやむを得ず行う防衛戦争などではなく, 積極的に仕掛ける攻撃にほかならない. 正戦を構成する「最終手段」という規準は, 一方が他方の奴隷になることを拒否したという理由で始める戦争を正当化するものではないはずだ.
42. Yoder は ,「預言者が開戦を命じ , 奇跡によって勝利を得た場合にのみ , その戦争をヤハウェの戦争と言うことができる」とコメントしている . Yoder, *War of the Lamb*, 70.
43. Biggar, *In Defence of War*, 326.
44. Yoder, *Politics of Jesus*, 230.

45. Biggar, *In Defence of War*, 32.
46. 本書第 8 章の「平和主義者は歴史に責任を負わない」(193-200 ページ) を参照 .
47. Ramsey and Hauerwas, *Speak Up*, 123. 比較として Biggar, *In Defence of War*, 33.

第10章　旧約聖書の神とイエス

1. “חָרַם ḥāram,” *Theological Dictionary of the Old Testament*, 5:180-99 参照 .
2. J. Collins, *Does the Bible Justify Violence?*, 5.
3. Boyd, *Crucifixion of the Warrior God*, 1:294.
4. Boyd, *Crucifixion of the Warrior God*, 1:301.
5. Boyd, *Crucifixion of the Warrior God*, 1:305.
6. Craigie, *Problem of War*, 36.
7. イエスの時代のユダヤ人のあいだに聖なる戦いという概念が浸透していた程度について , そしてイエスが「聖なる戦いの伝統を受け継ぐユダヤ人の運動のすべて」を拒否したことについては , N. T. Wright, *Jesus and the Victory of God*, 449 を参照 .
8. Sparks, *Sacred Word, Broken Word*, 69 がその点を指摘している .
9. Keener, *IVP Bible Background Commentary*, 54.
10. Greg Boyd の *Crucifixion of the Warrior God* にはすぐれた点が多くあるが , そのうちの一つは , Boyd がこの姿勢を思索の中心に据えていることである (1:3-7, 348-50)
11. Seibert, *Violence of Scripture*, 86.
12. Enns, *Bible Tells Me So*, 58-60.
13. Lawson G. Stone の結論は Stone, “Early Israel” を参照 .
14. Craigie, *Problem of War*, 50.
15. 創世記 13・14-17; 26・3; 28・13 も参照 . しかし , アブラハムが妻を埋葬するためにカナン人から土地の一画を買ったことや (創世記 23・17-20), ヤコブがカナン人から小さな区画を買った (創世記 33・19-20) ことをもって , その土地の全体がすでにイスラエルの民のものであるとか , カナン人は「厳密に言えば不法侵入者である」と主張するのは確かに特異な申し立てである . Copan and Flannagan, *Did God Really Command Genocide?*, 63-64 参照 .
16. レビ記 18・1-2, 24-25, 27, 30; 申命記 9・5; 12・29-31 も参照 .
17. 出エジプト記 34・15-16; 申命記 7・4, 16; 20・18 も参照 .
18. Nugent, *Politics of Yahweh*, 111-15.
19. Copan and Flannagan, *Did God Really Command Genocide?*, 58-59 参照 .
20. Lamb, *God Behaving Badly*, 79, 192 に引用された Grayson, *Assyrian Rulers*, 201.
21. Lamb, *God Behaving Badly*, 77 参照 .
22. Copan and Flannagan, *Did God Really Command Genocide?*, 97.
23. Copan and Flannagan, *Did God Really Command Genocide?*, 85-93. ヨシュア記 10-11; 士師記 1・1-2・5.
24. Copan and Flannagan, *Did God Really Command Genocide?*, 90.
25. Copan and Flannagan, *Did God Really Command Genocide?*, 104.
26. Copan と Flannagan の主張に対する詳細な批判は Boyd, *Crucifixion of the Warrior God*, 2:946-60 を参照 . 特に Boyd は , 単なる誇張表現と解することが難しい *herem* (ヘレム = 聖絶) の命令が記された聖書の箇所をいくつか挙げている (2:951-59).

27. Craigie, *Problem of War*, 71.
28. 多くのテキストを挙げて , 神のもともとの計画はカナン人を非暴力的手段で追い出すことであったと論じようとする Boyd の試みは , Boyd, *Crucifixion of the Warrior God*, 2:964-72 を参照 .
29. 本書第 9 章の「正戦思想と旧約聖書の悩ましい関係」(219-222 ページ) も参照 .
30. John Nugent が Yoder の旧約聖書理解を分析した *Politics of Yahweh* を参照 . Nugent は Yoder のアプローチを「正典志向」(canonical-directional) と表現している (11).
31. Yoder, *Original Revolution*, 91-100 参照 .
32. Yoder, *Original Revolution*, 100-101 (強調は原文) 参照 .
33. Nugent, *Politics of Yahweh*, 46 での引用 .
34. 特に聖戦については , Yoder, は旧約聖書学の同僚の著作にかなり依拠して議論を展開している (Lind, *Yahweh Is a Warrior*).
35. Yoder, *Original Revolution*, 104-5.
36. Yoder, *Original Revolution*, 107.
37. イザヤ 31・1; ホセア 10・13-14; ゼカリヤ 9・9-10. さらに申命記 17・16; 詩篇 20・7; 146・3-5 も参照 .
38. エレミヤ 29・4-7. Nugent, *Politics of Yahweh*, 75-80 参照 .
39. Yoder, *Original Revolution*, 108 (強調は原文).
40. Nugent, *Politics of Yahweh*, 189.
41. Nugent, *Politics of Yahweh*, 112-13.
42. Boyd は「イエスは私たちにたいする , 父なる神の完全な啓示 (*total* content) である」(イタリックは原文) と書いているが , その主張は間違っていると私には思える . Boyd, *Crucifixion of the Warrior God*, 1:40.
43. さらに掘り下げた議論は , 本書第 12 章の「罪の身代わりとしての死の否定―J・D・ウィーバーの問題点」(278-285 ページ) を参照 ."
44. Boyd, *Crucifixion of the Warrior God*, 1:37-59.
45. Boyd, *Crucifixion of the Warrior God*, 1:97-110.
46. Boyd, *Crucifixion of the Warrior God*, 1:142.
47. Boyd, *Crucifixion of the Warrior God*, 1:146.
48. Boyd, *Crucifixion of the Warrior God*, 1:195.
49. Boyd, *Crucifixion of the Warrior God*, 1:155.
50. Boyd, *Crucifixion of the Warrior God*, 1:502.
51. ボイドの長大かつ広範な釈義的・神学的議論をわずかなスペースで要約するのは不可能である .
52. 7 節の残りの部分が , 罪人に対する神の罰について語っていることも事実だ . 神の罰については本書第 12 章の「怒る神と愛する神」(288-294 ページ) を参照 .
53. 民数記 14・18; ネヘミヤ 9・17; 詩篇 86・15; 103・8; 145・8; ヨエル 2・13; ヨナ 4・2.
54. Lamb, *God Behaving Badly*, 39. 詩篇 136 篇で 26 回使われている .
55. Boyd は旧約聖書の神に見て取れるこの性質を強調する現代の著者を多数列挙している . Boyd, *Crucifixion of the Warrior God*, 1:281-82nn5-6.
56. Cole, *When God Says*, 32.
57. Sparks, *Sacred Word, Broken Word*, 107 による引用 .
58. N. T. Wright, *Jesus and the Victory of God*, 384.
59. コロサイ 2・16 も参照 .
60. Enns, *Bible Tells Me So*, 225.
61. N. T. Wright, *New Testament and the People of God*, 221.

62. Keener, *Acts*, 2:1106-8.
63. N. T. Wright, *New Testament and the People of God*, 225.
64. N. T. Wright, *New Testament and the People of God*, 226.
65. N. T. Wright, *Jesus and the Victory of God*, 435.
66. N. T. Wright, *Jesus and the Victory of God*, 436.
67. N. T. Wright, *Jesus and the Victory of God*, 490.
68. N. T. Wright, *Jesus and the Victory of God*, 423, 426.
69. エペソ 2･19-21 には , 多民族から成るイエスの共同体は「主にある聖なる神殿」(21 節) であり , イエスはその礎石であると書かれている . また , IIコリント 6･16-17 では , 教会は「神の神殿」とされている .
70. ルカ 22･20 も参照 . マタイとマルコのたいていの写本では ,「新しい」という言葉は使われていない .
71. N. T. Wright, *Jesus and the Victory of God*, 594-97 ほか多数の箇所 .
72. キリストの再臨と新しい天と新しい地が確立するまでの「最後」. ただし , 受肉したイエスが神について知るべきすべてのことを明らかにしたという意味ではない .
73. 旧約聖書には , 著者がそれを意図していなくてもキリストについて語っている多くの箇所があり , それらを新約聖書が解釈する方法に注意を向けるとよい . Boyd, *Crucifixion of the Warrior God*, 1:93-140, 504-6 参照 .
74. 本書第 1 章の「人びとが待望していたメシアの姿」(24-29 ページ) を参照 .

第11章　平和主義で戦争と犯罪を防げるか

1. Clough and Stiltner, *Faith and Force*, 146-74 の議論および多くの事例紹介を参照 .
2. オリゲネスがケルソスへの反論の中で取り上げたケルソスの言葉 . Origen, *Contra Celsum* 8.68 [『ケルソス論駁』] . Sider, *Early Church on Killing*, 80 に引用 .
3. Origen, *Contra Celsum* 8.70; Sider, *Early Church on Killing*, 81.
4. Sider, *Nonviolent Action*, chaps. 2, 3, 5, 6, 7, 8 参照 .
5. Chenoweth and Stephan, *Why Civil Resistance Works*, 7.
6. さまざまな方法については Sider, *Nonviolent Action*, 167-73 を参照 . 平和主義者たちはもちろん , Stassen, *Just Peacemaking* が論じている非暴力の平和構築の手法を駆使するだろう .
7. Thistlethwaite, "New Wars, Old Wineskins," 264.
8. Stassen, *Just Peacemaking* が戦争廃絶のための 10 種類の活動について論じている .
9. Stassen, *Just Peacemaking*, 2 (強調は原文).
10. Sider, *Nonviolent Action*, 148-50.
11. Lederach, *Building Peace*.
12. そのような例として , たとえば , David W. Shenk (Eastern Mennonite Missions の Christian/Muslim Relations Team の創設者) は米国のイスラム教徒が開く 2017 年の年次大会に招かれ , イスラム学者の Badru D. Kateregga と共同で執筆した *A Muslim and a Christian in Dialogue* を配付するために 2500 部持参するよう要請された . *The Mennonite*, Daily News Posts, July 25, 2017 参照 .
13. Zehr, *Changing Lenses*. Howard Zehr は VORP (Victim Offender Reconciliation Programs) の立ち上げで中心的な役割を果たした .
14. Wikipedia の "Restorative Justice" のページ (https://en.wikipedia.org/wiki/Restorative_justice) には , きわめて多数の参考文献が挙げられている .

15. Sherman and Strong, *Restorative Justice*. Sullivan and Tifft, *Restorative Justice*; および Moran, "Restorative Justice" も参照 .
16. Friesen, "In Search of Security," 69-70.
17. Friesen, "In Search of Security," 69. さらに Gingerich, "Breaking the Uneasy Silence," 397 も参照 .
18. Gingerich, "Breaking the Uneasy Silence," 400.
19. Gingerich, "Breaking the Uneasy Silence," 401-2.
20. Sharp, *Making Europe Unconquerable*, 2-3. ほかに Sharp, *Civilian-Based Defense*; さらに Sharp, *Politics of Nonviolent Action* 参照 .
21. Walzer, *Just and Unjust Wars*, 330.
22. Walzer, *Just and Unjust Wars*, 331-33.
23. 文献的証拠についてはSider and Taylor, *Nuclear Holocaust*, 238-43を参照 . 同書は231-92ページでCBDについて詳しく論じている . K. B. Payne and K. I. Payne, *Just Defense*, 223-49 には *Nuclear Holocaust* に対する長文の論評が掲載されている .
24. 詳細な書誌情報については Sider and Taylor, *Nuclear Holocaust*, 235 を参照 .
25. Sider and Taylor, *Nuclear Holocaust*, 234-35.
26. Sider and Taylor, *Nuclear Holocaust*, 234.
27. *Challenge of Peace*, §§222-24, pp. 94-95.
28. MAD を公式の政策として支持した米国の指導者たちの声明は Sider and Taylor, *Nuclear Holocaust*, 64-65 を参照 .
29. Sider and Taylor, *Nuclear Holocaust*, 55-56 参照 .
30. Glover, *Humanity*, 47.
31. Sider, *Nonviolent Action*, 74 に引用された証言 .
32. Sider, *Nonviolent Action*, 79-81, 83-100.

第12章　キリストの死と非暴力

1. 本書第 1 章の「イエスが告げた神の国の福音」(36-44 ページ) を参照 .
2. ルカの記述はやや不明確かもしれない . マタイ 26・26-29; マルコ 14・22-25; ルカ 22・19-20; I コリント 11・23-26 を参照 .
3. Volf, *Exclusion and Embrace,* 23. Boyd, *Crucifixion of the Warrior God*, 1:225 も参照 .
4. 贖罪と暴力を結びつけて論じたいくつかの著作のリストが Boersma, *Violence, Hospitality, and the Cross*, 40n54 に掲載されている .
5. J. Weaver, *Nonviolent Atonement*, 89.
6. J. Weaver, *Nonviolent Atonement*, 245 (強調は原文).
7. J. Weaver, *Nonviolent Atonement*, 245-46.
8. Christopher Marshall は , イエスの死は神の意志ではなかったという主張は ,「新約聖書の証拠の積み重ねを前にすれば消え去るのみだ」と指摘している . Christopher Marshall, "Atonement, Violence, and the Will of God," 81.
9. ローマ 3・21-25; 5・9-10; ガラテヤ 3・13-14. 本格的な Weaver 批評は C. Marshall, "Atonement, Violence, and the Will of God" 参　照 . Sider, "Critique of J. Denny Weaver's *Nonviolent Atonement*" も Weaver を論じている .
10. Baker, *Executing God*, 5, 67-72, 78 も同様の議論を行っている .
11. Barth, *Church Dogmatics* II.1, 397-403. Stott, *Cross of Christ*, 153 による引用 .

12. Stott, *Cross of Christ*, 158.
13. J. Weaver, *Nonviolent Atonement*, 129-218. 天の父に対するイエスの服従という観点から , ひどく間違った主張を引き出している例は Baker, *Executing God*, 29-30 を参照 . Boersma の応答については *Violence, Hospitality, and the Cross*, 118 を参照 .
14. N. T. Wright, *Day the Revolution Began*, 223 ほか .
15. McKnight, *Community Called Atonement*, 11.
16. Dodd, *Romans*, 23.
17. Gathercole, *Defending Substitution*, 43-45.
18. もちろん , キリストの公生涯における悪魔との戦いも語られている . Sider, *Good News and Good Works*, 97-98 を参照 .
19. ほかにローマ 11・27; Ⅰコリント 15・3. Gathercole, *Defending Substitution*, 48-50 にはそのような箇所が多数列挙されている .
20. Gathercole, *Defending Substitution*, 50.
21. この点に関しては , Ⅰコリント 15・3 についての Gathercole の詳細な注解を参照 . Gathercole, *Defending Substitution*, 61-77.
22. Gathercole, *Defending Substitution*, 85-107 の詳細な議論を参照 .
23. N.T. Wright, *Justification*, 90.
24. N.T. Wright, *Justification*, 213. だがそれは , パウロが *dikaiosynē* (ディカイオシュネー) を個人および社会の変容を表す言葉としても使ったことを否定しているわけではない . *Theological Dictionary of the New Testament* の *dikaiosynē* の項目には次のように書かれている .「パウロにとって , *dikaiosynē* は , 義と認められる無罪判決と罪の縄目を解く生きた力の両方を意味した」(*TDNT* 2:209-10). Yoder はこのトピックを論じた章で , パウロが理解していた *dikaiosynē* には個人的な赦しとユダヤ人と異邦人を和解させる社会的変容の両方が含まれていたと述べているが , まったくそのとおりである (*Politics of Jesus*, 212-27). もちろん N.T. Wright もその考えに強く同意している (たとえば *Justification* の全体 , 特に 248 ページ).
25. N.T. Wright, *Justification*, 204. Wright も Scot McKnight も , パウロが罪人の義認を , 十字架につけられた神の計画 , すなわちユダヤ人と異邦人を和解させ , アブラハムを通してすべての国を祝福するという長年の約束を守るための大きな文脈の中で見ていることを強調している . McKnight, *Community Called Atonement*, 90-91; N. T. Wright, *Day the Revolution Began*, 314-15, 336-51; および N. T. Wright, *Justification*, 10, 24-28, 94, 132-36 を参照 .
26. McKnight, *Community Called Atonement*, 67.
27. この基本的な考え方の一例を , Greg Boyd の議論に見ることができる . Boyd は , 神の怒りを , 罪の結果が歴史に現れるがまままにさせるための神の撤退として論じている . Boyd, *Crucifixion of the Warrior God*, 2:768-821.
28. "ὀργή E II 2," *Theological Dictionary of the New Testament* 5:424-25. Lane, "Wrath of God" が参考になる .
29. もちろんダビデはバテシバとその夫に対しても罪を犯した .
30. Darrin Belousek は , 聖書が「刑罰としての怒り」を教えていることを否定しているが ,「旧約聖書の多くの箇所が , 神は罪を犯した人間個人に対して怒ることを証言している」と明確に述べている . Belousek, *Atonement, Justice, and Peace*, 211.
31. McKnight, *Community Called Atonement*, 69.
32. Packer and Dever, *In My Place*, 24.
33. Packer and Dever, *In My Place*, 72. 同書 p.40 も参照 .

34. Stott, *Cross of Christ*, 160.

35. それ以外に方法はなかったと言う J. I. Packer も John Stott も , その驚くべき主張の根拠をどこにも書いていない .

36. たとえば , Gwyn とその共著者は ,「神の義は……容赦なく罪を憎むが , 罪を犯す人間のことは祝福する」と述べている . Gwyn et al., *Declaration on Peace*, 20.

37. Belousek, *Atonement, Justice, and Peace*, 193 参照 .

38. 並行箇所としてマタイ 9・1-8 とルカ 5・17-26 を参照 .

39. Belousek, *Atonement, Justice, and Peace*, 206-7 を参照 .

40. Belousek, *Atonement, Justice, and Peace*, 399 を参照 .

41. たとえば詩篇 106・1; 107・1; 118・1, 2, 3, 4, 29. さらに Belousek, *Atonement, Justice, and Peace*, 403-4 を参照 .

42. 申命記29・22-30:10. Belousek, *Atonement, Justice, and Peace*, 409-14を参照 . C. Marshallは「神の正義は , 懲罰や破壊のための正義である前に , 回復や再建のための正義である」と述べている . C. Marshall, *Beyond Retribution*, 52.

43. Volf, *Exclusion and Embrace,* 297. 同様の指摘が Boersma, *Violence, Hospitality, and the Cross*, 49 にもある .

44. Schertz, "Partners in God's Passion," 173.

45. Brunner, *Mediator*, 519-21. Lane, "Wrath of God,"160-61 が引用 .

46. この節の記述は Sider, *Good News and Good Works*, 95-100 からの転載を含む .

47. たとえば Boersma, *Violence, Hospitality, and the Cross*, 特に 112-204; Gathercole, *Defending Substitution*, 112 ほか ; McKnight, *Community Called Atonement*, 107-14; Treat, *Crucified King*, 174-226 (罪の身代わりと勝利者キリストの両方を強調) を参照 .

48. McKnight, *Community Called Atonement*, 141, 143 ほか ; ならびに Treat, *Crucified King* はこの点を強調している .

49. マルティン・ルターは , 信仰による義認は「キリスト教のあらゆる教義の中で最も重要である」と言った (Luther, *Epistle to the Galatians*, 143). ある福音派の声明は次のように言う .「信仰による義認は , 私たちにとって , 神による救いの恵みの経綸における中心であり , 結節点であり , パラダイムであり , 本質である . それは , 天の蒼穹を支えるアトラスのように世界を背負って立つ , キリストを通じて罪人に注がれる神の愛である」(Beckwith, Duffield, and Packer, *Across the Divide*, 58). しかし , キリストの身代わりの死を信じる信仰による義認が , それ以外の贖罪のメタファーや , 救いのそのほかの側面より重要であると考えるのは , まったく非聖書的なことであって , 福音派のサークル内に安っぽい恵みを浸透させ , 聖潔と倫理を軽視する傾向をもたらす大きな原因となっている .

50. McKnight, *Community Called Atonement*, 11.

51. もちろん , イエスも新約聖書の著者たちも , 神から永遠に切り離される者がいる事実を明確に告げており , そのことを忘れてはならない . しかし私は , そんな恐ろしい現実を経験するのは ,「その人が悪をなしたからではなく , 十字架につけられたメシアが両手を広げて迎え入れようとしているのに , それを最後まで拒み続けたからである」というミロスラフ・ヴォルフの指摘が正しいと考える . Volf, *Exclusion and Embrace,* 298.

52. そのような考えを , Dale Brown は贖罪についての異端の教義と呼んでいる . Brown, *Brethren and Pacifism*, 121 を参照 .

53. R. Jones, *Church, the Gospel, and War*, 5.

第13章　キリスト教と戦争の歴史

1. たとえば Bainton, *Christian Attitudes*; Yoder, *Christian Attitudes to War*.
2. Leithart, *Defending Constantine*, 278.
3. Leithart, *Defending Constantine*, 259, 268, 270, 272. Johnson, *Quest for Peace*, 14-15 も参照 .
4. Elshtain, *Just War*, 52.
5. Helgeland, "Christians and the Roman Army," 764-65.
6. Sider, *Early Church on Killing*, 163-95 での要約を参照 .
7. Sider, *Early Church on Killing*, 168-79. Helmut Koester は , 敵を愛せというイエスの命令は 2 世紀に最も頻繁に引用されたイエスの言葉であったと述べている (*Synoptische Überlieferung*, 44, 76; Swartley, *Love of Enemy*, 8 での引用). ただし , 私はその事実を確認できていない .
8. Sider, *Early Church on Killing*, 110 が引用した Lactantius, *Divine Institutes* 6.20.
9. Sider, *Early Church on Killing*, 185-90.
10. Ramsey, *War and the Christian Conscience*, xv-xvi.
11. Yoder, *Christian Attitudes to War*, 43.
12. しかし東方教会には , クリスチャンが戦争で人を殺すことに反対する教えが強く残った . Belousek, *Atonement, Justice, and Peace*, 77.
13. 正戦思想の発展については , Biggar, *In Defence of War*; Johnson, *Quest for Peace*; Ramsey, *Just War*; Ramsey, *War and the Christian Conscience*; Bainton, *Christian Attitudes*; Yoder, *Christian Attitudes to War*; Cahill, *Love Your Enemies*; およびこれらの著者が紹介している多数の文献を参照 .
14. Yoder, *Christian Attitudes to War*, 146-49.
15. The Augsburg Confession (art. 16), the Westminster Confession (art. 23/2), そして the Thirty-Nine Articles of the Church of England (art. 37) を参照 . Yoder, *Christian Attitudes to War*, 123 も参照 .
16. Yoder, *Christian Attitudes to War*, 161-95 を参照 . 初期のアナバプテストの全員が , 殺すことを一切否定していたわけではない (183, 188).
17. Bainton, *Christian Attitudes*, 157-65; および Yoder, *Christian Attitudes to War*, 219-52 を参照 .
18. Bainton, *Christian Attitudes*, 171.
19. Bainton, *Christian Attitudes*, 170-72. 75 年間にわたって政府を運営した平和主義者の経験は失敗ではなかったとするヨーダーの議論は Yoder, *Christian Attitudes to War*, 240-52 を参照 .
20. Beaman, "Extent of Early Pentecostal Pacifism," 12.
21. Dempster, "Crossing Borders," 127. Murray Dempster は , 初期のペンテコステ運動の中に非平和主義者がいた証拠があると指摘している (それは Jay Beaman も認めている).
22. D. Dayton and L. Dayton, "Historical Survey of Attitudes," 137.
23. D. Dayton and L. Dayton, "Historical Survey of Attitudes," 137-42.
24. Beaman, *Pentecostal Pacifism*, 10.
25. Beaman and Pipkin, *Pentecostal and Holiness Statements*, 75.
26. Beaman and Pipkin, *Pentecostal and Holiness Statements*, 76.
27. D. Dayton and L. Dayton, "Historical Survey of Attitudes," 144 に引用された Murray Dempster の言葉 . 平和主義の影響が Pilgrim Holiness Church, Free Methodists, そしてその他の Holiness のグループに見られることについては同書 pp.144-47 を参照 .
28. Strege, "Uncertain Voice for Peace," 116 での引用 .
29. Beaman, *Pentecostal Pacifism*, 14.

30. Casey, "Religious Outsiders to Insiders," 457-58.
31. Alexander, *Peace to War*, 72; Casey, "Religious Outsiders to Insiders," 463-70.
32. Alexander, *Peace to War*, 29-30. 最新情報は Assemblies of God のウェブサイトを参照 . https://ag.org.
33. Beaman and Pipkin, *Pentecostal and Holiness Statements*, 144.
34. それを根拠として , Dempster は , Assemblies of God の公式声明は平和主義を支持したものの , 初期のころ実際に平和主義者だったのは「預言者的少数」だけであったと論じた . Dempster, "Crossing Borders" を参照 . しかし , Alexander (*Peace to War*, 38-45) と Beaman ("Response: Pacifism among the Early Pentecostals," 特に 85-90) はその見方を覆すことに成功している .
35. Dempster, "Pacifism in Pentecostalism," 31.
36. Alexander, *Peace to War*, 44 での引用 .
37. Alexander, *Peace to War*, 45.
38. Alexander, *Peace to War*, 228.
39. Tomlinson, "Awful World War," 152.
40. Tomlinson, "War Notice."
41. Beaman and Pipkin, *Pentecostal and Holiness Statements*, 152-53.
42. Beaman, *Pentecostal Pacifism*, 26.
43. Beaman and Pipkin, *Pentecostal and Holiness Statements*, 155.
44. Alexander, *Peace to War*, 74-75.
45. Hall, "What the Church Teaches about War." David Hall は COGIC の出版局の CEO (最高経営責任者) であった .
46. Beaman, *Pentecostal Pacifism*, 33 での引用 . Beaman, "Extent of Early Pentecostal Pacifism," 14-17 も参照 . 入隊したペンテコステ派クリスチャンの人数についての議論は *The Weekly Evangel* の全記事を参照).
47. Moody, *Life of Dwight L. Moody*, 81, 82.
48. D. Dayton and L. Dayton, "Historical Survey of Attitudes," 133.
49. Beaman and Pipkin, *Pentecostal and Holiness Statements*, 118-19.
50. Spurgeon, "Christ Our Peace." さらに Swartz, "Christian Pacifism of Charles Spurgeon." も参照 .
51. Brock, *Pacifism in the United States*, 527, 534, 589, 681-85, 697-701, 922.
52. Brock, *Pacifism in the United States*, 542-82.
53. Brock, *Pacifism in the United States*, 934-36.
54. Brown, *Biblical Pacifism*, 143.
55. Steer, *Basic Christian*, 37.
56. Steer, *Basic Christian*, 37-48.
57. たとえば Hauerwas, *Peaceable Kingdom*; Hauerwas, *Against the Nations*; Hauerwas, *War and the American Difference*.
58. Esquivel, *Christ in a Poncho* を参照 .
59. Dorothy Day と Thomas Merton の 2 人については Lisa Cahill, *Love Your Enemies*, 213-23 を参照 . George Weigel は , この 2 人に加えてカトリックの司祭である Gordon Zahn について , そしてカトリックの平和主義者たちの影響力の広がりについて論じている . Weigel, *Tranquillitas Ordinis*, 148-64.
60. Witherington, "Long Journey." Scot McKnight も広く読まれている福音派の学者で平和主義者である . McKnight, *Sermon on the Mount*, 123-38 を参照 .

61. 平和主義はいくつかの福音派のサークルにも存在した . 1934 年 , スウェーデンの Swedish Baptist General Conference は「すべてのクリスチャンは , 同じ人間に対して武器を取ることを断じて拒まなくてはならない」という声明を決議した . Gehrz, "Unexpected Sites of Christian Pacifism."
62. Yoder, *Christian Attitudes to War*, 278-84.
63. Niebuhr, "Why the Christian Church Is Not Pacifist" を参照 .
64. Stott, "Calling for Peacemakers," 45.
65. *Challenge of Peace*, §§178-99, pp.76-84.
66. "A Call to Faithfulness". 署名者の名前入りで *Sojourners*, May 1978 に掲載された .
67. Sider and Taylor, *Nuclear Holocaust*, 81. もちろん , これに強く反対する人たちもいた . たとえば Payne and Coleman, "Christian Nuclear Pacifism" を参照 .
68. Christiansen, "Contemporary Just War Tradition," 25-30, 35-36; Weigel, *Tranquillitas Ordinis*, 237-56; Shannon, *War or Peace?*, x, 19-23; Allman, *Who Would Jesus Kill?*, 95-97 を参照 .
69. Shannon, *War or Peace?*, 17.
70. Christiansen, "Contemporary Just War Tradition," 35.
71. Shannon, *War or Peace?*, 21.
72. *Gaudium et Spes*, 78 (Gremillion, *Gospel of Peace and Justice*, 315 での引用).
73. *Challenge of Peace*, §120, p. 51. United Methodist の司教たちの同様のスタンスについては *In Defense of Creation* (1986) を参照 . Cahill, *Love Your Enemies*, 2-8 も参照 .
74. *Challenge of Peace*, §§111-21, pp. 48-52.
75. *Centesimus Annus*, 23. 1989 年に共産主義の独裁を倒した非暴力抵抗運動については Sider, *Nonviolent Action*, 79-100 を参照 .
76. *Catechism of the Catholic Church* §2306, p. 614.
77. Allman, *Who Would Jesus Kill?*, 112 での引用 (強調は原文).

終章　イエスを主とするなら

1. Ramsey, *War and the Christian Conscience*, xv, xvi.
2. Volf, *Exclusion and Embrace,* 306.

参考文献・引用文献

Alexander, Paul Nathan. *Peace to War: Shifting Allegiances in the Assemblies of God*. Scottdale, PA: Herald, 2009.

———, ed. *Pentecostals and Nonviolence: Reclaiming a Heritage*. Eugene, OR: Pickwick, 2012.

Allman, Mark J. *Who Would Jesus Kill? War, Peace, and the Christian Tradition*. Winona, MN: St. Mary's Press, 2008.

Arendt, Hannah. *The Human Condition*. 2nd ed. Chicago: University of Chicago Press, 1998.（ハンナ・アーレント『人間の条件』ちくま学芸文庫）

———. *On Violence*. New York: Harcourt, Brace and World, 1969.（ハンナ・アーレント『暴力について』みすず書房）

Arndt, William F., and F. Wilbur Gingrich. *Greek-English Lexicon of the New Testament*. 4th ed. Cambridge: Cambridge University Press, 1952.

Augsburger, Myron. "Beating Swords into Plowshares." *Christianity Today*, November 21, 1975: 7-9.

Bainton, Roland H. *Christian Attitudes toward War and Peace*. New York: Abingdon, 1960.

Baker, Sharon L. *Executing God: Rethinking Everything You've Been Taught about Salvation and the Cross*. Louisville: Westminster John Knox, 2013.

Barrett, C. K. *The Gospel according to St. John*. London: SPCK, 1962.

Barth, Karl. *Church Dogmatics*. 4 vols. Edited by Thomas F. Torrance and Geoffrey William Bromiley. Edinburgh: T&T Clark, 1936-77.（カール・バルト『教会教義学』新教出版社）

Bartsch, Hans-Werner. "The Foundation and Meaning of Christian Pacifism." In *New Theology No. 6*, edited by Martin E. Marty and Dean G. Peerman, 185-98. London: Macmillan, 1969.

Bauckham, Richard. *The Theology of the Book of Revelation*. Cambridge: Cambridge University Press, 1993.

Beaman, Jay. "The Extent of Early Pentecostal Pacifism." In Alexander, *Pentecostals and Nonviolence*, 3-38.

———. *Pentecostal Pacifism*. 1989. Repr., Eugene, OR: Wipf & Stock, 2009.

———. "Response: Pacifism among the Early Pentecostals; Conflicts Within and Without." In Schlabach and Hughes, *Proclaim Peace*, 82-93.

Beaman, Jay, and Brian K. Pipkin, eds. *Pentecostal and Holiness Statements on War and Peace*. Eugene, OR: Pickwick, 2013.

Beckwith, R. T., G. E. Duffield, and J. I. Packer. *Across the Divide*. Basingstoke, UK: Lyttelton, 1977.

Bell, Daniel M., Jr. *Just War as Christian Discipleship: Recentering the Tradition in the Church Rather Than the State*. Grand Rapids: Brazos, 2009.

Belousek, Darrin W. Snyder. *Atonement, Justice, and Peace: The Message of the Cross and the Mission of the Church*. Grand Rapids: Eerdmans, 2012.

Bergmann, Michael, Michael J. Murray, and Michael C. Rea, eds. *Divine Evil? The Moral Character of the God of Abraham*. Oxford: Oxford University Press, 2011.

Biggar, Nigel. *In Defence of War*. Oxford: Oxford University Press, 2013.

Black, Matthew. "'Not Peace but a Sword': Matt. 10:34ff; Luke 12:51ff." In *Jesus and the Politics of His Day*, edited by Ernst Bammel and C. F. D. Moule, 287-94. Cambridge: Cambridge University

Press, 1984.

Blomberg, Craig L. *Matthew*. New American Commentary 22. Nashville: Broadman, 1992.

Bock, Darrell L. *Luke 9:51-24:53*. Exegetical Commentary on the New Testament. Grand Rapids: Baker, 1996.

Boersma, Hans. *Violence, Hospitality, and the Cross: Reappropriating the Atonement Tradition*. Grand Rapids: Baker Academic, 2004.

Boettner, Loraine. *The Atonement*. Grand Rapids: Eerdmans, 1941.

———. *The Christian Attitude toward War*. 3rd ed. Phillipsburg, NJ: P&R, 1985.

Boyd, Gregory A. *Crucifixion of the Warrior God*. 2 vols. Minneapolis: Fortress, 2017.

Brock, Peter. *Pacifism in the United States: From the Colonial Era to the First World War*. Princeton: Princeton University Press, 1968.

Brown, Dale W. *Biblical Pacifism*. 2nd ed. Nappanee, IN: Evangel, 2003.

———. *Brethren and Pacifism*. Elgin, IL: Brethren, 1970.

Bruce, F. F. *Romans*. Tyndale New Testament Commentaries. Grand Rapids: Eerdmans, 1963.

Bruner, Frederick Dale. *Matthew: A Commentary*. 2 vols. Rev. ed. Grand Rapids: Eerdmans, 2004.

Brunner, Emil. *The Mediator*. Philadelphia: Westminster, 1947.

Cahill, Lisa Sowle. *Love Your Enemies: Discipleship, Pacifism, and Just War Theory*. Minneapolis: Fortress, 1994.

Caird, G. B. *The Gospel of St. Luke*. The Pelican New Testament Commentaries. Baltimore: Penguin, 1963. (G.B. ケアード『ルカによる福音書注解』教文館)

Calvin, Jean. *Commentaries Sur le Nouveau Testament*. Meyrueis, 1854.（カルヴァン『カルヴァン新約聖書註解』新教出版社）

Carter, Craig A. *The Politics of the Cross: The Theology and Social Ethics of John Howard Yoder*. Grand Rapids: Brazos, 2001.

Casey, Michael W. "From Religious Outsiders to Insiders: The Rise and Fall of Pacifism in the Churches of Christ." *Journal of Church and State* 44, no. 3 (Summer 2002): 455-75.

Catechism of the Catholic Church. New York: Image, 1995. (『カトリック教会のカテキズム』カトリック中央協議会)

The Challenge of Peace: God's Promise and Our Response; A Pastoral Letter on War and Peace by the National Conference of Catholic Bishops. Washington, D.C.: United States Catholic Conference, 1983.（アメリカ・カトリック司教協議会『平和の挑戦—戦争と平和に関する教書』中央出版社）

Channing, William Ellery. *Discourses on War*. Boston: Ginn & Co., 1903.

Charles, J. Daryl. *Between Pacifism and Jihad: Just War and Christian Tradition*. Downers Grove, IL: InterVarsity, 2005.

Charles, J. Daryl, and Timothy J. Demy. *War, Peace, and Christianity: Questions and Answers from a Just-War Perspective*. Wheaton: Crossway, 2010.

Chenoweth, Erica, and Maria J. Stephan. *Why Civil Resistance Works: The Strategic Logic of Nonviolent Conflict*. New York: Columbia University Press, 2011.

Childress, James F. "Reinhold Niebuhr's Critique of Pacifism." *The Review of Politics* 36, no. 4 (October 1974): 467-91.

Christiansen, Drew. "The Contemporary Just War Tradition." In *Just War, Lasting Peace: What Christian Traditions Can Teach Us*, edited by John Kleiderer, Paula Minaert, and Mark Mossa,

24-29. Maryknoll, NY: Orbis, 2006.
Clark, Robert E. D. *Does the Bible Teach Pacifism?* Surrey: Fellowship of Reconciliation, 1976.
Clifford, George. "Legalizing Selective Conscientious Objection." *Public Reason* 3, no. 1 (2011): 22-38.
Clough, David L., and Brian Stiltner. *Faith and Force: A Christian Debate about War*. Washington, DC: Georgetown University Press, 2007.
Cole, Darrell. *When God Says War Is Right: The Christian's Perspective on When and How to Fight.* Colorado Springs: Waterbrook, 2002.
Collins, Adela Yarbro, and John J. Collins. *King and Messiah as Son of God: Divine, Human, and Angelic Messianic Figures in Biblical and Related Literature*. Grand Rapids: Eerdmans, 2008.
Collins, John J. *Does the Bible Justify Violence?* Minneapolis: Fortress, 2004.
———. *The Scepter and the Star: The Messiahs of the Dead Sea Scrolls and Other Ancient Literature*. New York: Doubleday, 1995.
Copan, Paul, and Matthew Flannagan. *Did God Really Command Genocide? Coming to Terms with the Justice of God*. Grand Rapids: Baker Books, 2014.
Cowles, C. S. "The Case for Radical Discontinuity." In *Show Them No Mercy: Four Views on God and Canaanite Genocide*, edited by Stanley N. Gundry, 11-46. Grand Rapids: Zondervan, 2003.
Craigie, Peter C. *The Problem of War in the Old Testament*. Grand Rapids: Eerdmans, 1978.（ピーター・C・クレイギー『聖書と戦争』すぐ書房）
Cranfield, C. E. B. *The Epistle to the Romans*. 2 vols. Edinburgh: T&T Clark, 1975-79.（C.E.B. クランフィールド『註解 ローマの信徒への手紙』日本キリスト教団出版局）
———. *The Gospel according to St. Mark*. The Cambridge Greek Testament Commentary. Cambridge: Cambridge University Press, 1963.
———. "Some Observations on Romans XIII:1-7." *New Testament Studies* 6, no.3 (1959-60): 241-49.
Cromartie, Michael, ed. *Peace Betrayed? Essays on Pacifism and Politics*. Washington, DC: Ethics and Public Policy Center, 1990.
Crossan, John Dominic. *God and Empire: Jesus against Rome, Then and Now*. San Francisco: HarperSanFrancisco, 2007.
Cullmann, Oscar. *The Christology of the New Testament*. Philadelphia: Westminster, 1959.

Davis, Harry R., and Robert C. Good, eds. *Reinhold Niebuhr on Politics*. New York: Scribner's Sons, 1960.
Dayton, Donald, and Lucille Dayton. "A Historical Survey of Attitudes toward War and Peace within the American Holiness Movement." In *Perfect Love and War*, edited by Paul Hostetler, 132-52. Nappanee, IN: Evangel, 1974.
Dechow, Jon F. "The 'Gospel' and the Emperor Cult: From Bultmann to Crossan." *Forum* Third Series 3, no. 2 (Fall 2014): 63-88.
Dempster, Murray W. "Crossing Borders: Arguments Used by Early American Pentecostals in Support of the Global Character of Pacifism." In Alexander, *Pentecostals and Nonviolence*, 121-42.
———. "Pacifism in Pentecostalism: The Case of the Assemblies of God." In Schlabach and Hughes, *Proclaim Peace*, 31-57.
Dodd, C. H. *The Epistle of Paul to the Romans*. London: Fontana, 1959.
Douglass, James W. *The Non-Violent Cross: A Theology of Revolution and Peace*. New York: Macmillan, 1969.
Driver, John. *How Christians Made Peace with War: Early Christian Understandings of War.*

Scottdale, PA: Herald, 1988.

———. *Understanding the Atonement for the Mission of the Church. Scottdale*, PA: Herald, 1986.

Duchrow, Ulrich, ed. *Lutheran Churches—Salt or Mirror of Society: Case Studies on the Theory and Practice of the Two Kingdoms Doctrine*. Geneva: Lutheran World Federation, 1977.

Duffey, Michael K. *Peacemaking Christians: The Future of Just War, Pacifism, and Nonviolent Resistance*. Kansas City, MO: Sheed and Ward, 1995.

Dunn, J. D. G. *Romans*. 2 vols. Word Biblical Commentaries 38A-B. Dallas: Word, 1988.

Eller, Vernard. *War and Peace: From Genesis to Revelation*. Scottdale, PA: Herald, 1981.

Ellner, Andrea, Paul Robinson, and David Whetham, eds. *When Soldiers Say No: Selective Conscientious Objection in the Modern Military*. Burlington, VT: Ashgate, 2014.

Ellul, Jacques. *Violence: Reflections from a Christian Perspective*. Translated by Cecelia Gaul Kings. New York: Seabury, 1969.（ジャック・エリュール『暴力考—キリスト教からの省察』すぐ書房）

Elshtain, Jean Bethke. *Just War against Terror: The Burden of American Power in a Violent World*. New York: Basic Books, 2003.

Enns, Peter. *The Bible Tells Me So...: Why Defending Scripture Has Made Us Unable to Read It*. New York: HarperOne, 2014.

———. *Inspiration and Incarnation: Evangelicals and the Problem of the Old Testament*. 2nd ed. Grand Rapids: Baker Academic, 2015.

Esquivel, Adolfo Pérez. *Christ in a Poncho: Testimonials of the Nonviolent Struggles of Latin America*. Edited by Charles Antoine. Maryknoll, NY: Orbis, 1983.

Evans, Craig A. *Matthew*. New Cambridge Bible Commentary. Cambridge: Cambridge University Press, 2012.

Fahey, Joseph J. *War and the Christian Conscience: Where Do You Stand?* Maryknoll, NY: Orbis, 2005.

Fiensy, David A., and Ralph K. Hawkins, eds. *The Galilean Economy in the Time of Jesus*. Atlanta: Society of Biblical Literature, 2013.

Finn, Daniel. "Morality, Government and the Common Good: Understanding How Coercive Power Operates Morally in Our Daily Lives." In *Catholics and Evangelicals for the Common Good*, edited by Ronald J. Sider and John Borelli, 153-59. Eugene, OR: Wipf & Stock, 2018.

France, R. T. *The Gospel of Matthew*. New International Commentary on the New Testament. Grand Rapids: Eerdmans, 2007.

Friesen, Duane K. *Artists, Citizens, Philosophers: Seeking the Peace of the City; An Anabaptist Theology of Culture*. Scottdale, PA: Herald, 2000.

———. *Christian Peacemaking and International Conflict: A Realist Pacifist Perspective*. Scottdale, PA: Herald, 1986.

——— "In Search of Security." In Friesen and Schlabach, *At Peace and Unafraid*, 37-82.

———. "Power: An Ethical Analysis from a Christian Perspective." In Swartley, *Essays on Peace Theology*, 73-101.

Friesen, Duane K., and Gerald W. Schlabach, eds. *At Peace and Unafraid: Public Order, Security, and the Wisdom of the Cross*. Scottdale, PA: Herald, 2005.

Gathercole, Simon. *Defending Substitution: An Essay on Atonement in Paul*. Grand Rapids: Baker Academic, 2015.

Gehrz, Chris. "Unexpected Sites of Christian Pacifism: Baptists During WWII and Vietnam."

Patheos, February 7, 2017. http://www.patheos.com/blogs/anxiousbench/2017/02/pacifism-baptists-wwii-vietnam.

Gingerich, Jeff. "Breaking the Uneasy Silence: Policing and the Peace Movement in Dialogue." In Friesen and Schlabach, *At Peace and Unafraid*, 389-403.

Glover, Jonathan. Humanity: *A Moral History of the Twentieth Century*. New Haven: Yale University Press, 1999.

Goossen, Rachel Waltner. "Defanging the Beast: Mennonite Responses to John Howard Yoder's Sexual Abuse." *Mennonite Quarterly Review* 89, no. 1 (January 2015): 7-80.

Grayson, A. K. *Assyrian Rulers of the Early First Millennium BC I (1114-859 BC)*.Toronto: University of Toronto Press, 1991.

Green, Joel B. *The Gospel of Luke*. Grand Rapids: Eerdmans, 1997.（ジョエル .B. グリーン『ルカ福音書の神学』新教出版社）

Gremillion, Joseph, ed. *The Gospel of Peace and Justice: Catholic Social Teaching Since Pope John*. Maryknoll, NY: Orbis, 1976.

Grimsrud, Tim. "Anabaptist Faith and 'National Security.'" In Friesen and Schlabach, *At Peace and Unafraid*, 311-27.

Guelich, Robert. *The Sermon on the Mount*. Waco: Word, 1982.

Gundry, Robert H. *Matthew: A Commentary on His Handbook for a Mixed Church Under Persecution*. 2nd ed. Grand Rapids: Eerdmans, 1994.

Gwyn, Douglas, George Hunsinger, Eugene F. Roop, and John Howard Yoder. *A Declaration on Peace: In God's People the World's Renewal Has Begun*. Scottdale, PA: Herald, 1991.

Hall, David A., Sr. "What the Church Teaches about War: A COGIC Conscientious Objection Principle." In Alexander, *Pentecostals and Nonviolence*, 205–14.

Häring, Bernard. *The Healing Power of Peace and Nonviolence*. New York: Paulist, 1986.

Hauerwas, Stanley. *Against the Nations: War and Survival in a Liberal Society*. Minneapolis: Winston, 1985.

———. "Pacifism: Some Philosophical Considerations." *Faith and Philosophy* 2, no. 2 (April 1985): 99-104.

———. *The Peaceable Kingdom: A Primer in Christian Ethics*. Notre Dame, IN: University of Notre Dame Press, 1983.

———. *Should War Be Eliminated? Philosophical and Theological Investigations*. Milwaukee: Marquette University Press, 1984.

———. *War and the American Difference: Theological Reflections on Violence and National Identity*. Grand Rapids: Baker Academic, 2011.

Hauerwas, Stanley, Chris K. Huebner, Harry J. Huebner, and Mark Thiessen Nation, eds. *The Wisdom of the Cross: Essays in Honor of John Howard Yoder*. Grand Rapids: Eerdmans, 1999.

Hays, Richard B. *The Moral Vision of the New Testament: A Contemporary Introduction to New Testament Ethics*. New York: HarperOne, 1996.（リチャード・ヘイズ『新約聖書のモラル・ヴィジョン』キリスト新聞社）

Helgeland, John. "Christians and the Roman Army from Marcus Aurelius to Constantine." *Aufstieg und Niedergang der römischen Welt* 23.1:724-834. Part 2, Principat, 23.1. Edited by H. Temporini and W. Haase. New York: de Gruyter, 1979.

———. "Roman Army Religion." *Aufstieg und Niedergang der römischen Welt* 16.1:1470-505. Part 2,

Principat, 16.1. Edited by H. Temporini and W. Haase. New York: de Gruyter, 1978.

Hendricks, Obery M., Jr. *The Politics of Jesus: Rediscovering the True Revolutionary Nature of What Jesus Believed and How It Was Corrupted*. New York: Doubleday, 2006.

Hendriksen, William. *New Testament Commentary: Luke*. Grand Rapids: Baker, 1978.

Hengel, Martin. *Christ and Power*. Translated by Everett R. Kalin. Philadelphia: Fortress, 1977.

———. *Victory over Violence*. Translated by David E. Green. London: SPCK, 1975.

———. *Was Jesus a Revolutionist?* Translated by William Klassen. Philadelphia: Fortress, 1971.（マルティン・ヘンゲル『イエスは革命家であったか』新教出版社）

———. *The Zealots: Investigations into the Jewish Freedom Movement in the Period from Herod I until 70 AD*. Translated by David Smith. Edinburgh: T&T Clark, 1989.（マルティン・ヘンゲル『ゼーロータイ　紀元後一世紀のユダヤ教「熱心党」』新地書房）

Hershberger, Guy Franklin. *War, Peace, and Nonresistance*. Scottdale, PA: Herald, 1953.

Hertz, Karl H., ed. *Two Kingdoms and One World: A Sourcebook in Christian Ethics*. Minneapolis: Augsburg, 1976.

Hoekema, David A. "A Practical Christian Pacifism." *Christian Century* (October 22, 1986): 917-19.

Holmes, Arthur F. "The Just War." *In War: Four Christian Views*, edited by Robert G. Clouse, 115-35. 2nd ed. Downers Grove, IL: InterVarsity, 1991.

———, ed. *War and Christian Ethics: Classic and Contemporary Readings on the Morality of War*. 2nd ed. Grand Rapids: Baker Academic, 2005.

Horsley, Richard A. *Archaeology, History and Society in Galilee: The Social Context of Jesus and the Rabbis*. Valley Forge, PA: Trinity Press International, 1996.

———. "Ethics and Exegesis: 'Love Your Enemies' and the Doctrine of Non-Violence." *Journal of the American Academy of Religion* 54, no. 1 (Spring 1986): 3-31.

———. *Jesus and the Spiral of Violence: Popular Jewish Resistance in Roman Palestine*. Minneapolis: Fortress, 1993.

Horsely, Richard A., and John S. Hanson. *Bandits, Prophets, and Messiahs: Popular Movements in the Time of Jesus*. Minneapolis: Winston, 1985.

Hunt, Gaillard T. "Selective Conscientious Objection." *Catholic Lawyer* 15, no. 3 (Summer 1969): 221-37.

Jeremias, Joachim. *Jerusalem in the Time of Jesus*. Philadelphia: Fortress, 1975.

———. *Jesus' Promise to the Nations*. Naperville, IL: Allenson, 1958.

Johnson, James Turner. *Just War Tradition and the Restraint of War: A Moral and Historical Inquiry*. Princeton: Princeton University Press, 1981.

———. *The Quest for Peace: Three Moral Traditions in Western Cultural History*. Princeton: Princeton University Press, 1987.

Jones, L. Gregory, and Célestin Musekura. *Forgiving as We've Been Forgiven: Community Practices for Making Peace*. Downers Grove, IL: InterVarsity, 2010.（グレゴリー・ジョーンズ『赦された者として赦す』日本キリスト教団出版局）

Jones, Rufus M. *The Church, the Gospel, and War*. New York: Harper, 1948.

Josephus. *Antiquities*. Translated by William Whiston. In *The Works of Josephus*, 27-542. Peabody, MA: Hendrickson, 1987.（フラウィウス・ヨセフス『ユダヤ古代誌』ちくま学芸文庫）

———. *The Jewish War*. Translated by H. St. J. Thackeray. Cambridge: Harvard University Press, 1961.（フラウィウス・ヨセフス『ユダヤ戦記』ちくま学芸文庫）

Kearney, Milo, and James Zeitz. *World Saviors and Messiahs of the Roman Empire, 28 BCE –135 CE: The Soterial Age*. Lewiston, NY: Mellen, 2009.
Keegan, John. *A History of Warfare*. New York: Vintage Books, 1993.（ジョン・キーガン『戦略の歴史』中公文庫）
Keener, Craig S. *Acts: An Exegetical Commentary*. 4 vols. Grand Rapids: Baker Academic, 2012-14.
———. *A Commentary on the Gospel of Matthew*. Grand Rapids: Eerdmans, 1999.
———. *The Gospel of John*. 2 vols. Peabody, MA: Hendrickson, 2003.
———. *The Historical Jesus of the Gospels*. Grand Rapids: Eerdmans, 2009.
———. *The IVP Bible Background Commentary: New Testament*. 2nd ed. Downers Grove, IL: IVP Academic, 2014.
Kirk, J. Andrew. *Theology Encounters Revolution*. Downers Grove, IL: InterVarsity, 1980.
Klassen, William. "Coals of Fire: Sign of Repentance or Revenge?" *New Testament Studies* 9, no. 4 (July 1963): 337-50.
———. "Jesus and the Zealot Option." In Hauerwas et al., *Wisdom of the Cross*, 131-49.
———. *Love of Enemies: The Way to Peace*. Philadelphia: Fortress, 1984.
———. "'Love Your Enemies': Some Reflections on the Current Status of Research." In Swartley, *Love of Enemy*, 1-31.
———. "Vengeance in the Apocalypse of John." *Catholic Biblical Quarterly* 28 (1966): 300-311.
Koester, Helmut. *Synoptische Überlieferung bei den apostolischen Vätern*. Berlin: Akademie-verlag, 1957.
Koontz, Ted. "Response: Pacifism, Just War, and Realism." In Schlabach and Hughes, *Proclaim Peace*, 217-29.
Kraybill, Donald B. *The Upside-Down Kingdom*. Scottdale, PA: Herald, 1978.
Kreider, Alan, Eleanor Kreider, and Paulus Widjaja. *A Culture of Peace: God's Vision for the Church*. Intercourse, PA: Good Books, 2005.
Küng, Hans. *On Being a Christian*. Translated by Edward Quinn. New York: Pocket, 1978.

Lamb, David T. *God Behaving Badly: Is the God of the Old Testament Angry, Sexist and Racist?* Downers Grove, IL: InterVarsity, 2011.
Lane, Tony. "The Wrath of God as an Aspect of the Love of God." In *Nothing Greater, Nothing Better: Theological Essays on the Love of God*, edited by Kevin J. Vanhoozer, 138-67. Grand Rapids: Eerdmans, 2001.
Larsen, Timothy. "When Did Sunday Schools Start?" *Christianity Today*, August 2008. https://www.christianitytoday.com/history/2008/august/when-did-sunday-schools-start.html.
Lasserre, Jean. *War and the Gospel*. Translated by Oliver Coburn. Scottdale, PA: Herald, 1962.
Lecky, W. E. H. *History of European Morals*. New York: Appleton, 1927.（ウィリアム・エドワード・ハートポール・レッキー『欧洲道徳史』大日本文明協会）
Lederach, John Paul. *Building Peace: Sustainable Reconciliation in Divided Societies*. Washington, DC: United States Institute of Peace Press, 1997.
Leithart, Peter J. *Defending Constantine*. Downers Grove, IL: IVP Academic, 2010.
Lewis, C. S. "Why I Am Not a Pacifist." In *The Weight of Glory and Other Addresses*, 64-90. San Francisco: HarperSanFrancisco, 2001.（C.S. ルイス『栄光の重み〈宗教著作集８〉』新教出版社．ただしこの邦訳書には本書に引用されている講演は収録されていない）
Lewy, Guenter. *Peace and Revolution: The Moral Crisis of American Pacifism*. Grand Rapids:

Eerdmans, 1988.
Licona, Michael R. *The Resurrection of Jesus*. Downers Grove, IL: IVP Academic, 2010.
Liddell, Henry George, and Robert Scott, eds. *A Greek-English Lexicon*. Oxford: Clarendon, 1996.
Lind, Millard C. *Yahweh Is a Warrior: The Theology of Warfare in Ancient Israel. Scottdale*, PA: Herald, 1980.
Loewen, Howard John. *One Lord, One Church, One Hope, and One God: Mennonite Confessions of Faith in North America*. Elkhart, IN: Institute of Mennonite Studies, 1985.
Longman, Tremper, III. "The Messiah: Explorations in the Law and Writings." In *The Messiah in the Old and New Testaments*, edited by Stanley E. Porter, 13-34. Grand Rapids: Eerdmans, 2007.
Luther, Martin. *Commentary on St. Paul's Epistle to the Galatians*. London: James Clarke & Co., 1953.
———. *Commentary on the Sermon on the Mount*. Philadelphia: Lutheran Publication Society, 1892.

Macfarland, Charles S., ed. *The Churches of Christ in Time of War*. New York: Federal Council of the Churches of Christ in America, 1917.
Macgregor, G. H. C. *The New Testament Basis of Pacifism and the Relevance of an Impossible Ideal*. Rev. ed. Nyack, NY: Fellowship Publications, 1960.
Marshall, Christopher D. "Atonement, Violence, and the Will of God: A Sympathetic Response to J. Denny Weaver's *The Nonviolent Atonement*." *Mennonite Quarterly Review* 77 (January 2003): 69-92.
———. *Beyond Retribution: A New Testament Vision for Justice, Crime, and Punishment*. Grand Rapids: Eerdmans, 2001.
Marshall, I. Howard. *Commentary on Luke*. Grand Rapids: Eerdmans, 1978.
Mauser, Ulrich. *The Gospel of Peace: A Scriptural Message for Today's World*. Louisville: Westminster John Knox, 1992.
McKnight, Scot. *A Community Called Atonement*. Nashville: Abingdon, 2007.
———. *The Jesus Creed: Loving God, Loving Others*. Brewster, MA: Paraclete, 2014.
———. *Sermon on the Mount. The Story of God Bible Commentary*. Grand Rapids: Zondervan, 2013.
McSorley, Richard. *New Testament Basis of Peacemaking*. Washington, DC: Georgetown University Center for Peace Studies, Georgetown University, 1979.
Merton, Thomas. *Faith and Violence: Christian Teaching and Christian Practice*. Notre Dame, IN: University of Notre Dame Press, 1968.
———, ed. *Gandhi on Non-Violence: A Selection from the Writings of Mahatma Gandhi*. New York: New Directions, 1964.
Metzger, B. M. *A Textual Commentary on the Greek New Testament*. 3rd ed. London: United Bible Societies, 1971.
Miller, Marlin, and Barbara Nelson Gingerich, eds. *The Church's Peace Witness*. Grand Rapids: Eerdmans, 1994.
Moo, Douglas J. *The Epistle to the Romans*. Grand Rapids: Eerdmans, 1996.
Moody, William. *The Life of Dwight L. Moody*. New York: Revell, 1900.
Moran, Katie L. "Restorative Justice: A Look at Victim Offender Mediation Programs." *21st Century Social Justice* 4, no. 1 (2017). https://fordham.bepress.com/swjournal/vol4/iss1/4.
Morris, Leon. *The Atonement: Its Meaning and Significance*. Downers Grove, IL: IVP Academic, 1983.

———. *The Book of Revelation*. 2nd ed. Grand Rapids: Eerdmans, 1987.（レオン・モリス『ヨハネの黙示録書』いのちのことば社）

———. *The Gospel according to St. Luke*. Grand Rapids: Eerdmans, 1974.（レオン・モリス『ルカの福音書』いのちのことば社）

Moule, C. F. D. *The Gospel according to Mark*. The Cambridge Bible Commentary. Cambridge: Cambridge University Press, 1965.

———, ed. *The Significance of the Message of the Resurrection for Faith in Jesus Christ*. London: SCM, 1968.

Mounce, Robert H. *The Book of Revelation*. Rev. ed. New International Commentary on the New Testament. Grand Rapids: Eerdmans, 1997.

Mouw, Richard. "Christianity and Pacifism." *Faith and Philosophy* 2, no. 2 (April 1985): 105-11.

Murphy, Nancey. "John Howard Yoder's Systematic Defense of Christian Pacifism." In Hauerwas et al., *Wisdom of the Cross*, 45-68.

Nation, Mark Thiessen. *John Howard Yoder: Mennonite Patience, Evangelical Witness, Catholic Convictions*. Grand Rapids: Eerdmans, 2006.

Neufeld, Thomas R. Yoder. *Killing Enmity: Violence and the New Testament*. Grand Rapids: Baker Academic, 2011.

Ng, Larry, ed. *Alternatives to Violence: A Stimulus to Dialogue*. New York: Time-Life Books, 1968.

Niditch, Susan. *War in the Hebrew Bible: A Study in the Ethics of Violence*. New York: Oxford University Press, 1993.

Niebuhr, Reinhold. *An Interpretation of Christian Ethics*. New York: Harper, 1935.（ラインホルド・ニーバー『基督教倫理』新教出版社）

———. "Why the Christian Church Is Not Pacifist." In *The Essential Reinhold Niebuhr: Selected Essays and Addresses*, edited by Robert McAfee Brown, 102-19. New Haven: Yale University Press, 1986.

Nietzsche, Friedrich. *The Birth of Tragedy and the Genealogy of Morals*. Translated by Francis Golffing. Garden City, NY: Doubleday, 1956.（フリードリヒ・ニーチェ『悲劇の誕生』『道徳の系譜』岩波文庫）

Nugent, John C. *The Politics of Yahweh: John Howard Yoder, the Old Testament, and the People of God*. Eugene, OR: Cascade, 2011.

O'Donovan, Oliver. *The Just War Revisited*. Cambridge: Cambridge University Press, 2003.

Packer, J. I., and Mark Dever. *In My Place Condemned He Stood: Celebrating the Glory of the Atonement*. Wheaton: Crossway, 2007.

Patterson, Eric. *Just War Thinking: Morality and Pragmatism in the Struggle against Contemporary Threats*. Lanham, MD: Lexington, 2007.

Payne, Keith B., and Jill E. Coleman. "Christian Nuclear Pacifism and Just War Theory: Are They Compatible?" *Comparative Strategy* 7, no. 1 (1988): 75-89.

Payne, Keith B., and Karl I. Payne. *A Just Defense: The Use of Force, Nuclear Weapons, and Our Conscience*. Portland, OR: Multnomah, 1987.

Perrin, Andrew B. "From Qumran to Nazareth: Reflections on Jesus' Identity as Messiah in Light of Pre-Christian Messianic Texts among the Dead Sea Scrolls." *Religious Studies and Theology* 27,

no. 2 (2008): 213-30.

Pickus, Robert, and Robert Woito. *To End War: An Introduction: Ideas, Books, Organizations, Work That Can Help*. Rev. ed. New York: Harper and Row, 1970.

Piper, John. *"Love Your Enemies": Jesus' Love Command in the Synoptic Gospels and the Early Christian Paraenesis*. Cambridge: Cambridge University Press, 1979.

Powers, Gerard F., Drew Christiansen, and Robert T. Hennemeyer, eds. *Peacemaking: Moral and Policy Challenges for a New World*. Washington, DC: United States Catholic Conference, 1994.

Ramsey, Paul. *Basic Christian Ethics*. New York: Charles Scribner's Sons, 1950.

———. *The Just War: Force and Political Responsibility*. New York: University Press of America, 1983.

———. *War and the Christian Conscience: How Should Modern War Be Conducted?* Durham, NC: Duke University Press, 1961.

Ramsey, Paul, and Stanley Hauerwas. *Speak Up for Just War or Pacifism: A Critique of the United Methodist Bishops' Pastoral Letter, "In Defense of Creation."* University Park: Pennsylvania State University Press, 1988.

Ringe, Sharon H. *Luke*. Louisville: Westminster John Knox, 1995.

Roth, John D. *Choosing against War: A Christian View*. Intercourse, PA: Good Books, 2002.

Rutenber, Culbert G. *The Dagger and the Cross: An Examination of Christian Pacifism*. New York: Fellowship Publications, 1950.

Sampson, Cynthia, and John Paul Lederach, eds. *From the Ground Up: Mennonite Contributions to International Peacebuilding*. New York: Oxford University Press, 2000.

Sanders, E. P. *Jesus and Judaism*. Philadelphia: Fortress, 1985.

Sanders, John, ed. *Atonement and Violence: A Theological Conversation*. Nashville: Abingdon, 2006.

Schertz, Mary H. "Partners in God's Passion." In Friesen and Schlabach, *At Peace and Unafraid*, 167-78.

Schlabach, Gerald W. "Just Policing and the Christian Call to Nonviolence." In Friesen and Schlabach, *At Peace and Unafraid*, 405-21.

Schlabach, Theron S., and Richard T. Hughes, eds. *Proclaim Peace: Christian Pacifism in Unexpected Quarters*. Urbana: University of Illinois Press, 1997.

Schrage, Wolfgang. *The Ethics of the New Testament*. Philadelphia: Fortress, 1988.

Schweizer, Eduard. *The Good News according to Matthew*. Translated by David E. Green. Louisville: John Knox, 1975.

Seibert, Eric A. *The Violence of Scripture: Overcoming the Old Testament's Troubling Legacy*. Minneapolis: Fortress, 2012.

Sen, Amartya. *Identity and Violence: The Illusion of Destiny*. New York: Norton, 2006.(アマルティア・セン『アイデンティティと暴力』勁草書房)

Senior, Donald. *Matthew*. Abingdon New Testament Commentaries. Nashville: Abingdon, 1998.

Shannon, Thomas A., ed. *War or Peace? The Search for New Answers*. Maryknoll, NY: Orbis, 1980.

Sharp, Gene. *Civilian-Based Defense: A Post-Military Weapons System*. Princeton: Princeton University Press, 1990.(ジーン・シャープ『市民力による防衛』法政大学出版局)

———. *Making Europe Unconquerable: The Potential of Civilian-Based Deterrence and Defense*. Cambridge, MA: Ballinger, 1985.

———. *The Politics of Nonviolent Action*. 3 vols. Boston: Porter Sargent, 1973.

Shenk, David W., and Badru D. Kateregga. *A Muslim and a Christian in Dialogue*. Scottdale, PA: Herald, 1980.

Shepherd, Michael B. "Targums, the New Testament, and Biblical Theology of the Messiah." *Journal of the Evangelical Theological Society* 51, no. 1 (March 2008): 45-58.

Sherman, Lawrence W., and Heather Strong. *Restorative Justice: The Evidence*. London: The Smith Institute, 2007.

Showalter, Nathan D. *The End of a Crusade: The Student Volunteer Movement for Foreign Missions and the Great War*. Lanham, MD: Scarecrow, 1998.

Shriver, Donald W., Jr. *An Ethic for Enemies: Forgiveness in Politics*. New York: Oxford University Press, 1995.

Sider, Ronald J. *Christ and Violence*. Scottdale, PA: Herald, 1979(ロナルド.J.サイダー『平和つくりの道』いのちのことば社)

———. "A Critique of J. Denny Weaver's *Nonviolent Atonement*." *Brethren in Christ History and Life* 35, no. 1 (April 2012): 212-41.

———, ed. *Cry Justice: The Bible on Hunger and Poverty*. Downers Grove, IL: InterVarsity, 1980.

———, ed. *The Early Church on Killing: A Comprehensive Sourcebook on War, Abortion, and Capital Punishment*. Grand Rapids: Baker Academic, 2012.

———. *Good News and Good Works: A Theology for the Whole Gospel*. Grand Rapids: Baker, 1993.

———. *Just Politics: A Guide for Christian Engagement*. Grand Rapids: Brazos, 2012.

———. *Nonviolent Action: What Christian Ethics Demands but Most Christians Have Never Really Tried*. Grand Rapids: Brazos, 2015.

———. *Rich Christians in an Age of Hunger: Moving from Affluence to Generosity*. 6th ed. Nashville: Nelson, 2015.（ロナルド.J.サイダー『聖書の経済学』あおぞら書房）

———. *The Scandal of the Evangelical Conscience*. Grand Rapids: Baker Books, 2005.

Sider, Ronald J., and Diane Knippers, eds. *Toward an Evangelical Public Policy: Political Strategies for the Health of the Nation*. Grand Rapids: Baker Books, 2005.

Sider, Ronald J., and Oliver O'Donovan. *Peace and War: A Debate about Pacifism*. Grove Books on Ethics 56. Nottinghamshire, UK: Grove Books, 1985.

Sider, Ronald J., and Richard K. Taylor. *Nuclear Holocaust and Christian Hope: A Book for Christian Peacemakers*. Downers Grove, IL: InterVarsity, 1982.

Skillen, James W. *With or Against the World? America's Role among the Nations*. New York: Rowman and Littlefield, 2005.

Smith, Morton. *Studies in Historical Method, Ancient Israel, Ancient Judaism*. Vol.1, *Studies in the Cult of Yahweh*, edited by Shaye Cohen. Leiden: Brill, 1996.

Sparks, Kenton L. *Sacred Word, Broken Word: Biblical Authority and the Dark Side of Scripture*. Grand Rapids: Eerdmans, 2012.

Speak Truth to Power: A Quaker Search for an Alternative to Violence. Philadelphia: American Friends Service Committee, 1955.

Sprinkle, Preston, with Andrew Rillera. *Fight: A Christian Case for Nonviolence*. Colorado Springs: David C. Cook, 2013.

Spurgeon, Charles H. "Christ Our Peace." *Christian Classics Ethereal Library*. https:// www.ccel.org/ccel/spurgeon/sermons59.lii.html.

Stassen, Glen H., ed. *Just Peacemaking: The New Paradigm for the Ethics of Peace and War*. 2nd ed. Cleveland: Pilgrim, 2008.

Stassen, Glen H., and David P. Gushee. *Kingdom Ethics: Following Jesus in Contemporary Context*. Downers Grove, IL: InterVarsity, 2003.（グレン・H・スタッセン，デービット・P・ガッシー『イエスの平和を生きる』東京ミッション研究所）

Stassen, Glen H., and Michael L. Westmoreland-White. "Defining Violence and Nonviolence." In *Teaching Peace: Nonviolence and the Liberal Arts*, edited by J. Denny Weaver and Gerald Biesecker-Mast, 17-36. Lanham, MD: Rowman & Littlefield, 2003.

Steer, Roger. *Basic Christian: The Inside Story of John Stott*. Downers Grove, IL: InterVarsity, 2009.

Stone, Lawson G. "Early Israel and Its Appearance in Canaan." In *Ancient Israel's History: An Introduction to Issues and Sources*, edited by Bill T. Arnold and Richard S. Hess, 127-64. Grand Rapids: Baker Academic, 2014.

Storkey, Alan. *Jesus and Politics: Confronting the Powers*. Grand Rapids: Baker Academic, 2005.

Stott, John R. W. "Calling for Peacemakers in a Nuclear Age, Part 1." *Christianity Today* (February 8, 1980): 44-45.

———. *The Cross of Christ*. 2nd ed. Downers Grove, IL: InterVarsity, 2006.

———. *The Message of the Sermon on the Mount (Matthew 5-7): Christian Counter- Culture*. Downers Grove, IL: InterVarsity, 1978.

Strege, Merle D. "An Uncertain Voice for Peace: The Church of God (Anderson) and Pacifism." In Schlabach and Hughes, *Proclaim Peace*, 115-26.

Sullivan, Dennis, and Larry Tifft. *Restorative Justice: Healing the Foundations of Our Everyday Lives*. Monsey, NY: Criminal Justice, 2001.

Swalm, E. J., ed. *Nonresistance under Test*. Nappanee, IN: E. V. Publishing House, 1949.

Swartley, Willard M., ed. *Essays on Peace Theology and Witness*. Occasional Papers 12. Elkhart: Institute of Mennonite Studies, 1988.

———, ed. *The Love of Enemy and Nonretaliation in the New Testament*. Louisville: Westminster John Knox, 1992.

———. *Slavery, Sabbath, War and Women: Core Issues in Biblical Interpretation*. Scottdale, PA: Herald, 1983.

Swartz, David. "The Christian Pacifism of Charles Spurgeon." *EthicsDaily.com*, September 1, 2015. https://www.ethicsdaily.com/the-christian-pacifism-of-charles-spurgeon-cms-22908/.

Swidler, Leonard. *Biblical Affirmations of Woman*. Philadelphia: Westminster, 1979.

Taylor, Vincent. *The Gospel according to St. Mark*. London: Macmillan, 1952.

Thistlethwaite, Susan, ed. *A Just Peace Church*. New York: United Church Press, 1986.

———. "New Wars, Old Wineskins." In *Strike Terror No More: Theology, Ethics, and the New War*, edited by Jon L. Berquist, 264-79. St. Louis: Chalice, 2002.

Tolstoy, Leo. *A Confession and Other Religious Writings*. Translated by Jane Kentish. New York: Penguin, 1987.（トルストイ『トルストイ選集 8 懺悔 クロイツェル・ソナタ』筑摩書房）

———. *Writings on Civil Disobedience and Nonviolence*. Philadelphia: New Society Publishers, 1987.

Tomlinson, Ambrose Jessup. "The Awful World War" (1917), in *Pentecostal and Holiness Statements on War and Peace*, ed. Jay Beaman and Brian K. Pipkin, 152-53. Eugene, OR: Pickwick, 2013.

———. "War Notice." *Evangel* (August 4, 1917): 3.

Treat, Jeremy R. *The Crucified King: Atonement and Kingdom in Biblical and Systematic Theology*. Grand Rapids: Zondervan, 2014.

Trocmé, André. *Jesus and the Nonviolent Revolution*. Translated by Michael H. Shank and Marlin

Miller. Scottdale, PA: Herald, 1973.

Volf, Miroslav. *Exclusion and Embrace: A Theological Exploration of Identity, Otherness, and Reconciliation*. Nashville: Abingdon, 1996.

Walzer, Michael. *Arguing about War*. New Haven: Yale University Press, 2004.（マイケル・ウォルツァー『戦争を論ずる』風行社）
———. *Just and Unjust Wars: A Moral Argument with Historical Illustrations*. 5th ed. New York: Basic Books, 2015.（マイケル・ウォルツァー『正しい戦争と不正な戦争』風行社）
Watson, G. R. *The Roman Soldier*. Ithaca, NY: Cornell University Press, 1969.
Weaver, Dorothy Jean. "Transforming Nonresistance from *Lex Talionis* to 'Do Not Resist the Evil One.'" In Swartley, *Love of Enemy*, 32-71.
Weaver, J. Denny. *The Nonviolent Atonement*. 2nd ed. Grand Rapids: Eerdmans, 2011.
Weaver, J. Denny, and Gerald Biesecker-Mast, eds. *Teaching Peace: Nonviolence and the Liberal Arts*. Lanham, MD: Rowman and Littlefield, 2003.
Webster, Alexander F. C. *The Pacifist Option: The Moral Argumentagainst War in Eastern Orthodox Theology*. San Francisco: International Scholars Publications, 1998.
Weigel, George. "Five Theses for a Pacifist Reformation." In Cromartie, *Peace Betrayed?*, 67-85.
———. *Tranquillitas Ordinis: The Present Failure and Future Promise of American Catholic Thought on War and Peace*. New York: Oxford University Press, 1987.
Weinberg, Arthur, and Lila Weinberg, eds. *Instead of Violence: Writings by the Great Advocates of Peace and Nonviolence throughout History*. Boston: Beacon, 1963.
Wells, Ronald A. *The Wars of America: Christian Views*. Grand Rapids: Eerdmans, 1981.
Westermarck, Edward. *The Origin and Development of the Moral Ideas*. 2 vols. London: Macmillan, 1906-8.
Wink, Walter. *Engaging the Powers: Discernment and Resistance in a World of Domination*. Minneapolis: Fortress, 1992.
———. *Jesus and Nonviolence: A Third Way*. Minneapolis: Fortress, 2003.（ウォルター・ウィンク『イエスと非暴力』新教出版社）
———. "Neither Passivity nor Violence: Jesus' Third Way (Matt. 5:38-42 par.)." In Swartley, *Love of Enemy*, 102-25.
———. *The Powers That Be: Theology for a New Millennium*. New York: Doubleday, 1998.
———. *Violence and Nonviolence in South Africa: Jesus' Third Way*. Philadelphia: New Society, 1987.
Witherington, Ben, III. "The Long Journey of a Christian Pacifist." *Patheos*, October 3, 2012. http://www.patheos.com/blogs/bibleandculture/2012/10/03/the-long-journey-of-a-Christian-pacifist.
———. *The Paul Quest*. Downers Grove, IL: InterVarsity, 1998.
Wright, Christopher J. H. *The God I Don't Understand: Reflections on Tough Questions of Faith*. Grand Rapids: Zondervan, 2008.
Wright, N. T. *The Day the Revolution Began*. San Francisco: HarperOne, 2016.
———. *Jesus and the Victory of God*. Minneapolis: Fortress, 1996.
———. *Justification: God's Plan and Paul's Vision*. Downers Grove, IL: IVP Academic, 2009.
———. *The Kingdom New Testament: A Contemporary Translation*. New York: HarperOne, 2011.
———. *The New Testament and the People of God*. Minneapolis: Fortress, 1992. (N.T. ライト『新約

聖書と神の民』新教出版社)
———. *The Resurrection of the Son of God*. Minneapolis: Fortress, 2002.
———. *Surprised by Hope: Rethinking Heaven, the Resurrection, and the Mission of the Church*. New York: HarperOne, 2008. (N.T. ライト『驚くべき希望』あめんどう)

Yoder, John Howard. *Body Politics: Five Practices of the Christian Community before the Watching World*. Nashville: Discipleship Resources, 1992. (J.H. ヨーダー『社会を動かす礼拝共同体』東京ミッション研究所)
———. *Christian Attitudes to War, Peace, and Revolution*. Edited by Theodore J. Koontz and Andy Alexis-Baker. Grand Rapids: Brazos, 2009.
———. *The Christian Witness to the State*. Institute of Mennonite Studies Series 3. Newton, KS: Faith and Life Press, 1964.
———. *Discipleship as Political Responsibility*. Scottdale, PA: Herald, 2003.
———. *For the Nations: Essays Public and Evangelical*. Grand Rapids: Eerdmans, 1997.
———. *Karl Barth and the Problem of War*. Nashville: Abingdon, 1970.
———. *Nevertheless: The Varieties of Religious Pacifism*. Scottdale, PA: Herald, 1971.
———. *Nonviolence: A Brief History; The Warsaw Lectures*. Edited by Paul Martens, Matthew Porter, and Myles Werntz. Waco: Baylor University Press, 2010.
———. *The Original Revolution: Essays on Christian Pacifism*. Scottdale, PA: Herald, 1971.
———. *The Politics of Jesus: Vicit Agnus Noster*. 2nd ed. Grand Rapids: Eerdmans, 1994. (J.H. ヨーダー『イエスの政治』新教出版社)
———. *The Priestly Kingdom: Social Ethics as Gospel*. Notre Dame, IN: University of Notre Dame Press, 1984.
———. *Reinhold Niebuhr and Christian Pacifism*. Church Peace Mission Pamphlets 6. Washington, DC: The Church Peace Mission, 1966.
———. *Royal Priesthood: Essays Ecclesiological and Ecumenical*. Edited by Michael G. Cartwright. Grand Rapids: Eerdmans, 1994.
———. *The War of the Lamb: The Ethics of Nonviolence and Peacemaking*. Edited by Glen Harold Stassen, Mark Thiessen Nation, and Matt Hamsher. Grand Rapids: Brazos, 2009.
———. *What Would You Do? A Serious Answer to a Standing Question*. Scottdale, PA: Herald, 1983.
———. *When War Is Unjust: Being Honest in Just-War Thinking*. Maryknoll, NY: Orbis, 1996.

Zahn, Gordon C. "The Case for Christian Dissent." In *Breakthrough to Peace*, edited by Thomas Merton, 117–38. New York: New Directions, 1962.
———. *German Catholics and Hitler's Wars: A Study in Social Control*. New York: Sheed and Ward, 1962.
Zehr, Howard. *Changing Lenses: A New Focus for Crime and Justice*. Scottdale, PA: Herald, 1990. (ハワード・ゼア『修復的司法とは何か』新泉社)
Zerbe, Gordon. "Paul's Ethic of Nonretaliation and Peace." In Swartley, *Love of Enemy*, 177-222.

[著者]

ロナルド・J・サイダー（Ronald J. Sider）

1939年生まれ。神学者。イェール大学で神学（修士）と歴史学（博士）を学ぶ。パーマー神学校（旧イースタン・バプテスト神学校）で40年以上にわたり神学、ホリスティック・ミニストリー、公共政策を講じた。
キリスト者が大同団結して人種差別、軍国主義、社会的不平等、性差別などの克服を訴えた1973年の「シカゴ宣言」で、中心的な役割を果たした。以来、長年にわたり、社会正義を追求するキリスト者の運動を思想と実践の両面で支え続けている。米国フィラデルフィア在住。
著書多数。代表作『聖書の経済学』（*Rich Christians in an Age of Hunger*）（邦訳あおぞら書房）は、「20世紀で最も重要なキリスト教書100選」「社会正義を説くキリスト教書ベスト5」（クリスチャニテイ・トゥデイ誌）に選ばれた。ほかに邦訳がある著書に『平和つくりの道』（いのちのことば社）がある。

[解説]

後藤敏夫（ごとう・としお）

聖書神学舎卒業。麻溝台キリスト教会、大韓イエス東京福音教会協力牧師、キリスト教朝顔教会牧師などを経て、現在、日本キリスト召団・恵泉四街道教会牧師。著書に『終末を生きる神の民』『神の秘められた計画』（以上、いのちのことば社）、訳書にヘンリ・ナウエン『イエスの御名で』、ハワード・A・スナイダー『神の国を生きよ』（以上、あめんどう）、ジム・ウォリス『よみがえれ、平和よ！』（新教出版、共訳）などがある。

[訳者]

御立英史（みたち・えいじ）

翻訳者・編集者。おもな訳書に、ロナルド・J・サイダー『聖書の経済学』（あおぞら書房）、ヨハン・ガルトゥング『日本人のための平和論』（ダイヤモンド社）などがある。

IF JESUS IS LORD
by Ronald J. Sidet

イエスは戦争について何を教えたか
暴力の時代に敵を愛するということ

2021年 5月25日　第1刷発行

著者…………ロナルド・J・サイダー
解説…………後藤敏夫
訳者…………御立英史

発行所………あおぞら書房
〒244-0804 横浜市戸塚区前田町 214-1 GMH 2-121
http://www.blueskypress.jp
メール：info@blueskypress.jp
電話：045-878-7627　FAX：045-345-4943

装丁…………長尾優（Logos Design）
図版・組版……アオゾラ・クリエイト
印刷・製本……モリモト印刷

ISBN 978-4-909040-04-6
2021 Printed in Japan

ロナルド・J・サイダーの本

聖書の経済学
格差と貧困の時代に求められる公正

Rich Christians in an Age of Hunger, 6th Edition

ロナルド・J・サイダー＝著
後藤敏夫＝解説
御立英史＝訳

あおぞら書房
ISBN978-4-909040-05-3
定価（本体2800円＋税）
四六判・並製・468ページ・さくいん付

［目次］

第1部 経済格差はどこまで広がるのか
第1章　餓えと貧困に苦しむ人びと
第2章　裕福な国に住む少数者

第2部 聖書は経済について何を教えているか
第3章　神と貧しい人びと
第4章　神が求める経済の正義
第5章　私有財産と富の蓄積
第6章　社会構造の中にある罪

第3部 なぜ世界から貧困がなくならないのか
第7章　貧困の複雑な原因
第8章　グローバル市場経済と貧困

第4部 それでは私たちはいかに行動すべきか
第9章　分かちあうシンプルライフ
第10章　教会から始める社会変革
第11章　公正な経済をめざす政治行動

貧しく弱い人びとがどう扱われているか。神はそれを見て、その社会を判断する。ここまで格差が広がる経済に、果たして正義はあるのか？　持続可能なのか？

旧約時代のイスラエルにあった弱者救済の制度、イエスの言葉と行動、初期のクリスチャンの実践など、聖書が伝える「経済」についての教えを掘り下げ、複雑化した今日の経済社会に活かすべき生き方と経済政策を論じる。

物質至上主義のライフスタイルを批判する本書は、出版当初より米国で、「富と繁栄は神からの祝福」と考える人びとからの猛攻撃を受けたが、改訂を重ねながら40年以上発行され続けている（翻訳は最新の第6版）。クリスチャニティ・トゥデイ誌は本書を、「20世紀キリスト教書ベスト100」、「社会正義を説くキリスト教書ベスト5」に選出した。9カ国語で出版されているロング&ベストセラー。